기업이란 무엇인가

기업이란 무엇인가

8대 기업명제로 풀어낸
장기번영공동체

신
장
섭

북스코프

프롤로그 ― 기업은 왜 존재하는가 7

8대 기업명제와 따름정리 24
내사랑이 그룹의 이정표 27

1장 ― 새로운 기업 주인의 탄생 29
    1. "주주는 주식의 주인일 뿐, 기업의 주인은 기업 자신이다" **기업명제 1** 34
    2. 소유와 통제의 근원적 분리 ― 자산분할과 개체보호, 유한책임 **기업명제 2** 40
    3. "기업은 영속을 추구한다" **기업명제 3** 48
    4. 법인은 사회적 실체다 52
    5. 막강한 이사회와 초라한 주주총회 55
    6. 위계 조직과 명령의 중요성 64
    7. 사업판단준칙 71

2장 ― 기업의 존재론 75
    1. 기업의 원초적 생존 조건 ― 값싸고 질 좋은 제품·서비스 창출 **기업명제 4** 79
    2. 혁신의 3대 기능적 조건 ― 전략적 통제, 금융적 투입, 조직적 통합 86
    3. 비즈니스그룹과 다국적기업 ― 자산분할을 통한 다각화와 다국화 **기업명제 5** 89
    따로읽기 2-1 비즈니스그룹의 세계적 보편성 98
    4. 끊임없는 혁신과 확장 ― 인류애의 아이들 102
    5. 다각화와 범위의 경제, 자산분할 107
    따로읽기 2-2 첨단소재사업, LG의 사업부 다각화와 SK·두산의 계열사 다각화 116

3장 ― 기업의 목적론 119
    1. 기업공개와 주식분산 123
    2. 창업 정신과 주주가치론 127
    3. "기업은 적법한 범위에서 자유롭게 가치를 추구한다" **기업명제 6** 134
    4. 비논리적·비실증적 주주가치론 145
    따로읽기 3-1 '주주 가치'보다 '타임 문화' 인정한 '패러마운트 대 타임' 판결 166
    따로읽기 3-2 자사주 매입은 내 재산 팔아 내 월급 올리는 것 ― 자사주 소각 금지해야 168
    따로읽기 3-3 미국 경제 '부활' 신화의 허상 172
    5. '이얼령비얼령' 이해관계자론 175

4장 ― 기업의 통제론 187
    1. 경영과 정치 191
    2. 기업지배구조론의 도전 194
    3. 기업통제방식의 세계적 다양성 198
    4. "좋은 경영 성과를 내는 지배구조가 좋은 기업지배구조다" **기업명제 7** 211
    따로읽기 4-1 가족경영의 보편성과 상대적 효율성 225

5장 — 지배구조 개혁론 비판 229
    1. 힘으로 득세한 기업지배구조론 234
    2. 기업지배구조론의 세계화 244
    3. 왜곡된 주주민주주의 252
    4. '개혁 세력'의 무자격과 무능력, 이해 상충 263
    5. '혁명 시도' 분쇄하고 '개량' 요구한 미국의 항소법원 판결 281
    6. 상호·순환 출자 금지론의 허구와 적반하장 292
        따로읽기 5-1 몽크스와 장하성 301

6장 — 권리와 책임의 상응 원칙 기업명제 8 305
    1. 개량적 도약 310
    2. 경영자의 권위와 인정 313
    3. 주주의 권리와 책임 320
    4. 주주행동주의의 권리-책임 불상응 324
        따로읽기 6-1 주주행동주의 실증 연구 결과 총정리 332
    5. 이해관계자론의 권리와 책임 불상응 335

7장 — 장기 번영을 위한 공동체 341
    1. 기업의 이데올로기 — '창조, 도전, 공영' 346
    2. 장기번영공동체의 기업 문화와 행동 강령 355
    3. 장기번영공동체의 통제 구조 361

에필로그 — 한국 기업과 한국 경제의 미래 377

보론 — 스튜어드십 코드의 5대 왜곡과 중장기 투자 북돋는 '기관-기업 규준' 5대 제안 397

참고문헌 454
찾아보기 472

기업은 왜 존재하는가

기업은 자본주의의 중추다. 제품과 서비스를 창출하는 생산의 주체로서 경제활동을 이끈다. 이미 있던 기업이 커지고 새로운 기업이 만들어지면서 경제성장이 이루어진다. 기업은 이와 동시에 소득분배의 주체다. 생산 활동을 통해 번 돈을 임금, 기자재비, 임대료, 이자, 배당 등의 형태로 관계자에게 나눠주는 한편, 미래 투자를 위해 비축한다. 기업은 일자리 창출의 주체이기도 하다. 대부분의 사람들은 기업에 고용되어 일한다. 정부가 제공하는 일자리도 기업이나 근로자가 낸 세금에 절대적으로 의존한다. 더나아가 기업은 사회복지의 주체라고도 할 수 있다. 기업에서 임금을 받고임금이 올라가는 것만큼 커다란 사회복지가 없기 때문이다. 정부가 주는 복지 서비스나 복지 수당도 기업이 직간접적으로 내는 세금에 크게 의존한다.

이렇게 중차대한 기업의 역할에 반비례해서 우리 사회에는 기업에 대한 편견과 오해가 갈수록 크게 자리 잡아 가는 것 같다. 기업이 만들어지고 커 나가는 원리와 현실에 대한 천착과 이해보다 기업을 애초부터 '개혁' 대상으로 삼는 당위론과 그 당위론에 선택적으로 원용되는 파편적 기업 인식이 무비판적으로 퍼져 나간다. 사회의 잘못을 기업의 잘못으로 돌리는 현상도 나타난다. 황금알 낳는 거위를 잘 키우기보다 빨리 배를 갈라 잡아먹으려는 사람들의 목소리도 커지고 있다. 이런 상황에서 기업인들조차 '기업企業, enterprise'하는 이유에 대한 확신을 상실하고 외부로부터 강요된 프레임에 갇혀 허우적거린다. 자신의 이데올로기를 굳건히 갖고 닥쳐오는 도전을 극복해 나가기보다 외부에서 몰려오는 요구나 압력과 타협하기에 급급하다.

기업론의 양극화와 반反기업 정서

이렇게 된 데에는 기업을 희생양으로 삼으려는 국내 정치 경제 상황이 복합적으로 영향을 미쳤다. 기업과 기업인들의 잘못도 물론 있다. 세계적 조류가 그렇게 흘러가고 있다는 사실도 무시할 수 없다. 그러나 근본적으로는 '기업은 왜 존재하는가'에 대한 인식이 제대로 확립되지 않았기 때문에 벌어지는 일이다. 기업활동을 둘러싸고 이해관계가 엇갈리는 사람들끼리 갈등이 일어나는 것은 어쩔 수 없는 일이다. 그러나 기업의 존재 이유에 대해 상식선에서 공유되는 인식의 폭이 넓어지면 그 기반 위에서 무엇을 어떻게 해야 하는가에 관해 더 합리적 논의가 이루어지고 건설적 대안을 마련하기 쉬워진다. 반면 기업의 존재 이유에 대해 공통 기반이 없으면 기업을 둘러싼 갈등은 해결의 길로 나아가기보다 증폭될 가능성이 높아진다. 철학이 다른 사람들끼리의 대화는 싸움으로 바뀌기 쉽다.

상식선에서 폭넓은 기업론이 자리 잡지 못하는 일차적 책임은 나와 같은 학자들에게 있다. 기업인과 금융인, 정치인, 정책 담당자들은 업무의 최전선에서 자신이 맡은 일들을 해 나가기에 바쁘다. 근본적인 문제들을 파고들 만한 여유가 없다. 학자는 업業으로 이런 것들에 대해 연구하라는 소명을 부여받은 사람이다. 지식사회가 진전되면서 전 세계적으로 인구 대비 학자 비중도 계속 높아지고 있다. 그렇지만 불행히도 그 많은 학자들 중에서 각 분야의 철학적 과제를 놓고 씨름하는 이들은 갈수록 줄어들고 있다. 학자들에 대한 성과 평가가 단기화·정량화되고 있기 때문에 나타나는 현상이기도 하다.

한국의 대학들에 경영대학과 경제학부가 그렇게 많이 있지만 '기업론'을 가르치는 강좌는 거의 없다. 기업론에 관해 제대로 된 논문을 낸 학자도 찾기 힘들다. 경영학은 경영 철학을 세우고 다듬기보다 기업 현장에 부분적 조언을 하는 '기술적 학문'의 길을 강하게 걸어가고 있다. 경제학은 기업을 주된 연구 대상에서 소외시킨 지 이미 상당히 오래되었다. 기업과 경제를 함께 묶어서 연구하기보다 기업 관련 연구를 경제학의 외부로 추방하는 이상한 원심력이 작용해왔다. '기업 없는 경제학의 비극'을 학생이나 기업인, 정책 담당자 모두가 겪고 있다.[1]

해외의 유명 비즈니스스쿨이나 경제학부도 정도의 차이는 있지만 마찬가지 경향을 보이고 있다. 기업의 원리와 현실을 포괄적으로 파악하기보다 '주주가치론'이라는 시장근본주의 기업론이 갈수록 지배하고 있고, 이에 비판적인 사람들은 '이해관계자론'이라는 공익 근본주의 기업론으

---

1   신장섭(2016a) 및 신장섭(2008)의 1.3절, '경제학, 왜 현실 경제와 동떨어지나' 참조.

로 흐르고 있다.[2] 이 과정에서 기업이 실제로 활동하는 폭넓은 중간 지대에 관한 기업론은 학계에서 갈수록 자리를 잃어가고 있다. 기업을 잘 굴러가게 해서 국부와 고용을 어떻게 창출할 것인지에 대한 실천적 담론이 줄어들고 반기업 여론과 정책이 강화되는 데에는 이러한 기업론의 양극화가 미친 영향이 크다.

'불멸不滅의 존재' 법인法人과 혁신을 향한 시장경쟁
– 두 개의 공리公理, axiom

이 책은 기업의 존재 이유를 근본적으로 살펴 기업에 씌운 불합리한 질곡을 걷어내고 기업과 기업인이 자신의 정체성을 확립할 수 있도록 도와주는 한편, 경제가 활력을 찾고 건전한 성장을 해 나가는 데 기여할 수 있도록 기획됐다. 다양한 독자층이 기업과 관련된 복잡다기한 내용을 쉽게 이해할 수 있도록 이 책은 상식을 가진 사람이라면 누구나 동의할 수밖에 없는 두 가지 현실에서 출발한다. 하나는 현대사회에서 규모가 어느 정도 되는 기업의 대부분은 법인 설립을 통해 주식회사로 운영된다는 사실이고, 다른 하나는 이 기업들이 끊임없는 시장경쟁에 직면해 있다는 사실이다. 기업을 이해하는 두 가지 공리公理, axiom라고 할 수 있다.

불멸의 가상적 존재로서 법인 개념이 생긴 것은 로마 시대로 거슬러 올라간다. 법인 형태의 기업이 탄생한 것은 14세기 중반 유럽에서였다. 지금은 전 세계 거의 모든 나라에서 세 사람만 모이면 누구나 법인을 순식

---

2   3.4절, 3.5절, 5.1절 및 7.1절 논의 참조.

간에 뚝딱 만들어낼 수 있다. 법인을 통한 주식회사 설립은 사멸死滅하는 인간의 한계를 넘어 기업이 영속永續할 수 있는 제도적 기반을 마련해주었고, 기업은 이 기반을 적극 활용하며 번성해왔다. 주식회사 제도 없이 자본주의가 이렇게 크게 생산력을 확대할 수 있었을지 상상하기 힘들다.

기업이 처한 또 다른 현실은 시장경쟁에 직면해 있다는 사실이다. 기업이 존재하기 위해서는 지속적으로 값싸고 질 좋은 제품과 서비스를 창출해서 소비자들의 선택을 받아야 한다. 주식회사 제도를 통해 영속할 수 있는 법적 기반은 갖췄지만 기업의 평균수명은 그렇게 길지 않다.[3] 경쟁에서 뒤처지는 기업들이 많기 때문이다. 그러나 자본주의는 지속적인 혁신을 통해 성장하거나 새로이 도전하는 기업들이 탄생하면서 역동성을 유지한다. 그래서 조셉 슘페터Joseph Schumpeter는 자본주의의 본질을 '창조적 파괴creative destruction'라고 갈파했다. 주식회사 제도를 통해 영속의 필요조건은 마련되었지만 기업은 끊임없는 혁신을 통해 그 충분조건을 채워나가야 하는 운명에 놓여 있다고 할 수 있다.

'8대 기업명제'와 '내사랑이 그룹 기업사史'

이 책은 법인과 시장경쟁이라는 두 가지 공리에서 출발하여 기업의 존재이유와 운영 양식에 대한 '8대 기업명제'를 아래와 같이 제시한다(상세 내용은 24쪽 '8대 기업명제와 따름정리' 참조).

---

3   예를 들어 2016년 기준으로 미국 대기업들의 평균수명은 18년에 불과했다(2.1절).

기업명제 1 주주는 주식의 주인일 뿐이다. 기업의 주인은 기업 자신이다.

기업명제 2 법인이 만들어지는 순간 기업의 소유와 통제는 근원적으로 분리된다.

기업명제 3 기업은 영속을 추구한다.

기업명제 4 기업의 존재 이유는 값싸고 질 좋은 제품·서비스를 지속적으로 창출하는 것이다.

기업명제 5 비즈니스그룹은 법인 간 자산 분할을 통해 확장한다. 다국적기업도 마찬가지다.

기업명제 6 기업은 적법한 범위에서 자유롭게 가치를 추구한다.

기업명제 7 좋은 경영 성과를 내는 지배구조가 좋은 기업지배구조다.

기업명제 8 기업통제의 기본 원칙은 권리와 책임의 상응이다.

이렇게 기업명제를 만들어낸 이유는 수학에서 순수하게 논리적 추론 과정을 통해 아무도 부정하지 못하는 일반적 진실을 내놓는 것처럼, 법인을 통한 주식회사 설립과 시장경쟁이라는 두 가지 공리로부터 도출되는 논리를 상식선에서 따라가면 독자들이 기업에 관해 받아들일 수밖에 없는 보편적 진실을 마주할 수 있게 해주기 위해서다. 그래서 독자들이 기업과 관련된 핵심 사안들에 대해 '이럴 수도 있고 저럴 수도 있다'고 막연하게 아는 것이 아니라 '이렇다', '저렇다'를 명확하게 이해할 수 있고 그것들을 기반으로 기업활동의 전반적인 모습을 그려볼 수 있도록 기획했다.

이와 함께 '내사랑이(주)'라는 AI 애완동물 기업을 설립해서 다국적기업으로, 더 나아가 다행성기업으로 키워 나가는 가상체험을 하면서 어떤 원리들이 기업 현실에서 작동하는지 설명하는 방법을 채택했다(27쪽 '내사랑이 그룹의 이정표' 참조). 이 가상체험은 팩션faction 방식을 취했지만 기술 수준에서 현실을 조금 앞서갔을 뿐 기업을 경영하는 원리와 실제는 현실과 똑같도록 노력했다. 이 책은 8대 기업명제와 내사랑이 그룹 기업사를 씨줄과 날줄로 엮은 '기업 존재 이유 해명서'라고 할 수 있다.

이런 서술 방식을 택한 것은 기업인, 금융인, 정책 담당자, 법률가, 학자, 학생 등 폭넓은 독자층의 상식에 직접적으로 호소하기 위해서다. 독자들이 여덟 가지 기업명제를 이해한 뒤 기업 설립 및 성장 과정에서 이 명제들이 실제로 어떻게 적용되는지를 한 기업의 발전사를 통해 추적할 수 있도록 했다. 필자 스스로도 "내가 기업인이라면 기업을 세우고 키워 나가는 과정에서 주요 판단을 어떤 근거에서 내렸을 것인가"를 성찰하면서 쓴 글이기도 하다. 또 기업명제와 기업 성장사를 엮어서 기업론을 정리했기 때문에 독자들이 복잡다기한 논쟁의 핵심에 좀 더 쉽게 다가설 수 있을 것이라고도 기대한다.

그렇다고 이 책이 비非학술서는 아니다. 여기에는 법학, 경제학, 경영학에 걸쳐 1세기 이상 지속된 학술 논쟁을 총정리하고 마무리 지으려는 학자적 야심이 들어 있다. '기업은 왜 존재하는가'에 관해서는 웬만한 의욕과 노력 없이는 접근조차 하기 어려울 정도로 무수한 논문과 책이 쌓여 있는 상황이다. 그 자료들을 소화하는 것 자체도 쉽지 않은 일이다. 또한 이 책에는 존재론ontology과 목적론teleology 등 철학적으로 깊이 들어가 검토해야 할 사안도 포함되어 있다. 나는 그동안 기업론의 종결편을 만들겠다는 생각에서 오래도록 이 책을 준비했으며, 그 내용에 있어서 스스로 설정했던 목표에 거의 도달했다고 자부한다. 나머지는 독자가 판단할 몫이다.

해외나 국내에서 기업의 존재 이유에 관해 혼선이 일어나는 중요한 이유는 지난 1세기가량의 논쟁이 주식 지분이 분산되어 전문경영 체제가 들어선 미국의 대기업 위주로 진행되었기 때문이다. 그러나 국제적으로 보면 이것은 미국의 특수론일 뿐이다. 전 세계에는 대기업에 대주주가 있는 나라들이 훨씬 많다. 실제로는 미국 내에서조차 특수론이다. 미국에서도 중소·중견 기업들은 대부분 대주주경영 체제다. 대기업 중에서도 대주주경영 체제인 곳이 제법 많다. 법인의 숫자로만 따지면 미국에서 전문경영 기업은 0.2%도 되지 않는다.[4]

그렇지만 미국이 학문적·경제적 헤게모니를 쥐고 있다 보니 이 특수론이 세계적 일반론으로 둔갑해서 다른 나라에 적용되는 움직임이 강하게 전개되어왔다. 1980년대부터 전 세계로 퍼져 나간 기업지배구조 논쟁이나 2008년 세계금융위기 이후 진행된 스튜어드십 코드 논의 등은 이 특수론의 일반화 과정이라고 할 수 있다.[5] 보편적 기업론을 확립하려면 창업 이후 대기업으로 성장해 나가는 전 과정을 살펴야 하고, 전 세계의 다양한 기업들이 어떤 존재론과 목적론, 통제방식으로 운영되는지를 종합적으로 비교해야 한다.

자유주의적 법인실체론

이 책이 내놓는 기업론은 '자유주의적 법인실체론'이다. 법인은 처음에 개념으로 시작했지만 시간이 흐르면서 수많은 기업들을 만들고 돌아가게

---

4 3.4절 및 4.3절 참조.
5 기업지배구조론에 관해서는 4.2절, 4.4절 및 5.1절 참조. 스튜어드십 코드에 대해서는, 보론 '스튜어드십 코드의 5대 왜곡과 중장기 투자 북돋는 기관-기업 규준 5대 제안' 참조.

하는 사회적 실체가 되었다. 기업활동에 대해 주주가 유한책임을 질 수 있게 해주고, 자신은 무한책임을 지면서 실체성을 공고하게 확립했다. 민족이나 국가, 종교 등이 개념이지만 사회적 실체가 되어 있고 강력한 사회적 기능을 수행하는 것과 마찬가지다. 법인격法人格을 가진 독립체로서 기업은 자신의 가치를 설정할 수도 있고, 바꿔 나갈 수도 있다. 자연인이 자신의 가치관을 세울 수도 있고, 특별한 가치관을 세우지 못하며 지닐 수도 있고, 가치관을 대외에 공표할 수도 있고, 혼자만 마음속에 갖고 살 수도 있고, 시간이 지나며 가치관을 바꿀 수도 있는 것과 마찬가지다. 대부분 나라의 상법에서 기업은 '적법한 범위에서' 자유롭게 목적과 방법을 추구할 수 있는 영리법인으로 규정되어 있다(**기업명제 6**). 영리를 추구하는 데 목적과 방법을 선택할 수 있는 자유가 주어졌기 때문에 기업은 창의성과 효율성을 발휘할 수 있는 것이다.

현재 학자와 정책 담당자, 금융인뿐만 아니라 기업인들까지도 사로잡고 있는 주주가치론이나 이해관계자론은 특정 이데올로기나 이해관계로 기업을 재단하고 법인의 실체를 부인하는 공통점을 갖고 있다. 주주가치론은 주주가 기업의 주인이니까 주주 가치를 극대화하기 위해 기업을 경영해야 하고 그래야 효율적이 된다고 주장한다. 이 관점에서는 주주가 실체이고 기업은 주주 이익을 반영하는 껍데기에 불과하다.[6] 한편 이해관계자론은 사회와 기업의 경계를 마음대로 허문다. 외부인이 '코에 걸면 코걸이, 귀에 걸면 귀걸이', 즉 이얼령비얼령식으로 자신이 중시하는 가치를 기업이 좇아야 한다고 규정하는 기업론이다.[7] 주주가치론과 이해관계지

---

6   3.4절 참조.
7   3.5절 참조.

그림 I. 주주가치론과 이해관계자론에서 본 기업

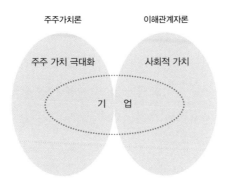

론의 관점에서 본 기업의 모습은 〈그림 I〉과 같을 것이다. 기업의 현실은 양극단에 있는 이데올로기의 협공에 의해 억눌리고 찌그러져 있다.

그러나 법인실체론에 입각하면 세상이 완전히 다르게 보인다. 주주는 주식의 주인일 뿐 기업의 주인이 아니다. 기업의 주인은 법인이다(기업명제 1). 법인은 자유로이 이익과 사회적 가치의 조합을 추구할 수 있는 독립적 실체다. 주주 이익만 추구할 수도 있고, 사회적 기업과 같이 사회적 가치 추구를 주목적으로 삼을 수도 있다(그림 II 참조). 그렇지만 실제로 대부분의 기업은 중간의 넓은 회색 지대에서 이익과 사회적 가치의 다양한 조합을 만들어낸다. 이 조합이 고정되어 있는 것도 아니다. 기업은 자유롭게 판단하며 조합을 바꿔 나갈 수 있다. 개인이 자신의 가치관을 시간이 흐르면서 바꿀 수 있는 것과 마찬가지다.

법인으로 조직된 기업에게는 주주 가치와 사회적 가치 간의 선택보다 존재론을 실현하는 것이 훨씬 더 중요한 일이다. 법인이 되는 순간 영속의 사명을 부여받고(기업명제 3) 이를 달성하기 위해 끊임없이 혁신해서

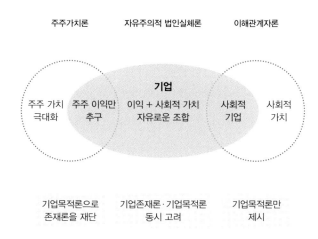

그림 II. 자유주의적 법인실체론

주주가치론　　　　자유주의적 법인실체론　　　　이해관계자론

주주 가치　주주 이익만　　**기업**　　사회적　사회적
극대화　　추구　　이익 + 사회적 가치　기업　가치
　　　　　　　자유로운 조합

기업목적론으로　　기업존재론·기업목적론　　기업목적론만
존재론을 재단　　동시 고려　　제시

소비자의 선택을 받아야 하기 때문이다(**기업명제 4**). 기업에게는 이 숙명적 존재론을 실현하는 것이 일차적 과제다. 아무리 고귀한 사회적 가치를 추구한다 하더라도 값싸고 질 좋은 제품과 서비스를 지속적으로 창출하지 못하면 기업은 사멸한다. 존재 자체가 의미 없어진다.

　기업은 존재론을 달성하는 과정 자체에서 대단히 큰 사회적 기여를 한다. 무엇보다도 소비자 만족이라는 선물을 선사한다. 실제로 많은 경영학자들이나 경영자들이 '소비자 만족'을 기업의 존재 이유로 정의한 바 있다. 예를 들어 경영학의 창시자 피터 드러커Peter Drucker는 "기업의 존재 이유는 고객을 만들고 지키는 것"이라고 말했다.[8] 기업은 이 과정에서 일자리도 창출한다. 협력 업체들이 커 나가는 것도 도와준다. 국가에 세금을

8　2.1절 참조.

내서 인프라 구축이나 복지 재원 마련에도 기여한다. 기업이 이렇게 존재론을 실현하는 과정에서 하는 사회적 기여는 기업 목적론에서 별도의 사회적 가치를 추구하는 것보다 훨씬 더 크고 본질적인 기여다.

주주가치론이나 이해관계자론은 기업의 존재론에 대해 눈감는 기업목적론이다. 주주가치론은 기업이 주주 가치라는 목적을 추구하면 기업의 존재론이 저절로 실현되고 경제도 좋아진다는 비논리적이고 비현실적인 전제를 갖고 있다. 법인은 주주 가치 실현을 위한 '법적 픽션fiction'에 불과한 존재로 취급한다.[9] 이해관계자론은 기업존재론에 대해 아무런 관심도 기울이지 않고 사회적 가치만을 내세운다. 그리고 기업과 사회의 경계를 외부인들이 마음대로 허문다. 그러나 현실 세계에서의 기업은 존재론 실현에 최우선 과제를 두고 그 범위 내에서 목적과 방법을 자유로이 선택한다.[10]

이 책은 법인이 '껍데기'가 아니라 사회적 실체라는 일반적 사실에서 출발해야 기업회계, 이사회와 주주총회의 관계, 이사회 구성 및 운영 원칙, 비즈니스그룹 및 다국적기업의 성장까지도 일관되게 설명할 수 있는 보편적 기업론이 만들어진다는 사실을 강조한다. 이 보편적 기업론에 입각할 때 소모적인 '기업지배구조' 논쟁도 종결될 수 있다. '좋은 기업지배구조'가 '좋은 경영 성과'를 가져오지 않는다. 오히려 인과관계를 거꾸로 바라봐야 한다. 좋은 경영 성과를 내는 지배구조가 좋은 기업지배구조다 (**기업명제 7**).

이러한 보편적 기업론에 입각하면 기업통제에 관한 일반 원칙을 세

---

9   Jensen and Meckling(1976), 1.4절 참조.
10   3.4절 및 3.5절 참조.

우는 것도 쉬워진다. 이 책은 '권리와 책임의 상응**(기업명제 8)**'이라는 오래되고 잘 확립된 보편적 통제 원칙을 제시한다. 다른 조직에서와 마찬가지로 기업에서도 통제력을 강하게 발휘하는 주체일수록 책임을 많이 지고 통제력을 약하게 발휘하는 주체일수록 책임을 적게 져야 한다. 책임을 적게 지는 주체가 많은 권리를 요구할 수 없다. 주주, 경영인, 이해관계자 모두에게 공통적으로 적용해야 하는 원칙이다. 이렇게 보편적 통제 원칙을 확립할 때 기업을 '장기번영공동체'로 발전시켜 나가는 실천적 대안도 제대로 마련될 수 있다.[11]

이 책의 독자는

이 책은 폭넓은 독자층의 관심에 부응할 수 있도록 기획되었다. 이 책의 첫 번째 독자는 기업인이다. 기업 생활을 시작하는 신입사원에서부터 최고경영자까지 이 책을 읽으면서 내가 왜 기업에서 일하는지에 대해 자기 성찰을 할 수 있고 어떤 원칙에 따라 중요한 의사 결정을 내려야 할지 생각하는 데 도움이 될 수 있기를 바란다. 또 기업 생활을 하면서 부분적으로 고민하고 궁금하던 내용들이 8대 기업명제와 내사랑이 그룹 스토리를 통해 전체적인 그림으로 합쳐질 수 있기를 기대한다. 그래서 이 책이 '경영 수탁자'로서 기업인의 이데올로기를 확립하는 데 밑거름이 된다면 글쓴 사람으로서 가장 큰 수확이 될 것이다.

두 번째 독자는 판사, 검사, 변호사, 법학자 등 법률가다. 기업 문제와

---

[11]   7장 및 에필로그 참조.

관련해서 법률가를 만나거나 판결문, 검사 논고 등을 접하면서 느꼈던 것은 법조계에 반기업 정서가 상당히 강하다는 사실이었다. 그렇게 된 한 가지 이유는 많은 법조인들에게 법률을 배우는 과정과 기업을 배우는 과정이 분리되어 있기 때문인 것 같다. 상법에서 법인 설립의 원칙 및 운용 방식에 대해 배우지만, 기업에 대해서는 대부분 주주가치론이나 이해관계자론으로 배우는 것이다. 따라서 법인이라는 실체와 주주가치론·이해관계자론 간의 불일치가 제대로 다루어지지 않고 법인실체론이 기업의 현실에서 어떻게 적용되는지에 대한 인식이 크게 결여되어 있다.

　이것은 한국만의 현상이 아니다. 미국 대기업의 절반 이상이 본사를 두고 있는 델라웨어주의 대법관 윌리엄 앨런William Allen은 미국 법조계가 '기업에 대한 정신분열적 사고schizophrenic conception of the business corporation'에 사로잡혀 있다고 지적한다. 미국의 법체계가 법인실체론에 입각해 있는 데 반해, 대다수의 법률가들은 주주가치론에 입각한 기업 인식을 갖고 있다는 것이다.[12] 학계에서도 법경제학 분야가 만들어진 지 상당히 오랜 시간이 흘렀지만 기업에 대한 인식이 법체계와 통합되지 못 하고 있다. '법 따로 경제 따로' 혹은 경제 이론을 법 분야에 단순 적용한 경우가 대부분이다. 이 책은 나름대로 법학, 경제학, 경영학을 통합시키려고 노력했다. 8대 기업명제와 내사랑이 그룹 스토리가 법률가들의 마음속에 통합된 체계로 받아들여지고 법을 집행하거나 법률 자문을 주는 데 도움이 된다면 글 쓴 사람으로서 또 하나의 수확을 거두었다고 기뻐할 수 있을 것 같다.

　세 번째 독자는 기업 관련 정책을 만들고 집행하는 정치인과 정책 담

12　Allen(1992). 앨런의 견해에 대한 설명은 3.4절 참조.

당자다. 공익을 위해 일한다는 고귀한 이상은 현실에 대한 충실한 이해를 통해 실천되어야 한다. 그러나 공익을 위해 내놓는 숱한 법안과 정책이 기업이 처한 현실을 제대로 고려하지 않는 것은 물론이고, 법 제도 내에서조차 상당한 불일치를 야기하고 있다. 이 책은 특히 공정거래 정책이 법인 보유 지분을 '가공자본'으로 취급해 법인의 실체를 부인하며 상법과 강하게 충돌하고 있다는 사실을 강조했다.[13] 이 책이 기업 관련 정책의 합목적성과 규제 체계의 일관성을 재검토하는 단초를 제공해서 정치가나 정책 담당자들의 공익 활동에 도움이 될 수 있다면 그것 또한 큰 수확일 것이다.

네 번째 독자는 연기금, 투신사, 증권사, 은행 등에서 일하는 금융인이다. 펀드자본주의 추세에 따라 금융 투자자의 힘이 갈수록 강화되고 이들이 투표나 관여engagement 등의 수단을 통해 기업에 영향력을 행사하는 일이 이래저래 많아지고 있다. 금융 투자자의 관점에서 개진되는 기업지배구조론이나 스튜어드십 코드 등은 금융 투자자의 이해관계와 기업의 이해관계가 일치한다는 전제에서 출발한다. 그와 달리 이 책은 기업의 경영 논리와 금융 투자자의 투자 논리 간에는 충돌할 여지가 상당히 크다는 사실을 강조한다. 경영인과 금융 투자자 간에 고객이 서로 다르기 때문이다.

경영인은 기업존재론 실현의 과업을 부여받은 '경영 수탁자business-managing trustee'이고 금융 투자자는 고객이 맡긴 돈을 잘 관리하는 임무를 맡고 있는 '자금 수탁자money-managing trustee'다. 고객이 다르기 때문에 또 고객이 원하는 내용이 다르기 때문에, 경영 수탁자와 자금 수탁자가 수행

―――――――――
13　5.2절, 5.4절 및 에필로그 참조.

하는 내용이 같을 수가 없고 양자 간의 이해관계가 항상 일치하기를 기대할 수가 없다.[14] 자금 수탁자는 기업에 대해 영향력을 행사하려 할 때 경영 수탁자가 자신과 많이 다른 수탁자 의무를 갖고 있다는 사실을 잘 이해해야 한다. 이 책을 통해 금융인의 기업에 대한 이해 폭이 넓어져서 금융 투자자와 기업 간에 충돌할 여지가 줄어들고 건설적 소통이 이루어지는 데 도움이 된다면 많이 반가울 것이다.

다섯 번째 독자층은 학자다. 오래된 학술 논쟁에 종지부를 찍겠다는 야심이 담긴 작품이니만큼 관련 분야의 학자들이 이 책을 많이 읽고 좋은 평가를 해주기를 바란다. 학자 그룹에서는 이 책이 다제적interdisciplinary 접근 방식을 택했다는 사실에 주목해주기를 기대한다. 이 책은 법학, 경제학, 경영학을 함께 보며 포괄적 체계를 구축하려고 시도했다. 현재 학계는 지나치게 전문화에 치우치는 경향을 보이고 있다. 표면적으로는 물론 다제적 연구의 필요성이 제기된다. 그렇지만 학계의 평가 시스템은 전문화 중심으로 구축되어 있어서 개별 분야에서만 창고 탑을 높게 쌓아가는 '사일로화silofication'가 진행되고 있다. 같은 학과에 속해 있으면서도 옆방 동료가 무슨 연구를 하는지 모르는 경우가 다반사다. 이 책이 기업과 법학, 경제학, 경영학 분야에 있는 개별적 '창고 탑silo'을 벗어나 여러 가지 창고 탑들을 저변에서부터 어떻게 연결시킬 것인지, 그래서 기업론에 대한 종합 창고를 어떻게 건설할 것인지 고민하는 학자들에게 의미 있는 학문적 제안이기를 바란다.

복잡한 학술 논쟁에 너무 깊이 들어가지 않고 이 책의 내용을 빨리 이

---

14 5.3절 참조.

해하기를 원하는 독자가 취할 수 있는 한 방법은 5장 '지배구조 개혁론 비판'을 건너뛰고 읽는 것이다. 4장에서 설명한 **기업명제 7** "좋은 경영 성과를 내는 지배구조가 좋은 기업지배구조다"를 이해하고 공감하면 바로 6장으로 넘어가 **기업명제 8** "기업통제의 기본 원칙은 권리와 책임의 상응이다"를 읽을 수 있도록 기획했다. 물론 5장도 복잡다기한 지배구조 개혁론의 실체를 가능한 쉽고 명확하게 설명하려고 노력했다. 다른 장과 마찬가지로 '기업은 왜 존재하는가'라는 근원적 질문의 연장선상에서 기업과 기업 주변에서 벌어지는 다양한 현상을 체계적으로 파악하는 데 도움이 되는 장이기를 기대해본다. 한편 스튜어드십 코드에 대한 다소 복잡한 내용도 본문에서는 간단하게 언급하고, 보론 '스튜어드십 코드의 5대 왜곡과 중장기 투자 북돋는 기관-기업 규준 5대 제안'에서 더 상세하게 설명했다. 스튜어드십 코드의 실상에 대해 더 깊이 이해하기 원하는 독자에게 도움이 되는 보론이기를 바란다.

이 책을 만드는 과정에서 수많은 동료, 가족, 친구, 지인의 도움을 받았다. 이 자리에 일일이 다 밝히지 못하지만 그분들에게 깊이 감사드린다. 싱가포르 국립대학(C-122-000-031-001)과 서울대학교 경제연구소 국가경쟁력연구센터의 오랜 연구 지원에 감사를 표한다. 이 책은 2018년부터 대한민국 교육부와 한국학중앙연구원(한국학진흥사업단)을 통해 한국학 세계화 랩 사업의 지원(AKS-2018-LAB-1250001)을 받아 수행된 연구임을 밝힌다. 연구조교 숀 윙Shawn Wong과 김희수의 도움에 따로 고마움을 전한다.

8대 기업명제와 따름정리

기업명제 1 주주는 주식의 주인일 뿐이다. 기업의 주인은 기업 자신이다.

> **따름정리 1-1** 기업의 최고 의사 결정 기구는 이사회다. 주주총회는 제한된 범위에서 주어진 사안에 대해서만 권한을 갖고 있으며, 이사회가 결정한 사안들에 대해 번복할 권한이 없다.
>
> **따름정리 1-2** '오너 경영'은 틀린 말이다. '대주주경영'이라는 표현을 써야 한다.
>
> **따름정리 1-3** 기업은 이사회를 정점으로 한 위계 조직이다. 경영자의 권위는 위계 조직상의 위치에서 비롯된다.

기업명제 2 법인이 만들어지는 순간 기업의 소유와 통제는 근원적으로 분리된다.

> **따름정리 2-1** 법인 덕분에 기업, 주주, 거래처 모두 개체보호를 받고 유한책임을 지게 된다.
>
> **따름정리 2-2** 19세기 후반 이후 미국의 주요 대기업에 대주주가 없어지고 주식 지분이 분산되면서 '경영자본주의'가 나타난 현상에 대해 '소유와 통제의 분리'라고 하는 것은 틀린 말이다. 통제력 발휘 수단이 '대주주 통제'에서 '전문경영인 통제'로 바뀐 것일 뿐이다.

기업명제 3 기업은 영속을 추구한다.

기업명제 4 기업의 존재 이유는 값싸고 질 좋은 제품·서비스를 지속적으로 창출하는 것이다.

기업명제 5 비즈니스그룹은 법인 간 자산분할을 통해 확장한다. 다국적기업도 마찬가지다.

따름정리 5-1 비즈니스그룹과 다국적기업에는 똑같은 규제 원칙이 적용되어야 한다. 다국적기업에 가하지 않는 규제를 비즈니스그룹에만 적용하는 것은 자산분할 원리에 대해 무지하거나 편파적이기 때문이다.

기업명제 6 기업은 적법한 범위에서 자유롭게 가치를 추구한다.

따름정리 6-1 기업의 자유로운 가치 추구는 개인이 자유롭게 가치를 추구하는 것과 마찬가지다. 그 가치를 밝히지 않을 수도 있고, 정관에 정할 수도 있고, '사업판단준칙' 내에서 다양한 가치를 추구할 수도 있다.

따름정리 6-2 기업이 이윤 극대화를 추구한다는 것은 신고전파 경제학과 마르크스 경제학이 만들어낸 허구일 뿐이다. 기업은 영리법인으로서, 이윤을 얼마나 많이 어떤 방법으로 추구할 것인지는 개별 기업이 알아서 결정할 사안이다.

따름정리 6-3 주주가치론은 금융 투자자들이 만들어낸 허구다. 기업은 주주들이 '적절한 이익'을 올리도록 노력하면 된다. 이것이 주식을 발행할 때 주주에게 원래 약속한 내용이다.

따름정리 6-4 이해관계자론은 사회주의 아니면 '이얼령비얼령' 기업목적론이다.

기업명제 7 좋은 경영 성과를 내는 지배구조가 좋은 기업지배구조다.

따름정리 7-1 좋은 경영 성과를 내는 전략과 조직이 다양한 것과 마찬가지로 좋은 기업통제방식은 다양할 수밖에 없다.

따름정리 7-2 이상적 지배구조를 내세우는 '기업지배구조론'은 기업통제와 경영 성과 간의 다양한 관계를 무시하는 허구다. 금융 투자자의 입장이 논리와 실증 없이 힘으로 밀어붙여 만들어진 것이다.

기업명제 8 기업통제의 기본 원칙은 권리와 책임의 상응이다.

따름정리 8-1 대주주는 통제력에 준하는 책임을 져야 한다. 대주주에 적용되는 권리와 책임의 상응 원칙이 '지배 주주 독트린The doctrine of dominant stockholders'이다. 대주주가 법인을 활용해서 책임은 적게 지고 권한을 많이 행사할 때에는 '법인 베일 뚫기 독트린The doctrine of piercing the corporate veil'이 적용된다.

따름정리 8-2 소수 주주도 책임지는 한도 내에서 기업에 대한 통제력을 발휘해야 한다. '주주행동주의'는 일부 소수 주주들이 책임은 거의 지지 않고 권리만 많이 행사하는 도구로 사용되고 있다.

따름정리 8-3 이해관계자론은 공익을 겉으로 내세워 책임은 지지 않고 권리만 행사하는 도구가 되어 있다. 이해관계자들이 기업에 공익을 요구하려면 적법한 절차를 거쳐 정부 정책으로 시행되도록 하는 것이 권리와 책임 상응 원칙에 부합한다.

내사랑이 그룹의 이정표

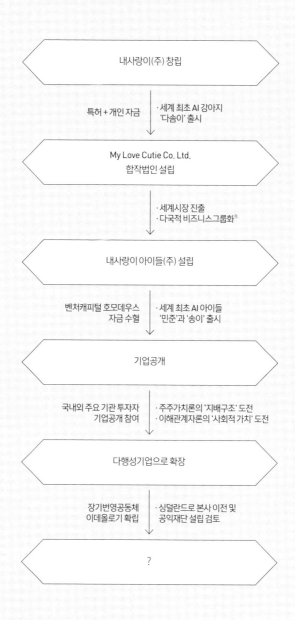

내사랑이(주) 창립

특허 + 개인 자금 · 세계 최초 AI 강아지 '다솜이' 출시

My Love Cutie Co. Ltd.
합작법인 설립

· 세계시장 진출
· 다국적 비즈니스그룹화[4]

내사랑이 아이들(주) 설립

벤처캐피털 호모데우스 · 세계 최초 AI 아이들
자금 수혈 '민준'과 '송이' 출시

기업공개

국내외 주요 기관 투자자 · 주주가치론의 '지배구조' 도전
기업공개 참여 · 이해관계자론의 '사회적 가치' 도전

다행성기업으로 확장

장기번영공동체 · 싱덜란드로 본사 이전 및
이데올로기 확립 공익재단 설립 검토

?

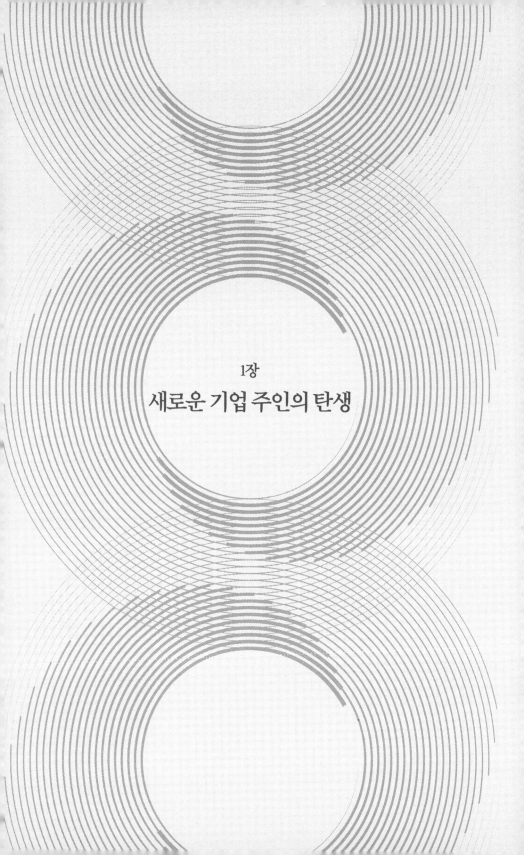

1장
새로운 기업 주인의 탄생

기업은 왜 존재하는가를 둘러싸고 벌어지는 가장 큰 혼선은 기업 소유권에 대한 오해와 왜곡에서 비롯된다. 기업이 특정인에게 소유되어 있다면 기업은 그 사람을 위해 존재한다. 기업의 존재 이유에 대해 괜히 얘기할 필요가 없다. 그러나 현대사회에서 대부분의 기업은 법인 형태를 취한다. 법인이 기업의 자산을 소유하고 그것을 기반으로 경영활동이 이루어진다. 대부분의 나라에서 법인설립은 대단히 쉽고 자유롭다. 정부 허가를 받을 필요도 없고 몇 가지 요건만 갖춰 신고하면 회사가 금세 만들어진다. 전자신고로 법인설립을 허용하는 나라도 많아지고 있다. 법인에 의한 주식회사 설립은 현대사회에서 어느 누구도 부인하지 못하는 보편적 기업 운영 방식으로 자리 잡고 있다.

그럼에도 불구하고 세간에는 기업이 특정인에 소유되어 있다는 인식이 지배적으로 깔려 있다. 상당수의 학자들조차 법인이 만들어지고 운영되는 기본 원리를 무시한 채 기업이 누군가에게 소유되어 있다는 전제하에서 이론을 만들고 자기주장을 내세운다. 현재 학계나 금융계 등에 팽배한 '주주가치론'이 대표적 사례다. 주주들이 기업을 소유하고 있는 주인이니까 경영진은 '주주 이익 극대화'를 목표로 경영해야 한다는 것이다. 국내에서 재벌의 경영 방식을 '오너 경영'이라고 표현하는 것도 마찬가지다. 재벌 가족이 기업을 소유하고 있고, 그러니까 이들이 경영상 중요한 결정을 내린다는 생각이 깔려 있다.

그러나 법인의 존재와 기업 자산의 실제 소유권, 기업을 둘러싼 각종 거래 계약, 기업 내부에서의 의사 결정 과정 등을 살펴보면 이러한 인식은 완전히 잘못된 것이다. 이번 장에서 제시하는 **기업명제 1** "주주는 주식의 주인일 뿐이다. 기업의 주인은 기업 자신이다"와 **기업명제 2** "법인이 만들어지는 순간 기업의 소유와 통제는 근원적으로 분리된다", **기업명제 3** "기업은 영속을 추구한다"는 기업 소유권에 대한 잘못된 인식을 바로잡고 기업의 실제 행동 양식과 존재 이유를 제대로 이해하기 위한 첫걸음이라고 할 수 있다.

기업은 법인의 형태를 취하는 순간 소유권에 근원적 변화가 일어난다. 기업과 관련된 모든 자산은 법인 소유로 바뀌고 기업이 스스로를 소유하는 체제가 된다. 창업자는 자신이 소유하던 자산을 법인에 내놓는 대신, 기업이 발행한 주식을 소유함으로써 주주, 즉 주식의 주인이 되는 것이다. 이렇게 법인 중심으로 기업의 소유 체제를 바꾸는 것은 기업의 영속을 담보하는 한편, 창업자가 유한책임을 지기 위한 것이다. 개인이 아닌 법인에 기초한 경영은 산업혁명기를 거쳐 자본주의 경제를 비약적으로 발전시킨 제도적 토대였다. 현재 웬만한 기업은 대부분 법인을 통한 주식회사 형태를 취하고 있다는 사실에 비추어 볼 때 **기업명제 1, 기업명제 2,**

기업명제 3은 현대 자본주의의 보편 명제들이다.

1. "주주는 주식의 주인일 뿐, 기업의 주인은 기업 자신이다"

빅데이터 및 컴퓨터 전문가인 김전진과 생명과학 및 두뇌공학 전문가인 이살픔은 인공지능AI 반려견 회사를 만드는 데 뜻을 모았다. 한국에는 이미 반려견 1천만 시대가 열렸다.[1] 많은 사람들이 반려견을 키우면서 큰 비용과 노력을 들인다. 반려견이 세상을 떠나면 가족을 잃은 듯한 비탄에 빠지기도 한다. 어떤 사람들은 반려견이 있으면 좋겠다는 마음은 있지만 집 안이 더러워지는 것도 싫고 정든 반려견과 사별하는 것도 겁나서 아예 키우지 못한다. 무책임하게 버려지는 반려견 때문에 여러 가지 사회문제도 발생한다.

김전진과 이살픔은 실제 반려견과 똑같은 AI 강아지를 분양하면 이런 문제를 상당 부분 해결할 수 있고 고객도 많이 확보할 수 있을 것이라고 생각한다. 한국의 반려동물 시장 규모가 곧 6조 원에 달하는데 그중 10분의 1만 차지해도 괜찮은 기업이 된다. 뿐만 아니라 세계시장에 진출할 수 있으면 진짜 대박이다.[2] 김전진은 AI 강아지가 사람과 감정적으로 소통할 수 있는 알고리즘을 완성했고 특허를 출원하려고 한다. 이살픔도 실제 강아지처럼 느껴지는 인공 피부와 인공 털을 만드는 연구를 끝내고 특허출원을 앞두고 있다. 두 사람 다 국제특허까지 받을 것이라고 확신한다. 회사를 함께 만들면 회사 이름을 '내사랑이My Love Pet'라고 하기로 얘기해 놓은 상태다.

---

1 「한국인 5명 중 1명 반려동물 기른다…문화와 산업 됐다」, 『연합뉴스』, 2017년 2월 19일 자.
2 예를 들어, 2020년 미국의 반려동물 산업 규모는 990억 달러(약 1,200조 원)로 추산된다. 「American Pet Product Association」 웹사이트(https://www.americanpetproducts.org/press_industrytrends.asp).

그런데 두 사람은 돈이 없다. 특허를 출원하고 관리하는 데에도 만만치 않은 돈이 든다. AI 강아지 생산 시설을 만드는 데에는 막대한 자금이 들어갈 수밖에 없다. 이들의 아이디어만 보고 돈을 빌려주겠다는 은행은 없다. 엔젤캐피털, 벤처캐피털도 지금 단계에서는 투자할 수 없다고 물러선다. 다행히 김전진에게는 돈 많은 이종사촌 박현찰이 있다. 박현찰은 어렸을 때부터 김전진을 잘 안다. 김전진의 뛰어난 두뇌와 추진력을 높이 평가한다. 김전진이 좌충우돌하고 가끔 지나치게 욕심을 부리는 면은 경계하고 있다. 이살핌에 대해서는 김전진의 동업자이고 촉망받는 두뇌공학·생명과학자라는 것만 알고 있을 뿐 그 이상은 모른다. 그렇지만 자신이 갖고 있는 돈을 더 크게 불리고 싶은 마음은 있다. 벤처기업에 제대로 투자해서 성공한 '벤처 캐피털리스트venture capitalist'로 불리고 싶은 야망도 있다.

세 사람은 어느 날 모여 회사 설립 방안을 논의했다. 벤처캐피털 등에서 외부 자금을 투자받을 수 있을 정도로 특허를 확보하고 시제품을 만드는 데 50억 원은 들어갈 것으로 추산했다. 현찰 자산만 500억 원 넘게 갖고 있는 박현찰은 50억 원 정도 날려도 괜찮다는 생각으로 가능한 빨리 회사를 만들자고 했다. 지금 단계에서는 앞으로 어떻게 될지 잘 모르니까, 지분을 정확히 따지느라 다투거나 시간 낭비하지 말고 각각 3분의 1씩 나누자고 제안했다. 김전진과 이살핌도 동의했다. 세 사람은 사업을 제일 앞장서서 추진했던 김전진의 특허와 그동안의 노력에 대해 지분 34%를, 이살핌의 특허에는 33%, 박현찰에게는 33%의 지분을 부여하기로 최종 합의했다. 회사를 설립하기 전에 세 사람의 소유권은 〈그림 1-1〉과 같았다.

그림 1-1 회사 설립 전 소유권 관계

세 사람은 각자 개인의 자산을 100% 따로 소유하고 있었다.[3]

세 사람은 회사를 설립하기 위해 변호사와 상의했다. 변호사는 '내사랑이'를 법인으로 만들고 세 사람은 법인이 발행한 주식을 나눠 갖는 것이 가장 편한 방법이라고 조언했다. 다른 사람들의 얘기를 들어봐도 대부분 그렇게 주식회사를 설립한다. 세 사람은 내사랑이(주) 설립에 합의했다. 변호사는 며칠 만에 회사를 만들고 등록해줬다. 그리고 주식회사가 만들어지면서 보유 자산에 대한 소유권이 〈그림 1-2〉와 같이 바뀌었다고 설명했다.

여기에서 주목할 것은, 회사 설립 전 개인에게 소유권이 있던 특허1, 특허2, 50억 원의 자산이 모두 법인 소유로 옮겨졌다는 사실이다. 이것을 각 개인 입장에서 달리 표현한 것이 '자산분할asset partition'이다. 김전진이 갖고 있는 개인 자산에서 특허1이, 이살핌의 개인 자산에서 특허2가, 박현찰의 개인 자산에서 50억 원이 '분할'되어 이 분할된 자산들이 내

---

3   이렇게 가상 기업을 창업하고 성장하는 과정을 통해 기업이 처한 법적 조건을 설명하는 방법은 Robé(2011)에서 영감을 받았다. 이 책에서는 그 논문의 예시에서 정확하지 않은 부분을 수정했다. 또 단순한 예시에 그치지 않고 더 현대적이고 국제적인 기업 성장 스토리를 만들었다.

그림 1-2 내사랑이(주) 설립 후 소유권 관계

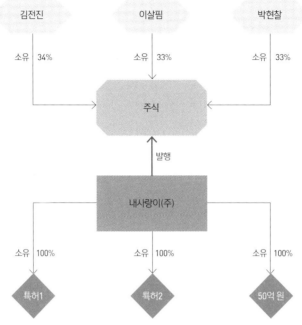

사랑이(주)의 자산으로 귀속된 것이다. 개인이 회사에 넘긴 자산을 되찾을 방법은 없다. 영원한 자산분할이다. 법조계에서 '자본 잠그기capital lock-in', '전향적 자산분할affirmative asset partitioning', '주주로부터의 자산분할asset separation from shareholders', '재매입 조건 부재the absence of a repurchase condition' 등의 용어로 잘 확립되어 있는 사실이다.[4]

그러면 창업자들은 회사에 대해 어떤 권한을 갖는가? 이들은 보유 자산 소유권을 법인에게 넘기는 대신, 법인이 발행한 주식을 받는다. 발행

---

4 Stout(2004); Blair(2003a); Hansmaan and Kraakman(2000); Klein and Coffee(2004); Demsetz(1995); Robé(2011) 등 참조.

주식의 34%를 김전진이, 33%를 이살핌이, 33%를 박현찰이 소유하는 것이다. 그러나 이 주주권은 회사에 대한 소유권이 아니다. 주식에 대한 소유권일 뿐이다. 주주가 만약 기업의 주인이라면 이름을 주주株主라고 붙이지 말고 기업주企業主라고 하든지 사주社主라고 해야 할 것이다. 그러나 기업주나 사주로 불리는 주주는―이것도 법적으로는 틀린 표현이지만―전체 주주 중 극히 일부에 불과하고 아예 없는 경우도 많다.[5] 따라서 이 책은 주주와 기업의 관계에 대해 **기업명제 1** "주주는 주식의 주인일 뿐, 기업의 주인은 기업 자신이다"를 제시한다.

　한자를 사용하는 동양권에서는 영어 단어 'shareholder'에서 'holder'를 '주인'으로 번역했기 때문에 기업 소유권에 대해 혼란이 더 커진 측면이 있다. 원뜻에 충실하려면 '주주'가 아니라 '주식 보유자'라고 했어야 한다. 채권을 갖고 있는 사람, 즉 'bondholder'를 '채주債主' 혹은 '채권주'라 하지 않고 '채권 보유자'라고 말하는 것과 마찬가지다. 두 용어가 비대칭적으로 번역되었기 때문에 혼선이 온다. 그러나 두 용어의 본질은 똑같다. 채권 보유자가 기업 소유권을 갖고 있는 것이 아니라 채권 소유권을 갖고 있는 것과 마찬가지로, 주주도 기업 소유권이 아니라 주식 소유권을 갖고 있는 것이다.

　단지 계약 내용이 다를 뿐이다. 채권 보유자는 기업이 정해진 원금과 이자를 정해진 기일에 꼭 지급한다는 계약에 의해 자신의 권리를 보호받는다. 그 계약을 이행하지 않으면 회사가 부도 처리되고 채권 보유자들이 회사 자산을 처분할 수 있는 권리를 갖게 된다. 반면 주식 보유자는 회사

5　1.6절의 논의와 〈표 1-1〉 및 따름정리 1-2 참조.

로부터 원금이나 배당을 보장받지 않는다. 주가가 떨어지거나 배당을 주지 않는다고 해서 회사가 부도나지 않는다. 대신 이사 선해임권과 합병승인권 등 기업에 대해 행사할 수 있는 권리를 부여받는다. 주식 보유자는 이 권리를 통해 회사에 통제력을 행사할 수 있다. 내사랑이(주) 창업자들도 자산의 소유권을 법인에 넘겼지만 보유 주식에 딸려 있는 통제력을 통해 회사에 영향력을 행사하게 됐다.

그러면 회사는 어떻게 운영되는가? 법인을 만들기 전에는 창업자들이 개별적으로 협의해서 운영한다. 책임도 각자 나눠 진다. 지금도 주식회사를 만들지 않고 파트너십으로 운영되는 회사가 제법 있다. 법조계나 회계 업계에는 파트너십이 주류다. 함께 일하지만 개인 자산을 회사에 귀속시키지 않는다. 각자의 자산을 별도로 갖고 협조한다. 공동 경비는 파트너들이 각출하여 사용한다. 변호사나 회계사가 주식회사보다 파트너십을 주로 선택하는 것은 개인의 네트워크나 역량이 비즈니스를 크게 좌우하는 경우가 많아서 자신이 독보적으로 갖고 있는 자산을 다른 사람들과 공유할 유인이 적기 때문이다. 사업을 진행하는 데 대규모 투자를 해야 할 필요도 없다. 최소한의 부분에서 함께 일하며 각자 비용을 쓰고 각자 돈을 버는 것이 낫다.

달리 표현하면 파트너십에서는 소유와 통제가 분리되어 있지 않다. 내가 갖고 있는 자산을 기반으로 통제력을 행사한다. 파트너십 회사에서는 지분을 많이 갖고 있는 사람이 소유권도 많고 통제력도 강하다. 회사의 최고 의사 결정 기구로 파트너 회의가 있지만 협의체일 뿐이다. '대표 변호사', '대표 회계사' 등의 직함을 사용하지만, 이들이 파트너들을 대표한다는 것일 뿐 주식회사의 최고경영자CEO와 같이 다른 파트너들에게

'명령'을 내릴 수 있는 구조는 아니다.[6]

반면 주식회사는 사업에 필요한 자산이 회사에 모두 귀속되어 있기 때문에 이를 총괄해서 관리할 조직이 필요하다. 주식회사에서 최고 의사 결정 기구는 이사회다. 내사랑이(주) 창업자들은 이사회를 일단 세 명으로 구성하기로 합의했다. 김전진, 이살핌, 박현찰 세 사람 모두 이사로 직접 참여하기로 했다. 이사회 의장은 김전진이 맡았다. 내사랑이(주) 이사회는 첫 번째 회의에서 김전진을 사장 겸 최고경영자로, 이살핌을 부사장 겸 최고기술책임자CTO로 임명했다. 박현찰은 경영진에까지 들어가 시시콜콜 업무를 따지기는 싫었다. 대신 대기업에서 자금 업무를 담당하다가 은퇴한 친척 박찬찬을 전무 겸 최고재무책임자CFO로 추천했다.

2. 소유와 통제의 근원적 분리 – 자산분할과 개체보호, 유한책임

그러면 기업은 왜 대부분 법인설립을 통한 주식회사 체제로 경영되는가? 그것은 '자산분할asset partition'을 통해 '개체보호entity shielding'가 이루어져 투자 결정 및 집행, 자금 조달, 자금 배분, 인력 고용 등의 경영활동에서 직면하는 불확실성을 상당 부분 해소하고 합리적인 수준의 위험을 부담하며 기업 규모를 키워 나가기에 용이하기 때문이다. 법인설립과 자산분할, 개체보호는 자본주의가 내놓은 명품이라고 할 수 있다.[7] 이 제도적 혁신의 토대 위에서 폭발적인 생산력 발전이 가능해졌다.

---

[6]   기업에서 명령과 위계 조직의 중요성에 대해서는 1.6절 논의 참조.
[7]   '명품'이라는 표현은 한 원로 변호사가 나와 대화를 나누면서 사용한 것이다.

(1) '법인설립-자산분할-개체보호-유한책임'의 수레바퀴

만약 법인설립을 통해 자산분할을 하지 않은 상태에서 창업자 세 사람이 사업을 시작한다고 가정해보자. 사업을 진행하려면 사원을 뽑아야 한다. 그러면 사원은 누구와 계약해야 하나? 창업자 세 사람 중 어느 한 사람과 개별적으로 계약을 할 수밖에 없다. 새로운 직장을 찾는 젊은 인재가 그 사람의 무엇을 믿고 근로계약을 맺겠는가? 일을 시킨 뒤 월급을 떼먹으면 어떻게 돌려받나? 얼마나 오래 일할 수 있을까? 신분 보장은 어떻게 될까? 이런 의문이 해결되지 않는다. 이런 체제에서는 좋은 사람을 많이 뽑을 수가 없다. 그렇지만 값비싼 자산을 회사에 다 모아놓고 회사 이름으로 고용계약을 체결하면 그 회사의 장래를 보고 좋은 인재들이 모일 수 있다.

창업자들 입장에서 볼 때도 이 방법이 좋다. 고용계약에 대해 회사가 갖고 있는 자산으로 책임지게 해야지 내 개인 재산까지 끌어들이고 싶지 않다. '왜 내가 고용계약을 맺어서 잘못될 경우 모든 책임을 져야 하나'라는 생각을 하게 된다. 이 문제는 박현찰에게 특히 심각하다. 다른 두 창업자는 특허 이외에 개인 재산이 거의 없다. 회사가 잘못되면 금전적 책임을 박현찰 혼자 다 떠안을 가능성이 있다. 따라서 자신의 책임을 회사 설립에 내놓은 돈으로만 한정시키고 싶어 한다. 회사 경영에 대해 '유한책임'만 지고 싶은 것이다. 자산분할은 회사가 잘못될 경우에 창업자가 유한책임만 질 수 있도록 개체보호해주는 역할을 한다. '법인설립-자산분할-개체보호-유한책임'은 맞물려 가는 수레바퀴다. 고용계약은 회사가 고용주 자격으로 직원(고용인)과 맺는 것이지 주주가 맺지는 않는다. 주주는 고용계약이 잘못될 경우에 발생하는 위험으로부터 차단되어 있다.

자산분할을 통한 유한책임의 필요성은 다른 상거래에도 똑같이 적용된다. 회사를 차리면 은행을 통해 운영 자금을 공급받아야 한다. 은행은 누구를 믿고 돈을 빌려주나? 김전진과 이살핌을 믿고 큰돈을 빌려줄 일은 없을 것이다. 그렇지만 유망한 특허도 있고 박현찰의 돈 50억 원이 들어와 있는 '내사랑이(주)'라면 회사 자산을 담보로 돈을 빌려줄 유인이 있다. 물론 박현찰의 다른 재산까지 담보로 잡으면 더 좋을 것이다. 그렇지만 박현찰은 그렇게까지 위험을 부담할 생각은 전혀 없다. 회사가 잘못되면 50억 원만 날리면 되지 그 이상은 책임지고 싶지 않다. 자산분할은 다행히 박현찰의 유책자산有責資産과 면책자산免責資産을 명확히 구분해준다.

여기에서 한 단계 더 고려해야 할 중요한 사항이 있다. 은행 입장에서도 자산분할로 유한책임을 지는 회사에게 돈을 빌려주는 것이 훨씬 안전하다는 사실이다. 만약 김전진이 개인적으로 벌여놓은 다른 일이 잘못되어서 채권자들이 김전진의 재산을 압류하려는 상황을 가정해보자. 김전진의 재산에서 '특허1'은 이미 자산분할되어서 내사랑이(주)에 소유권이 넘어가 있다. 김전진의 채권자들은 특허1을 건드리지 못한다. 회사 경영에는 지장이 생기지 않는다. 자산분할은 주주 개인의 잘못으로부터 회사를 보호해주고, 따라서 회사와 거래하는 은행도 보호해주는 것이다.

개체보호는 채권을 발행하거나 보험에 가입하는 등 다른 금융거래에도 마찬가지로 적용된다. 법인이 모든 금융거래의 주체가 되고 금융기관은 해당 법인의 신용도나 미래 전망을 보고 그 법인과 계약을 맺는다. 납품 회사들도 마찬가지다. 물건을 공급할 때 회사와 거래한다. 김전진이라는 사람을 믿고 거래하는 것이라 하더라도, 대주주 김전진이 아니라 내사랑이(주) CEO 김전진을 믿고 하는 것이다. 만약의 경우에 잘못되면 김전

그림 1-3 내사랑이(주)를 둘러싼 자산분할과 개체보호

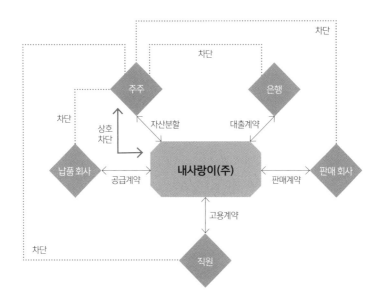

진의 개인 자산이 아니라 내사랑이(주)의 자산을 압류한다. 판매상도 마찬가지다. 내사랑이(주)와 계약한다. 주주와 계약하지 않는다. 제품 판매 대금도 회사 계좌로 입금한다. 주주 계좌로 돈을 넣어주지 않는다. 법인이 만들어지고 자산분할이 이루어지면 기업을 둘러싼 모든 관계자 간 상거래에서 개체보호가 적용된다(그림 1-3).

개체보호의 차단벽은 항상 쌍방향으로 작동한다. 회사가 잘못될 경우 주주의 다른 개인 재산이 보호되도록 차단되어 있는 한편, 주주가 잘못될 경우 회사 자산이 보호되도록 차단되어 있다. 은행 등 회사와 거래하는 당사자들 입장에서는 후자의 차단이 더 중요하다. 회사의 자산이 상거래에 대해서는 무한책임을 지고 다른 위험으로부터는 차단되어 있기 때문이다. 은행은 그 자산의 내용만 보고 회사의 신용을 평가해서 대출 여부

와 규모, 조건을 결정할 수 있다. 주주들의 신용 상태까지 따로 파악할 필요가 없다. 다른 상거래 당사자들도 마찬가지다. 무한책임을 지는 법인만 상대하면 된다.

(2) 소유와 통제의 근원적 분리

법인설립을 통한 자산분할 과정에서 기업에 벌어진 일은 '소유와 통제의 분리the separation of ownership and control'이다. 개인이 자산을 갖고 있을 때는 개인이 자산을 소유하고 통제한다. 소유와 통제가 일치한다. 그렇지만 법인을 통해 주식회사를 설립하면 자산분할을 통해 소유권이 법인에게 넘어간다. 대신 개인은 회사가 발행한 주식을 받고 거기에 딸려 있는 권리를 통해 통제력을 행사한다.[8] 자산분할은 영원한 것이고 기업에 대한 소유와 통제도 영원히 분리된 것이다. 이것은 새로운 주주가 들어오는 경우에도 마찬가지다. 새로운 주주들도 창업 주주들과 마찬가지로 자신이 갖고 있던 자산을 법인에 귀속시키고 새 주식을 받는다. 창업 주주건 신규 주주건 간에 주주가 되는 순간 소유와 통제는 영원히 분리되는 것이다.

이 책은 이 과정을 '소유와 통제의 근원적 분리'라고 표현한다. 학계에서나 법조계에서 부정확한 표현이 많이 사용되고 있기 때문이다. 예를 들어 기업에서 대주주가 없어지고 소수 주주들에게 지분이 분산되는 과정에 대해 '소유와 통제의 분리'라는 표현이 흔히 사용되고 있다. 이것은 아돌프 벌리와 가디너 민스Adolf Berle and Gardiner Means가 1932년에 출간한 『현대 기업과 개인 재산The Modern Corporation and Private Property』에서 20세기

8　주식에 딸린 권리에 대해서는 1.5절에서 상세히 논의한다.

초반 이후 미국의 창업자들이 보유 주식을 시장에 팔기 시작하면서 주요 대기업에서 주식 지분이 분산된 과정을 '소유와 통제의 분리'라고 표현했고 학계와 법조계에서 이 책이 고전으로 받아들여져왔기 때문이다. 기업의 소유와 통제 문제를 다룰 때에 벌리와 민스의 저서는 좋건 싫건 논의의 출발점이 됐고, 후대 학자들이나 법률가들이 벌리와 민스식으로 '소유와 통제의 분리'라는 표현을 사용하면서 추가한 연구가 거의 1세기 가까이 축적되었다.[9]

그러나 이 표현은 법적으로 틀린 것이다. 미국의 대기업에서 이때 실제로 벌어진 현상은 '대주주 통제'에서 '전문경영인 통제'로 바뀐 것이다.[10] 소유와 통제의 분리는 법인이 만들어지는 순간 이미 영원히 이루어졌다. 〈그림 1-4〉에서 보듯 기업의 소유권은 주식회사를 설립할 때부터 내내 법인에 남아 있었다. 단지 기업에 대한 통제력이 대주주에게서 전문경영진으로 넘어간 것뿐이었다. 당시 미국에서 대주주들이 내놓는 주식을 산 주체는 주로 개인 투자자들이었다. 이들은 힘이 미약하고 분산되어 있었기 때문에 주식에 딸린 금전적 권리만 확보했다. 주식에 딸린 통제력을 행사할 힘도 의사도 없었다. 대신 기업에 대한 통제력은 그 회사에 있던 전문경영인들이 갖게 됐다. 이것이 미국에서 경영자본주의managerial capitalism가 탄생한 과정이다.[11]

---

9 Berle and Means(1932). 이 책을 논의의 출발점으로 삼은 논문이나 책을 몇 개만 열거하면 다음과 같다. Jensen and Mecking(1976); Fama and Jensen(1983); Hansmann and Kraakman(2001); Williamson(1983); Coffcc(2001; 2012); Hannah(2007); Holderness(2009).

10 '대주주 통제' 및 '경영인 통제'의 정확한 의미와 '오너 경영'이란 용어에 대한 비판 등은 1.6절 논의 참조.

11 경영자본주의에 대해서는 Lazonick(1991; 1992; 2007); Chandler(1962; 1977; 1990); Lazonick and O'Sullivan(2000) 등 참조.

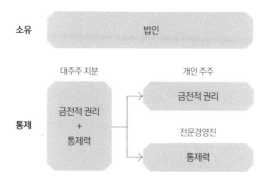

그림 1-4 미국 경영자본주의 탄생기의 소유와 통제 변화

그러나 경영자본주의는 지극히 미국적이고 일시적인 현상이었다. 유럽 대부분의 나라에서는 대주주경영이 지배적인 경영 체제로 유지되었다. 개발도상국에서는 대주주경영이 압도적으로 많다. 이는 미국 내에서도 대기업에만 국한된 현상이었다. 중소·중견 기업들은 대주주경영이 대세였다.[12] 대기업 중에서도 대주주경영 체제를 유지한 곳이 상당수 있었다.[13] 1980년대 이후에는 기관 투자자들의 힘이 강해지면서 금융 투자자들이 기업에 대한 통제력을 행사하려는 현상이 나타나고 있다. 과거 경영자본주의의 이상형처럼 거론되던 대기업들에게 이 강력한 '소수 주주'들의 영향력이 강화되고 있다.[14] 학계에서 경전처럼 떠받드는 벌리와 민스의 '소유와 통제의 분리'는 법적으로 맞는 얘기가 아닐 뿐만 아니라 미국 대기업에서 부분적·일시적으로 나타난 현상을 지나치게 일반화한 것이라고 할 수 있다.

---

12 3.4절 및 4.3절 논의 참조.
13 예를 들어 Burch(1972)는 미국 대기업에 대주주 경영이 상당히 많이 남아 있었다는 실증 자료를 제시하며 경영자본주의가 당시 상황을 지나치게 과장한 것이라고 비판한다.
14 이 과정에 대해서는 3.4절, 4.2절 및 5.1절 논의 참조.

장필리프 호베Jean-Philippe Robé는 법인화를 통한 자산분할을 '소유와 통제의 1차적 분리The first separation of ownership and control'라고 표현하고 벌리와 민스가 강조한 경영자본주의 현상을 '소유와 통제의 2차적 분리The second separation of ownership and control'라고 구분해서 사용한다.[15] 벌리와 민스의 용어가 너무 광범위하게 쓰이니까 그 용어를 받아들이면서 두 가지의 차이를 부각시키려는 의도라고 할 수 있다. 그렇지만 이것도 정확한 표현은 아니다. 오히려 혼선을 준다. '소유와 통제의 2차적 분리'라는 일은 전혀 벌어지지 않기 때문이다. 기업통제력이 대주주에게서 경영진에게 넘어간 현상을 착각한 것이다. 반면 법인은 14세기 중반 이후 기업 자산을 소유하고 법적 소송의 당사자가 되는 실체로서 자리를 잡기 시작했고 지금 세계경제에서 보편적 사업 조직이 되어 있다. 법인설립을 통한 소유와 통제의 분리는 거의 7세기에 걸쳐 계속 벌어지고 있는 일이다. 그사이에 새로운 '소유와 통제의 분리'가 나타난 바 없다. 근원적 분리이기 때문이다.

'소유와 통제의 근원적 분리'는 기업의 행동 양식을 이해하고 기업이 왜 존재하는가를 해명하는 디딤돌이다. 따라서 이 책은 **기업명제 2** "법인이 만들어지는 순간 기업의 소유와 통제는 근원적으로 분리된다"를 제시한다. '근원적 분리'가 이루어지는 이유는 '개체보호'와 '유한책임'에 있다. 따라서 이 책은 **따름정리 2-1** "법인 덕분에 기업과 주주, 거래처 모두 개체보호를 받고 유한책임을 지게 된다"를 내놓는다. 이와 함께 **따름정리 2-2** "19세기 후반 이후 미국의 주요 대기업에 대주주가 없어지고 주식 지분이 분

---

15   Robé(2011: 25~28).

산되면서 '경영자본주의'가 나타난 현상에 대해 '소유와 통제의 분리'라고 하는 것은 틀린 말이다. 통제력 발휘 수단이 '대주주 통제'에서 '전문경영인 통제'로 바뀐 것일 뿐이다"를 제시한다.

3. "기업은 영속을 추구한다"

법인 설립을 통한 자산분할 및 개체보호는 단순히 경영활동의 편의만 제공해준 것이 아니었다. 기업이 생산력을 끊임없이 확장해주는 경제 발전의 동력이 된 결정적 이유는 개체보호를 통해 개인의 문제가 회사로 전이되는 것이 차단되어서 개인의 사멸과 관계없이 불멸의 존재로 거듭났다는 사실에 있다. 이에 따라 기업은 세대를 뛰어넘어 영원히 자본을 축적할 수 있는 존재가 되었다.

법학계에서 단골 메뉴처럼 등장하는 싱어 제조회사The Singer Manufacturing Co. 사례를 살펴보자. 싱어는 재봉틀의 세계적 대명사다. 1851년 세계 최초로 재봉틀을 내놓았고 20세기까지 세계 재봉틀 시장을 석권했다. 창업자인 아이작 싱어Isaac Merritt Singer는 특허권 분쟁을 도와준 변호사 에드워드 클라크Edward Clark와 파트너십 회사를 만들어 큰 성공을 거두었다. 원래 부잣집에서 태어난 아이작 싱어는 더 큰 부자가 됐고 인생을 더 크게 즐겼다. 돈을 물 쓰듯 했고 여자 관계가 더 복잡해졌다. 외부로 드러난 것만 해도 네 명의 여성과 지속적으로 관계를 맺었고(그중 한 명과 법적으로 결혼했다) '무수한numerous' 아이들을 낳았다. 가장 오래 관계를 맺은 여성과의 사이에는 여덟 명의 자식이 있었다. 이 여성은 싱어와 결혼하지 않았지만 스스로를 '싱어 여사Mrs. Singer'라 얘기하고 다녔다. 싱어는 다른 여성을 만나다가 이 여성을 크게 화나게 해서 영국으로 잠시 도피하기도 했다.

클라크는 회사의 장래가 걱정됐다. 회사가 파트너십으로 있는 상태에서 싱어가 죽으면 어떻게 될 것인가? 싱어의 재산을 둘러싸고 유족들 간에 분쟁이 벌어지고 회사는 공중분해될 가능성이 높다. 마침 그 당시 미국에서는 주식회사 설립 바람이 불고 있었다. 클라크는 3년 동안 싱어를 설득했다. 파트너십 회사(I. M. Singer & Co.)를 주식회사로 바꾸고 싱어가 갖게 되는 주식 지분을 유족들에게 상속시키자는 것이었다. 그러면 회사라는 개체가 보호된다. 불멸의 존재인 법인에게 회사 자산을 귀속시키면 가족 간 분쟁이라는 외풍에서 차단되고 세대를 넘어 유지될 수 있다. 유족들은 회사 자산이 아니라 회사가 발행한 주식을 나눠 가지면 된다. 유족 숫자가 많기 때문에 한 사람이 갖게 되는 주식 지분이 그렇게 크지 않다. 요즈음 표현을 쓰자면 유족은 '수동적 투자자passive investor'로 남게 되는 것이다. 유족은 회사 경영에는 관여하지 않으면서 배당을 받거나 주식을 다른 사람에게 팔아 풍족한 생활을 누릴 수 있다. 싱어는 결국 클라크의 제안에 동의했다. 1863년 싱어 제조회사(주)가 출범했다. 이 회사는 전문경영인 중심으로 국제화를 추진했고 한 세기가 넘도록 세계적 성공을 일구었다.[16]

이처럼 자산분할을 통한 개체보호는 회사가 장기적으로 존속할 수 있는 결정적 기반을 제공한다. 농지가 가장 중요한 생산수단이었던 전통사회에서는 세대를 거쳐가며 부가 축적되기 어려웠다. 자식들에게 토지

---

16   Blair(2006).

를 쪼개서 나눠 줘야 했기 때문이다. 이에 따라 농업 생산성 향상에도 제약이 있었다. 그러나 주식회사 설립을 통해 자산분할·개체보호를 해놓으면 기업이 이런 제약에서 벗어날 수 있다. 창업자 가족들은 회사를 쪼개는 것이 아니라 회사가 발행한 주식을 나눠 가지면 된다. 서로 사고팔 수도 있고 다른 사람에게 넘겨도 된다. 기업은 주주가 누가 되는가에 상관없이 좋은 경영진을 만나 좋은 제품, 좋은 서비스만 계속 내놓으면 무한대로 성장할 수 있다. 싱어사社의 장기 번성도 법인설립을 통한 자산분할이라는 제도를 토대로 가능해졌다.

기업명제 3 "기업은 영속을 추구한다"는 이렇게 **기업명제 1**·**기업명제 2**와 긴밀히 연결되어 있다. 기업의 입장에서 볼 때 자산분할(**기업명제 2**)은 기업의 영속을 위한 것이다. 회사 귀속 자산을 창업자들의 개인 문제에서 자유로운 '면책자산'으로 만들어 오로지 회사만을 위해 사용하도록 한 것이다. 창업자들은 그 반대급부로 회사가 발행한 주식의 주인이 됐다(**기업명제 1**). 그리고 그 주식을 가족에게 나눠 상속해줄 수 있다. 주식을 아무리 나눠주어도 회사는 쪼개지지 않는다.

기업이 법인 형태를 취하면서 영속 혹은 불멸을 추구하는 존재가 된다는 개념은 역사적 발전 과정을 통해 명확하게 확립되었다. 영국이 동인도회사 등을 만들어 나가던 18세기 중반에 이미 "법인은 영속적 승계를 유지하고 법적 영생을 누리는 가공의 인물"이라고 정의됐다.[31] 미국 대기업의 절반가량이 본사를 두고 있는 델러웨어주 법원의 경우도 법 조항에 명시하지는 않았지만 판례 등을 통해 기업이 영속을 추구하는 존재라

---

17 영어 원문은 다음과 같다. "[Corporations are] artificial persons, who may maintain a perpetual succession, and enjoy a kind of legal immortality." Blackstone(1765), Avi-Yonah and Sivan(2007: 157)

는 사실을 확립해놓았다. 델러웨어주의 부대법관Vice Chanceller 트래비스 래스터Travis Laster와 존 지버키비치John Zeberkiewicz는 "전형적인 기업은 그 존재는 영속적perpetual이고, 보통 주나 우선 주를 통해 공급된 자본은 영원하다permanent"라고 밝혔다.[18]

물론 이러한 법적 틀이 기업의 영속을 자동적으로 보장하지는 않는다. 기업은 항상 시장경쟁에 노출되어 있고 경쟁에 뒤처지면 망할 수 있다. 기업이 영속하려면 끊임없는 혁신을 통해 경쟁에서 이겨야 한다. 그래서 다음 장(2장)에서는 영속을 위한 충분조건으로 **기업명제 4** "기업의 존재 이유는 값싸고 질좋은 제품·서비스를 지속적으로 창출하는 것이다"를 제시한다. 이것은 기업의 존재론적ontological 존재 이유라고도 할 수 있다. 그러나 법인설립 및 자산분할에 기초한 주식회사 제도가 기업 영속의 필요조건이라는 사실에는 변함이 없다. 자연인은 죽을 수밖에 없지만 법인은 영생할 수 있다. 이 불멸의 존재가 자산을 책임지고 관리하는 한, 기업은 영원히 굴러갈 수 있는 제도적 기반이 마련되어 있는 것이다.[19]

김전진, 이살핌, 박현찰은 내사랑이(주)를 창업하며 변호사에게 처음 설명을 들었을 때에는 자산분할과 법인설립이 갖는 의미를 충분히 이해하지 못했었다. 한국 상법에 "주식회사의 지배구조는 소유와 경영의 분리

에서 재인용.

18 Laster and Zeberkiewicz(2014).

19 물론 자연인이 자살을 택할 수 있는 것처럼 법인도 자살을 택할 수 있다. 기업이 스스로를 해체하고 남은 자산을 이해관계자들에게 나눌 수 있는 것이다. 자연인과 달리 법인에게는 다른 회사와 합병하든지, 스스로를 매각하는 방식에 의해 생존을 중단하는 방안도 열려 있다. 사람이 오래 살기 위해 가치관을 정하고 행동 양식을 정하는 것과 자살을 결심했을 때의 가치관이나 행동 양식은 크게 차이가 난다. 법인도 마찬가지다. 영속하려고 노력할 때의 행동 양식과 스스로 생명을 끊을 때의 행동 양식 간에는 커다란 차이가 난다. 상법에서도 기업이 존속체(going concern)로 기능할 때와 기업이 해체 혹은 인수합병할 때 크게 다른 기준을 적용한다. 존속체로 기능할 때에는 이사회가 대부분의 권한을 행사하지만 해체 혹은 인수 합병 때에는 주주의 승인을 받도록 만들어놓았다.

를 전제로 하고 있다"라고 규정되어 있다는 사실도 모르고 있었다.[20] 그러나 내사랑이(주)가 '마이러브큐티My Love Cutie'라는 해외 합작법인을 만들고, '내사랑이 아이들(주)'이라는 계열사를 설립하며 다국적 비즈니스그룹으로 확장하고, 더 나아가 다행성기업으로 발돋움하면서, 자산분할과 법인설립이 기업의 생존과 성장에 얼마나 중요한 법적 기제인지를 시간이 지날수록 절감하게 되었다.

4. 법인은 사회적 실체다

법인이 이렇게 중요한 사회적 실체real entity인데도 불구하고 학계나 정책당국자들 사이에는 법인을 '가짜 존재fictional entity' 혹은 '인공 존재artificial entity'라며 그 실체를 무시하고 이론과 정책을 내세우는 경향이 강하다. 학계에서 이런 경향은 신고전파적인 계약집합체the nexus of contracts 이론에서 가장 집약적으로 나타난다. 기업 정책에서는 한국의 공정거래법에 강하게 투영되어 있다.

계약집합체 기업관에 입각한 주주가치론의 선구적 논문으로 자리 잡고 있는 마이클 젠센과 윌리엄 메클링Michael Jensen and William Meckling의 「기업론: 경영 행위, 대리인비용과 소유 구조Theory of the Firm: Managerial Behavior, Agency Costs and Ownership Structure」를 살펴보자. 두 사람은 자신들의 기업론을 전개하기에 앞서 "대부분의 조직은 개인들 간 계약관계의 집합체로서 기능하는 단순한 법적 픽션이라는 사실을 인식하는 것이 중요하다"라고 포

---

20 권재열(2017: 163).

문을 연다. 이들에게는 기업이 픽션이고 기업 내외부의 시장 계약관계가 실체다. 따라서 이들은 "기업의 '내부'에 있는 것들과 기업의 '외부'에 있는 것들을 구분하는 것은 의미가 거의 없거나 전혀 없는 일이다"라고 단정 짓는다.[21] 법인은 관계자들의 계약관계를 담는 껍데기일 뿐 독자적 실체가 아니라는 것이다.

한국의 공정거래법도 비슷한 시각에서 법인의 실체를 무시한다. 한 법인이 다른 법인의 주식을 소유하는 것에 대해 '가공자본架空資本, fictitious capital'으로 취급하며 법인 보유 주식의 실체를 부인한다. 총수라는 자연인이 갖고 있는 주식만 따진다. "총수 1인이 2% 이내의 낮은 지분율로 계열사 전체를 지배하는 왜곡된 소유 지배구조를 갖고 있다"라는 공정거래위원회의 판에 박힌 성명에는 자연인 지분만이 진짜이고 계열사 지분은 가짜라는 생각이 담겨 있다.[22]

법인이 가짜라고 생각하는 것은 인간 사회의 실상을 무시하는 것이다. 법인은 자연인처럼 눈으로 보거나 손으로 직접 만질 수는 없지만 경제생활을 영위하는 데 필요하기 때문에 만들어진 개념적 실체다. 그 개념적 실체를 중심으로 노동이나 금융거래, 생산 등 실질적 활동이 이루어져왔고, 그래서 사회적 실체로 자리 잡은 것이다. 국가나 종교, 민족이 직접 볼 수 없고 만질 수 없는 개념이지만 중요한 사회적 실체가 되어 있는 것과 마찬가지다. 인간은 이런 개념을 통해 공동체 의식을 갖고 고락을 함께 나눈다. 국가관이나 종교적 신념에 따라 목숨을 던지는 사람도 생긴다.

---

21   Jensen and Meckling(1976: 310~311).
22   그러나 법인이 실체이고 따라서 계열사 지분이 갖고 있는 통제력도 실체라고 인정하면 한국 재벌의 지배구조에 대해 '비정상'이나 '왜곡'이라고 문제 삼을 여지가 없어진다. 이에 대한 더 자세한 논의는 4.1절, 5.1절, 5.4절 및 에필로그 참조.

『호모 사피엔스』,『호모 데우스』등의 저작을 통해 인류 문명의 진화와 미래를 다룬 유발 하라리Yuval Harari는 인류가 지구를 지배하게 된 이유를 인지 혁명Cognitive Revolution에서 찾는다.[23] 인류가 개체의 물리력에서는 다른 동물에 비해 뒤떨어지지만, 인지능력을 통해 상상력을 발휘하고 대규모 협업을 했기 때문에 만물의 영장이 되었다는 것이다. 마찬가지로 법인은 개념에서 출발했지만 진화 과정을 통해 사회적 실체로 확립됐다. 법인이라는 개념은 로마 시대에 생겨났고 14세기 중반 이후 유럽에서 자산을 소유하고 법적 소송의 당사자가 되는 실체로서 자리를 잡기 시작했다.[24] 지금은 세 사람만 모이면 몇 푼 들이지 않고 법인을 쉽게 만들어낼 수 있다. 대부분의 기업이 법인 형태로 운영된다.

기업을 경영하는 사람에게는 법인이 사회적 실체라는 것이 너무나 명약관화한 사실이다. 김전진 등 내사랑이(주) 창업자들은 법인이라는 실체가 있기 때문에 자산분할과 개체차단을 통해 경영이 편리해졌다는 사실을 체험으로 확인해 나가고 있었다. 이들은 경영을 시작하면서 기업 회계가 법인 단위로 이루어진다는 사실도 처음으로 알게 됐다. 모든 계약이 내사랑이(주)라는 법인 이름으로 이루어진다. 돈이 오가는 것도 모두 법인 이름으로 기록된다. 외부에 회계감사를 맡겨도 법인이 감사를 받는다. 관련된 개인이 받는 것이 아니다. 법인이 실체라는 사실과 기업회계가 실재라는 사실은 동전의 양면과도 같다. 그래서 데이비드 진디스David Gindis는 기업의 구성 요소들이 기업회계라는 '존재론적 접착제ontological glue'로

---

23 Harari(2014; 2016).

24 Avi-Yonah and Sivan(2007: 156). 법인실체론(The entity theory of firm)에 대해서는 Biondi(2007a; 2007b); Coase(1990); Allen(1992); Berle(1947); Staussy(2007); Gindis(2007); Zingale(2000); Manfrin(2007); Marzo(2007) 등 참조.

붙여져서 하나의 개체로서 움직인다고 강조한다.[25]

비非시장주의적 기업론으로 1991년에 노벨 경제학상을 받은 로널드 코스Ronald Coase는 자신이 일반 경제학자들과 차별되는 기업론을 만들어낸 한 원인이 런던 정경대학교LSE 상학과Department of Commerce에 다니던 학부 시절에 경제학을 하나도 듣지 않고 기업회계를 집중적으로 공부했기 때문이라고 회고한다. 당시 그는 학자의 길을 걷기보다 기업에 들어가서 일하려고 했다. 경제학은 기업에서 일하는 데 별로 필요가 없다고 생각하고 회계 과목들을 주로 들었다. 그는 "생산활동의 제도적 구조를 결정하는 비밀이 회계 제도에 있다"라며 기업회계에 대한 이해 덕분에 보다 현실적인 기업론을 내놓을 수 있었다고 말한다.[26] '시장' 중심으로 사물을 보려는 경제학의 선입견 없이 기업회계를 들여다보니 기업과 생산활동의 본질을 더 잘 알게 됐다는 것이다. 코스는 기업론과 회계학이 지속적으로 접목되어야 한다고 강조한다. 두 가지가 접목되기 위해서는 법인을 실체로 받아들여야 한다. 법인을 껍데기로 치부할 때에 기업회계는 설 자리가 없어진다. 기업론과 기업회계가 접목될 가능성도, 기업에 대한 실질적 이해의 통로도 사라진다.

5. 막강한 이사회와 초라한 주주총회

주식회사에서 이사회와 주주총회 간의 관계는 법인이 사회적 실체라는 사실을 받아들여야만 제대로 이해할 수 있다. 모든 나라의 주식회사법은

---

25 Gindis(2007: 266).
26 Coase(1990: 13).

기업의 영속이라는 목표를 수행하는 최고 기구로 이사회를 지명한다. 주식회사 제도를 이해하지 못하는 사람들은 막연히 주주총회가 주식회사의 최고 의사 결정 기구이고 이사회는 그 하부 기관이라고 생각한다. 이런 생각은 **기업명제 1, 기업명제 2, 기업명제 3**에 대해 무지하거나 무시하는 사람들에게 공통적으로 벌어지는 현상이다. 주주는 주식의 주인일 뿐이다. 주주는 주식에 딸린 권리를 주식회사법에 정해진 절차에 따라 행사할 수 있다. 하지만 이것은 경영권이라고 할 수 없는 것이다. 법인이 회사 관련 자산을 모두 소유하고 그것을 바탕으로 경영을 책임진다. 그 정점에는 이사회가 있다.

(1) 주주총회의 제한된 권한

실제로 전 세계의 상법은 주주총회에 굉장히 제한된 권한만 부여한다. 주총에서 결정할 수 있는 것은 크게 네 가지뿐이다. 첫째는 이사 선해임選解任이다. 주주들이 기업에 대해 통제력을 행사하는 가장 강력한 통로다. 여기에도 제한이 있다. 처음 주식회사를 만들 때에는 주주들이 이사진을 구성한다. 그렇지만 일단 이사회가 만들어진 다음에는 주주총회가 신임 이사를 직접 제청하는 것이 아니라 기존 이사회가 신임 이사를 제청한다. 주총에서 주주들은 이에 대해 승인 여부를 결정한다.[27]

둘째, 회사 정관의 개정 혹은 승인이다. 정관은 회사의 헌법과 같은 것이니 정관 개정은 헌법 개정을 위해 국민투표를 하는 것과 비슷하다. 헌법 개정이 쉽게 이루어지지 않는 것처럼 회사가 일단 출범한 뒤에는 특

---

[27] 물론 대주주가 바뀌면 창업할 때처럼 이사진을 대폭 바꿀 수 있지만, 이것 또한 이사회 의결을 먼저 거치게 되어 있다. 미국에서 이사 제청권을 둘러싼 대결에 관해서는 5.2절 참조.

별한 경우가 아니면 정관 개정이 잘 이루어지지 않는다.

셋째, 회사의 합병이나 매각에 대한 승인이다. 합병이나 매각에는 주주들이 보유한 주식이 어느 가격으로 평가받아야 하는지가 걸려 있다. 이사회가 합병 비율이나 매각 가격에 대해 제안하고 주주총회가 승인 여부를 결정한다. 주주의 이익에 결정적으로 영향을 미치는 사안이기 때문에 주주의 승인을 받는 것이 당연한 일이다. 넷째는 회사 해산에 대한 승인이다. 회사를 해산하면 부채를 다 청산하고 남는 자산을 주주에게 분배한다. 주주가 직접적인 이해 당사자이다. 주주 승인을 받도록 하는 것이 합리적이다.

반면 그 외의 기업 의사 결정권은 모두 이사회와 경영진에게 주어져 있다. 예를 들어 배당은 주주에게 중요한 경제적 권리인데도 불구하고 대부분의 나라에서 이사회가 결정한다. 물론 주주들이 주총에서 발언권을 얻어 배당을 늘려달라고 경영진에게 요청할 수는 있다. 그렇지만 법적으로 배당을 결정하는 주체는 대부분 이사회다. 이것은 회사 이익을 유보금과 배당 간에 어떻게 분배할 것인지가 중요한 경영 판단이기 때문이다. 회사의 유지와 성장을 위해 경영진은 투자를 결정한다. 투자에 필요한 자금을 조달할 때 유보금은 굉장히 중요한 자원이다. 따라서 이익 중 얼마만큼을 회사에 유보할 것인지는 경영권의 영역이 된다. 경영진은 유보액을 결정한 뒤 남은 금액, 즉 잔여residual를 주식의 주인에게 배당한다. 주주는 이사회가 배당 여부 및 액수를 결정하면 그것을 받기만 한다. 승인할 권리는 거의 갖고 있지 않다.[28]

---

28   한국은 2011년 4월 14일 상법 제462조(이익의 배당) 전문 개정을 통해 "이익 배당은 주주총회의 결의로 정한다. 다만, 제449조의2 제1항에 따라 재무제표를 이사회가 승인하는 경우에는 이사회의 결

(2) '태생적이고 위임받지 않은' 이사회의 권한

전 세계의 기업법은 실제로 이사회를 주식회사의 최고 의사 결정 기구로 인정하고 막강한 권한을 부여하고 있다. 예를 들어 미국 대기업의 절반 이상이 본사를 두고 있는 델러웨어주의 기업법은 기업활동이 "이사회의 지도에 의해 혹은 이사회의 지도하에 이루어진다shall be managed by or under the direction of a board of directors"라고 규정하고 있다.[29] 한국의 경우도 "이사회는 법령 또는 정관에 의하여 주주총회의 권한으로 되어 있는 사항을 제외하고는 회사의 모든 업무 집행에 관하여 의사 결정을 할 권한과 이사의 직무 집행을 감독할 권한을 가진다"라고 되어 있다.[30]

미국에서는 20세기 초 뉴욕 법원의 판결을 통해 "[이사회가 기업의 정책을 결정한다는 것은] 그 권한이 어디에서 나온다고 입증할 필요가 없는 일the citation of authorities in its support is unnecessary"이라든지,[31] "태생적이고 위임받지 않은original and undelegated" 것이라고 확립됐다.[32] 이사회의 권한이 주식회사 설립으로 인해 직접적으로 나온 것이니까 별도로 합리화할 필요가

의로 정한다"로 변경했다. 이에 따르면, 형식적으로는 배당에 있어서 이사회보다 주주총회에 우선권을 인정한다고 할 수 있다. 개정 전에는 주주총회의 권한에 관한 조항 없이 "회사는 대차대조표상의 순자산액으로부터 다음의 금액을 공제한 액을 한도로 하여 이익 배당을 할 수 있다"라는 조항(462조 1)만 있어, 회사 운영의 주체인 이사회가 배당을 결정하는 권한이 있다는 것으로 해석할 수 있었다. 한편 개정안의 경우에도 제449조의2 제1항에 있는 "1. 제447조의 각 서류가 법령 및 정관에 따라 회사의 재무 상태 및 경영 성과를 적정하게 표시하고 있다는 외부 감사인의 의견이 있을 것"과 "2. 감사 전원의 동의가 있을 것"이라는 조항은 대부분의 상장기업이 특별한 경우를 제외하고는 충족할 수 있는 조건이기 때문에 실질적으로 이사회가 배당을 결정한다고 할 수 있다(국가법령정보센터 홈페이지 https://bit.ly/2UwehH1 참조).

29 DEL. CODE. ANN. Tit. 8, § 141(a)(2001). Bainbridge(2002: 16~17)에서 인용.

30 권재열(2017: 153).

31 1905년의 시그맨 대 일렉트럭 비히클(Siegman v. Elec. Vehicle Co.) 판결. 원문은 다음과 같다. "… it is [the board's] judgment, and not that of its stockholders outside of the board of directors … that is to shape [a corporation's] policies or decide upon its corporate acts. This principle is not disputed, and the citation of authorities in its support is unnecessary." Avi-Yonah and Sivan(2007: 165)에서 재인용.

32 Manson v. Curtis, 119 N.E. 559, 562(N.Y. 1918). Bainbridge(2002: 32~33)에서 재인용.

없다는 것이다. 반면 주주총회는 법인이 발행한 주식이라는 증권을 소유하게 된 사람들로 구성된 모임이다. 이사회의 결정에 따라 주식을 발행했기 때문에 주주총회가 만들어진 것이다. 주주총회가 먼저 만들어진 뒤 주주들이 이사회에 권한을 위임한 것이 아니다.

한국도 대법원 판례를 통해 "이사회는 고유 권한을 가진 주식회사의 독립된 기관이므로 그 권한에 의하여 결의한 사항에 대하여는 주주총회의 결의로 번복하거나 무효화할 수 없다"라고 확립되어 있다.[33] 주주총회가 만약 최상위 기관이라면 이사회의 결정을 번복하거나 무효화할 수 있어야 한다. 그러나 이사회가 최상위 기관이고 주주총회에는 제한된 범위에서 권한이 주어졌기 때문에 주주총회가 이사회 결의를 번복하거나 무효화할 수 없는 것이다. 이 책은 따라서 **기업명제 1**의 논리적 귀결로 **따름정리 1-1** "기업의 최고 의사 결정 기구는 이사회다. 주주총회는 제한된 범위에서 주어진 사안들에 대해서만 권한을 갖고 있으며, 이사회가 결정한 사안들에 대해 번복할 권한이 없다"를 제시한다.

이렇게 주주총회에 초라한 권한만 남겨놓고 이사회에 막강한 권한을 주는 것은 기업의 영속성(**기업명제 3**)을 유지하기 위한 방법이다. 경영권은 불멸의 존재로서 기업 경영에 대해 무한책임을 지는 법인에 주어졌다. 이사회는 법인의 최고 정점에 있는 의사 결정 기구다. 경영에 관한 최종 결정권과 책임을 동시에 갖고 기업의 영속을 실현하는 존재론적 과제를 실행한다.

반면 주주들의 모임은 기업의 영속을 담보하는 일과 거리가 멀다. 주

---

33   권재열(2017: 142).

주는 개체보호를 받고 있기 때문에 회사 일에 대해 책임지는 것이 거의 없다. 회사가 잘못되더라도 자기가 보유한 주식 가격 하락분만큼만 금전적 손실을 보면 된다. 경영 잘못으로 아무리 실업자가 많이 생겨도, 환경에 아무리 커다란 파괴가 벌어져도, 설혹 사람이 죽는 일이 벌어지더라도 주주는 법적으로 아무런 책임을 지지 않는다. 또 언제든지 주식을 팔고 회사와 자신을 절연할 수 있다. 실제로 주주들에게는 이렇게 시장을 통해 주식을 매각하는 것, 즉 회사와의 관계를 끊는 것이 회사가 떠안게 되는 위험으로부터 자신의 재산을 지키는 가장 유효하고 손쉬운 수단이다.

(3) 이사회는 '경영 수탁자'들의 최고 의사 결정 기구

따라서 주주는 경영에 직접 참여하지 못한다. 경영에 참여하려면 이사로 선임되거나 이사회를 통해 경영자로 선출되어야 한다. 단순히 주주로만 있었을 때에는 책임질 일이 없다. 그러나 경영자로 선임되면 선관주의 의무善管注意 義務, a duty of loyalty and a duty of care, 즉 개인의 이익이 아니라 선한 관리인으로서 기업을 위해 노력를 다해야 하는 의무를 진다. 선관주의 의무를 잘못 이행했다고 판명될 경우에는 법적 처벌도 따른다. 경영인이 되어 경영권을 행사할 수 있게 된 반면, 그에 따르는 책임도 함께 주어진 것이다. 이 권리와 책임의 상응에 관해서는 6장에서 **기업명제 8** "기업통제의 기본 원칙은 권리와 책임의 상응이다"를 다루면서 보다 본격적으로 논의할 것이다.[48]

이사회와 주주 간의 관계를 이렇게 정립하면 국내에서 흔히 사용하

---

34 4.7절 참조. 일반 주주보다 대주주에 대해 주식 보유 및 거래와 관련해서 규제와 감시가 강한 이유도 이러한 권리와 의무의 상응과 관련되어 있다.

는 오너 경영이라는 말이 크게 잘못된 표현이라는 사실이 명백해진다. 자산분할을 통해 기업의 소유권은 법인에 영원히 넘어갔다(기업명제 2). 오너 owner라고 불리지만 그들은 기업의 오너가 아니다. 주식의 오너일 뿐이다. 보통 상당한 지분을 보유한 대주주이다(기업명제 1). 이들의 경영 참여는 대주주 자격으로 하는 것이 아니다. 회사의 경영진으로 선임되면서 경영에 참여하게 되는 것이다. 따라서 대주주가 경영에도 참여한다는 뜻에서 '대주주경영'이라고 하는 것이 정확한 표현이다. 이것은 기업명제 1과 기업명제 2의 논리적 귀결이다. 따라서 이 책은 따름정리 1-2 "'오너 경영'은 틀린 말이다. '대주주경영'이라는 표현을 써야 한다"를 제시한다.[35]

여기에서 명확히 인식해야 할 것은 대주주경영인이건 전문경영인이건 경영인이라는 직함이 붙은 사람들은 모두 법인과 계약을 맺은 경영 수탁자business-managing trustee라는 사실이다. 주주가치론에서는 경영인을 주주의 대리인이라고 주장한다. 이 주장대로라면 대주주경영인은 스스로의 대리인이 된다. 앞뒤가 맞지 않는다. 법인을 껍데기로 취급하고 주주가 기업의 주인이라고 강변하기 때문에 나오는 결과다.[36] 법인실체론에 입각하면 이런 문제가 전혀 발생하지 않는다. 대주주경영인이건 전문경영인이건 법인이라는 실체와 계약을 맺은 경영 수탁자다. 일반 직원들도 마찬가지로 법인과 계약을 맺은 경영 수탁자들이다. 모든 임직원들이 경영 수탁자로서 동일한 목적을 갖고 일한다. 이사회는 이 모든 경영 수탁자들의 최고 의사 결정 기구다.

---

35 같은 맥락에서 "회사 주인이 바뀌었다"라고 흔히 하는 얘기도 법적으로 틀린 말이다. 회사 주인인 법인은 그대로 남아 있다. 대신 법인을 통제하는 대주주가 바뀌었을 뿐이다.
36 1.4절 및 3.4절 참조.

표 1-1 경영인과 주주의 분류

경영인	주주
주주경영인	경영인 주주
전문경영인	일반 주주 (수탁자 주주, 법인 주주, 자연인 주주)

우리가 확립한 기업명제들에 입각할 때 경영인과 주주의 정확한 명칭은 〈표 I-1〉과 같이 분류할 수 있을 것이다. 경영인은 주식을 갖고 경영에 참여하는 주주경영인과 그렇지 않은 전문경영인으로 나눌 수 있다. 한편 주주는 경영인 주주와 일반 주주로 나뉜다. 경영인 주주는 경영에 참여하는 주주다. 주주경영인과 똑같은 사람들이다. 어느 역할을 강조하느냐에 따라서만 차이가 난다. 일반 주주 중에는 연금이나 뮤추얼펀드같이 남의 돈을 위임받아 주식을 산 수탁자 주주가 있다. 이 책에서는 이런 수탁자 주주를 '자금 관리 수탁자money-managing trustee' 혹은 줄여서 '자금 수탁자'라고 표현한다.[37] 또 일반 주주 중에는 기업이 주식을 보유하는 법인 주주가 있다. 자연인 주주도 있다.

(4) 주주권은 '간헐적'으로 행사되는 견제 및 감시 권한

이렇게 경영자와 주주 간의 차이를 이해할 때 주주총회가 갖고 있는 이사 선해임권은 경영권이라는 이름을 붙일 수 없다는 사실이 명백히 드러난다. 만약 그것이 경영권이라면 경영이 잘못됐을 때에 경영진이 책임을 지듯이 주주들도 책임을 져야 한다. 그러나 주주들은 그런 책임으로부터 '개

---

[37] 자금 수탁자에 관해서는 3.4절, 5.1절, 5.3절 및 5.4절 참조.

체보호'되어 있다. 따라서 이사 선해임권은 주주들이 자신의 권리를 지키기 위한 통제장치라고 봐야 한다.[38] 주주가 경영권까지 행사하려면 '주주 경영인'으로서 책임을 지면서, 즉 과거 단순 주주였을 때의 개체보호를 해제하면서 권리를 행사해야 한다.[39]

주주라는 위치 자체에서는 기업 영속을 위해 직접 공헌할 수 있는 것이 거의 없다. 그럴 의무도 없다. 합리적 조직에서는 항상 책임과 권한이 조응한다. 책임이 많은 사람에게 권한이 많이 주어지고 책임이 적은 사람에게 권한이 적게 주어진다(기업명제 8). 주식회사는 수백 년에 걸쳐 자리 잡은 자본주의의 대표적 조직인데, 기본적인 권리와 책임의 균형이 들어가 있지 않다고 생각하면 커다란 오산이다. 주주들에게 책임은 별로 지우지 않고 권리만 많이 줄 수는 없는 일이다. 만약 주주가 책임을 지지 않고 법인을 좌지우지할 경우에는 '법인 베일 뚫기 독트린The doctrine of piercing the corporate veil'이 적용되어 법인을 '가짜'로 취급한 것에 대한 책임을 지게 된다(따름정리 8-1).[40]

주주권은 경영권이 아니기 때문에 매일매일 행사되지 않는다. 경영 성과를 지켜본 뒤 '간헐적으로intermittently'으로 행사된다. 어느 조직에서나 마찬가지로 적용되는 원리다. 노벨 경제학상을 받은 케네스 애로 Kenneth Arrow는 『조직의 한계The Limits of Organization』라는 책에서 "책임 기제 accountability mechanism는 잘못을 수정할 수 있어야 하지만, 그렇다고 권위의 진정한 가치를 파괴해서는 안 된다"라며 "A의 모든 결정이 B에 의해 모두

---

38 베인브리지는 같은 맥락에서 "[이사를] 해임할 수 있는 권리는 명령을 내릴 수 있는 권리가 아니다. 단지 견제하는 권리일 뿐이다"라고 지적한다(Bainbridge 2002: 30~31).

39 5.2절 및 6.4절 참조.

40 이에 대한 자세한 설명은 6.3절 참조.

감찰되면 권위가 A에게서 B로 이동하고 따라서 [A가 해결해야 하려던] 본래 문제의 해법은 찾아지지 않는다"라고 갈파한다.[41]

집행 업무를 담당하는 사람들에게 재량권을 주고 성과를 내도록 한 뒤 그 결과를 놓고 평가하고 감시하는 것이 조직 운영의 일반 원리다. '감시 카메라'의 성능을 높인다고 좋은 결과가 나오리라는 보장이 없다. 감시가 상시화되고 집행 쪽에 명령을 내리게 되면 오히려 집행 기능이 무너진다. 집행에 필요한 '권위의 진징한 가치'가 파괴되고 본래 해결하려던 문제에 대한 해결책이 찾아지지 않는 것이다. 이사회와 주주총회와의 관계도 마찬가지다. 이사회에 집행의 전권이 주어지고 주주총회가 간헐적으로 감시 및 견제 기능을 수행하는 것이다.

6. 위계 조직과 명령의 중요성

경영권이 어떻게 행사되는지를 이해하기 위해서는 〈그림 1-5〉에서 보듯이 기업이 이사회를 정점으로 하는 위계 조직hierarchical organization이라는 사실을 제대로 파악하는 것이 중요하다. 이사회 내에서는 어느 정도 민주적으로 의사 결정이 이루어진다. 김전진이 아무리 하고 싶은 일이 있어도 이살핌과 박현찰이 반대하면 이사회 결의를 내놓을 수 없다. 다수결이 적용되는 것이다. 그렇지만 이사회 결정 이후에는 다수결이 적용되지 않는다. 이사회가 결정한 것에 대해서는 김전진이 다른 생각을 갖고 있더라도 따라야 한다. 회사의 위계 조직에서 사장 겸 CEO가 아니라 이사회가 최고

---

41 Arrow(1974: 78).

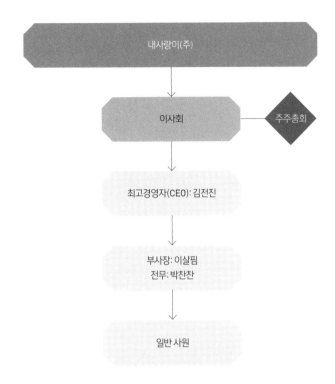

그림 1-5 **내사랑이(주)의 위계적 경영조직**

내사랑이(주)

이사회 — 주주총회

최고경영자(CEO): 김전진

부사장: 이살핌
전무: 박찬찬

일반 사원

위치에 있기 때문이다. 마찬가지로 부사장 이살핌과 전무 박찬찬 두 명이 같은 생각을 갖고 있더라도 사장 김전진의 생각이 다르면 김전진의 뜻을 따라야 한다. 이사회에서는 이살핌이 김전진과 같은 표를 갖고 있고, 박찬찬이 이사 박현찰을 대리하는 인물인 듯이 보이지만, 경영조직에서는 사장과 부사장, 전무가 수직 관계이기 때문이다. 사장의 판단이 우선한다. 일반 직원들도 최고 경영진의 명령에 따르는 위계 구조 속에 놓여 있다.[42]

---

42 주주총회에도 일부 '민주적' 요소가 들어가 있다. 주총에 회부된 사안은 다수결을 통해 결정된다. 그렇지만 이것은 정치민주주의에서 얘기하는 '1인 1표'가 절대 아니다. 기껏해야 '1주 1표'이다. 또 전

여기에서 명확히 인식해야 할 사실은 김전진 사장의 경영 지도력이 대주주라는 권리에서 나오는 것이 아니라 CEO라는 위계 조직상의 지위에서 나온다는 점이다. 내사랑이(주)가 창업할 때의 구조에서는 이 관계가 명확히 보이지 않을 수 있다. 주식을 보유한 대주주가 CEO를 겸임하고 있기 때문에, 즉 '대주주경영' 체제이기 때문이다. 그러나 대기업의 경우 이사회 의장은 따로 있고 사장은 이사회 멤버로만 참여하는 경우가 제법 있다. 또 전문경영 체제에서의 CEO는 주식을 아예 갖고 있지 않는 경우가 많다. 그렇지만 CEO는 상당히 광범위한 권한을 행사한다. 그것은 CEO라는 직책이 주는 권위 때문이다. 그리고 회사 구성원들이 그 권위를 인정하기 때문이다.[43]

김전진의 경우는 창업자 CEO로서 처음부터 조직 내의 권위를 인정받았다. 전문경영인 CEO들은 회사 내에서 능력을 인정받거나 다른 회사에서 능력을 인정받아서 그 자리에 오른다. 창업자 CEO건 전문경영인 CEO건 대내외적으로 해당 기업의 대표라는 권위를 갖게 되면서 주요 경영에 대한 의사 결정을 내리고 다른 회사나 금융기관들과 협상도 한다. 이 권위는 회사 자산을 소유한 법인의 대표이기 때문에 나오는 것이다. 따라서 이 책은 **기업명제 1**과 **기업명제 2**의 자연스러운 귀결로서 **따름정리 1-3** "기업은 이사회를 정점으로 한 위계 조직이다. 경영자의 권위는 위계 조

세계 여러 회사에서 차등의결권을 통해 일부 주주가 다른 주주보다 훨씬 많은 의결권을 행사한다. 워런 버핏은 버크셔 해서웨이 1주에 대해 200의결권을 갖고 있다. 주총의 의사 결정 방식은 보유 주식 숫자, 더 정확히는 보유 주식에 딸린 의결권 숫자에 입각한 다수결이다. '민주적'이라는 말을 그대로 갖다 붙이기에는 대단히 애매하다. 그러나 이 체제에 '민주주의'라는 말을 갖다 붙이고 '정치민주주의'를 왜곡해서 적용하면서 기업 통제에 관해 많은 혼선이 벌어졌다. 이에 관한 더 자세한 논의는 4.2절, 5.1절 및 5.3절 논의 참조.

43 기업 경영에서 권위와 그 권위의 인정에 관해서는 6.2절 논의 참조.

직상의 위치에서 비롯된다"를 내놓는다.

그러면 기업은 왜 위계 조직으로 운영되는가? 이것은 고용계약을 들여다보면 바로 알 수 있다. 위계에 따라 일하고 그에 해당하는 반대급부를 받겠다는 약속이 고용계약이기 때문이다. 시장주의적 계약론을 내세우는 법학자들이나 신고전파 경제학자들은 고용계약을 마치 시장에서 물건 사고팔듯이 필요한 정보를 모두 갖고 흥정하는 일인 것처럼 설명한다. 예를 들어 계약론 및 재산권 이론으로 유명한 아먼 알키언과 해럴드 뎀세츠Armen Alchian and Harold Demsetz는 "[경영자가] 근로자들에게 여러 업무를 맡기고 관리하는 파워power라고 하는 것은…시장 상인에게 이런저런 일을 시키는 작은 소비자의 파워와 정확히 같은 것"이라며 회사의 위계가 갖고 있는 권위를 '망상delusion'이라고까지 말한다.[44]

그러나 이것은 시장근본주의자market fundamentalist들의 망상일 뿐이다. 소비자가 시장에 가서 상인에게 "이 물건 갖고 와봐라, 저 물건도 갖고 와봐라"고 한 다음에 물건을 사는 것은 일회성 사건이다. 물건을 살펴보고 값을 흥정한 뒤 실제로 사든지 말든지 하면 그만이다. 짧은 순간에 결정 내리는 것이다. 또 소비자가 그 물건이 어떻게 생겼는지, 어떤 쓸모가 있는 건지를 파악하고 자신의 돈과 상인의 물건과 교환하는 것이다. 피차 무엇을 원하는지를 거의 다 아는 상태에서, 즉 확실성이 거래의 기본인 상황에서 진행되는 거래라고 할 수 있다. 계약이라는 말을 붙일 수도 없다. 계약서를 쓰지도 않는다. 계약서를 쓸 필요가 없기 때문이다. 그냥 물건과 돈을 주고받기만 한다. '계약집합체the nexus of contract론'을 얘기하는

---

44   Alchian and Demsetz(2009: 173~174).

사람들은 실제 계약서가 만들어지는 거래와 그렇지 않은 거래를 모두 뭉뚱그려 모두 '계약'이라는 말로 표현하고 모든 것을 시장 원리만으로 설명하려고 한다. 그러나 현실에서 계약서가 필요한 일과 그렇지 않은 일은 엄연히 다르다.

고용계약은 물건을 사고팔듯이 흥정할 수 없다. 본질적인 불확실성이 따르기 때문이다. 고용자가 계약을 맺을 당시에 회사에 들어가서 앞으로 자신이 무슨 일을 할지를 미리 다 특정하고 그에 따라 협상할 수 없다. 고용주도 계약을 맺는 시점에서 고용자가 얼마나 능력 있고 회사에 기여할 수 있을지, 그래서 앞으로 어떤 직책을 맡길지 임금을 어떻게 올려줘야 할지를 제대로 알기 어렵다. 고용계약은 당사자들이 직면하는 이러한 불확실성을 인정하는 전제 위에서 맺어지는 것이다.

내사랑이(주)는 제품 생산에 참여할 다양한 공학도들도 필요하고 물건을 내다 팔 영업사원도 필요하다. 그렇다고 처음부터 전자공학도를 신입사원으로 뽑으면서 "당신이 할 일은 생산 부문의 전자공학과 관련된 부분만이다. 이 회사에 있는 한 여기에 말뚝을 박아야 한다"라고 얘기할 수도 없다. 회사 입장에서는 이 사원이 전자공학 전공자라 하더라도 AI 강아지라는 융합 제품의 특성상, 회사에 들어와서 생명공학 등 관련 분야까지 지식과 기술을 넓혀 일할 수 있기를 바란다. 그래야만 실질적인 협업이 이루어질 수 있다. 이 사원도 회사에 들어온 뒤 승진하기에 더 유망한 분야로 자기 영역을 확장하거나 바꾸고 싶을 수 있다. 생산 부문에서만 일하는 것이 아니라 판매 부문으로 옮기고 싶을 수도 있다.

최고경영자가 되면 어차피 '모든 일'을 해야 한다. 처음 신입사원으로 들어올 때 계약서에 어떤 일을 할 것인지를 명확하고 자세하게 포함시킨다고 해서 나의 권리를 제대로 확보하는 것이 전혀 아니다. 오히려 자신의 발목을 잡을 수 있다. 회사 입장에서나 사원 입장에서나 앞으로 하게 될 일을 특정할 수 없기 때문에, 즉 직무 내용에 대한 불확실성 때문에 고용계약은 보통 업무 분야를 특정하지 않고 정해진 시간 동안 회사에서 맡기는 일을 하고 연봉을 얼마 받겠다는 식으로 맺어진다.

시장근본주의자들은 현실이 근본적으로 불확실하다는 사실을 받아들이지 않고, 마치 현실이 잘못된 것인 양 근로계약에서도 시장주의적 계약 이론을 내놓는다. 그러나 고용계약에는 '근본적 불확실성fundamental uncertainties'이 있고 회사와 사원은 그 현실을 받아들인 상태에서 피차 필요로 하는 것을 고용계약에 집어넣는다. 이렇게 볼 때 고용계약은 계약 기간 중 회사에서 내리는 명령을 수행하겠다는 '복종 계약a contract of subordination'으로 이해해야 한다.[45] 이것은 국내에서 인권을 거론하며 '노예 계약'이라고 비판하는 것들과는 본질적으로 다른 것이다. 노예계약은 주인이 요구하는 모든 일을 해야 하고 노예가 계약을 맘대로 파기할 수도 없다. 그러나 고용계약은 '통상적으로 받아들여지는 직무 범위area of acceptance 혹은 zone of acceptance' 내에서 회사로부터 주어지는 명령을 수행하는 것이다. 그리고 마음에 안 들면 그만두고 다른 직장을 찾을 수 있는 자유가 있다.

사원이 고용계약을 맺을 때에는 '복종 계약'이라는 표현을 쓰지는 않지만 실질적으로 '복종 계약'이라는 사실을 받아들이는 것이다. 그리고 그 전제하에서 얼마나 연봉을 받을지 따진다. 회사 입장에서도 사원에게 명

---

45 Robè(2011); Simon(1991).

령을 내릴 수 있어야 한 팀으로 공동의 목표를 향해 나갈 수 있기 때문에 복종 계약을 요구한다. 그리고 그 사원이 얼마나 회사의 사업에 기여할 수 있을지를 판단해서 연봉 및 다른 근로조건을 제시한다.

이것은 다른 조직에서도 똑같이 적용되는 원리다. 프로축구팀이나 프로야구팀도 감독이 선수들에게 명령하고 출전 여부를 결정하는 권한이 있어야 굴러간다. 감독에게 이런 권한이 없으면 그 팀은 오합지졸의 모임일 뿐이다. 군대는 이러한 위계와 명령이 굉장히 강력한 조직이다. 사람의 목숨이 걸려 있기 때문이다. 마피아 조직도 마찬가지다. 물론 사원의 자발적이고 창의적인 능력이 발휘될 수 있도록 상급자가 의견을 듣고 소통을 잘해야 할 필요는 있을 것이다. 그러나 궁극적으로 결정권은 상급자에게 있고 잘못될 경우에 대한 책임은 상급자가 하급자보다 훨씬 더 크게 지는 것이 일반적인 조직 원리이다.

기업 경영이 위계 조직을 통해 이루어지는 이유는 다음 장에서 상세히 설명하겠지만 기업 영속(**기업명제 3**)이라는 사명을 달성하기 위해서는 값싸고 질 좋은 제품·서비스를 창출하는 혁신(**기업명제 4**)을 지속적으로 해 나가야 하기 때문이다. 내사랑이(주)도 AI 강아지라는 혁신적 제품을 내놓아 시장에서 경쟁하려고 한다. 아직까지는 내사랑이(주)가 내놓으려고 하는 수준의 진짜 강아지 같은 AI 강아지가 시장에 나와 있지 않지만 앞으로 경쟁사들이 속속 등장할 것이다. 내사랑이(주)는 이들보다 값싸고 질 좋은 AI 강아지를 내놓기 위해, 또 AI 강아지 이외에 새로운 제품을 내놓기 위해 혁신을 지속해야 한다.

그런데 혁신은 그 속성상 확률이 낮은 일에 투자하는 것이다. 확률이 낮은 곳에 투자하는 결정을 민주적으로 내릴 수 없다. 결정권을 쥔 사람이 여러 가지 상황을 고려하고 그동안 쌓인 감도 활용해서 과감하게 밀어붙이는 것이다. 확률이 높은 일에 대해서는 민주적으로 결정하기 쉽다. 이미 많은 사람이 알고 있기 때문에 찬성 여부에 대해 결정이 쉽게 내려진다. 이렇게 내려진 결정에 불만을 표시할 사람도 많지 않다. 그렇지만 근본적인 문제는 확률이 높은 일은 이미 혁신이 아니라는 사실에 있다. 많은 사람이 알고 있는데 어떻게 혁신인가? 여기에 투자해서 어떻게 돈을 벌 수 있다는 말인가? 혁신은 불확실성에 도전하는 것이다. 혁신이 성공할지 여부는 대다수가 모른다. 모르는 사람들의 민주적 의사 결정에 혁신을 맡길 수는 없는 노릇이다.

7. 사업판단준칙

그러면 기업 경영의 최고 의사 결정 기구인 이사회나 CEO 등 경영진은 잘못될 경우 책임을 얼마나 지는가? 지난 수백 년 동안 주식회사 제도가 발달하면서 이에 관해 확립된 원칙은 '사업판단준칙business judegement rule'이라는 것이다. 이사진이나 경영진이 개인의 이익을 추구하다가 회사가 잘못되는 경우가 아닌 한, 즉 회사를 위한 경영적 판단을 했는데 잘못됐을 경우에는 당사자에게 법적 책임을 물리지 않는다는 것이다.[46]

물론 경영진은 매출과 이익을 얼마나 늘렸는지, 신사업을 개척했는지, 새로운 기술을 개발했는지, 새로운 시장을 개척했는지 등의 다양한 경영지표에 따라 평가를 받는다. 이에 따라 연봉이 달라지기도 하고 승진도 하고 퇴임도 한다. 그렇지만 아무리 회사가 망할 지경까지 몰렸어도 형사상으로나 민사상으로 법적 책임을 지지는 않는다. 사익을 추구하다가 문제가 될 경우에만, 즉 회사에 충성하고 노력을 다한다는 선관주의 의무를 저버렸을 때 법적 책임을 지게 된다.

　이사회와 경영진에게 사업판단준칙이라는 재량권이 주어지는 것은 주식회사가 이사회 중심이라는 사실에서 자연스레 도출되는 것이다. 또 기업이 사회적 실체라는 사실을 전제하는 것이다.[47] 기업이 실체가 아니라 '껍데기'에 불과하다면 이런 재량권이 주어지지 않는다. 스티븐 베인브리지Stephen Bainbridge는 사업판단준칙이 "기업의 경영이 이사회에 의해 또 그 지도하에 의해 이루어진다는 기업법 근본 원리의 자식offspring"이고 "이사진에게 주어진 경영권을 최대한 그리고 자유롭게 쓰는 것을 보호하고 촉진하기 위해 존재하는 것"이라고 말한다.[48]

　왜 그런가? 앞에서 언급했듯이 기업이 생존하고 성장하기 위한 전제 조건은 지속적 혁신이다. 그러나 혁신에서 성공하는 것은 어려운 일이다. 벤처기업 중에서 실제로 성공하는 기업은 스무 개 중 한 개 정도에 불과하다. 대기업들이 내부에서 연구 개발R&D 활동을 많이 하지만 실상을 보면 실패투성이다. 잘나가는 대기업들이라 하더라도 신사업에 진출했다가 실패하는 경우가 많다. 혁신은 이러한 무수한 실패를 딛고 몇 가지가 성공하면서 과실을 거두는 것이다.

---

46 사업판단준칙은 1888년 미국 뉴욕 항소법원의 '레슬리 대 로릴라드(Leslie v. Lorillard)' 판결에서 첫 번째로 '완성된 서술(full statement)'이 나왔고 이듬해 '베버리지 대 엘리베이티드(Beveridge v. N.Y. Elevated R.R)에서 확립됐다(Avi-Yonah and Sivan 2007: 165).

47 1.4절 논의 참조.

48 영어 원문은 다음과 같다. "Under Delaware law, the business judgement rule is the offspring of the fundamental principle, codified in [Delaware General Corporation Law] § 141(a), the business and affairs of a Delaware corporation are managed by or under its board of directors…The business judgement rule exists to protect and promote the full and free exercise of the managerial power granted to Delaware directors."(Bainbridge 2002: 67)

만약 혁신을 시도하다가 잘못되는 경우에 대해 법적 책임까지 져야 한다면, 경영진은 혁신을 위한 위험을 부담하지 않으려고 한다. 그러면 혁신이 둔화된다. 이것은 회사의 생존과 성장에 부정적이다. 이사회와 경영진에게 경영 책임을 맡긴 목적에 부합하는 일이 아니다. 따라서 사업판단준칙은 경영진에게 어느 정도 개체보호를 해주는 장치라고 할 수 있다. 물론 경영 실패에 대해서는 그에 상응하는 책임을 회사 내에서 묻는다. 주주총회에서도 주주들이 이사 선임 등을 둘러싸고 문제를 제기할 수 있다. 그렇지만 경영진에게 법적 책임까지 묻지는 않는다.

내사랑이(주) 창업자들은 아직 사업판단준칙이 회사 경영에 미치는 중요성을 실감하지 못하고 있다. 자신들이 대주주이자 이사회 멤버이고 최고경영진의 역할도 수행하고 있기 때문이다. 누가 누구에게 책임을 따로 묻고 따지기 곤란한 구도다. 어차피 운명 공동체. 회사가 잘못되면 내 주식도 무용지물이 되고 내 월급도 받지 못한다. 그러나 내사랑이(주) 창업자들은 회사가 성장하고 일반 주주들이 많이 들어왔을 때 사업판단준칙이 회사 경영을 해 나가는 데 얼마나 중요한 것인지 실감하게 된다.[63]

예를 들어 내사랑이(주)가 신제품에 투자했는데 크게 실패해서 주가가 폭락한 경우를 상정해보자. 주가 폭락으로 큰 손해를 입은 일반 주주들이 김전진 사장에게 손해배상 청구 소송을 하면 어떤 일이 벌어지겠는가? 김 사장은 실패한 투자를 수습하고 새로운 투자를 진행하는 것만으로도 바쁘고 힘든 상황에서 소송에 대응하느라고 시간과 노력을 쪼개야 한다. 그동안 회사를 키우면서 잘한 것도 많다. 창업 동지들이나 경영을 오래

---

49 3장과 4장의 논의 참조.

지켜봐왔던 장기 투자자들은 그 사실을 잘 안다. 한 번 실수를 이해해줄 수 있다. 그렇지만 그 과정을 거치지 않고 주가가 비쌀 때 내사랑이(주) 주식을 사서 들어왔다가 손해 본 주주들은 그런 이해심이 없다. 회사의 과거나 미래가 어찌됐든 지금 내가 입은 손해를 보상받기 위해 무슨 일이든 하려고 한다. 법적 소송이라는 잘 드는 칼이 있으면 어떻게든 휘둘러보려고 할 것이다. 그러면 경찰이나 검찰 수사가 들어오고 경영진이 재판정에도 서야 한다. 변호사 비용도 많이 든다.

이런 일이 벌어지면 김전진 사장은 과거처럼 '전진前進'하던 경영 스타일을 바꿀 수밖에 없다. 의욕도 떨어진다. 내가 사업하던 스타일로 일을 진행하기 어려운데 CEO를 계속 맡아야 할지 회의도 생긴다. 회사의 혁신 능력에 브레이크가 걸리기 시작한다. 사업판단준칙은 이러한 부정적 가능성을 차단하기 위해 확립된 것이다. '선관주의 의무'를 저버린 증거가 없는 한, 법의 칼이 들어오는 것을 막아주는 장치를 만들어 경영진의 창의성을 북돋우고 혁신을 적극적으로 해 나갈 수 있도록 보호해주는 것이다.

2장

기업의 존재론

김전진, 이살핌, 박현찰은 내사랑이(주)를 설립할 때, 기업이 왜 존재하는지에 대해 철학적 고찰을 한 적이 없다. 일단 돈을 벌고 싶었다. 그것도 큰 돈을 벌고 싶었다. 김전진이나 이살핌이나 둘 다 자기 분야에서 역량을 인정받는 공학도였고, 학교에 남아서 일하건 회사에 취직하건 먹고사는 것은 별로 걱정할 필요가 없었다. 그렇지만 마이크로소프트Microsoft의 빌 게이츠Bill Gates, 구글Google의 래리 페이지Larry Page, 세르게이 브린Sergey Brin 과 같이 성공한 벤처기업인이 되어 돈도 많이 벌고 다른 하고 싶은 일들도 많이 하고 싶었다. 박현찰은 거부라고 할 수는 없지만 원래 돈 걱정이 없던 사람이다. 그렇지만 갖고 있던 재산을 더 크게 늘리고 싶은 욕심은 있었다. 성공한 벤처캐피털리스트로 인정받으면 좋겠다는 기대도 갖고 있었다.

그러나 지금 그런 생각들은 다 사치다. 빨리 회사를 돌아가게 해야 한다. 특허를 빨리 출원해서 확보해야 한다. 시제품도 빨리 만들어야 한다.

상업용 제품을 빨리 만들어 고객들에게 팔아야 한다. 직원들도 뽑아야 한다. 판매망도 구축해야 한다. 김전진은 사업이 속도전이라는 것을 잘 알고 있다. 빌 게이츠는 처음 도스DOS라는 컴퓨터 운용체제 프로그램을 팔 때 프로그램이 아직 다 만들어지지 않았는데도 완성된 프로그램이 있다고 얘기하고 구매자와 비즈니스 미팅 약속을 잡았다. 그리고 구매자를 만나러 가는 비행기 안에서까지 계속 작업해서 미팅 직전에 극적으로 프로그램을 완성했다.[1] 정주영 현대그룹 회장도 배를 건조한 실적이 없는데도 불구하고 배를 만들 수 있다고 말하며 런던에 돈을 빌리러 갔다. 건조 능력을 믿지 못하는 상대방에게 거북선이 그려진 5백 원짜리 지폐를 보여주며 한국이 옛날부터 뛰어난 조선술을 갖고 있다고 설득했다.[2] 현대중공업(주)이라는 세계 최대 조선사는 이렇게 시작됐다.

김전진도 특허 취득과 생산을 동시에 진행하기로 했다. 특허를 따는 일은 자신 있었다. 특허를 취득할 때까지 기다렸다가 제품을 만들기 시작하면 다른 경쟁자들이 먼저 시장을 장악할 가능성도 있다. 박현찰이 믿고 돈을 대준다고 하니 빌 게이츠나 정주영이 했던 것처럼 전광석화로 밀어붙여야 한다고 생각했다.

---

1   Wallace and Erickson(1992: 74~83).
2   정주영(1991: 118~124).

1. 기업의 원초적 생존 조건 – 값싸고 질 좋은 제품·서비스 창출

지금 단계에서 내사랑이(주)의 목표는 너무나 명확하다. 소비자가 만족할 수 있는 값싸고 질 좋은 제품을 빨리 내놓는 것이다. AI 강아지가 귀여우면서도 촉감이 좋아야 한다. 강아지가 실제로 자라듯이 AI 강아지도 잘 자라줘야 한다. 움직임도 부드럽고 꼬리를 흔들며 주인과 교감할 수 있어야 한다. 짖는 소리도 그럴싸하고 듣기 좋아야 한다. 그렇다고 값이 너무 비싸면 안 된다. 많은 사람들이 별 부담을 느끼지 않고 살 수 있어야 한다. 그래야만 대량생산이 가능해지고 생산 단가도 추가로 떨어져 큰돈을 벌 수 있다. 내사랑이(주)가 생존하기 위해서는 '소비자가 왕'이라는 현실을 받아들이고 소비자를 만족시키는 AI 강아지를 빨리 시장에 내놓는 수밖에 없다.

(1) 기업의 존재 이유는 고객을 만들고 지키는 것

윌리엄 라조닉William Lazonick은 기업이 소비자의 선택을 받기 위해 처절하게 경쟁하고 경쟁에서 살아남기 위해 지속적으로 혁신해 나가야 한다는 사실에 주목해서 기업의 존재 이유를 "값싸고 질 좋은 제품·서비스를 지속적으로 창출하는 것"이라고 규정한다.[3] 이 책은 이를 **기업명제 4**로 제시한다. 기업이 누구를 위해 운영되어야 하는가, 이익을 얼마나 어떻게 추구해야 하는가, 어떤 가치를 좇아야 하는가 등 사람에 따라 판단이 엇갈리는 '목적론적 기업의 존재 이유The teleological purpose of corporation'에 대한 논의

---

[3]   Lazonick(2002; 2014; 2015a).

는 다음 장(3장)으로 미루자. 그에 비해 **기업명제 4**는 간단 명료하고 누구나 동의할 수밖에 없는 내용이다. 기업이 처한 존재론적 조건에 입각한 존재 이유The ontological purpose of corporation, 혹은 기업의 원초적 생존 조건에 입각한 기업의 존재 이유이기 때문이다. 앞으로 논의의 편의상 이 두 가지 기업의 존재 이유를 줄여서 각각 '목적론' 및 '존재론'이라고 사용하자.

기업존재론(**기업명제 4**)은 자본주의 시장경제라는 상황에서 기업이 영속을 추구하기 위한 방법(**기업명제 3**)을 구체화한 것이다. 기업이 장기적으로 생존하고 성장하기 위해서는 시장경쟁에서 이겨야 한다. 시장경쟁에서 이기는 방법은 혁신밖에 없다. 값싸고 질 좋은 제품·서비스를 지속적으로 창출해야 하는 것이다. 혁신 없이는 기업이 존재할 수 없고, 혁신 기업 없이 자본주의가 존재하지 않는다.

이러한 기업존재론은 고객의 관점에서 본 기업의 존재 이유라고도 할 수 있다. '소비자가 왕'이라는 말은 소비자가 누구를 선택하느냐에 따라 기업의 생사가 결정된다는 것이다. 소비자가 필요로 하는 제품이나 서비스를 제공하지 못하는 기업은 존재할 이유가 없다. 도태되어야 한다. 그런 회사가 생존하기보다는 소비자의 욕구를 맞춰주는 새로운 기업이 나오거나, 기존의 다른 기업이 그 욕구를 맞춰주는 제품·서비스를 내놓는 것이 소비자를 위해서나 국가 경제에 더 좋다.

이것은 기업이나 기업인에게 대단히 냉혹한 과정이다. 혁신 연구의 대부 조셉 슘페터는 혁신 과정을 '창조적 파괴creative destruction'라고 표현했다. 뭔가 새로운 것이 나오려면 누군가 파괴되어야 한다. 혁신의 본질은 '윈-윈win-win'이 아니라 '윈-루스win-lose'다. 혁신 과정에서 모두가 한배를 타기는 어렵다. 전사자, 낙오자들이 나올 수밖에 없다. 슘페터는 창조적 파괴라는 냉엄한 현실을 '자본주의에 관한 본질적 사실the essential fact about capitalism'이라고 갈파했다.[4] 기업은 이 본질적 사실을 받아들이고 행동 양식을 마련해야 한다.

기업에게 이렇게 지옥과도 같은 환경인데도 불구하고 자본주의가 성공해온 것은 소비자에게 천국과 같은 환경을 제공해주기 때문이다. 기업 간의 살벌한 경쟁 덕분에 소비자는 다양한 제품과 서비스를 적당한 가격에 즐길 수 있는 것이다. 1980년대 초 한국에는 컴퓨터가 단 두 대, 국방부와 서울대학교에만 각각 한 대씩 있었다. 일반인들은 접근할 수 없었다. 소비재가 전혀 아니었다. 그러나 지금 시중에서 팔리는 스마트폰에는 그 당시의 IBM 컴퓨터보다 훨씬 강력하고 다양한 기능이 들어 있다. 스마트폰은 거의 모든 사람들이 갖고 다니는 필수 소비재가 되어 있다. 조금 질릴 만하면 새로운 제품과 서비스가 계속 나온다. 소비자는 여러 회사가 내놓는 스마트폰 중에서 선택하면 된다.

내사랑이(주)도 소비자에게 새로운 경험과 만족을 제공해주는 제품을 만들어낼 목적으로 설립됐다. 병들고 죽을 수밖에 없고 관리하는 데 많은 노력과 비용을 들여야 하는 자연산 강아지에 버금가는 AI 강아지를 소비자에게 선사하는 것이다. 내사랑이(주)가 이 목적을 달성하면 소비자의 선택이 다양해진다. 강아지 키우기를 두려워하던 사람도 강아지 키우

---

4   슘페터의 '창조적 파괴' 관련 원문은 다음과 같다. "…in dealing with capitalism, we are dealing with an evolutionary process.…Capitalism…is by nature a form or method of economic change and not only never is but never can be stationary.…The fundamental impulse that sets and keeps the capitalist engine in motion comes from the new consumer goods, the new methods of production or transportation, the new markets, the new forms of industrial organization that capitalist enterprise creates.…[New combinations] illustrate the…process of industrial mutation…that incessantly revolutionizes the economic structure from within, incessantly destroying the old one, incessantly creating a new one. This process of Creative Destruction is the essential fact about capitalism."(Schumpeter 1943: 82~83)

는 기쁨을 누릴 수 있다. 자연산 강아지를 키우던 사람도 AI 강아지를 함께 키우며 새로운 즐거움을 누릴 수 있다.

실제로 20세기 중반 미국에서 대량 소비사회가 열리면서 많은 경제학자들과 경영학자들, 기업인들이 기업의 존재 이유를 소비자 입장에서 정의했다. 경영학의 창시자 피터 드러커는 "기업의 존재 이유는 고객을 만들고 지키는 것"이라고 말했다.[5] 월마트WalMart의 창업자 샘 월튼Sam Walton은 "보스는 오직 한 명뿐이다. 고객이다. 그는 단순히 돈을 다른 곳에서 쓰는 방법에 의해 회장에서부터 아랫사람까지 모두를 해고할 수 있다"라고 강조했다.[6] 같은 유통 업계의 라이벌 코스트코Costco의 창업자 짐 시네갈Jim Sinegal은 "고객을 정성껏 대우하라"를 경영 모토로 내세우고 '마진 15% 룰'을 엄수했다. 공급 단가가 떨어지거나 경영 혁신 등으로 마진이 15%보다 더 많이 생길 때에는 그것을 기업 이익으로 챙기는 것이 아니라 가격을 낮춰 고객에게 혜택을 나눠주는 것이다.[7]

---

5   드러커는 이에 더해 "[기업의] 이해관계자 그룹 중에서 한 이해관계자를 그중 첫 번째라고 꼽으라면 그것은 소비자이어야 한다"라고 말했다(Drucker 2006).
6   'Sam Walton: Bargain Basement Billionaire', *Entrepreneur*(https://www.entrepreneur.com/article/197560).
7   시네갈의 경영 철학에 대한 더 상세한 내용은 4.3절 참조.

(2) 존재론을 먼저 따지고 목적론을 보아야

기업의 존재 이유를 이해하는 데에는 이렇게 존재론을 먼저 천착하고 목적론을 다루는 것이 여러모로 바람직하다. 첫째, 기업은 존재론을 실현하는 과정에서 소비자 만족이라는 가장 중요한 사회적 가치를 달성한다. 그뿐만 아니라 일자리도 창출하고 협력 업체들이 커 나가는 것을 도와준다. 기업만 잘되는 것이 아니라 사회 전체가 잘되는 것이다. 값싸고 질 좋은 제품·서비스를 지속적으로 창출한다는 기업존재론(**기업명제 4**)은 존재론의 영역에만 머물러 있는 것이 아니라 기업목적론이라고 얘기하는 것들의 상당 부분을 이미 포함하고 있다. 존재론을 먼저 보아야 목적론의 전체적인 모습이 그려진다. 기업목적론이라고 얘기하는 것들을 먼저 보면 존재론을 통해 목적론을 달성하는 가장 커다란 목적론적 실체를 놓치게 된다.

둘째, 흔히 얘기하는 기업목적론에는 주주가치론에서부터 이해관계자론에 걸쳐 다양한 입장이 존재하고 있다. 이러한 목적론 자체에서 출발하면 다양한 가치의 스펙트럼에 놓여 있는 사람들 간에 공통분모를 찾기 힘들다. 반면 기업존재론에서 출발하면 가치관의 차이에도 불구하고 인정할 수밖에 없는 최소한의 공통분모가 만들어진다. 목적론은 선택할 여지가 있지만 존재론은 어느 누구도 거부할 수 없는 원초적 현실에 관한 것이기 때문이다. 이러한 부인할 수 없는 공통분모에서부터 출발하면 가치관이 다른 사람들 간에 간극을 좁히고 건설적 대안을 마련할 수 있는 여지가 마련된다.

사실 기업이 시장경쟁을 이겨내고 오래도록 생존하는 것은 굉장히 어려운 일이다. 미국 대기업들의 평균수명은 1958년에 61년이었지만

2016년에 18년으로 줄어들었다. 개인의 평균수명보다 훨씬 짧다.[8] 1955년에 미국 500대 기업 명부인 '포춘 500Fortune 500'에 들어 있던 기업 중에서 2018년까지 계속 남아 있는 기업은 53개에 불과하다. 약 60년 동안에 거의 90%에 해당하는 대기업들이 500대 기업에서 탈락했다.[9] 한국도 기업들의 부침이 심하다. 1988년 기준 30대 그룹 중에서 30년 뒤인 2018년에 계속 남아 있는 그룹은 40%인 12곳에 불과했다. 나머지 60%인 18개 그룹은 30대 그룹에서 밀려났다.[10] 전 세계의 기업들은 생존을 위한 진년전을 벌이고 있다고 봐야 한다.

법인을 통한 주식회사 제도는 기업이 영속할 수 있는 필요조건을 마련해줬을 뿐이다. 기업은 그 제도적 기반 위에서 지속적 혁신을 통해 영속의 충분조건을 만들어내는 절체절명의 과제를 안고 있다. 이 과제는 어느 누구도 피할 수 없다. 아무리 훌륭한 목적을 갖고 만들어진 회사라 하더라도 시장경쟁에서 패배하면 존재하지 못한다. '사회적 기업'도 마찬가지다. 이익을 내지 못하면 그 기업의 존립 기반이 무너지고 목표로 내세운 사회적 가치를 추구할 수 없게 된다.[11] 어떤 목적을 추구하건 기업은 먼저 경쟁에서 이기고 이익을 내야 그 목적을 추구할 수 있는 힘이 생긴

---

8 'Why you will probably live longer than most big companies', IMD 웹사이트(https://www.imd.org/research-knowledge/articles/why-you-will-probably-live-longer-than-most-big-companies).

9 'Only 53 US companies have been on the Fortune 500 since 1955, thanks to the creative destruction that fuels economic prosperity', AEI 웹사이트(http://www.aei.org/publication/only-53-us-companies-have-been-on-the-fortune-500-since-1955-thanks-to-the-creative-destruction-that-fuels-economic-prosperity).

10 「생존 절벽…30대 기업 60% 사라졌다」, 『문화일보』, 2019년 4월 26일 자.

11 이런 점에서 정부 보조금에 의존하는 사회적 기업들은 기업으로서 존재할 가치가 없다. 스스로 이익을 내면서 사회적 가치를 추구할 수 있어야 기업이라고 불릴 수 있다. 그렇지 못하면 정부 보조금을 타내는 '기제(vehicle)'에 불과하다. 공공자금으로 이런 사회적 기업을 보조할 바에야 돈이 필요한 사람에게 직접 보조금을 주는 것이 낫다.

다. '착한 기업'보다는 먼저 '강한 기업'이 되어야 한다. 강한 기업이 된 뒤 또는 그렇게 되는 과정에서 기업목적론이 고려될 수 있다.

이렇게 기업존재론에서 출발하면 '기업지배구조corporate governance론'의 허구도 드러난다. 기업지배구조론은 기업이 '좋은 기업지배구조'라는 이상향에 맞추면 경영 성과가 좋아진다고 내세운다. 이것은 존재론과 목적론의 선후를 바꾼 것이다. 목적론으로 존재론을 재단하는 것이다. 실제로 지배구조와 경영 성과 간의 관계를 국제적으로 살펴보면 '좋은 기업지배구조'라는 것이 좋은 경영 성과를 갖고 왔다는 실증이 전혀 없다. 오히려 경영 성과를 나쁘게 만들 개연성이 높다. 미국에서는 기업지배구조론이 득세하면서 '약탈적 가치 착출predatory value extraction'이 일어났다.[12]

이 책은 3장 '기업의 목적론'과 4장 '기업의 통제론'에 대한 논의를 거쳐 **기업명제 7** "좋은 경영 성과를 내는 지배구조가 좋은 기업지배구조다"를 제시한다. 기업존재론을 잘 실현하는 통제방식이 좋은 기업지배구조인 것이다. 기업의 존재론을 실현하는 전략과 조직은 다양하다. 혁신을 하는 방법이 한 가지밖에 없다면 오히려 말이 되지 않는다. 이미 한 가지 방법으로 확정되어 있는데 혁신이라고 말할 수 없기 때문이다. 혁신의 요체는 다양성에 있다. 기업통제방식에는 이런 존재론 실현의 다양성이 반영될 수밖에 없다. 다양성을 인정하고 그 원인을 제대로 파악해야만 소모적 기업지배구조 논쟁이 종결될 수 있다.

---

12 3.4절 참조.

2. 혁신의 3대 기능적 조건 ─ 전략적 통제, 금융적 투입, 조직적 통합

혁신이 지속적으로 성공하려면 무엇을 해야 하는가? 라조닉은 혁신의 3대 기능적 조건으로 전략적 통제strategic control, 금융적 투입financial commitment, 조직적 통합organization integration을 제시한다. 이 조건들의 출발점은 불확실성이다. 남이 다 하는 것은 혁신이 아니다. 남이 알지 못하거나, 알더라도 하지 못하는 일을 해내는 것이 혁신이다. 남이 하고 있는 일이라 하더라도 다르게 해내는 것이 혁신이다. 새롭게 하고 다르게 하는 데에는 항상 불확실성이 따른다. 이 불확실성을 극복하는 과정과 결과물이 혁신이다.

첫째, 불확실성을 극복하기 위해서는 방향을 잡아야 한다. 이것이 전략이다. 해당 분야를 잘 모르거나 경험이 없는 사람들은 불확실성이 너무 커서 방향을 잡지 못한다. 그러나 그 분야의 전문가 반열에 오르거나 경험이 많이 쌓인 사람들은 어느 방향으로 투자를 하면 승산이 있을지 '어림 짐작rule of thumb'으로 안다.[13] 그렇다고 불확실성이 없어지는 것이 아니다. 그 방향이 틀릴 가능성은 계속 남아 있다. 투자를 진행하면서도 새로운 불확실성이 계속 등장한다. '전략적 통제'는 이러한 불확실성을 뛰어넘으며 원하는 결과가 나올 때까지 설정한 방향에 대해 통제력을 유지하는 것이다. 실제로 많은 경우 확률이 낮아 보이는 일이더라도 지도자가 관심을 갖고 꾸준히 밀어붙이면 좋은 결과가 나온다.[14] 전략만 세우면 끝나는

---

13 신슘페터주의자라고도 불리는 기술경제학자들은 이렇게 해당 분야의 전문가들이 기술 진보의 개략적 방향에 대해 아는 것을 '기술 궤적(technological trajectory)' 혹은 '기술적 이정표(technological guidepost)'라고 표현한다. Freeman(1992); Dosi(1988); Nelson(1990) 참조.

14 "모로 가도 서울만 가면 된다"라는 속담도 이렇게 일관되게 밀어붙이면 결과가 나온다는 지혜를 담

것이 아니라 그 방향성을 유지하는 통제력이 있어야 혁신이 이루어진다.

둘째, 혁신이 성공하려면 성과가 나올 때까지 지속적으로 자금이 투입되어야 한다. 혁신은 무수한 실패를 딛고 일어선다. 연구 개발도 본래 시행착오의 연속이다. 실수를 밀어주고 실수하더라도 버틸 수 있는 자금이 필요하다. 생산에 본격적으로 들어가면 필요한 자금이 기하급수적으로 늘어난다. 공장 부지를 확보하고, 필요한 기계를 사서 돌리고, 홍보도 하고, 판매처에 물건도 공급해야 하는 단계 단계마다 돈이 들어간다. 매출이 일어나기 시작한 다음에도 이익을 제대로 낼 때까지 돈이 지속적으로 투입되어야 한다.

삼성전자가 반도체 부문에서 성공하기 위해서는 7년 동안 대규모 적자를 감수해야 했다. 반도체 부문에서만 삼성그룹 전체의 순익을 다 까먹는 일이 몇 년 동안 계속됐다.[15] 대우조선은 12년 동안 적자였다. 그동안 대우그룹은 이자만 7,200억 원 냈고 1989년 '정상화 작업'을 위해 또다시 7,200억 원을 투입했다. 지금 시세로 따지면 15조 원이 넘는 돈이다.[16] 이들은 경쟁력을 확보하고 시장을 개척하기 위해 적자를 보면서도 계속 대규모 투자를 진행했다. 흑자로 전환했다고 끝이 아니다. 그 이후에도 경쟁에서 살아남고 성장하기 위해 금융적 투입이 끊임없이 진행되어야 한다.

셋째, 기업의 혁신활동은 조직으로 이루어진다. 발명왕 토머스 에디슨Thomas Edison의 젊은 시절에는 개인이 혁신을 주도할 수 있었는지 모른다. 그러나 에디슨도 중년기부터는 멘로 파크Menlo Park라는 연구소를 만

있는 말이다.
15 Shin(1996: 2017).
16 신장섭(2014: 109~123).

들어 발명활동을 했다. 그리고 제너럴일렉트릭General Electric, GE 등 수많은 회사를 차렸다. 그의 연구 팀원들은 미국뿐만 아니라 독일, 영국의 주요 기업에서 연구 개발 책임자로 자리를 옮겨 '조직적 혁신Institutionalized innovation' 활동의 선구자들이 됐다. 혁신의 조직화는 20세기 자본주의의 얼굴이라고 할 수 있다. 그래서 신슘페터주의의 선구자인 크리스토퍼 프리먼Christopher Freeman은 혁신의 조직화를 '연구 혁명The Research Revolution'이라고 표현한다.[17] 혁신이 잘 이루어지기 위해서는 조직원들 간에 역할 분담도 잘 되어야 하고 결과가 나올 때까지 한마음으로 힘을 합쳐야 한다. 조직적 통합을 어떻게 이루어내는가에 따라 혁신의 성공 여부가 결정된다.

내사랑이(주)의 현재 전략은 AI 반려견 업계 내 '선두주자 전략First-mover stategy'이라고 할 수 있다. 김전진과 이살핌의 특허는 내사랑이(주)만 갖고 있다. 이 특허에 기반해서 가장 실물 같은 AI 강아지를 만들어내려고 한다. 소니Sony의 아이보Aibo 같은 로봇 강아지가 시중에 이미 팔리고 있지만 이것은 털도 없고 자라지도 못한다. 그루브 X사가 내놓은 러봇 LOVOT은 부드러운 천을 입혔고 손으로 쓰다듬으면 반응도 한다.[18] 그렇지만 부드러운 털과 피부가 있고 성장도 하는 AI 강아지를 내놓는 것은 내사랑이(주)가 세계 최초다. 내사랑이(주)는 이것을 기반으로 다른 반려동물도 만들어내려고 한다.

내사랑이(주)는 현재 전략적 통제에는 별 어려움이 없다. 김전진과 이살핌이 이 분야 최고 전문가이면서 최고 경영진이기 때문이다. 처음 세워

---

17   Freeman(1982).
18   「로봇인데 안으니 아기처럼 따뜻…CES 혁신 이끈 반려봇」, 『중앙일보』, 2020년 1월 11일 자.

놓은 전략이 당분간 흔들릴 일은 없다. 금융적 투입에 있어서도 당장은 별문제가 없다. 박현찰이 투입한 50억 원이라는 현찰이 있기 때문이다. 이 돈의 범위 내에서 빨리 성과를 내고 그것을 기반으로 은행 대출이건, 벤처캐피털이건 외부 자금을 끌어들여 금융적 투입을 지속할 수 있는 신용을 쌓아야 한다. 조직적 통합은 이제부터 시작이다. 직원들을 뽑고 이들이 맡은 분야에서 잘 협업할 수 있도록 내사랑이(주)의 기업 문화를 만들어야 한다.

3. 비즈니스그룹과 다국적기업 - 자산분할을 통한 다각화와 다국화

내사랑이(주)는 2년 동안 괄목할 성과를 거두었다. 국제특허를 1년만에 다 획득했다. 정말 실물 같은 AI 강아지 '다솜이Dasomi'의 시제품을 각고의 노력 끝에 만들어냈다. 내사랑이(주)는 다솜이를 AI 전시회와 반려동물 전시회에 내보냈다. AI 전시회에서는 폭발적인 호응이 있었다. 반려동물 전시회에서는 AI 강아지를 내놓는 것이 자격 위반이라고 반대하는 사람들이 일부 있었다. 그렇지만 전반적으로 '팔고 싶다', '사고 싶다'는 좋은 반응이 나왔다.

이제 다솜이의 대량생산 체제에 들어가야 한다. 고객들이 큰 부담없이 살 수 있도록 생산 단가를 50만 원 밑으로 낮추려면 다솜이를 연간 1만 마리 이상 생산해야 한다. 강아지의 종류도 다양화해야 한다. 박찬찬은 생산 시설, 연구 개발, 판매망 구축 등에 약 500억 원가량 들어가는 것으로 추산했다. 파생 상품에 투자했다가 큰 손실을 본 박현찰은 내사랑이(주)에 돈을 더 투입하기 힘든 상황이다. 없어져도 좋다고 생각하고 처음에 투자했던 50억 원이 앞으로 어떻게 커갈지 지켜볼 뿐이다. 추가로 돈을 투입하고 싶은 생각도 여력도 없다. 내사랑이(주)는 이제 외부 자금을 수혈받을 수밖에 없다.

(1) 벤처캐피털로부터의 자금 수혈

마침 호모데우스Homo Deus라는 벤처캐피털 회사가 적극적으로 관심을 표명해왔다. 다른 벤처캐피털이나 개인 투자자, 심지어 재벌 그룹에서도 관심을 보였다. 그렇지만 호모데우스가 가장 좋은 조건을 제시했다. 500억 원을 낼 테니 30% 지분을 달라는 것이었다. 창업자들이 처음 회사를 만들었을 때에 비해 지분 가치를 11배로 쳐주겠다는 것이었다. 이와 함께 재무 책임자CFO를 자신 쪽에서 임명할 수 있게 해달라는 조건도 붙였다. 창업자들은 모두 흔쾌히 동의했다. 지분 가치를 높게 쳐주는 것도 좋았고 호모데우스가 AI 및 인류의 미래와 관련된 투자에 특화된 벤처캐피털이라는 점도 마음에 들었다.

외부 주주인 호모데우스를 받아들인 상태에서 내사랑이(주)의 지분 구조는 〈그림 2-1〉과 같이 바뀌었다. 호모데우스는 제무통이라는 금융 전문가를 CFO로 추천했다. 그동안 CFO를 맡아오던 박찬찬은 물러났다. 이사회는 총 5명으로 확대 개편됐다. 기존 3명의 이사에 제무통이 추가됐고, 1명의 사외이사가 선임됐다.

다솜이 생산 작업은 순조롭게 진행됐다. 생명공학, 재료공학 등에서 빠르게 기술 진보가 이루어져 다솜이의 털이나 피부 관련 재료가 생각보다 원활하게 공급됐다. 김전진은 AI 강아지의 소통 능력을 획기적으로 개선하는 새로운 특허도 내놓았다. 이살핌도 직원들과 밤낮으로 일하며 다

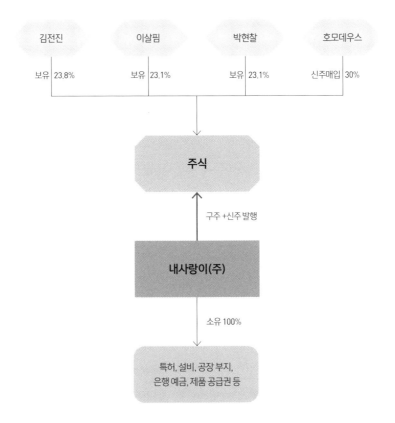

그림 2-1 내사랑이(주) 1차 외부 자금 수혈 후 지분 구조

솜이의 촉감을 개선했다. 판매 조직도 구축하기 시작했다. 부자와 여피 yuppi족이 많이 사는 일부 지역은 직판장을 설치하고 다른 지역은 위탁판 매로 시작하기로 했다. 온라인도 직판과 위탁판매를 결합하기로 했다.

한 직원이 아이디어를 내놓았다. 정식 제품을 내놓기 전에 '내사랑이 커뮤니티MLP Community'라는 웹사이트를 만들어 미리 출범시키자는 것이 었다. 실물이 아직 없더라도 홀로그램 기술을 활용하면 다솜이를 입체적으로 볼 수 있고 만지는 듯한 느낌도 가질 수 있다. 커뮤니티에서 가상체험을 한 멤버들은 실제 제품이 나오기를 손꼽아 기다릴 것이다. 초기 매출에 큰 도움이 될 것이다. 이 아이디어는 만장일치로 채택됐다. '내사랑이 커뮤니티'는 회사 본부의 온라인판매팀에서 함께 관장하기로 했다.

(2) 다국적 비즈니스그룹으로의 발전

해외 판매를 어떻게 할 것인지에 대해서도 검토가 이루어졌다. 해외 판매망을 직접 구축하는 것은 돈도 많이 들 뿐만 아니라 위험부담도 크다. 그런데 마침 반려동물 전시회에 참석했던 미국의 큐티펫Cutie Pet이라는 회사에서 미국 시장 판권을 사고 싶다는 문의가 들어왔다. 김전진은 미국이 세계 최대 시장이고 신기술과 신상품의 시험대test bed이기 때문에 나중에 생산 법인까지 만들어서 현지화할 꿈을 갖고 있었다. 단순히 판권을 주고 수수료를 받기보다 투자비가 들어간다 하더라도 합작 판매회사를 만드는 것이 현지화를 추진하는 데 더 좋을 것이라고 생각했다.

내사랑이(주)와 큐티펫은 치열한 협상을 거쳐 '마이러브큐티My Love Cutie Co. Ltd.'라는 합작법인을 설립하기로 합의했다. 내사랑이(주)가 51%의 지분을 갖고 큐티펫이 49%의 지분을 갖는 구조다. 내사랑이(주)는 5년간 미국 내 독점판매권을 합작법인에 넘겨주기로 했다. 법인설립 및 운영비, 판매 네트워크 구축은 큐티펫 측이 부담하고 2백만 달러의 자금을 투입하기로 했다. 큐티펫의 기존 판매 네트워크 사용권도 물론 여기에 포함됐다. 김전진은 여기에 추가해서 미국 시장 진출을 위한 정지 작업으로 한국에서 중견 직원을 1명 파견하기로 했다. 1차년도 직원 파견 비용 20만 달러는 내사랑이(주)가 출자하기로 했다. 마이러브큐티 이사회는 내사랑이(주) 측 1명과 큐티펫 측 2명을 포함해 총 3명으로 구성하기로 합의했다. 사장은 큐티펫 측에서 맡기로 했다.

여기에서 주목해야 할 사실은 미국에 합작사를 설립한 결과 내사랑이(주)는 본격적으로 제품을 내놓기도 전에 다국적 비즈니스그룹(사업 집단)으로 발돋움했다는 것이다. 내사랑이(주)와 마이러브큐티(주)는 주식 지분을 통해 연결된 비즈니스그룹이 됐다(큐티펫도 49% 지분을 갖는 계열사 마이러브큐티를 만들면서 비즈니스그룹이 됐다). 이 그룹에 지주회사는 따로 없다. 내사랑이(주)가 마이러브큐티(주)를 통제하면서 자신의 고유 비즈니스도 하는 영업 지주회사 형태다. 이 시점에서 내사랑이 그룹의 구조는 〈그림 2-2〉와 같다.

(3) 자산분할을 통한 다각화와 다국화

이 그룹 구조에서 주목해야 할 사실은 계열사를 설립하는 것도 처음 주식회사를 설립할 때와 마찬가지로 자산분할을 통해 이루어진다는 것이다. 내사랑이(주)는 갖고 있던 자산을 분할해서 마이러브큐티(주)에 투입했다. 그 분할된 자산은 더 이상 내사랑이(주)의 소유가 아니다. 영원히 마이러브큐티(주)의 소유가 됐다. 내사랑이(주)는 분할한 자산을 넘기는 대신 마이러브큐티(주)가 발행한 주식의 주인이 되었다. 내사랑이(주)를 설립했을 때와의 차이점은 이번에는 개인이 갖고 있던 자산이 아니라 법인이 갖고 있던 자산을 분할했다는 것뿐이다.

자산이 개인에서 나왔건 법인에서 나왔건 '법인설립-자산분할-개체보호-유한책임'의 수레바퀴는 똑같이 돌아간다. 내사랑이(주)는 마이러브큐티(주)에 문제가 생겼을 때 개체보호가 된다. 5년간 독점판매권과 20만

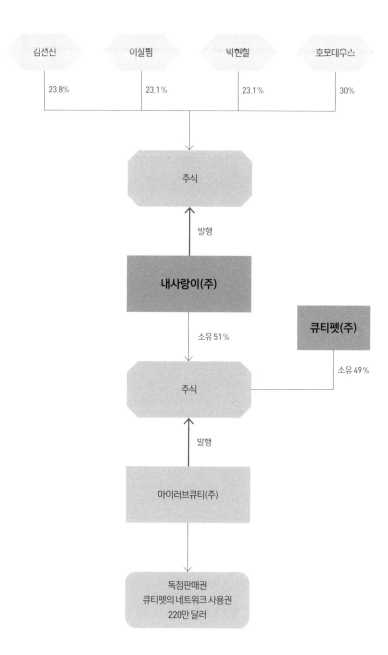

그림 2-2 내사랑이 그룹의 구조: 1차 자산분할 직후

김선신 23.8% 이실핌 23.1% 빅헌힐 23.1% 호모데우스 30%

주식

발행

내사랑이(주)

큐티펫(주)

소유 51%

소유 49%

주식

발행

마이러브큐티(주)

독점판매권
큐티펫의 네트워크 사용권
220만 달러

달러 출자금만 날리면 끝이다. 다른 법적 책임을 질 필요가 없다. 마이러 브큐티(주)에 독점판매권을 넘겨준 것도 내사랑이(주) 입장에서 아주 큰 리스크는 아니다. 5년으로 제한되어 있으니까 일이 잘못되더라도 그 기간 에만 불편하면 된다. 또 미국 말고 다른 시장에서 제품을 파는 데에는 아 무 문제가 없다. 개체보호는 쌍방향으로 적용된다. 마이러브큐티(주)도 개 체보호를 받는다. 내사랑이(주)에 문제가 발생하더라도 5년간 미국 내 독 점판매권과 20만 달러 출자금은 마이러브큐티(주) 소유로 유지된다. 이 기간에 사업을 영위하는 데에는 아무런 문제가 없다.

이렇게 법인이 갖고 있는 자산을 분할해서 새로운 기업을 설립하는 원리는 다국적기업의 확장에도 똑같이 적용된다. 삼성전자 미국 현지 법 인은 삼성전자(주)가 자산분할을 통해 설립한 회사다. 그 법인이 미국에 등록되어 있을 뿐이다. 이것은 삼성전자(주)가 자산분할을 통해 국내에 삼성바이오로직스(주)를 설립한 것과 본질적으로 아무 차이가 없다. 계열 사의 법인이 어느 나라에 있는가만 차이가 있을 뿐이다. 내사랑이 그룹의 경우를 보면 비즈니스그룹과 다국적기업 간의 동질성이 더 명확해진다. 내사랑이(주)는 미국에 합작회사 마이러브큐티(주)를 설립하면서 비즈니 스그룹이 되는 동시에 다국적기업이 되었다. 똑같은 회사를 설립한 것인 데, 설립 원리는 비즈니스그룹 계열사로 보건 다국적기업 현지 법인으로 보건 마찬가지여야 한다.

기업명제 5 "비즈니스그룹은 법인 간 자산분할을 통해 만들어지고 확 장한다. 다국적기업도 마찬가지다"는 이러한 기업 확장의 일반 원리를 설 명하는 것이다. 계열사가 국내에 있는지 해외에 있는지 장소에서만 차이 가 있을 뿐이지 법인의 자산을 분할해서 새로운 회사를 만든다는 원리는 똑같다. 이것은 개인이 갖고 있던 자산을 분할해서 신생 기업을 만들 때와도 똑같은 원리다. 자산분할을 통한 회사 설립은 기업의 탄생과 확장에 보편적 원리다.

그러나 국내의 많은 학자들이나 정책 담당자들은 개별 기업이 정상적인 기업 형태이고 비즈니스그룹은 비정상적인 사업 조직인 듯 취급한다. 그래서 비즈니스그룹에 대해 공정거래법, 상법 등에서 수많은 규제를 도입하고 있다. 더 이상한 것은 똑같은 사람들이 다국적기업은 자연스러운 조직이라고 받아들인다는 사실이다. 다국적기업에게 비즈니스그룹과 똑같은 방식의 규제를 해야 한다는 얘기를 꺼내지 않는다. 이것은 주식회사 설립과 확장 과정에 대한 무지·무시·왜곡의 결과이다. 현실을 제대로 둘러보지 않고 이상향적 기업관에 매몰된 결과로 봐야 한다.[19]

따라서 이 책은 **기업명제 5**의 자연스러운 귀결로서 **따름정리 5-1** "비즈니스그룹과 다국적기업에는 똑같은 규제 원칙이 적용되어야 한다. 다국적기업에 가하지 않는 규제를 비즈니스그룹에만 적용하는 것은 자산분할 원리에 대해 무지하거나 편파적이기 때문이다"를 제시한다. 4장과 5장에서는 이를 보다 자세히 해명한다. 신설 법인설립과 계열사 설립, 현지 법인설립 간에는 똑같은 법적·경제적 원리가 작동한다. 전 세계를 둘러보아도 비즈니스그룹은 독립 기업이나 다국적기업만큼이나 보편적 사업 조직이다. 기업 설립의 보편적 원리가 똑같이 적용되어서 만들어진 결과물들이기 때문이다(따로읽기 2-1 '비즈니스그룹의 세계적 보편성' 참조).

기업이 독립된 회사, 비즈니스그룹, 다국적기업 등 다양한 존재 양태

---

19   이에 대한 더 상세한 논의는 4.2절과 4.3절 참조.

를 취하는 것은 자연인이 다양한 인간관계를 갖고 살아가는 것과 비슷하다. 자연인에게도 가족이 있고, 친구도 있고, 동료도 있고, 전혀 모르고 지내는 사람도 있다. 관계가 가까운 사람도 있고 그렇지 않은 사람도 있다. 관계를 국내에서 맺을 수도 있고 국제적으로 맺을 수도 있다. 아이도 낳고 손자도 낳는다. 기업들 간의 관계도 마찬가지로 다양하다. 홀로 지낼 수도 있다. 법인들 간에 지분 보유로 가깝게 엮일 수도 있다. 관계가 얽혀 있는 기업들이 한 나라 안에 있을 수도 있고 국가 경계를 뛰어넘을 수도 있다. 아들 회사도 있고 손자 회사도 있다.

비즈니스그룹의 세계적 보편성

국내에서는 비즈니스그룹에 '선단식 경영'이라는 부정적 명패를 붙이며 비정상적이고 위험한 사업 조직인 듯 취급하는 경향이 강하다. 예를 들어 1997년 한국 외환위기 직후 출간된 『한국 재벌 개혁론』이라는 책에서 김대환은 "재벌 체제에 기초한 선단식 경영은 이미 비효율적임이 명백히 드러났으며 세계경제에서 그러한 선단식 경영은 용납되지 않는 현실을 감안할 때, 재벌 체제의 독립적인 전문경영 체제로의 전환은 국민경제적 관점에서 주저할 이유가 없다"라고 주장한다.[20]

그러나 세계경제를 조금만 둘러보면 비즈니스그룹이 보편적이라는 사실을 쉽게 알 수 있다. 많은 나라에서 잘나가는 기업일수록 그룹 소속인 경우가 많다. 그룹식 경영이 갖고 있는 경쟁력이 있기 때문이다. 똑같은 일을 하는데 그룹으로 움직이면 각종 비용을 크게 줄일 수 있고, 위험 부담도 줄일 수 있다.[21] 합리적인 기업인이라면 그룹식 경영을 마다할 이유가 없다. 세계경제에서 '선단식 경영'은 용납되지 않기는커녕 기업인들에게 적극 환영받고 활용되는 사업 조직이다.

재벌財閥, 자이바츠이라는 이름이 탄생했던 일본을 먼저 보자. 메이지 유신 이후 미쓰이, 미쓰비시, 스미토모 등 전통적 비즈니스그룹들이 일본 근대

---

20   김대환(1999: 23).
21   2.5절 참조.

경제를 일으켰고 1920~1930년대 중화학 산업화가 진전되면서 토요타, 히타치 등 보다 수직 계열화된 그룹들이 탄생했다. 제2차 세계대전 직후 맥아더 사령부에 의해 해체됐던 일본 재벌들은 전후 경제 부흥 과정에서 '게이레츠系列'라는 이름의 그룹으로 부활했다. 소니나 마쓰시다 같은 기업들은 개별 전자회사로 출발했지만 다각화를 통해 그룹으로 발전했다.

유럽에서는 프랑스를 대표하는 패션 브랜드 루이비통이 LVMH그룹 산하다. 세계 최대 화장품 회사 로레알도 그룹 조직이다. 이태리 최대 민간 기업 조직은 피아트그룹이다. 독일의 경우에는 은행이 기업에 지분 투자하고 이사를 파견해서 은행 중심의 그룹으로 경제활동이 이루어지는 경우가 많다. 독일에는 지멘스그룹, AEG그룹과 같이 은행 통제를 받지 않는 독자적인 그룹들도 많다. 미국도 고도성장기에는 콘체른contzern, 트러스트trust 등 각종 기업 결합이 성행했다. 1960년대에 복합기업화 conglomeration가 크게 진전되기도 했다.

신흥 시장에서는 그룹 경영이 훨씬 더 발달해 있다. 중국에서 최대 기업은 시틱CITIC그룹이다. IBM을 인수한 레노보Lenovo도 그룹이다. 홍콩 최고 부자 리카셩도 장강長江그룹을 운영하는 그룹 회장이다. 중소기업이 발달했다는 대만에서도 포모사그룹, 홍하이鴻海그룹 등 '강시치에關系企業'들이 큰 역할을 하고 있다. 인도네시아에서는 살림그룹, 리포그룹 등이 경제활동의 중핵이다. 말레이시아에는 르농그룹, 필리핀에는 아얄라그룹 등의 대표적 재벌이 있다. 한때 세계 최고 부자로 등극했던 인도의 암바니 회장은 석유, 전력, 가스 등의 사업에서 활약하는 릴라이언스그룹의 최대 주주다. 인도에는 이외에도 아다니그룹, 타타그룹, 아디티야 비를라그룹 등이 있다.

세계 최고 부자 명단에 오르내리는 멕시코의 카를로스 슬림 회장은 카르소그룹 산하에 남미 최대 이동통신 업체인 아메리카모바일과 텔멕스·텔셀 등 통신기업을 필두로 금융, 항공, 백화점, 레스토랑, 음반, 자동차 및 부품, 건축자재, 정유 등 거의 전 업종에 걸쳐 200여 개의 계열사를 거느리고 있다. 브라질의 보토란팀그룹은 시멘트에서 출발하여 건설, 건자재, 광산, 농산물, 제지, 화학, 에너지, 전기, 금융 등으로 다각화했다.

경제발전이나 경영학, 사회학 문헌 중에는 이 같은 보편적 현실에 입각해서 그룹 경영을 다룬 연구들이 꽤 많이 있다.[22] 국내 정책 논의에서 의식적이건 무의식적이건, 이러한 국제적 연구 성과들이 무시되거나 과소평가되어왔을 뿐이다. 그 과정에서 전문경영인들이 개별 기업 단위로 사업하는 것이 정상적이라는 이상한 이념적 기업관이 굳어졌다. 이것은 기업지배구조 논쟁이 전문경영 체제가 일찍 자리 잡은 미국 대기업을 중심으로 전개됐던 데에 큰 원인이 있다.

개별기업 이상론이 자리 잡게 된 또 다른 원인은 시장 위주로만 분석 틀이 만들어져 있는 현대경제학에도 있다. 경제학 교과서들은 개별 기업의 행태로부터 분석을 시작해 이들 간의 '시장거래'를 다룬다. 기업들이 시장을 통하지 않고 그룹을 형성해서 직접 '내부거래'하는 것을 함께 다루는 교과서는 거의 없다. 특히 신고전파(혹은 고전파)적 경제관에서는 경제 주체들이 자유 시장을 통해 거래할 때 가장 효율적인 경제활동이 이루어지는 것으로 상정된다. 이러한 시각에서는 비즈니스그룹이 시장을 거치

22 Hirschman(1968); Leff(1978); Stratchan(1976); Chandler(1990); Granovetter(1994); Goto(1982); McVey(1992); Shin(1996); Orru et al.(1997); Ghemawat and Khanna(1998); Kock and Guillen(2001); Kali(2003); Fisman and Khanna(2004) 등 참조.

지 않고 '내부거래'를 하기 때문에 시장의 효율성을 해치는 존재로 간주된다. 많은 경제학자들이 교과서에 나오는 '살균된 기업sterilized firm'만 생각하기 때문에 내사랑이㈜처럼 존재론적 필요에 의해 비즈니스그룹이 되는 경우가 많다는 현실에 대해 눈감고 있다. 그리고 근거도 없이 비즈니스그룹식 운영은 무조건 나쁜 것이라는 선입견에 빠지는 경향이 있다.

4. 끊임없는 혁신과 확장 – 인류애의 아이들

드디어 다솜이가 출시됐다. 소비자들의 반응은 뜨거웠다. 명동 직영점에는 출시 전날부터 다솜이를 사겠다는 사람들로 장사진을 이뤘다. 생산이 수요를 쫓아가지 못했다. 마이러브큐티(주)에서도 미국 수출 물량을 늘려 달라고 독촉이었다. 다른 나라에서도 구매 문의가 폭주했다. 처음 위탁판매 계약을 제안했을 때 고개가 뻣뻣했던 아마존Amazon마저도 다솜이를 웹사이트 최상단에 노출시켜주겠다며 공급을 요청해왔다. 내사랑이 커뮤니티도 회원이 폭증했다. 다솜이를 구입한 고객들은 다솜이를 키우는 느낌을 공유하고 어떻게 키울 것인지 상의할 사람들을 황급히 찾기 시작하면서 커뮤니티에 가입했다. 아직 다솜이를 구매하지 못한 사람들은 홀로그램 다솜이라도 키워보겠다고 커뮤니티에 들어왔다.

그러나 김전진은 이 정도의 성공에는 만족하지 못했다. 그의 시선은 더 높은 곳을 바라보고 있었다. 그는 이살핌과 함께 극비리에 새로운 킬러 제품을 검토했다. 암호명은 MLBMLG이다. 한국어로는 똑같이 '내사랑이'라고 말할 수 있을 것이다. 그러나 내용이 크게 다르다. 'My Love Boy, My Love Girl'의 약자다. 반려동물이 아니라 아이를 키우는 것이다. 김전진과 경영진은 이 신제품이 불러올 사회적 파장을 잘 알고 있었다. "인간의 존엄성을 말살시킨다"라든가 "인류를 지배할 새로운 로봇 종족을 만들어낸다"라는 등의 비난이 쏟아질 것이다. 이 제품이 "결국 섹스 로봇으로 사용될 것"이라며 "처음부터 싹을 잘라야 한다"라고 주장하는 사람들도 있을 것이다.[23] 회사 앞에는 연일 데모하는 군중들이 몰려들 수도 있다. 내사랑이 제품 불매운동이 벌어질 가능성도 있다.

그러나 김전진은 MLBMLG가 고객에게 '값싸고 질 좋은 제품·서비스'가 될 것이라는 확신을 갖고 있다. 얼마나 많은 젊은 부모들이 사교육비 부담이 무서워서, 또 낭비적인 경쟁 환경에서 아이를 키우는 것이 무서워서 아예 아이를 낳지 않고 있는가? 아이 낳는 것이 무서워서 결혼조차 하지 않는 사람들도 많다. 만혼이 늘어나면서 가임 적령기를 놓쳐 아이를 낳지 못하는 부부들도 많다. 자식이 있는 집이라도 AI 아들이나 AI 딸을 입양하면 가족 분위기가 훨씬 화기애애해질 수도 있다. 독신 생활을 하는 사람이라도 부담없이 '내 아들', '내 딸'을 키우는 즐거움을 맛볼 수 있다. 나이 든 할아버지, 할머니도 손주를 새로 얻은 것처럼 AI 아이를 키울 수 있다. 반려동물 키우는 것보다 훨씬 더 인간적이지 않은가?

김전진은 히로시 이시구로Ishiguro Hiroshi 오사카 대학교 교수의 인간적 로봇에 관한 유튜브 동영상을 보고 큰 충격을 받았다. 서양에서는 영화 〈터미네이터Terminator〉 시리즈에 나오는 것처럼 인간과 로봇을 대결 구도에 놓는 경우가 많다. 로봇이 인간 세계를 지배하거나 말살하려 하고 영웅적인 인간이 이에 저항해서 인간 중심의 사회로 되돌린다는 이야기다. 그러나 일본 문화는 크게 다르다. 인간과 로봇의 융합과 공존이 자연스럽게 받아들여진다. 로봇을 인간처럼, 인간의 친구로 취급한다. AI 로봇도 인간을 친구로 여기게끔 만들어낸다. 이시구로가 만든 인간과 독립적으

---

23 이미 '리얼 돌(real doll)'이 상용화되면서 사회적 논란은 크게 벌어지고 있다. 예를 들어 'Do You Take This Robot…', *New York Times*, 2019년 1월 19일 자, 「1시간에 3만 원 '리얼돌 오피스텔'…성매매 자리 꿰찬다」, 『중앙일보』, 2020년 1월 19일 자 등 참조.

로 대화가 가능한 로봇 '에리카Erica'는 AI 로봇을 '인류애의 아이들children of humanity'이라고 말한다. 이시구로는 자신과 똑같아 보이고 똑같이 행동하는 듯한 AI 로봇을 만들어 "내 쌍둥이 형제"라며 "아무것도 인간과 로봇을 분리하지 못한다"라고 말한다.[24]

이 동영상의 내레이터는 일본에 이렇게 특이한 문화가 생겨난 것은 '애니미즘animism'이 폭넓게 받아들여지고 있기 때문이라고 설명한다. 정령신앙精靈信仰이라고도 번역되는 애니미즘은 생물이든 무생물이든 만물에 영혼이 있다는 생각이다. 로봇에도 영혼이 있다. 인간과 다를 바 없다. 김전진은 내사랑이(주)의 기술로 만들어낼 수 있는 AI 아이가 에리카보다 훨씬 인간적일 것이라고 확신한다. 피부나 솜털의 감촉이 사람과 거의 똑같고 어릴 때부터 입양해서 키울 수 있기 때문이다. 몸만 자라는 것이 아니라 지능과 감성도 자란다.

내사랑이(주) 경영진은 극비 회의를 열고 이사회의 승인을 얻어 MLBMLG 회사를 별도 법인으로 설립하기로 결정했다. 회사 이름은 '내사랑이 아이들(주)'이라고 지었다. 회사 설립과 운영은 처음 내사랑이(주)를 만들 때보다 훨씬 쉬웠다. 호모데우스가 적극적으로 투자하고 싶어 했다. 생산에 필요한 기술은 내사랑이(주)에서 이미 상당 부분 확보되어 있다. 내사랑이(주)가 구축한 판매망도 상당 부분 활용할 수 있다. 내사랑이(주) 직원들 중에서 새 계열사로 옮기고 싶어 하는 야심 있는 사람들도 제법 되었다. 내사랑이(주)가 이제 많이 알려졌기 때문에 신입사원이나 중견 사원을 뽑는 것도 수월해졌다. 회사가 출범하면 바로 설비 자금을 대

---

24 'BBC Documentary-Hyper Evolution: Rise of The Robots(Part 1)' (https://www.youtube.com/watch?v=hRuBZLe8vfs); 'Robot Love In Japan'(https://www.youtube.com/watch?v=YzzDLujpat4).

주겠다는 은행도 생겼다.

내사랑이(주)와 호모데우스 간 협상이 급진전됐다. 내사랑이(주)는 기술 라이센스 등 현물을 출자하고 호모데우스는 1,000억 원을 출자해 내사랑이 아이들(주)의 주식 지분을 각각 70%, 30%씩 나누기로 합의했다. 이사회는 3인으로 구성했다. 김전진이 새 회사의 이사 겸 사장CEO을 맡기로 했다. 두 계열사의 사장직을 겸직하는 것이다. 현재는 다른 대안이 없다. 두 회사 다 김전진의 비전과 리더십 속에서 커 나갈 수밖에 없다. 호모데우스 측에서는 이사 겸 CFO를 지명했다. 이에 따라 내사랑이 그룹의 구조는 〈그림 2-3〉과 같아졌다. 국내 계열사 2개, 해외 계열사 1개의 다국적 비즈니스그룹이다.

그림 2-3 내사랑이 그룹의 구조: 2차 자산분할 직후

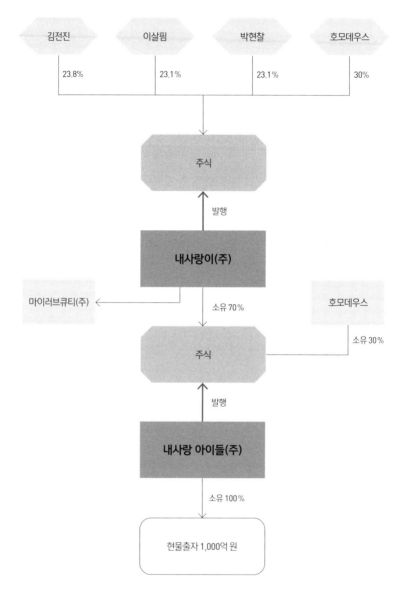

· 주: 내사랑이(주)와 마이러브큐티와의 결합 관계는 단순화하여 처리함.

5. 다각화와 범위의 경제, 자산분할

왜 내사랑이(주)는 금세 비즈니스그룹이 되었고 계열사를 새로 만들면서 그룹 방식으로 확장하는가? 답은 간단하다. 그렇게 하는 것이 기업존재론을 실현하는 데 있어 여러모로 편리하기 때문이다. 기업이 영속하려면 새로운 제품과 서비스를 지속적으로 창출해야 한다(**기업명제 4**). 그런데 새로운 제품과 서비스를 만들어낼 때 열려 있는 선택지는 다음 세 가지 밖에 없다.

① 완전히 독립된 기업을 만들어서 다각화하는 방법
② 기존 회사 안에 신사업부를 만들어 다각화하는 방법
③ 새로운 계열사를 만들어 다각화하는 방법

비즈니스그룹식 사업 확장을 이해하려면 이 세 가지 중에서 왜 ③(계열사 다각화)이 종종 선택되는가를 현실적으로 살펴보아야 한다. 먼저 짚어야 할 사실은 창업하는 기업에게는 세 가지 방법 중 ①(독립기업 설립)밖에는 선택지가 없지만, 기존 기업은 다각화할 때 ①을 선택할 경제적 유인이 전혀 없다는 점이다. 기존 기업은 이미 기술적·경영적·금융적 역량을 확보하고 있다. 이 역량을 활용해서 다각화하면 되지, 모든 역량을 '독립적으로' 만들어낼 이유가 없는 것이다.

비즈니스그룹을 비판하는 사람들은 창업 기업에 적용되는 특수 원리를 마치 보편 원리인 듯이 기존 기업에 들이대며 비즈니스그룹이 그 보편 원리에서 일탈한 비정상적 존재인 것처럼 취급한다. 이것은 기업 확장의 진짜 보편 원리가 무엇인지를 제대로 생각하지 않았든지, 알고 있더라도 무시한 결과다. 세 가지 방안 중에서 자유로이 선택할 수 있는 경우를 보편적 상황으로 봐야지 유일하게 ①만 선택할 수 있는 경우를 보편적 상황이라고 취급할 수 없는 일이다.

(1) 범위의 경제

기존 기업이 확장할 때 ②(신사업부 다각화)나 ③(계열사 다각화)을 택하는 이유는 '범위의 경제economies of scope'라는 개념으로 설명할 수 있다. 같은 생산요소를 범위를 넓혀 여러 용도에 중복 활용하면서 경제적 이득을 얻는 것이다.[25] 범위의 경제는 크게 '비非금융적 범위의 경제non-financial economies of scope'와 '금융적 범위의 경제financial economies of scope'로 나눌 수 있다. 먼저 비금융적 범위의 경제를 살펴보자.

내사랑이(주)는 이미 확보한 AI 강아지 관련 기술 역량이 있다. 이 기술 역량 중 상당 부분은 AI 아이를 만드는 기술 역량과 중첩된다. 이 역량을 AI 아이를 만드는 데 재활용할 수 있다. 내사랑이(주)는 회사 내에서 신사업부를 만들어 이 기술 역량을 재활용할 수도 있고, 내사랑이 아이들(주)이라는 계열사를 만들어 자산분할을 통해 이 기술 역량을 재활용할 수도 있다. 어떤 형태를 취하건 완전히 독립된 회사를 만들어 이 기술 역량을 처음부터 만들어내는 것에 비해서는 비용과 시간을 대폭 줄일 수 있다. 내사랑이 그룹 전체의 입장에서 보면 이미 갖고 있는 기술 역량의 범위를 넓혀 중복 활용하니까 경제적 이득이 생기는 것이다.

---

[25] '범위의 경제' 개념에 대해서는 Teece(1980), Panzar and Willig(1981) 등 참조. 범위의 경제가 기업 확장에 실제로 어떻게 사용되었는가에 대해서는 Chandler(1990); Shin(1996) 참조.

내사랑이(주)가 이미 구축한 마케팅 네트워크도 마찬가지다. 신사업부에서 함께 사용하건 계열사에서 활용하건 기존 마케팅 네트워크가 사용되는 범위를 넓혀 경제적 이득이 생긴다. 경영진이나 직원들의 역량도 마찬가지이다. 새로운 회사가 사람을 뽑으려면 시간도 많이 걸릴 뿐만 아니라 잘 뽑아지지 않는다. 새로운 사람들을 회사의 필요에 맞게 재교육하는 데도 비용과 시간이 많이 든다. 그러나 내사랑이(주)에서 이미 훈련된 직원들은 그룹의 전략적 방향을 이해하고 관련 기술을 습득하고 있다. 이들을 회사 내의 신사업부로 보내거나 계열사로 파견해서 활용하면 시간과 비용을 크게 줄일 수 있다.

회사의 평판이나 브랜드도 중복 활용을 통해 범위의 경제를 실현할 수 있는 역량이다. 신사업부는 똑같은 회사 안에 있으니까 회사의 평판과 브랜드를 중복 사용하는 것이 당연하다. 외부 거래선들은 신사업부 직원이나 기존 사업부 직원이나 똑같이 내사랑이(주) 직원으로 대해준다. 소비자들도 똑같은 회사에서 신제품이 나왔기 때문에 과거의 평판에 기대어 신제품을 인정해준다. 계열사로 내사랑이 아이들(주)을 설립했을 때에도 거의 비슷하다. 비록 신생 기업이라 하더라도 내사랑이 그룹의 일원이라는 사실을 사람들이 잘 알고 있기 때문에, 즉 '내사랑이 그룹'의 평판과 브랜드가 중복 활용되기 때문에 소비자들이 내사랑이 아이들(주)의 제품이나 서비스에 신뢰를 보낸다. 새로운 직원을 뽑을 때에도 회사의 평판이 이미 만들어져 있기 때문에 이름이 다른 완전히 다른 회사를 차리는 경우보다 훨씬 쉽게 좋은 직원들을 끌어들일 수 있다. 협력 업체와 관계를 맺을 때에도 평판과 브랜드가 갖는 범위의 경제는 마찬가지 원리에 따라 활용된다. 독립된 신생 기업은 누릴 수 없는 기존 기업만이 갖고 있는 특권이다.

금융적 범위의 경제에도 같은 원리가 작동한다. 독립된 신생 기업은 은행에서 돈을 빌리기 어렵다. 신용을 처음부터 독자적으로 쌓아야 한다. ①밖에는 대안이 없는 것이다. 그래서 독립된 신생 기업은 자금을 조달하는 데 많은 어려움을 겪는다. 그 어려움을 극복해야만 생존하고 커 나갈 수 있다. 내사랑이(주)는 다행히 박현찰이 현찰로 밀어주었기 때문에 신용이 없던 때의 어려움을 상대적으로 쉽게 극복할 수 있었다.

이에 반해 기존 기업은 금융에서도 ②와 ③의 방법을 택할 수 있다. 기존 기업이 이미 갖고 있는 신용을 신사업부나 계열사에서 중복 활용할 수 있는 것이다. 신사업부는 소속 회사가 쌓아놓은 신용을 그대로 활용할 수 있다. 은행 돈이 필요하면 내사랑이(주)의 신용으로 빌려서 신사업부에 사용하면 된다. 내사랑이 아이들(주)도 비슷한 혜택을 누릴 수 있다. 은행에서 내사랑이 그룹의 계열사라는 것을 알고 있기 때문에 호의적으로 대해준다. 내사랑이(주)에서 지급 보증을 해주면 돈 빌려주는 것이 훨씬 더 쉬워진다. 호모데우스는 내사랑이(주)에 투자하고 경영에도 참여했기 때문에 이 회사의 신사업에 대해 잘 안다. 그러니까 내사랑이 아이들(주)에 1,000억 원을 투자하기로 했다. 투자금을 받는 데에도 내사랑이(주)에서 쌓인 신용이 내사랑이 아이들(주)에서 범위를 넓혀 재활용되는 것이다.

(2) 자산분할이 주는 강력한 혜택

다각화할 때 ②(신사업부 설립)보다 ③(계열사 설립)을 택하는 이유는, 즉 비즈니스그룹식 경영을 택하는 이유는 자산분할에 따르는 혜택을 추가로 누릴 수 있기 때문이다. 신사업부가 잘못되면 회사가 무한책임을 져야 하고, 그래서 회사 전체의 위기로 번질 수 있다. 위험이 있다고 판단될 경우 경영자는 그 가능성을 최대한 줄이는 방법을 모색해야 한다. 자산분할을 통해 별도 법인을 만드는 것은 '개체보호'와 '유한책임'이라는 위험 관리 수단을 채택하는 것이라고 할 수 있다.

내사랑이(주)는 AI 강아지만으로도 이미 성공 궤도에 올라섰다. 앞으로 AI 강아지의 종류를 다양화하고 품질과 가격을 개선하는 일에 집중해야 한다. 다각화를 하더라도 고양이, 망아지, 앵무새 등 다른 AI 반려동물로 다각화하는 것이 이익을 높이는 데 낫다. 현재 AI 반려동물에 대한 사회적 거부감은 별로 없다. AI 반려동물 시장 내에서의 다각화는 기존 기업인 내사랑이(주)에서 하는 것이 편리하다. 그에 따르는 위험도 별로 없다.

그렇지만 AI 아이들로 다각화하는 데에는 새로운 위험도 있고, 그 사업을 경쟁력 있게 키우는 데 별도로 고려해야 할 사항들도 있다. 무엇보다도 AI 아이에 대한 사회적 거부감이 꽤 강하다. AI 아이가 인간과 비슷해질수록 사회적 거부감은 더 강해질 가능성이 있다. AI 아이 불매운동이 크게 벌어질 수도 있고 정부가 나서서 금지하거나 특정 용도로만 사용을 제한할 수도 있다.

내사랑이(주) 입장에서는 AI 아이 사업이 혹시 잘못될 경우 그 손실이 내사랑이(주)에 큰 영향을 미치지 않고 내사랑이 아이들(주)에 투자한 만큼으로만 한정시키는 것이 좋다. 독립된 계열사를 만들어 내사랑이(주)를 개체보호하는 것이 좋다. 개체보호가 되어야만 내사랑이(주)에 돈을 빌려준 은행이나 내사랑이(주)가 발행한 증권을 갖고 있는 사람들의 마음이 편안해진다. 내사랑이(주) 직원들도 다른 위험부담을 느끼지 않고 기존 업무에 집중할 수 있다. 협력 업체들도 개체보호라는 안전판이 만들어져 있기 때문에 내사랑이(주)와 비즈니스 관계를 안정적으로 유지할 수 있다.

새로운 사업을 잘되게 한다는 관점에서 보았을 때에도 자산분할을 통한 계열사 설립이 유리할 때가 많다. AI 아이는 AI 강아지와 비교할 때에 신체 발달 과정보다 지능 발달 과정에 더 기술적 초점을 맞춰야 한다. 특히 언어 알고리즘과 빅데이터를 결합하는 연구가 끊임없이 진행되어야 한다. 사물인터넷IoT과도 연결시켜야 한다. AI 아이 개발팀이 중점적으로 해야 하는 일이 내사랑이(주)에서는 중요도가 떨어질 수 있다. 만약 이 개발팀이 내사랑이(주) 안에 있으면 회사의 주변 조직으로 취급될 가능성이 있다. 그 과정에서 개발팀의 의욕과 혁신 능력이 저해될 수 있다.

김전진은 인텔Intel이 창업하게 된 과정을 생생하게 기억하고 있다. 싱가포르 국립대학교 교환학생 시절에 들었던 '기술과 혁신' 강의에서 알게 된 내용이다. 고든 무어Gordon Moore와 다른 반도체 기술자들은 당시 반도체 분야의 선구자들이었다. 그렇지만 자신들이 일하던 거대 통신 회사 AT&T 내에서는 통신이 주사업부이고 반도체는 주변 사업부로 취급받았다. 미국 정부의 반트러스트anti-trust 규제 때문에 AT&T가 내부 소비용으로는 반도체를 만들 수 있었지만 일반 시장에는 반도체를 팔 수 없도록 막혀 있었던 것도 반도체 사업부 성장에 커다란 제약 요인이었다. 야심과 역량이 있는 무어와 반도체 기술자들은 AT&T의 울타리를 뛰어넘어 새로운 회사를 만들었다. 그리고 인텔을 세계 최대 반도체 회사로 키워갔다.[26] AI 아이는 내사랑이(주)의 기존 사업을 크게 뛰어넘을 가능성을 갖고 있는 사업이다. 내사랑이(주) 울타리 안에서는 AI 아이 사업이 제약받을 가능성이 있다. 처음부터 새로운 회사를 만들면 AI 아이 개발팀이 이 회사의 핵심 조직이 된다. 개발팀의 기도 살리고 창의력도 맘껏 발휘하게 판을 짜주는 것이 좋겠다고 생각했다.

김전진은 내사랑이(주) 창립 이후 신규 직원을 뽑을 때면 인터뷰에 참관하는 것을 원칙으로 삼아왔다. 해외 출장과 겹치면 인터뷰 날짜를 조정시켜서라도 참관했다. 인재가 제일이라는 생각을 일찍부터 갖고 있었기 때문이다. 내사랑이 그룹과 같이 하이테크 회사에서는 더 말할 나위가 없다. 내사랑이 아이들(주)의 직원을 뽑을 때에는 더 중요했다. 김전진은 만사를 제쳐놓고 면접장에 들어갔다. 직접 인터뷰는 하지 않았지만 뒤에 앉아서 주고받는 얘기를 듣기도 하고 지원자들의 인상도 살폈다.

면접관과 한 입사 지원자 간에 목소리가 높아지는 것을 듣고 김전진은 그쪽으로 다가갔다. 입사 지원 요건에 남자는 군필이 필수로 되어 있었다. 그런데 대학 졸업 예정인 추호현이라는 지원자는 군대를 가지도 않았는데도 지원서를 내고 면접장까지 들어왔다. 면접관은 "넌 어떻게 일류 대학 다니는 녀석이 지원 조건도 확인하지 않고 원서를 냈냐"라고 혼내기 시작했다. 그런데 이 학생은 당차게 대들었다. "학훈단ROTC으로 이제 곧 군대에 가는데 저를 미리 뽑아놓으면 돈 들이지 않고 붙잡아놓을 수 있으니까 회사에도 좋은 일이고, 저는 원하는 직장에 들어갔으니까 군대에 있

---

26 싱가포르 국립대학교 신장섭 교수의 강좌 'Technology and Innovation'의 6강 'Strategy and Organization in the Semiconductor Industry' 참조. 무어 등 반도체 전문가들의 AT&T 엑소더스에 관해서는 Jackson(1997); Lazonick(2009) 등 참조.

는 동안 마음 편하게 회사에서 일할 것들을 준비할 수 있어서 서로 좋은 것 아닙니까?"

　면접관이 쩔쩔매며 말을 못 하고 있을 때 김전진이 끼어들었다. 추호현에게 다짜고짜 "너, 합격!"이라고 선언했다. 그리고 언제 군대에 가느냐고 물었다. 추호현은 "4학년 2학기를 마쳐야 하니까 아직 몇 달 남았습니다"라고 답했다. 김전진은 "마지막 학기라서 강의가 별로 없을 테니까 내일 당장 회사에 출근해서 일 배우고 군대에 가라"고 지시를 내렸다. 추호현은 창사 이래 처음으로 대학 졸업장 받기 전에 정식 월급을 받는 직원이 됐다. ROTC 복무를 마치고 회사에 복귀해서는 내사랑이 그룹의 동량棟梁으로 성장해갔다.[27]

　금융 측면에서도 내사랑이 아이들(주)을 만들어 계열사 설립 방식으로 다각화하는 것이 유리했다. 호모데우스는 AI 아이를 만드는 사업에 큰돈을 투자할 용의가 있었다. 그러나 기존 회사인 내사랑이(주)에 거금을 투자하면 이 회사의 통제 구조가 흔들린다. 내사랑이(주)에서 기존 창업자들의 지분이 줄어들고 호모데우스가 최대 주주로 올라서게 된다. 기존 창업자들은 통제력을 잃고 싶지 않다. 그러나 호모데우스의 투자금은 필요하다.

　이 상황을 타개하는 방법은 내사랑이 아이들(주)을 계열사로 설립해서 호모데우스가 이 회사에 투자하도록 하는 것이다. 호모데우스도 자신이 금융 투자자로서 경영권에는 관심이 없다고 강조해왔기 때문에, 이 투자 건으로 '회사를 통째로 먹으려는 흑심을 갖고 있다'는 등의 오해가 나

27　이 에피소드는 국내 굴지의 비즈니스그룹에서 크게 성공한 전문경영인이 입사 면접을 봤을 때 벌어졌던 실화다.

오는 것은 피하고 싶었다. 내사랑이 아이들(주)이 하려는 사업 자체의 전망을 높이 평가하기 때문에 투자하는 것이고 30% 지분을 확보하면 투자금 대비 충분한 수익을 올릴 수 있을 것이라고 판단했다.

　기업활동은 불확실성을 끊임없이 극복해 나가는 과정이다. 앞으로 어떤 상황이 벌어질지, 그에 따라 어떤 선택을 해야 할지 분명하지 않을 때에는 선택의 폭을 넓혀놓고 유연하게 대처하는 것이 좋다. 고용계약에서 업무 내용을 특정하지 않고 광범위한 '복종 계약'의 형태를 취하는 것도 불확실성에 대처하는 한 가지 방법이다.[28] 기업이 다각화를 할 때도 마찬가지다. 기업 내 신사업부를 만들 수도 있고 새로운 계열사를 만들 수도 있다. 경영진이 기업을 키워 나가기 위해 택하고 있는 전략이나 만들어내는 제품·서비스의 특성, 외부 상황 등에 비추어 어느 것이 좋을지를 그때그때 선택하면 된다. 회사 내 다각화와 계열사 다각화 간에 어느 것이 더 좋다고 미리 판단할 근거는 어디에도 없다. 이것은 기업이 국제화를 전개할 때 해외 지사를 차릴 것인지, 현지 법인을 만들 것인지를 결정하는 것과 본질적으로 차이가 없다. 상황에 따라 선택하면 되는 일이다. 어느 방법이 선험적으로 더 좋다고 한 가지 방법만 강요할 근거는 어디에도 없다. 국내 대기업들도 마찬가지 이유 때문에 신사업에 진출하거나 신사업을 강화할 때에 자신이 처한 위치에 따라 다각화의 방법을 다르게 선택한다(따로읽기 2-2 참조).

28　1.6절 논의 참조.

첨단소재사업, LG의 사업부 다각화와 SK·두산의 계열사 다각화

다각화의 방법은 여건에 따라 선택하는 것이다. 한국 비즈니스그룹에서 첨단소재산업 관련 다각화 과정을 보자. LG화학은 이미 소재 부문이 핵심 사업으로 되어 있다. 따라서 기존 기업 내에서 사업부 다각화를 택하는 것이 편하다. 반면 SK이노베이션이나 ㈜두산에서는 소재 부문이 핵심 사업이 아니다. 이 분야를 적극 키우기 위해 아예 새로운 계열사를 만드는 것이 낫다고 판단을 내린다. 아래 신문 기사를 살펴보자.[29]

> LG화학은 지난달 조직개편을 단행하면서 첨단소재사업본부를 신설했다. 첨단소재사업본부는 자동차 소재·IT 소재·산업 소재 등 3개 사업부로 구성됐다. 석유화학, 전지에 이어 LG화학의 세번째 성장축으로 육성한다는 계획이다.
>
> LG화학은 고강도 자동차 경량화 소재, 디스플레이 소재, 양극재(배터리 소재)를 비롯한 친환경 에너지 분야 소재 사업에 주력할 예정이다. 첨단소재사업본부 내에 상품 기획 기능을 확대해 고객 관점의 개발 전략을 수립하고 차별화된 가치를 제공한다는 전략이다. 구광모 LG그룹 회장은 올 1월 "남들

---

[29] 「SK 최태원·LG 구광모·두산 박정원, 소재 사업 키우는 이유는」, 『조선일보』, 2019년 5월 7일 자 발췌 및 수정.

이 가보지 않은 길에 과감히 도전하고, 고객을 위한 혁신이 끊임없이 이어질 수 있도록 하자"라고 말했다.

최태원 SK그룹 회장, 구광모 LG그룹 회장, 박정원 두산그룹 회장 등 주요 그룹 총수들이 전열을 재정비하면서 그룹 내 소재 사업을 강화하고 있다. 4차 산업혁명 영향으로 급변하는 소재 시장에 대응하고, 시장을 선점해 미래 먹거리로 키운다는 포석이다.

SK아이이테크놀로지는 지난달 1일 SK이노베이션의 소재 사업을 물적 분할해 출범했다. 사업 환경 변화에 신속히 대응하기 위해 독자 경영 시스템을 구축했다. 전지부터 영상표시장치, 정보통신기기 관련 소재를 다루는 글로벌 소재 솔루션 기업으로 도약하는 것이 목표다.

SK아이이테크놀로지는 리튬이온 배터리의 핵심 소재인 분리막 사업을 육성해 세계 2위 습식 분리막 사업자로 자리매김했다. 분리막은 충북 증평·청주 공장과 함께 중국 창저우, 폴란드 실롱스크주에 신규 투자를 결정하는 등 글로벌 입지를 강화하고 있다.

두산그룹의 지주사 (주)두산은 지난달 이사회에서 소재와 연료전지 사업을 분할하기로 결정했다. 신설되는 회사는 두산솔루스(가칭)와 두산퓨얼셀(가칭)이다. 두산 관계자는 "소재와 연료전지는 공격적인 경영을 통한 시장 선점이 필요하다"라면서 "독자 경영 체제로 성장에 박차를 가할 것"이라고 말했다.

두산솔루스는 전지박, OLED(유기발광다이오드) 등 전자 소재와 화장품·의약품 등에 활용되는 바이오 소재에 주력한다. OLED는 스마트폰에서 TV, 자동차 패널로 시장이 확대되고 있어 소재 수요도 늘어날 것으로 예상된다. 두산은 별도 상장을 통한 투자 재원으로 공장 증설, 사업 영역 확대에 나선다는 계획이다.

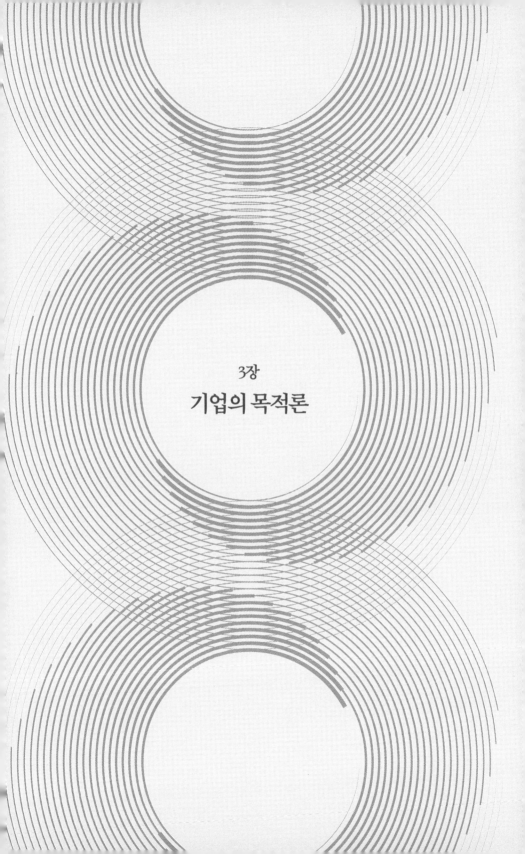

3장

기업의 목적론

내사랑이(주)가 빠르게 성공했던 것처럼 내사랑이 아이들(주)도 대대적인 성공을 거두었다. 처음에는 수많은 기술적 난제들이 있었다. AI 아이에게 특정 수준의 지능과 감성을 설계해서 집어넣는 것 자체는 어렵지 않았다. 그렇지만 어린아이가 자라고 교육을 받으면서 지능과 감성이 발달하는 것처럼 AI의 지능과 감성이 발달하도록 알고리즘을 만드는 과제가 좀처럼 풀리지 않았다. 내사랑이(주)에서 내놓는 반려동물들은 신체가 성장하는 기능만 있을 뿐 지능과 감성이 발달하는 기능은 없었다. 내사랑이(주) 서비스센터에 AI 반려동물을 데리고 오면 고객이 원하는 수준의 지능과 감성의 패키지에 따라 단계적으로 업그레이드해주는 서비스만 제공하고 있을 뿐이었다.

실무진에서는 AI 아이들에 대해서도 같은 방식으로 빨리 제품을 시장에 내놓자는 제안이 많이 나왔다. 그러나 김전진은 지능과 감성이 발달하는 AI 아이들을 내놓아야만 선두주자의 위치를 확고히 할 수 있다고 생각했다. 신체가 자라게 하는 기술은 다른 후발주자들도 독자적으로 개발해서 쫓아오기 시작하고 있다. 에리카를 만든 히로시 이시구로 교수팀은 일본의 최대 그룹인 비전소프트에 통째로 인수되어 연령대별 및 성별로 인간을 닮은 로봇을 만들어내고 있다. 기술에서 빨리 초超격차를 만들어내야만 선두주자의 위치를 지킬 수 있다.[1] 전 세계에서 가장 유능한 AI 설계자, 두뇌 과학자들을 고액 연봉과 주식 옵션을 주고 데려왔다. 밤낮으로 제품 개발에 매진했다.

내사랑이 아이들(주)의 초격차 전략은 마침내 결실을 맺었다. 어린아이가 사춘기를 거쳐 어른으로 자라는 것과 비슷하게 신체, 지능, 감성이 모두 자라는 AI 아이들 '민준'과 '송이'를 만들어냈다.[2] 그해 서울 코엑스에서 열린 '세계 AI 콩그레스World Artificial Intelligence Congress'에서 민준과 송이는 전 세계 미디어로부터 가장 각광받는 신제품이었다.

---

1   '초격차 전략'에 관해서는 권오현(2018) 참조.
2   민준과 송이는 SBS 드라마 〈별에서 온 그대〉(2013)의 주인공 이름에서 따왔다.

1. 기업공개와 주식분산

내사랑 아이들(주)은 금세 수요 급증-생산 확대-이익 증가의 선순환 구도에 들어갔다. 전 세계에서 주문이 폭발적으로 쇄도했다. 세계 곳곳에 생산 공장을 만들고 각 지역에 어울리는 AI 아이들을 다양하게 만들어냈다. 대규모 투자를 계속했고 회사에 쌓이는 이익은 더욱 늘어갔다.

호모데우스에 투자한 고객 중 "이제 벌 만큼 벌었으니 이익을 실현하고 싶다"라는 사람들이 많아졌다. 내사랑이(주)와 호모데우스는 내사랑이 아이들(주)을 설립할 당시 5년이 지나면 투자금 회수 방안을 마련한다는 출구 계획에 합의한 바 있다. 파생 상품 투자 손실을 회복하지 못한 박현찰도 보유하고 있던 내사랑이(주) 주식을 처분해 빚을 다 갚고 편안한 삶을 누리고 싶었다. 이살핌은 건강이 많이 나빠졌다. 이사회에만 참여하고 그동안 쌓은 부를 일부 실현하고 싶었다.

내사랑이 그룹은 내사랑이 아이들(주)을 먼저 증권시장에 상장하기로 결정했다. 내사랑이(주)는 일단 비상장으로 남겨놓기로 했다. 호모데우스는 내사랑이 아이들(주) 지분 30%를 모두 매각하기로 했다. 박현찰과 이살핌이 내놓는 지분은 내사랑 아이들(주)이 상장할 때 신주를 발행해 들어오는 자금으로 매입해주기로 했다. 내사랑이(주) 구주와 내사랑이 아이들(주) 신주 간의 교환 비율은 백일회계법인에 가치평가를 맡겨 1:1로 결정됐다.

사업성은 내사랑이 아이들(주)이 더 좋았지만, 내사랑이(주)는 이미 쌓아놓은 자산이 많았다. 해외 법인도 미국에 있는 마이러브큐티My Love Cutie뿐 아니라 전 세계로 확장되어 있었다. 이미 전 세계 해외 판매 법인과 사무소를 내사랑이 글로벌(주)에서 통합 운영하고 있다. 내사랑이 글로벌(주)은 내사랑이 아이들(주)의 해외 판매 네트워크가 되어 있다. 내사랑이(주)가 보유하고 있는 내사랑이 글로벌(주)의 지분 100%와 다른 자산을 감안할 때, 내사랑이 아이들(주)과의 주식 교환 비율 1:1은 적정한 것으로 판단하였다. 두 회사의 이사회가 교환 비율에 합의했고 임시 주주총회가 열려 그 비율을 가결했다.

내사랑이 아이들(주) 상장준비팀이 가동됐다. 구주와 신수를 동시에 매각하는 방식이다. 신주 매각으로 들어온 대금은 박현찰과 이살핌의 내사랑이(주) 지분 매입과 미래 사업용 재원으로 사용하기로 했다. 처음에 준비팀은 구글이 했던 것처럼 인터넷 경매 방식으로 상장하는 방안을 검토했다. 그런데 국내외의 내로라하는 증권사들이 주간사를 맡겠다고 경쟁하는 덕분에 수수료가 크게 떨어져 구태여 그렇게 할 필요가 없어졌다.

한국증권거래소에는 상장 시 기존 대주주 지분을 50% 이하로 낮춰야 한다는 규정이 있었다. 상장팀은 기존 대주주 지분을 40%로 만드는 한편, 신주 발행 유입 자금으로 자사주를 10% 매입하기로 했다. 자사주는 유능한 경영자나 기술자를 데려올 때에 사용할 스톡옵션stock option이나 스톡부여stock award에도 사용하고 종업원들의 의욕을 북돋워주기 위해 우리사주조합을 만드는 데 투입하기로 했다. 일반 주주에게 매각되는 50%에 대해서는 초기 매입자의 개별 지분이 1%를 넘지 못하도록 했다. 물론 상장된 주식이 나중에 어떻게 거래되고 누구에게 얼마나 집중될지는 알 수 없는 일이었다. 그렇지만 일반 주주의 지분을 미리 최대한 분산시키려고 했다.

국내외의 주요 기관 투자자들이 내사랑 아이들(주) 공개에 입찰했다. 블랙록BlackRock, 뱅가드Vanguard, 피델리티Fidelity, 스테이트 스트리트State Street 등 세계적 뮤추얼펀드와 노르웨이 정부연금펀드The Government Pension Fund Global, 아부다비 투자청Abu Dhabi Investment Authority, 싱가포르 투자청Government Investment Corporation of Singapore 등 세계 주요 국부 펀드가 참여했다. 국내에서도 국민연금, 한국투자공사KIC 등 국내 국부 펀드와 미래에셋, 삼성자산운용, 신한자산운용, 키움자산운용 등 국내 자산운용사 및 삼성생명, 한화생명, 동부생명 등 보험사들도 주주가 되었다. 개인 투자자들도 큰손 작은손 가릴 것 없이 다양하게 들어왔다. 주주 구성 변화에 따라 이사회 구성도 바꿨다. 이사진을 7명으로 늘려 4명의 사내이사, 2명의 사외이사, 1명의 감사 겸 사외이사를 두었다.

내사랑이 그룹은 또다시 대성공을 거뒀다. 내사랑이 아이들(주)은 상장하자마자 열흘 연속 상종가를 쳤다. 상장 직후 내사랑이 그룹의 구조는 〈그림 3-1〉과 같이 바뀌었다. 여기에서 특기할 첫 번째 변화는 내사랑이 아이들(주)이 발행한 주식에서 일반 주주 비중이 50%가 되었다는 사실이다. 일반 주주의 참여는 앞으로 논의하겠지만 기업의 운영 목적이나 방식에 대해 여러 가지 갈등을 불러온다. 두 번째 변화는 내사랑이(주)와 내사랑이 아이들(주)이 상호 출자로 묶여졌다는 사실이다. 내사랑이(주)가 내사랑이 아이들(주)의 주식 40%를 갖고 있는 한편, 내사랑이 아이들(주)은 내사랑이(주)의 주식 35%를 보유하게 됐다. 상호 출자는 내사랑이 그룹이 기업을 확장하고 공개하는 과정에서 가장 편리한 방식을 택한 것이다. 그러나 이것은 나중에 기업지배구조 논란의 한 축이 되어버린다.[3]

---

3 3.2절, 3.4절, 4.2절, 5.1절, 6.4절 등 참조.

그림 3-1 내사랑이 그룹의 구조: 상장 직후

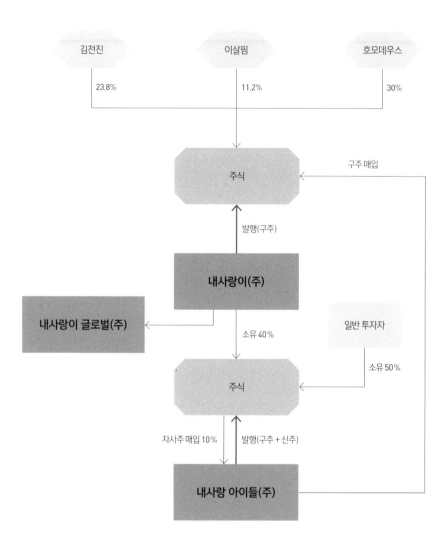

· 주 : 내사랑이(주)와 내사랑이 글로벌(주) 간의 지분 관계 설명은 생략함.

2. 창업 정신과 주주가치론

김전진, 이살핌 등 초기 창업자들은 기업하는 목적에 대해 다면적인 생각을 갖고 있었다. 물론 큰돈을 벌고 싶었다. 그러나 그것만이 목적은 아니었다. 김전진은 기업企業, enterprise이라는 단어가 본래 뜻하는 것처럼 새로운 일을 도모하고 만들어내는 데 관심이 많았다. 새로운 반려동물과 AI 아이를 만들어내는 것 자체에 흥미가 있었다. 그리고 내사랑이 그룹의 활동이 다른 사람들의 행복을 증진시키는 데 도움이 된다고 생각했다. 이들이 필요로 하는 제품과 서비스를 값싸고 질 좋게 제공하기 때문이다. 다른 사람들을 불행하게 만들면서 돈 버는 일이었다면 김전진이나 이살핌은 처음부터 하지 않았을 것이다. 앞으로도 내사랑이 그룹의 사업이 사회적으로도 뜻있는 일이기를 바라는 마음에는 변함이 없을 것 같다.

이미 돈은 많이 벌었다. 지금 기업활동을 계속하는 것은 기업 가치를 최대한 높여 최고점에 달했을 때 팔고 손 털겠다는 생각으로 하는 것이 아니다. 내사랑이 그룹 경영을 통해 새로운 일을 계속 이루어내고 남들이 하지 못하는 일을 해내는 데에서 느끼는 짜릿함을 계속 맛보고 싶다. 회사 내에서나 회사 밖에서 성공한 경영인으로 인정받고 사는 것이 뿌듯하다. 나중에 은퇴한 다음에도 내사랑이 그룹을 훌륭하게 일군 경영자로 남기를 원한다. 김전진이나 이살핌이 생각하는 미래는 내사랑이 그룹과 함께 있다. 다른 회사에서도 경영인 주주는 비슷한 생각을 갖고 있을 것이라고 짐작한다.

(1) 창업 주주와 일반 주주의 '동상이몽'?

그러나 상장 이후 들어온 일반 주주들은 경영인 주주들과 기본 입장이 많이 다르다. 이들은 대부분 금융 투자자들이다.[4] 주식 보유에 따르는 투자 수익률이 목적인 주주들이다. 이들이 기업 경영에 관심을 두는 것은 주가에 영향을 미치기 때문일 뿐이다. 경영인 주주와 달리 일반 주주는 자신의 미래를 내사랑이 아이들(주)의 미래와 동일시하지 않는다. 언제든 주식을 팔고 손 털 수 있다. 금융가에서 '월 스트리트 워크Wall Street Walk'라고 불리는 행동 양식이다. 또 자신이 갖고 있는 자산과 역량을 내사랑 아이들(주)에 '몰빵'하지 않는다. 채권 등 다른 금융 상품에도 투자할 수 있고, 주식을 사더라도 여러 기업에 분산해서 투자한다.

개인 투자자이건 기관 투자자이건 일반 주주들은 자신이 주식을 보유하고 있는 동안 경영진이 주가를 가능한 높이는 방향으로 경영하기를 원한다. 이러한 일반 주주들의 공통된 희망을 반영한 생각이 주주가치론 혹은 주주가치극대화론이라고 할 수 있다. 이들이 회사를 주식 가치 중심으로 바라보고 그 가치가 가능하면 오르도록 기업이 경영되기를 바라는 것은 당연한 일이다. 김전진과 같은 경영인 주주들도 주가가 올라가면 개인적으로 좋다. 내사랑 아이들(주)이 주식시장에 공개된 상태에서 주가는 이미 경영진에게 중요한 경영지표의 하나로 들어와 있다. 경영 수탁자로서도 가능하면 주가를 올릴 수 있도록 노력한다.

그렇다고 기업이 주주 가치를 최대한 높이기 위해 존재한다는 것은 전혀 다른 차원의 이야기다. 비논리적이고 비실증적인 아전인수다.[5] 기업

---

4   주주와 경영인의 분류에 대해서는 1.5절 논의와 〈표 1-1〉 참조.
5   주주가치론의 등장 및 확산과 그 비판에 대해서는 3.4절 참조.

은 단기적으로 주가가 떨어지더라도 장기적으로 성과를 낼 수 있는 일이라면 집행해야 한다. 이것이 기업의 영속(**기업명제 3**)을 위해 해야 하는 일이다. 단기 주가 움직임과 관계없이 값싸고 질 좋은 제품·서비스를 지속적으로 창출해 소비자들의 선택을 받기 위해 노력해야 한다(**기업명제 4**). 이 사회는 이 임무를 수행하는 기업의 최고 의사 결정 기구이고 경영진은 그 사명을 실현하는 전위대다. 주가라는 것은 이러한 기업의 존재론적 투쟁이 가져오는 결과물일 뿐이다.

한편 창업자들은 그들 나름대로 다양한 목적을 갖고 회사를 만들었다. 그 목적이 주주 이익 극대화일 수도 있고 다른 사회적 가치를 함께 추구하는 것일 수도 있다. 내사랑이 그룹 창업자들은 지금 명확한 사회적 가치를 내세우고 있지는 않지만 기업을 키우는 일 자체를 통해 사회에 기여하고 있다고 생각한다. 사업이 돈만 벌기 위한 것이 아니라 사회에도 도움이 되는 일이라 생각하기 때문에 그동안 기업을 만들고 키워왔다. 한편 사회적 기업의 경우처럼 사회적 가치를 더 강하게 전면에 내세우면서 돈을 버는 창업자들도 있다.

(2) 기업공개 시 기업과 일반 주주 간 '계약'의 실상

기업공개를 하고 일반 주주들이 많이 합류했다고 해서 기업존재론이나 창업 정신의 다양성이 달라지지 않는다. 이 사실은 처음 기업공개 할 때의 상황을 살펴보면 쉽게 이해할 수 있다. 기업을 상장할 때 주식시장에 공개 조건IPO terms을 상세하게 제시한다. 주식 투자자들은 그 내용을 보고 주식 매입 여부를 결정한다. 조건이 마음에 들지 않으면 주식을 사지 않으면 그만이다. 그런데 공개 조건에 주주 가치 극대화를 목표로 삼고 그것을 실현하기 위한 지배구조를 갖추겠다고 밝히는 회사는 없다.[6] 그동안 추구하던 다른 가치를 더 이상 추구하지 않고 주주 이익이라는 한 가지 목표만을 위해 모든 노력을 다하겠다고 약속하는 기업은 더더욱 없다.

기업공개 때 주식 투자자들이 가장 중요하게 살피는 것은 초기 발행가다. 앞으로도 경영이 잘되어 초기 매입가보다 주가가 오를 것이라는 판단이 서면 주주로 들어오는 것이다. 주주로 들어올 때 기업에게 앞으로 경영철학을 바꿔야 한다고 요구하지도 않는다. 일반 주주들은 그 기업이 그동안 주주 가치 극대화를 추구했건 사회적 가치를 동시에 추구했건 상관없이 상장 시점에서 그 회사의 주식 가격이 상승할 것이라고 판단하면 주식을 사는 것이다. 만약 그 회사가 주주 가치 이외에 다른 가치를 추구하는 것이 주가에 부정적 영향을 미친다고 생각한다면, 그 주식의 내재가치를 그만큼 할인해서 평가한 뒤 초기 발행가에 주식을 살지 말지를 결정하면 그만이다.

예를 들어 『뉴욕타임스』는 공개기업이다. 공개기업이라고 해서 이 회사의 목적이 주주 가치 극대화라고 할 수 있는가? 처음 『뉴욕타임스』를 공개했을 때 주식을 사서 들어온 사람들은 이 회사가 언론사라는 것을 알고 주주가 됐다.[7] 『뉴욕타임스』가 언론으로서의 기본 가치를 뒷전으로 보내면서까지 주주 이익 극대화라는 단일 목적만을 추구해야 한다고 내세우면서 주주가 되지 않았다. 그럴 자격도 없다. 이들은 『뉴욕타임스』가 언론사라는 기본 사실을 받아들이고 그 주식을 공개 당시의 가격에 살지 말지를 결정했을 뿐이다. 그 후 주주 간에 손바뀜이 벌어져 새로 주주가 된

---

6   Bainbridge(2006).
7   Easterbrook and Fischel(1991: 35~36) 참조.

금융 투자자들도 마찬가지 생각으로 『뉴욕타임스』의 주주가 되거나 말거나 하는 선택을 해왔다.

다른 기업의 경우도 마찬가지다. 그동안 나름대로의 철학을 갖고 경영을 잘해왔던 기업들이 주식시장에 상장된다. 기업공개가 갖고 있는 의미는 해당 기업이 "과거의 연장선상에서 앞으로 더 잘할 수 있다"라고 공개적으로 밝히고 여기에 동의하는 사람이나 기관의 투자를 받는 것이다. 앞으로 일반 주주가 원하는 모든 것을 다 하겠다며 그동안 갖고 있던 경영철학까지 바꾸겠다는 조건을 내걸고 기업공개를 하지 않는다.

따라서 기업공개를 할 때 일반 주주들과 실질적으로 계약했다고 할 수 있는 내용은 주주에게 '적절한 이익율a fair rate of return'을 제공하도록 노력하겠다는 것이라고 봐야 한다.[8] 호베는 주주에게 "단지 충분히 행복할 정도만only to keep them sufficiently happy" 이익을 제공하도록 노력하면 된다고 말한다.[9] 기업은 공개하기 전이건 후이건 값싸고 질 좋은 제품·서비스를 지속적으로 내놓고 소비자들의 선택을 받기 위해 노력을 경주한다(기업명제 4). 그 과정에서 이익이 생기면 적절하게 배분할 뿐이다. 그것이 경영판단이다. 일반 주주는 자신의 이익이 손상당하거나 그렇게 될 가능성이 있을 때 주식에 딸려 있는 권리에 따라 문제를 제기할 수 있다. 이러한 문제 제기가 기업존재론이나 창업 정신을 인정하면서 이루어지는 것은 충분히 합리적인 일이다. 그러나 그 이상을 요구할 때 갈등이 벌어진다.

---

8   Allen(1992: 271).
9   Robé(2011: 70).

(3) 경영인 주주와 일반 주주 간 그룹식 운용을 둘러싼 갈등?

경영인 주주와 일반 주주는 비즈니스그룹식 기업 운용에 대해서도 기본 입장이 다를 수 있다. 기업가들이 비즈니스그룹의 형태로 사업을 확장하고 운용하는 데에는 합리적 이유가 있다. '범위의 경제'를 활용할 수 있기 때문이다. 이미 있는 자원을 재활용해서 그룹 전체의 확장이 용이해지는 것이다.[10] 따라서 비즈니스그룹을 만든 경영인 주주는 그룹 전체의 성장이나 이익에 관심을 둔다. 다국적기업이 특정 지역 현시 법인의 성장이나 이익 극대화를 꾀하는 것이 아니라 전 세계 법인들을 묶어 전체의 성장과 이익을 추구하는 것과 마찬가지다. 비즈니스그룹 경영자는 그 맥락에서 계열사들끼리 서로 도와가며 함께 크는 것이 당연하다고 생각한다. 다국적기업 경영자가 현지 법인들 간에 협력하는 것이 당연하다고 생각하는 것과 마찬가지다.

반면 일반 주주는 보통 공개되어 있는 특정 계열사의 주식을 보유한다. 내사랑이 그룹의 경우에는 공개된 내사랑이 아이들(주)의 주식만 보유하고 있을 뿐이다. 이들은 이 회사 주식의 가치에만 관심이 있다. 따라서 그룹식으로 사업이 얽히면서 내사랑이 아이들(주)이 다른 계열사를 도와주는 것에 대해 반대할 수 있다. 계열사 간 협력에 대해 '계열사 부당 지원'이라는 부정적 표현을 동원하기도 한다. 한국의 공정거래 정책은 그룹식 운영에 대한 부정적 인식에 기반해서 계열사 간 '내부거래'를 제한하는 방향으로 규제를 강화해왔다.[11]

그러나 이러한 갈등은 '비합리' 대 '합리'의 대결이라기보다는 '서로

---

10 2.5절 참조.
11 5.1절 및 5.4절 참조.

다른 합리성의 대결'로 봐야 한다. 비즈니스그룹 경영자는 비즈니스그룹 전체의 이익과 성장을 추구한다. 반면 일반 주주들은 자신이 주식을 보유하고 있는 개별 회사의 주가에만 관심을 갖는다. 그룹이 전체적으로 어떻게 돌아가는지에 대해서는 관심이 없다. 나도 마찬가지일 것이다. 내가 만약 경영자라면 그룹식 확장에 적극적으로 나설 것이다. 내가 특정 기업의 주식을 보유한 주식 투자자라면 다른 계열사를 도와주면서 그룹식 확장을 하는 것이 그 회사에도 좋은 일인지 의문을 제기할 것이다.

따라서 비즈니스그룹 운영에는 이런 서로 다른 합리성이 갈등할 여지가 상존한다는 전제하에 그 갈등을 조정할 수 있는 틀을 만들어내야 한다. 한 가지 방법은 경영진이 그룹식 운영에 필요한 내부거래의 기준, 한도 등을 미리 밝히는 것이다. 그러면 일반 주주들은 처음부터 내부거래로 발생할 수 있는 위험을 할인하고 주식을 사게 된다. 그러면 이미 공표되어 있는 한도 내에서 이루어지는 내부거래에 대해서는 경영진과 일반 주주들 간에 갈등의 여지가 없어진다. 처음에 공표했던 한도보다 더 큰 규모의 내부거래가 필요할 경우에는 이사회나 주주총회에서 별도의 승인을 거치는 장치를 만들 수 있다.

내부거래에 대해서 인식해야 할 사실은 비즈니스그룹식 운영이 일반 주주에게 손해가 될 가능성만이 아니라 이익이 될 가능성도 함께 갖고 있다는 것이다. 계열사들끼리 '윈-윈'할 수 있는 내부거래가 실제로 많이 있다. 이와 관련해서 한국의 일반 주주들에게 2000년대 중반 이후 '삼성그룹 펀드'가 크게 인기를 끌었던 사실에 주목해볼 필요가 있다. 삼성그룹 펀드는 비즈니스그룹식 경영으로 묶여 있는 회사들의 주식을 모아놓은 펀드의 수익률이 경영상 아무 관련 없는 개별 회사들의 주식을 모아놓는 펀드의 수익률보다 높을 것이라고 기대했기 때문에 내놓은 것이다. 실제로 많은 일반 투자자들이 이 펀드를 사서 짭짤한 수익을 올렸다. 일반 주주들도 비즈니스그룹식 운영에 따르는 이익을 올릴 수 있다는 것을 증명한 사례다. 따라서 비즈니스그룹식 운영은 일반 주주 입장에게 부정적인 면과 긍정적인 면이 공존한다는 사실에 입각해서 순편익이 높아질 수 있는 방향으로 대안을 찾으면 되는 일이다. 인간 세상에서 갈등을 완전히 없앨 수는 없다. 갈등의 뿌리와 구조를 잘 이해하고 그 갈등을 합리적으로 관리하는 방안을 찾는 것이 중요하다.

3. "기업은 적법한 범위에서 자유롭게 가치를 추구한다"

법원이 존재하는 중요한 이유 중 하나는 갈등을 조정하는 것이다. 법에는 당사자들끼리 해결하지 못하는 갈등을 해결하거나 조정하는 원칙이 담겨 있다. 판례를 통해서도 실제로 해결되거나 조정된 사례와 판단 근거가 축적되어 있다. 기업목적론을 둘러싼 갈등도 당사자들의 주장을 먼저 살펴보기보다 상법이나 기업법에서 이 문제를 어떻게 다루는가를 먼저 살펴보는 것이 갈등 해결 및 조정의 출발점이 될 수 있을 것이다.

(1) 기업법의 자유주의적 기업관

미국 대기업의 절반 이상이 본사를 두고 있는 델라웨어주 법원은 기업목적론에 대해 근본적으로 자유주의적 입장을 취한다. 델라웨어 일반기업법Delaware General Corporation Law, DGCL은 "기업은 정관이나 주법에 의해 정해지는 경우를 제외하고는 모든 적법한 사업이나 목적을 수행할 수 있도록 법인화하거나 조직될 수 있다"라고 밝힌다.[12] '모든 적법한 사업이나 목적 any lawful business or purposes'이라는 것은 기업이 적법한 범위 내에서 어떤 종류의 사업도 할 수 있고 어떤 목적도 추구할 수 있다는 뜻이다.

미국법률가협회The American Bar Association가 만들어서 미국의 26개 주가 채택하고 있는 영리법인 모델 규정Model Business Corporation Act도 "이 규정에 따라 법인화하는 모든 기업은 정관에서 더 한정적인 목적을 정하지 않는 한, 모든 적법한 사업을 행할 수 있는 목적을 갖고 있다"라고 밝힌다.[13] 한국의 기업법은 더 간단하다. 상법 제169조(회사의 의의)에 "이 법에서 '회사'란 상행위나 그 밖의 영리를 목적으로 하여 설립한 법인을 말한다"라고 규정한 것이 전부이다.[14] 기업 목적의 범위 및 내용에 관해 아예 언급하지 않는다. 상행위의 내용과 방법을 기업이 자유로이 선택할 수 있도록 허용하는 것이다. 물론 '적법한 범위'는 벗어날 수 없다. 미국에서는 '적법한 범위'를 명시적으로 밝혔을 뿐이고, 한국에서는 법을 지켜야 한다는 것이 너무나 당연한 얘기니까 상법 조항에 들어가지 않았다는 차이만 있을 뿐이다.

12 　원문은 다음과 같다. "Under § 101(b) of the DGCL: "A corporation may be incorporated or organized under this chapter to conduct or promote any lawful business or purposes, except as may otherwise be provided by the Constitution or other law of this State." Further, under § 102(a), the certificate of incorporation shall set forth: "(3) The nature of the business or purposes to be conducted or promoted. It shall be sufficient to state, either alone or with other businesses or purposes, that the purpose of the corporation is to engage in any lawful act or activity for which corporations may be organized under the [DGCL] and by such statement all lawful acts and activities shall be within the purposes of the corporation, except for express limitations, if any."(Strine 2015: 26~27, note 68)

13 　원문은 다음과 같다. "Every corporation incorporated under this Act has the purpose of engaging in any lawful business unless a more limited purpose is set forth in the articles of incorporation."(The American Bar Association 2016: 60)

14 　국가법령정보센터 웹사이트(http://www.law.go.kr/%EB%B2%95%EB%A0%B9/%EC%83%81%EB %B2%95).

김전진은 처음부터 기업하는 목적에 대해 다면적인 생각을 갖고 있었다. 돈 버는 것 자체보다 새로운 일을 도모하고 만들어내는 것에 관심이 많았다. 미국 법원이 "모든 적법한 사업이나 목적"이라고 자유주의적 규정을 하고 있고, 한국 상법에서 영리법인이 목적을 자유로이 추구할 수 있도록 열어놓고 있다는 사실은 알지 못했다. 그렇지만 기업활동을 통해 단순히 이윤만 올리는 것이 아니라 다른 사람들의 삶이 나아지는 데 기여할 수 있다고 막연히 생각하고 있었다. 구체적 방법들에 대해서만 생각이 정립되지 않았을 뿐이었다.

기업이 이익만 추구하는 조직으로 여겨지는 것은 좌파의 마르크스 경제학이나 우파의 신고전파 경제학에서 모두 기업을 그런 존재로 상정하는 데에 큰 이유가 있다. 마르크스 경제학에서는 기업을 자본가들이 노동자들을 착취해서, 즉 노동가치와 노동가격의 차이를 만들어내서 이윤을 창출하는 기제로 취급한다.[15] 신고전파 경제학에서는 분석의 단순화를 위해 기업이 이윤 극대화를 추구한다고 상정하고, 그에 따라 제품이나 서비스의 시장가격이 어떻게 형성되는지 등에 관한 미시경제이론을 전개한다. 이것은 실제로 그렇다고 입증된 것이 아니다. 그렇게 생각하고 분석을 출발하자는 '가정assumption'에 불과하다. 그런데 이 가정에 입각한 모델이 거의 모든 대학에서 교과서로 오래도록 사용되다 보니 가정이 마치 사실인 듯이 받아들여지는 것이다.[16]

이념적 지향은 정반대이지만 마르크스 경제학과 신고전파 경제학은 기업과 기업인의 활동을 지나치게 도식적·편향적으로 다룬다는 공통점

---

15   Marx(1886).
16   Samuelson(1948; 2009).

을 갖고 있다. 대부분의 사람들은 기업이 실제로 어떻게 돌아가는지를 알기 전에 학교 교육이나 교과서, 문헌 등을 통해 이러한 '경제이론'을 먼저 배운다. 따라서 그 도식적 프레임이 사실이라 믿고 기업의 현실을 재단하게 된다. '모든 적법한 사업이나 목적'을 추구하는 기업의 폭넓은 실체는 이념의 좌우 협공에 끼어 제대로 보이지 않게 되는 것이다. 이론은 현실을 이해하기 위해 출발점에서 사용하는 도구일 뿐이다. 그 도구만 보고 현실을 이해했다고 착각해서는 안 된다. 이론의 도움을 받아 현실을 살펴보고 그 현실에 따라 이론을 재설계하는 것이 사회현상을 이해하는 변증법적 과정이다.[17]

(2) 다양한 목적을 추구한 기업과 기업인

기업과 기업인을 직접 들여다보면 이들이 다양한 목적을 추구했다는 것을 쉽게 알 수 있다. 서양에서 근대 경제가 발전하던 초기의 기업들은 대부분 정부 승인을 받아 운영되는 '허가 회사chartered company'였다. 영국 제국주의 건설에 앞장섰던 동인도회사East India Company도 정부 승인 주식회사였다. 동인도회사의 목적이 '이윤 극대화'라고 주장하는 사람은 없다. 그렇다고 믿는 사람도 없다. 동인도회사는 물론 많은 이익을 거두었다. 그렇지만 기본적으로는 해외 시장을 개척하며 영국 제국주의의 영향력을 확대하고 국부를 늘리는 반관반민半官半民 조직이었다. 프랑스에서도 절대왕정의 기반을 만들어냈던 재상 콜베르Jean-Baptiste Colbert 시대에 프랑스 동인

---

17 이렇게 이론이 '진실'이 아니라 현실을 이해하는 '도구'일 뿐이고 진실은 현실에 있다는 '도구론 (instrumentalism)'적 사회현상 인식론에 관해서는 막스 베버(Max Weber)의 저술 참조(Weber 1949; 1961).

도회사French East India Company가 만들어졌다. 그 설립 목적은 영국 동인도회사와 비슷했다.

그 후 자유주의적 자본주의가 발달하면서 기업 설립에 더 이상 정부 허가가 필요하지 않게 되었지만, 많은 기업의 경영자들이 단순히 이윤 극대화만을 추구하지는 않았다. 자동차왕 헨리 포드Henry Ford는 이윤 극대화만 추구하는 초기 투자자들과 기업 경영 이념이 달라서 갈라섰다. 당시 자동차는 부자들의 사치품이었다. 포드사의 초기 투자자들은 이 사치품을 소량으로 생산해서 가능한 높은 가격을 받아 이익률을 높여야 한다고 생각했다. 그 연장선상에서 설비 투자를 특별히 많이 할 필요도 없고 임금은 가능한 낮춰야 한다고 생각했다. 그러나 포드는 자동차를 일반 근로자들도 사용할 수 있는 대중 소비재로 만들겠다는 이상을 갖고 있었다. 그렇게 하려면 기술에 계속 투자하고 대량생산 체제를 만들어 자동차 가격을 획기적으로 낮춰야 한다. 또 근로자들이 안정적으로 일에 몰두하고 자동차도 살 수 있게 한다는 비전을 갖고 근로자들의 임금을 획기적으로 올렸다. 눈앞에 보이는 단기 이익은 희생할 수밖에 없는 일이다. 초기 투자자들과의 충돌은 불가피한 일이었다.

세계 최초의 대중용 자동차 'T 모델'을 성공시킨 포드의 경영철학은 이윤 극대화를 좇기보다 "값싸고 질 좋은 제품·서비스를 지속적으로 창출하는 것"이라는 기업존재론(**기업명제 4**)에 충실한 것이었다. 포드는 자동차를 사치품에서 생필품으로 전환하는 혁신가였고 그로 인해 얻게 된 이윤은 그 혁신의 결과물이었을 뿐이다.[18] 경제학 교과서는 포드의 혁신을 설명하지 못한다. 포드가 경제학 교과서의 가정대로 이윤 극대화를 추구했다면 T 모델은 세상에 빛을 보지 못했을 것이다.

앞 장(2.1절)에서 언급한 코스트코 창업자 짐 시네갈의 '마진 15% 룰'도 이윤 극대화 논리로 절대 설명할 수 없다. 이윤 극대화를 추구하는 기업이라면 납품 단가가 떨어졌을 때 기존 가격을 유지해서 이윤을 늘려야 한다. 코스트코는 대신 제품 가격을 낮춰서 마진 15%를 유지한다. 그 혜택은 고객에게 간다. 고객 만족을 최고 가치로 생각하고 기업은 적절한 이윤을 추구하면 된다는 철학의 산물이다. 그렇게 하는 것이 기업의 장기 발전과 생존에 바람직하다는 생각이 반영된 것이기도 하다.

시네갈이 고객에 이어 두 번째로 중시하는 대상은 직원이다. "직원에게 최고의 혜택을 준다"라는 원칙을 지킨다. 실제로 코스트코 직원의 연봉은 유통업계 평균보다 40% 정도 더 많다. 미국 내에서 구글 다음으로 직원 연봉과 복지 혜택이 좋다. 시네갈은 "주주에 대한 보상은 맨 마지막으로 신경 쓸 일이다. 월가는 매주 월요일부터 금요일까지의 실적으로 회사를 평가하지만, 우리는 50년 뒤까지 평가받고 싶다. 장기적인 성공을 위해 고객이 구입하는 제품의 품질을 희생시킬 수 없고 직원들의 행복도 절대 양보할 수 없다"라고 강조한다.[19]

한국의 성공한 기업들도 단순히 이익만을 추구하지 않았다. 삼성그룹 사시社是의 첫 번째 항목은 '사업보국事業報國'이다.[20] 창업자인 이병철 회장은 다음과 같이 설명한다. "기업을 통해 자기 뜻을 세우고 그 뜻을 실현함으로써 국가나 사회에 공헌한다. 공헌이란 재화와 서비스의 풍족한 제

---

18   Ford(1992); Ford and Crowther(1926); Alizon et al.(2008); Batchelor(1994); Watts(2005) 등 참조.

19   『조선일보』 2012년 8월 18일 자 인터뷰 기사. 신장섭(2016b: 224)에서 인용.

20   한진그룹도 이와 유사하게 '수송보국(輸送報國)'이라는 사시를 갖고 있다.

공이며, 고용·소득 기회의 더욱 더한 확대이며, 국가 경영의 재원을 이루는 납세의 세원 조성이다. 기업 수익을 축적하여 계속 새로운 기업에 투자하고 새로운 기술 개발을 추진한다. 이 모든 것은 한마디로 국민의 행복, 나아가 인류 복지의 향상에 공헌하는 길인 것이다. 바로 이 목표와 가치가 기업에 있기 때문에, 기업의 사회적 기능이 제고되고 기업가의 창조적 직능이 높이 평가받게 되는 것이다."[21]

대우그룹을 창업한 김우중 회장은 더 나아가 사업을 하면서 "이익 개념이 없었다"라고까지 말한다. 적자만 보던 공기업 한국 기계를 인수해서 회생시킨 결정에 대해서도 "수익도 수익이지만 정부가 그렇게 큰돈을 들여서 기계산업을 육성하겠다고 투자했는데, 나라 경제를 위해 어떻게든 정상화시켜야겠다고 생각했다"라고 회고한다.[22] 대우그룹의 사훈에는 '희생'이 들어가 있다. 조직 내에서의 희생이 아니라 국가와 다음 세대를 위한 희생이다.[23] 김우중은 '소유'보다 '성취의 기쁨'을 위해 일했다고 밝힌다. 그래서 "하루 24시간이 모자랄 정도로 밤낮없이 뛰어다니며 힘들게 일하는 대가가 고작 재산의 확대에 불과하다면 나처럼 불행한 사람도 없을 것이다"라고 말했다.[24]

미국과 중국 간 무역 분쟁의 핵이 되어 있는 화웨이Huawei도 이윤만을 추구하지 않는다. 런정페이 회장은 주식 지분의 1.4%만 갖고 있을 뿐이다. 나머지 98.6%는 화웨이 임직원들이 나눠 갖고 있다. 종업원 주식회사이다. 설립 후 30년 만에 세계 1위 통신장비 회사, 세계 3위 스마트폰 회

21 이병철(2014: 144~145).
22 신장섭(2014: 57~62).
23 신장섭(2014: 62, 87); 신장섭(2019).
24 김우중(2018: 234).

사로 성장했지만 아직까지 비상장회사다. 만약 주주의 이익을 극대화하는 것이 회사의 목적이라면 화웨이를 상장해서 종업원들이 주가 차익을 최대한 누리게 해야 할 것이다.

그러나 화웨이는 상장 계획이 없다. 런정페이는 "상장하지 않으면 세계를 호령할 수 있다"라고까지 말한다.[25] 상장해서 직원들이 갑자기 큰돈을 만지게 되면 "헝그리 정신을 잃게 되고 화웨이에 재앙이 될 것"이라고 생각한다.[26] "'떡밥'이 지나치게 많으면 그걸 주워 먹은 개인, 조직의 활력을 희석시킬 뿐만 아니라 팀의 집중력마저 떨어뜨린다"는 것이다.[27] 대신 화웨이는 직원 보유 주식을 퇴사할 때 돈으로 환산해준다. 회사의 성장에 기여한 보상을 퇴직금으로 주는 것일 뿐이다. 물론 재직 기간 중에는 회사 성과에 따른 배당금이 지급되어서 직원에게 활력을 불어넣어준다.

런정페이는 자신의 사업관을 서양 경쟁자와 비교해서 다음과 같이 설명한다. "수익률이 지나치게 높은 시스코와 달리 화웨이는 폭리를 취하지 않았습니다. 그보다는 생존을 택했습니다. 수익이 높지 않다 보니 어떻게든 기회를 만들어내고 내부 역량을 쥐어짜는 수밖에 없었지요.…서양 업체의 아킬레스건이 뭔지 아십니까? 하나같이 단기적인 이익을 좇느라 과거를 돌이켜보고 미래를 내다볼 여유가 없다는 겁니다.…물론 그들은 우리보다 더 많은 부분에서 전략적인 우세를 점하고 있습니다.…하지만 단기적으로, 그것도 높은 수익을 기대하는 주주의 기대에 부응해야 합니다. 반면 화웨이는 그런 부담이 없습니다."[28]

---

25 텐타오·우춘보(2014: 118).
26 「궈 핑 화웨이 부회장 겸 CEO 인터뷰」, 『매일경제신문』, 2016년 1월 10일 자.
27 텐타오·우춘보(2014: 118).
28 텐타오·우춘보(2014: 362).

화웨이는 오히려 '마오 정신'으로 무장되어 있다는 분석까지도 나온다. 마오가 1960년 안산鞍山 철강공장에서 제정한 중국 사회주의 기업 운용 교과서라고 할 수 있는 '안강 헌법'을 모방해서 '화웨이 기본법'을 제정했다. 화웨이 기본법 5조의 이익 조항에는 "화웨이는 고객, 직원, 협력자 사이에 이익 공동체 결성을 주장한다"라고 규정하고 있다.[29] 화웨이가 이윤 극대화를 추구하는 기업이었다면 '주주 이익 공동체' 혹은 '직원 이익 공동체'라고 밝혔을 것이다. 그러나 화웨이는 그보다 넓은 범위의 관계자를 포함하는 이익 공동체를 표방하고 있다.

(3) 기업의 목적은 '스위스 군용 칼'과 같다

린 스타우트Lynn Stout는 이렇게 다양한 기업의 운영 방식에 비추어 기업의 목적을 '스위스 군용 칼Swiss army knife'에 비유한다. 한 도구 안에 칼, 병따개, 캔 따개, 코르크 따개 등이 함께 들어 있고 사용자들이 그때그때 필요에 따라 다양하게 사용할 수 있는 것처럼 기업도 그 주체들이 생각하는 다양한 목적에 따라 사용할 수 있는 '다기능기업The multifunction corporation'이라는 것이다.[30] 스위스 군용 칼을 처음부터 '칼'로만 사용해야 한다고 확정 지을 수 없다. 목적을 '병따개'라고 확정 지을 수도 없다. 마찬가지로 기업의 목적이 한 가지여야 한다고 선험적으로 단정 지을 수 없다.

기업이 이같이 다양한 사업관을 갖고 활동하는 것은 자연인처럼 독립된 인격을 갖는 사회적 실체로 존재하기 때문이다.[31] 따라서 기업의 존

---

29 「마오쩌둥 사상으로 무장한 화웨이, 미국 봉쇄 돌파하나?」, 『중앙일보』, 2019년 4월 9일 자.
30 Stout(2013).
31 1.4절 논의 참조.

재론과 목적론은 사람의 경우와 비슷하게 생각하는 것이 편리하다. 사람도 살기 위해서는 의식주 문제를 해결해야 한다. 이것은 인간의 존재론에 해당하는 것이다. 기업이 소비자에게 값싸고 질 좋은 제품·서비스를 지속적으로 제공해야만 살아남을 수 있다는 존재론을 갖고 있는 것과 마찬가지다.

그러나 의식주를 해결하면서 인생의 목적을 무엇으로 정할 것인지에 대해서는 다양한 선택지가 열려 있다. 어떤 사람은 일찍부터 철학적이거나 종교적 신념을 확립해서 그에 따라 살아간다. 어떤 사람은 먹고사는 것에 급급하다가 돈을 어느 정도 번 뒤 인생의 목적에 대해 다시 생각해보기도 한다. 돈을 무조건 많이 벌고 싶은 사람도 있다. 정치권력을 잡아 행사하고 싶어 하는 사람도 있다. 조용히 연구하고 글 쓰며 살아가고 싶은 사람도 있다. 인생의 목적이 다양하다는 것을 인정해주어야지 그것을 외부에서 일률적으로 강요할 수는 없는 일이다.

기업도 마찬가지다. 영리활동의 주체로서 값싸고 질 좋은 제품·서비스를 지속적으로 창출해야 한다는 공통의 존재론적 기반 위에서, 그 목적과 방법은 적법한 범위 내에서 다양하게 추구할 수 있는 것이다. 공기업이나 사회적 기업처럼 처음부터 사회적 가치 추구가 설립 목적으로 들어갈 수도 있다. 한국의 SK그룹은 최근 사회적 가치를 기업 정관에 집어넣었다. 그러나 대부분의 사기업은 영리법인이라는 막연한 문패를 걸어놓을 뿐 구체적으로 영리를 어느 정도나 추구할 것인지, 어떤 방식으로 추구할 것인지, 사회적 가치도 함께 추구할 것인지, 그렇다면 어떤 사회적 가치를 추구할 것인지, 이익을 누구에게 최우선적으로 분배할 것인지 등을 명시하지 않는다. 기업 경영에 자율성과 유연성을 두는 것이다. 사업판단준칙도 이

러한 자율성과 유연성을 뒷받침하기 위해 주어지는 것이다.[32]

자유주의 국가에서의 원칙은 다양한 가치관을 인정하는 것이다. 그렇지 않으면 전체주의 국가가 된다. 민간 기업도 자유주의 경제의 산물이다. 기업법은 자유로운 기업을 뒷받침해주고 있다. 영리를 자유롭게 추구하는 과정에서 경제가 발전한다. 영리를 추구하는 과정에서 사회에 나타나는 부정적 영향을 줄이기 위해 정부가 법과 제도를 통해 사안별로 규제할 필요는 있다. 그렇다고 정부나 외부인들이 영리법인의 목적 자체를 규정하는 것은 정당성도 없고 바람직하지도 못하다. 기업이 자발적으로 특정 가치를 추구하는 것과 외부에서 그 가치를 강요하는 것 간에는 하늘과 땅의 차이가 있다. 자유주의와 전체주의를 가르는 분기점이다.

따라서 이 책은 **기업명제 6** "기업은 적법한 범위에서 자유롭게 가치를 추구한다"를 제시한다. 이와 함께 **따름정리 6-1** "기업의 자유로운 가치 추구는 개인이 자유롭게 가치를 추구하는 것과 마찬가지다. 그 가치를 밝히지 않을 수도 있고, 정관에 정할 수도 있고, '사업판단준칙' 내에서 다양한 가치를 추구할 수도 있다"와 **따름정리 6-2** "기업이 이윤 극대화를 추구한다는 것은 신고전파 경제학과 마르크스 경제학이 만들어낸 허구일 뿐이다. 기업은 영리법인으로서, 이윤을 얼마나 많이 어떤 방법으로 추구할 것인지는 개별 기업이 알아서 결정할 사안이다"를 함께 내놓는다.

주주가치론과 이해관계자론은 이러한 자유주의적 법인의 실체를 부정하는 양극단의 시각들이다. 이 책은 그동안 제시한 기업명제들에 비추어 볼 때 **따름정리 6-3** "주주가치론은 금융 투자자들이 만들어낸 허구다. 기

업은 주주들이 '적절한 이익'을 올리도록 노력하면 된다. 이것이 주식을 발행할 때 주주에게 원래 약속한 내용이다"를 제시한다. 다음 절(3.4절)에서는 주주가치론이 비논리적·비실증적 아성을 쌓은 것일 뿐이라는 사실을 해명한다. 또 그렇기 때문에 주주가치론이 가장 먼저 광범위하게 적용됐던 미국에서 실제로 벌어진 일은 '약탈적 가치 착출'과 중산층 붕괴라는 사실을 밝힌다.

이해관계자론은 기업이 '이해관계자'들을 포함하는 사회적 가치를 추구해야 한다는 시각이다. 기업은 당연히 사회적 존재다. 영리활동을 하는 과정에서 사회에 영향을 미치고 사회의 도움을 받기도 한다. 그렇다고 기업이 공익 기관은 아니다. 영리법인이다. 영리 추구 과정에서 공익을 추구할 것인지, 그렇다면 얼마나 추구할 것인지 등은 적법한 범위 내에서 기업이 자유로이 판단하는 것이다(**기업명제 6**). 그러나 이해관계자론은 기업 활동에 공익의 잣대를 강하게 적용할 것을 외부에서 요구한다. 그 과정에서 기업과 사회 간의 경계를 허물고 그것이 누구를 위한 공익인지조차 불분명하게 만든다. 공익을 가장한 특정 사익이 기업의 의사 결정을 흔드는 상황을 초래하기도 한다. 그다음 절(3.5절)은 이러한 이해관계자론에 대한 분석과 비판을 제공한다. 그 내용은 **따름정리 6-4** "이해관계자론은 사회주의 아니면 '이얼령비얼령' 기업목적론이다"로 응축된다.

4. 비논리적·비실증적 주주가치론

지금은 '주주 가치'라는 말이 너무나 흔하게 사용되고 있지만 서양에서 법인이 탄생하기 시작한 14세기경부터 현재까지의 역사를 길게 보면 지극히 짧은 기간 동안 사용되고 있는 단어다. 주주 자본주의가 가장 발달한 미국에서도 1965년까지 대표적 금융 신문인『월스트리트저널』에 주주가치라는 밀은 진히 등장하지 않는다. 그 후 조금씩 나타나기 시작했고 1980년대가 시작되면서 사용 빈도가 급증했다(그림 3-2). 주주가치론의 역사는 길어야 50년이 되지 않는다. 반면 법인을 통한 주식회사의 활동은 7세기가량의 유구한 역사를 통해 확립되어 있다. 역사만 놓고 비교하면 주주가치론은 미숙한 어린아이인 반면, 법인실체론은 성숙한 어른이라고 할 수 있다. 어린아이가 어른의 삶에 대해 평가하는 것보다, 어른이 어린아이의 생각과 행동을 평가하는 것이 합리적이다.

주주가치론은 '대리인이론'이나 '주주가치극대화론'이라는 명칭으로 섞여서 쓰인다. 둘 다 "경영인은 주주의 대리인이므로 주주가치극대화를 추구해야 한다"라는 내용이다. 어느 용어를 앞으로 내세우는지만 다를 뿐이다. 학자들도 이 두 가지 명칭을 혼용한다.[33] 그 핵심 내용을 나누어보면 다음과 같이 요약할 수 있다.

첫째, 기업은 주주가 소유하고 있다. 둘째, 기업의 목적은 주주 가치 극대화다. 셋째, 경영자는 주주의 대리인으로서 주주 가치 극대화라는 목적을 수행해야 한다. 넷째, 그러나 경영자들은 이 주어진 목적을 잘 수행하기보다 자신의 아성을 쌓는 등 개인 이익을 추구하는 방향으로 행동하는 경향이 있다. 특히 주식 지분이 많이 분산되어 있는 미국 대기업과 같은 경우에는 일반 주주들이 경영인을 통제하는 데 드는 '대리인비용agency cost'이 너무 크기 때문에 이런 '비효율적' 행위가 방치된다. 다섯째, 대리인

33　예를 들어 Jenson and Meckling(1976); Jensen(1986; 1989; 1993); Jensen and Murphy(1990) 등 참조.

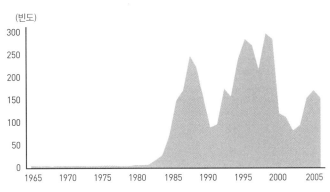

그림 3-2 『월스트리트저널』에서 '주주 가치' 단어 등장 빈도

· 기간: 1965~2007.
· 출처: Heilbron et al.(2014).

비용을 줄이기 위해 일반 주주들이 집단적으로 행동해서 경영진에게 압력 넣는 것을 쉽게 하고 경영진의 연봉에 주식 옵션의 비중을 크게 높이는 등의 방법을 통해 경영진이 주주 가치 극대화라는 사명을 열심히 수행하도록 인센티브 구조를 재구축해야 한다. 여섯째, 주주 가치 극대화를 추구하면 기업도 효율적이 되고 경제도 효율적이 된다.

(1) 주주가치론의 비논리성

그러나 주주가치론은 조금만 들여다보아도 논리적·실증적 결함들로 가득 차 있다. 무엇보다도 주주가 기업을 소유하고 있다는 기본 전제가 틀렸다. 주주는 주식의 주인일 뿐, 기업의 주인은 기업 자신이다(**기업명제 1**). 이것은 법인이 만들어지는 순간 자산분할을 통해 기업의 소유와 통제가 분리됐기 때문이다(**기업명제 2**). 자산분할은 기업의 필요 때문이기도 하지만 주주들의 필요 때문에도 벌어진 일이다. 주주들은 귀속 자산의 소유권을 법인에 넘긴 대신, 주식이라는 증권을 받아 기업이 떠안는 법적 위험으로부터 개체보호를 받는다. 또 주식을 언제든지 팔아 현찰을 챙길 수 있는 유동성도 확보하게 됐다. 주주가 기업을 소유하고 있다는 주주가치론의 기본 전제는 자산분할 과정을 원천적으로 무시하는 것이다. 주주가 개체보호는 받으면서 기업에 대한 소유권을 주장하는 것은 어불성설이다. 주식의 주인이 기업의 주인으로 신분을 세탁하는 것이다.

기업의 목적이 주주 가치 극대화라고 하는 것은 일반 주주들의 일방적 주장이다. 앞 절(3.2절)에서 논의했듯이, 처음 회사를 만들 때 창업자들은 다양한 가치관을 갖고 창업한다. 기업을 키워 나가는 과정에서 가치관을 바꾸기도 한다. 기업이 공개되는 것은 창업자들이 어떤 기업목적론을 갖고 있는지와 상관없이 값싸고 질 좋은 제품·서비스를 지속적으로 창출하는 데, 즉 기업존재론을 실현하는 데(**기업명제 4**) 성공했기 때문이다. 일반 주주들은 기업공개 때 그 기업의 발전 과정을 받아들인 상태에서 앞으로도 경영 성과를 계속 잘 내놓을 것이라는 기대를 갖고 주식을 매입한다. 이제 회사를 공개했으니까 경영진에게 주주 가치 극대화를 유일한 목적을 삼으라고 요구한 바도 없고 그럴 수도 없다. 기업이 추구해온 가치관의 다양성을 무시하고 그 목적을 주주 가치 극대화 하나로 단정 짓는 것은 일반 주주 전체주의 혹은 일반 주주 독재라고 할 수 있다.

(a) 주주가치론을 버린 벌리를 교주로 떠받드는 주주가치론자들

주주가치론자들은 종종 논리의 전거를 '소유와 통제의 분리'라는 말을 처음 만들어낸 아돌프 벌리에게서 찾는다. 예를 들어 유진 파마Eugine Fama와 마이클 젠센은 "이 소유와 통제의 분리 문제—보다 정확히는 잔여적 위험

부담과 의사 결정 기능과의 분리 문제는 애덤 스미스부터 벌리와 민즈까지…공개된 기업을 연구하는 학자들의 마음을 흔들었다"라고 얘기하면서 자신들의 대리인이론을 전개한다.[34]

벌리가 1930년대에 민스와 공저한 『현대 기업과 개인 재산』뿐만 아니라 자신이 독자적으로 발표한 논문들을 통해 주주가치론적 입장을 내세웠던 것은 사실이다. 그는 대주주가 없어지고 일반 주주만 남게 된 상황에서 이사회는 주주의 이익을 위해 경영해야 하고 다른 사회적 가치는 주주의 이익에 부합된다고 합리화할 수 있는 범위 내에서만 추구할 수 있다고 주장했다.[35] 그러나 벌리는 그 후 진행된 기업목적론 논쟁에서 자신이 패했다는 것을 인정하고 법인실체론에 입각한 기업론을 펴 나갔다. 반면 1980년대 이후의 주주가치론자들은 벌리를 계속 주주가치론의 교주처럼 떠받드는 기이한 현상이 벌어졌다.

벌리가 1930년대초 주주가치론적 주장을 내놓은 것에 대해 하버드대학교의 메릭 도드Merrick Dodd가 즉각 반박하는 논문을 내놓았다. 법학계에서 유명한 '벌리-도드 논쟁The Berle-Dodd Debate'이다. 도드는 주주 가치로 합리화할 수 없는 것이더라도 이사회가 사회적 가치를 추구할 여지를 갖고 있다고 주장했다.[36] 당시에는 승패가 바로 갈리지 않았다. 하지만 시간이 지나면서 도드의 승리로 귀결됐다. 논쟁 당사자인 벌리가 패배를 인정했기 때문이다. 벌리는 1954년에 출간한 책에서 "[20여 년 전의 논쟁은]

---

34 Fama and Jensen(1983: 331). 1.2절 논의도 참조.

35 Berle(1931; 1932); Berle and Means(1932). 벌리는 법학자이고 민스는 경제학을 전공한 벌리의 연구조교였다. 주식 소유 분산에 관한 실증 연구 부분을 민스가 많이 도와서 Berle and Means(1932)에 공저자로 올랐지만, 전체적인 연구 틀과 법리는 벌리의 작품이다. 실제로 그 후 벌어진 벌리 논쟁은 벌리가 평생 주도했다. 민스는 이 논쟁에 거의 끼어들지 않고 자신의 경제학 연구를 이어갔다.

36 Dodd(1932).

도드의 주장에 정확하게squarely 우호적인 방향으로 결론지어졌다"라고 밝혔다.[37] 그 이후의 논문에서도 벌리는 이 얘기를 반복했다. 실제로 벌리는 1940년대부터 법인실체론에 관한 선구적 논문을 쓰고 1950년대부터 법인실체론에 입각한 기업통제론을 본격적으로 만들어 나갔다.[38]

현재 학계에서 벌어지고 있는 굉장히 이상한 현상은 1980년대 이후 주주가치론을 내세우는 많은 학자들이 '벌리-도드 논쟁'의 결말과 벌리의 후기 저술은 살피지 않고 벌리의 1930년대 논문과 책만을 주주가치론의 선구적 저술로 선택적으로 인용하는 사실에 있다. 주주가치론을 비판하는 학자들마저도 벌리가 초기 주주가치론적 입장을 계속 유지한 듯이 받아들이고 초기 저작만 인용한다. 그러나 벌리-도드 논쟁의 실질적 진행과 결말을 보면 주주가치론은 20세기 대부분 소수 의견이었고 1980년대부터나 뒤늦게 힘을 발휘하기 시작한 주장이라고 할 수 있다.[39]

(b) 20세기 대부분 소수 의견이었고, 21세기에 본격적 도전 직면한 주주가치론

학계에서뿐만 아니다. 법원 판례에서도 주주가치론은 20세기 내내 소수 의견이었다. 주주가치론이 득세한 1980년대에도 미국의 법원 판례는 주주가치론을 명확하게 부정하고 있다. '기업사냥꾼' 시대의 종언을 고하는 데 중요한 역할을 했던 델라웨어 법원의 1989년 '패러마운트 대 타임

---

37 원문은 다음과 같다. "Twenty years ago, the writer had a controversy with the late Professor E. Merrick Dodd, of Harvard Law School, the writer holding that corporate powers were powers in trust for shareholders while Professor Dodd argued that these powers were held in trust for the entire community. The argument has been settled (at least for the time being) squarely in favor of Professor Dodd's contention."(Berle 1954: 169)

38 벌리의 법인실체론은 Berle(1947) 참조. 벌리-도드 논쟁에서 도드가 승자라는 것을 인정한 저술들은 Berle(1954; 1958; 1959) 참조.

39 주주가치론이 왜 1980년대부터 힘을 발휘하게 되었는가에 대해서는 4.2절, 5.1절 및 5.2절 참조.

Paramount Communication v. Time Inc.' 판결이 기념비적이다. 패러마운트의 인수 제안을 받아들이면 『타임』주주들의 주주 가치를 거의 3배나 더 높일 수 있는데도 불구하고 『타임』이사회가 '타임 문화Time culture'를 지킨다는 명분으로 거절한 것에 대해 법원이 정당하다고 판결한 것이다.

기업의 인수합병은 주식의 인수합병 가격이 주주들의 복리에 직접적인 영향을 미치기 때문에 주주총회에서 승인을 받게 되어 있다.[40] 평상시경영 결정을 내릴 때보다 주주 가치를 훨씬 중요하게 고려해야 하는 상황이다. 그러나 이 판결은 인수합병 때에도 이사회가 주주 가치 이외에 '타임 문화'를 고려할 수 있다고 명시했다. 델라웨어주 대법관 윌리엄 앨런은이 판결이 법인실체론을 공개적으로 '배서背書, endorse'했고, 따라서 이사회가 주주 이외의 가치를 고려하는 재량권을 인정한 것이라고 밝힌다.[41] (따로읽기 3-1 '주주 가치보다 타임 문화 인정한 패러마운트 대 타임 판결')

미국의 대기업 경영인들도 미국 경제가 융성하던 20세기 중반 내내주주가치론을 받아들이지 않았다. 돌이켜 보면 경영인들이 주주가치론을받아들이지 않았기 때문에 미국 경제가 융성했다고도 할 수 있다.[42] 변호사 출신으로 제너럴 일렉트릭의 전설적 CEO가 되었던 오원 영Owen Young은 1920년대에 다음과 같이 강조했다. "경영자들은 더 이상 주주의 변호인들attorneys이 아니다. 그들은 제도의 수탁자들trustees of an institution이다.…비즈니스에서 무엇이 옳은지는 수탁자 정신trusteeship에 의해 아주 크게 영향을 받고 있다고 나는 생각한다. 경영인은 더 이상 자본의 이익을 위해

---

40 1.5절 참조.
41 Allen (1992: 276).
42 이번 절의 '(2) 주주가치론의 참담한 결과 – 약탈적 가치 착출과 중산층 몰락' 참조.

노동자의 몫을 취한다든가, 두 그룹[자본가와 노동자]을 위해 공공의 몫을 가져와야 한다는 의무감을 갖지 않고, 모두의 이익을 위해 현명하고 공평하게wisely and fairly 직무를 수행해야 한다고 생각한다."[43]

1980년대가 되어서도 경영자들의 생각은 비슷했다. 대기업 경영자들의 모임인 비즈니스 라운드테이블Business Roundtable은 1981년 발표한 「기업의 책무에 관한 성명Statement on Corporate Responsibility」에서 "주식 보유자들이 수익률을 극대화하려는 기대와 다른 우선순위 간에 균형을 잡는 것이 기업 경영에 가장 근본적인 문제 중 하나다. 주식 보유자들이 좋은 수익률을 올려야 하지만 다른 이해관계자들의 정당한 관심사에 대해서도 합당한 주의를 기울여야 한다"라고 밝혔다.[44]

미국에서 주주가치론이 극성기에 달했던 1997년에 비즈니스 라운드테이블은 기업의 목적을 주주가치론으로 잠시 바꾸었다. "비즈니스 라운드테이블의 관점에서 경영진과 이사회의 최고로 중요한 의무는 회사의 주식 보유자들에게 있다. 다른 관계자들의 이익은 주식 보유자들에게 종속변수로서 의미가 있다"라고 밝혔다.[45]

그러나 2019년에 비즈니스 라운드테이블은 법인실체론적인 기업목적론으로 복귀했다. 기업의 목적을 '재정의redefine'한다면서 "우리의 개별 기업들이 자신의 기업 목적을 추구하는 한편, 우리는 우리의 모든 관계자들에게 근본적인 기여 의식fundamental commitment을 갖고 있다"로 선회했다.[46] 주주가치론은 20세기 후반부터 21세기 초반까지 약 20~30년간 전

---

43 오원 영의 1929년 연설. Dodd(1932: 1154~1155)에서 인용.

44 Lazonick(2014).

45 Lazonick(2014).

46 국내에서 'commitment'를 흔히 '헌신(獻身)'이라고 번역하는데, 여기서 사용된 commitment는 그

성기를 보낸 뒤 몰락하기 시작하고 있다. 시간이 흐르면서 주주가치론은 20세기뿐만 아니라 21세기에도 기업인들 사이에서 소수 의견이 될 가능성이 높다.

(c) 기업인은 주주의 대리인이 아니라 법인의 경영 수탁자

주주가치론은 경영자가 주주의 대리인이기 때문에 주주 가치 극대화를 추구해야 한다고 주장한다. 그러나 이 주장은 법인의 실체와 자산분할을 원천적으로 무시하는 것이다. 경영자는 법인과 고용계약을 체결한다. 따라서 '대리인'이라는 표현을 굳이 붙이려면 경영인은 법인의 대리인이라고 할 수 있다. 이 책은 '경영 수탁자'라는 표현을 선호한다. 경영인은 법인의 지시를 받는 것이 아니라 경영의 목적과 방법에 대해 재량권을 갖고 '선관주의'에 입각해 자신의 책무를 다하도록 위탁받은 사람이기 때문이다. '사업판단준칙'도 그러한 수탁자의 재량권에 대해 대체적으로 신뢰를 보내기 때문에 주어지는 것이다. 경영 수탁자는 주주 경영인이건 전문 경영인이건 기업의 영속을 위해(**기업명제 3**), 값싸고 질 좋은 제품·서비스를 지속적으로 창출할 의무가 있을 뿐이다(**기업명제 4**). 그리고 경영 수탁자들의 최고 의사 결정 기구는 이사회이지 주주총회가 아니다.[47]

한편 주주는 법인이 발행한 특수한 증권의 소유자일 뿐이다(**기업명제 1**). 경영자는 명시적이건 묵시적이건 주주와 계약을 맺은 바가 없다.

렇게 강한 뜻이 아니다. '희생'을 하겠다는 말이 전혀 아니다. "기여하겠다는 지향성을 갖는다"라는 정도로 해석해야 할 것이다. 원문은 다음과 같다. "While each of our individual companies serves its own corporate purpose, we share a fundamental commitment to all of our stakeholders."(Business Roundtable 2019)

47 1.5절 및 1.7절 참조.

주주가 이사 선해임권을 통해 경영인에게 영향력을 미칠 수 있는 것은 자신의 권리를 지키기 위한 견제 장치일 뿐이지 경영인에게 지시를 내릴 수 있는 권한이 아니다.[48] 다른 경영인에게 지시를 내리는 위치에 서려면 주주 경영인으로 회사에 들어와야 한다. 그리고 그에 상응하는 책임도 져야 한다(**기업명제 8**).

경영인이 주주의 대리인이 아니기 때문에 경영인의 인센티브를 주주가치 극대화에 맞춰야 한다는 주주가치론의 주장은 아무 데도 설 자리가 없다. 경영 수탁자에 대한 인센티브는 기업존재론에 맞춰서 만들어져야 한다. 값싸고 질 좋은 제품·서비스를 지속적으로 창출해서 소비자들의 선택을 받는 데 얼마나 기여했는지, 그래서 기업의 영속에 얼마나 기여했는지에 따라 인센티브 시스템이 만들어져야 한다. 주가는 기업 경영의 결과물일 뿐이다. 또 주가는 경영 실적에 의해서만 결정되는 것이 아니라 거시 경제 여건, 금리 움직임, 지정학적 상황 등 경영인이 통제할 수 없는 요인들에 의해서도 많이 영향을 받는다. 경영인의 인센티브 시스템 전체를 주가에 맞춰서 만들어야 할 근거는 어디에도 없다.

(d) 복잡한 문제들을 '깔끔하게 회피한' 주주가치론

주주가치론은 경영진이 자기 이익을 추구하는 아성을 쌓았기 때문에 미국 대기업들이 비효율적이 되었다고 내세운다. 그러나 이 전제는 굉장히 단순하고 편협한 것이다. 당시 미국 경제가 처했던 상황을 전반적으로 보면 대기업들의 겪었던 어려움은 여러 가지 요인들이 복합적으로 작용한 결과였다.

---

48 1.5절 참조.

무엇보다도 미국 기업들은 일본과 독일(당시 서독) 기업들의 도전에 흔들렸다. 너무나 당연한 일이었다. 제2차 세계대전 직후 미국 대기업들이 거의 모든 분야에서 헤게모니를 유지했던 것이 비정상적인 상황이었다. 일본과 유럽 기업들이 미국 기업들을 따라잡으면서catch-up, 미국 기업들은 새로운, 그렇지만 보다 정상적인 국제 경쟁 환경에 적응해야 했다.

미국 대기업들이 곤란에 빠진 이유가 기업금융 체제 때문이라는 분석도 설득력 있게 제기됐다. 일본이나 독일이 기업의 장기 투자를 밀어주는 체제를 갖추고 있는 반면, 미국은 단기 이익을 추구하는 주주의 힘이 강하니까 벌어진 일이라는 것이다. 마이클 포터Michael Porter, 레스터 서로Lester Thurow 등 미국의 석학들이 이런 시각에서 미국 경제의 문제를 진단하고 대안을 내놓기도 했다. 미국 정부에서 기업의 국제 경쟁력을 회복시키겠다며 내놓은 보고서들도 이러한 시각을 반영했다.[49] 이 시각대로라면 주주의 힘을 강화화는 것이 아니라 약화하는 것이 미국 대기업을 회생시키는 방안이 된다. 주주가치론과 정반대의 입장이다.

한편 석유 파동으로 인해 경제가 침체에 빠진 것도 미국 기업들에 어려움을 더했다. 이런 상황에서 1970년대에 본격적으로 진행된 인플레와 1980년대 미국 중앙은행 연방준비제도이사회FRB의 고금리 정책도 대기업 비판의 원인을 제공했다. 금융 투자자들은 인플레와 고금리를 상쇄하기 위해 보유 주식에 대해 더 높은 수익률을 요구하게 됐다. 반면 기업은 금리가 크게 올라 어려움을 겪는 상황에서 배당을 더 높이기 어려운 처지에 있었다. 경기 침체에 따라 주식시장이 전반적으로 침체되어 있는 상태

---

49 Porter(1992); Dertouzos et al.(1989); Stein(1989); US GAO(1993); Thurow(1985); Blair(2003b).

에서 개별 기업들이 주가를 올리기 위해 내놓을 수 있는 수단은 별로 많지 않았다.

그럼에도 불구하고 주주가치론은 대기업 경영자들이 다각화를 통한 성장을 추구하면서 주주 이익을 무시하고 방만한 경영을 했기 때문에 어려움에 처했다는 외곬 원인에만 초점을 맞췄다. 그에 따라 '기업지배구조'를 '개혁'해야 한다는 외곬수 대책만 내놓았다. 실제로 주주가치론이 쉽게 받아들여진 한 가지 원인은 그 원인과 처방의 단순함에 있다. 단순함 때문에 여러 관계자들의 공분을 일으켜 힘을 모으는 데 효과적이다. 그래서 린 스타우트는 주주가치론이 쉽게 받아들여지는 한 가지 이유가 "어려운 이슈를 깔끔하게 회피하기neatly evades the difficult issue 때문"이라고 말한다.[50]

주주가치론자들이 기업의 '비효율'이라고 말하는 것의 기준도 아전인수 격이다. 주주에게 최대한의 이익을 내주지 않는 경영이 '비효율적'이라고 단정 짓기 때문이다. 경영인은 주주의 대리인이 아니라 법인의 경영 수탁자이기 때문에 주주 가치 극대화만을 추구하지 않는 것은 너무나 당연한 일이다. 기업은 적법한 범위 내에서 다양한 가치를 추구한다(**기업명제 6**). 기업은 주주에게 '적절한 이익'을 제공해주면 된다.[51] 그러나 주주가치론은 전체 조직이 어떻게 운영되는지 상관없이 내 이익이 극대화되지 않으면 조직이 비효율적이라고 강변하는 것과 마찬가지다.

특히 일반 주주는 대부분 투기 목적으로 주식을 샀다. 쌀 때 사서 비쌀 때 팔아 투기 차익을 노리는 것이 주목적이다. '안정적 배당'을 받기 위해 주식을 샀다고 하더라도 근본적으로는 투기다. 기업이 배당을 확정해

---

50   Stout(2013: 67).
51   3.2절 논의 참조.

주지 않았고 경영 상황이 나빠지면 배당을 줄이거나 없앨 수도 있다는 전제하에 주식을 산 것이다. 실제로 안정적으로 배당을 받을지 그렇지 않을지는 받아봐야 아는 것이다. 기업이 보장해주는 것이 아니다. 투기판에서는 이길 수도 있고 질 수도 있다. 이겼다 하더라도 내 기대만큼 이익이 나지 않을 수도 있다. 내가 원하는 만큼 투기 이익을 얻지 못한 것이 기업 경영의 비효율성 때문이라고 얘기할 수는 없는 것이다.

(2) 주주가치론의 참담한 결과 – '약탈적 가치 착출'과 중산층 몰락

주주 가치를 극대화하면 기업이 효율적이 되고 경제도 효율적이 된다는 주장도 논리와 실증이 전혀 없다. 앞에서 강조했다시피 주가는 경영의 결과물이지 경영 성과를 이끌어가는 기관차가 아니다. 주가를 올리려고 노력하면 경영 성과가 좋아진다는 것은 주객전도다. '마차를 말 앞에 놓는 일putting cart before the horse'이다. 마찬가지로 주가를 높인다고 경제가 좋아질 수는 없다. 여기에서 더 나아가 기업 주가를 끌어올리기 위해 노력하면 경제 전체가 더 효율적이 된다는 주장에는 논리라는 것을 찾기 더 힘들어진다.

주주가치론자들은 단기 주가를 높이는 것이 아니라 기업의 전반적인 가치를 높여 장기적으로 주가를 높이는 일이라고 자신의 주장을 합리화한다. 그래서 '장기 주주 재산 극대화long-term shareholder wealth maximization'나 '장기 투자' 등의 용어를 사용하기도 한다. 하지만 주가로 경영을 평가할 때 '장기'라는 구호에 맞출 방법이 없다. 전문경영인의 임기는 보통 3년 가량밖에 되지 않는데 그 기간 중에 10년 후 혹은 20년 후의 장기 주가를 알 수 없기 때문이다. 결국 단기 주가가 평가 기준이 될 수밖에 없다. 경영자들 입장에서는 아무리 장기로 잡아도 임기 2년 차 말부터는 주가에서 성과가 나타나야 한다. 그래야만 연임을 바라볼 수 있다. 하지만 기업 투자에서 2년 안에 눈에 띄는 결과가 나와서 주가를 올릴 수 있는 일들은 그렇게 많지 않다.

이런 상황에서 경영인은 단기 주가를 끌어올리는 방향으로 정책을 펼칠 수밖에 없게 된다. 가장 손쉬운 방법이 비용 지출을 줄여 이익률을 높이는 것이다. 중장기 투자는 자신의 임기 중에 이익으로 돌아오기보다 비용으로 계상돼 이익률을 떨어뜨리고 자신의 경영 성적도 나쁘게 만드는 방향으로 작용한다. 쌓아놓은 이익 중에서 주주에게 배분되는 비중을 늘려 단기적으로 주가가 올라가도록 노력할 유인도 생긴다. 그래서 자사주 매입과 같이 기업의 존재론 실현과 아무 관계없고, 실제로는 존재론 실현을 저해하는 일들을 '주주 친화적 조치shareholder-friendly measures'라는 명분으로 집행한다.[52]

실제로 1980년대 이후 주주가치론이 득세하면서 미국 대기업 전문경영인들의 철학은 '유보와 재투자retain-and-reinvest'에서 '축소와 배분downsize-and-distribute'으로 바뀌었다.[53] 이 변화는 미국의 여러 경영 지표나 경제 지표에 반영되어 있다. 먼저 최고경영자에 대한 인센티브 시스템 변화를 보자. 대리인이론에 따라 주식 관련 보상이 대폭 늘었다. 1970년대까지 스톡옵션이나 스톡부여 등 주식 관련 보상은 전체의 15%가량 수준이었다.[54] 그 후 미국 CEO 평균 연봉에서 주식 관련 보상은 1980년대에 19%,

---

52 이번 절의 따로읽기 3-2 '자사주 매입은 내 재산 팔아 내 월급 올리는 것 – 자사주 소각 금지해야' 및 4.5절의 따로읽기 6-1 '주주행동주의 실증 연구 결과 총정리' 참조.

53 Lazonick(2002; 2007; 2009; 2014); Lazonick and Shin(2020).

54 이때에도 이미 미국 기업들은 다른 나라에 비해 최고경영진에게 주식 관련 보상을 가장 많이 주고 있

1990년대 47%, 2000년대에 60%까지 높아졌다. CEO의 연봉 자체도 크게 올랐다. 경영자본주의의 융성기라고 할 수 있는 20세기 중반에는 거의 50년 동안 CEO의 실질임금이 거의 올라가지 않았다.[55] 그러나 미국 CEO 연봉은 1980년대부터 크게 치솟았다. 2000년대 중반에는 실질임금 기준으로 1970년대에 비해 거의 8배가 높아졌다(그림 3-3).

미국 대기업들은 이와 함께 '주주환원'이란 명목으로 주주에게 주는 돈을 대폭 늘렸다. 이것은 주식 관련 보상을 많이 받게 된 최고경영인들이 자신의 임금을 스스로 높이는 방법이기도 했다. 1980년대 초반에 스탠더드앤드푸어스 500대 기업S&P 500이 이익 중 자사주 매입이나 배당으로 주주에게 지불하는 돈의 비중(지불 비율 혹은 지불 성향)은 40%를 조금 상회하고 있었다. 그러나 지불 비율이 급격히 높아져서 2000년대 중반 이후에는 평균적으로 순이익의 100% 이상을 주주에게 나눠 줬다.

여기에서 주목해야 할 것은 자사주 매입의 폭증이다. 1980년대 초까지는 자사주 매입이 최소한이었다. 순익의 2.2%에 불과했고 '주주환원'이라고 하는 것은 대부분 배당을 통해 이루어졌다. 그러나 S&P 500의 순익에서 자사주 매입이 차지하는 비중은 1984년 17.6%로 올라갔고, 1986~1995년에는 25.2%, 1996~2005년에는 42.2%, 2006~2015년에는 50.4%로 급상승했다. 2016년에는 58.8%로, 2017년에는 66.7%로 더 올라갔다. 30년가량의 기간 동안 순익에서 배당이 차지하는 비율(배당 성향)은 별로 변화가 없다. 미국 대기업의 지불 비율이 1980년대 초 40%에서 현재 100% 이상으로 올라간 원인은 모두 자사주 매입 때문이라고 할 수

있다.

55 이때에도 이미 미국 CEO들은 다른 나라 CEO들에 비해 상당히 높은 연봉을 받고 있었다.

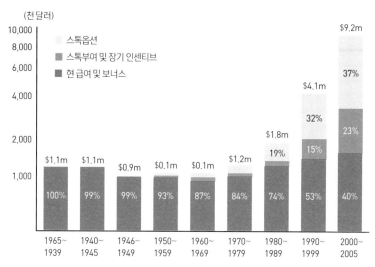

그림 3-3 미국 CEO의 연봉 추이와 구성 변화

· 출처: LAwrence & Davis(2015).

있다(그림 3-4).

절대 액수로 따지면 2008년부터 2017년까지 S&P 500에 들어가 있던 466개 대기업들이 10년 동안 총 4조 달러(약 4,600조 원), 연평균 4,000억 달러(약 460조 원)를 투자나 직원 복지 등을 위해 쓰지 않고 주식시장에 유통되는 자기 회사 주식을 사서 소각하거나 회사 금고에 퇴장退藏 시키는 데 쓴 것이다. 자사주 매입을 하면 주가가 단기적으로 올라간다. 회사 돈으로 자기 주식을 대량으로 매입하는데, 그 기간에 주가가 올라가지 않으면 오히려 이상하다. 그러나 내 주식을 산다고 해서 회사의 가치가 올라가지는 않는다. 내 재산을 팔아 내 월급을 올린 뒤 내 가치가 올랐다고 자랑하는 것과 똑같은 일이다. 기업의 미래를 팔아 현재 주식 가격을 올리는 것이다. 주가 조작 행위이기도 하다. 자사주 소각은 법적으로 금지

그림 3-4 S&P 500의 순익, 자사주 매입, 배당 및 총지불금 추이
(2017년 불변 기준 백만 달러, 1981~2017)

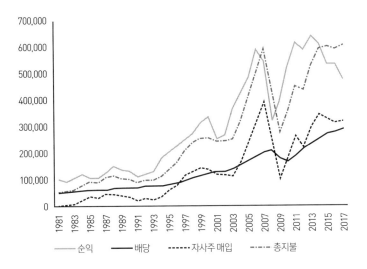

순익 ——— 배당 ------ 자사주 매입 —·—·— 총지불

——— 자사주 매입율 ——— 배당 성향 —·—·— 총지불 비율

· 절대 액수 기준.
· 시불 비율 기준.
· 주: S&P 500에 1981년부터 2017년까지 변함없이 포함되어 있던 226개 기업 자료.
· 출처: Lazonick and Shin(2020); Shin(2020).

해야 마땅한 일이다(따로읽기 3-2 '자사주 매입은 내 재산 팔아 내 월급 올리는 것 - 자사주 소각 금지해야' 참조).

주주가치론이 득세하면서 미국에 실제로 벌어진 것은 '약탈적 가치 착출predatory value extraction'과 중산층의 몰락이었다.[56] 〈그림 3-5〉는 약탈적 가치 착출의 실상을 잘 보여준다. 주식시장이 기업에 돈을 공급하기보다 돈을 대폭적으로 빨아가는 자금 유출 창구가 된 것이다.[57] 미국의 경우 1980년대 초반까지는 자금 유출 성향이 있어도 아주 미미했다. 1980년대에 기업사냥꾼의 활동이 본격화되고 적대적 인수합병 붐이 불면서 자금 유출 경향이 대폭 강해졌다. 주주가치론이 금융 투자자와 최고경영자 간의 공통 이데올로기로 완전히 자리를 잡은 2000년대에는 자금 유출에 가속도가 붙었다. 2007~2016년의 10년 동안 연평균 4,120억 달러(약 473조 원)의 돈이 비금융 기업에서 순유출됐다. 주주들이 자금을 공급해서 기업을 도와주고 그 대가를 챙겨가는 것이 아니라 자금 공급은 별로 하지 않는 상태에서 기업의 금고를 약탈해간 것이라고 할 수 있다.

약탈적 가치 착출의 결과 미국에서는 중산층이 쇠퇴하고 '1%대 99%'의 양극화 구도가 만들어졌다. 기업이 번 돈이나 축적한 잉여를 주주에게 최대한 넘기고 고용과 임금을 삭감하며 비용을 줄이면 당연히 벌어지게 되는 일이다. 이런 '구조조정'은 '효율성'이라는 이름으로 합리화됐

---

[56] 더 상세한 내용은 Lazonick(1992; 2014); Lazonick and Shin(2020); Shin(2020); 신장섭(2017) 등 참조.

[57] 선진국이 되고 주식시장이 발달할수록 주식시장이 기업 부문에 자금을 공급하는 기능보다는 주주들이 이익을 환수하는 경향이 강해진다. 안정된 기업이 많아지면서 자금 조달 필요성은 줄어들고 배당 등으로 주주에게 분배해주는 몫이 커지기 때문이다. 그러나 주주가치론의 득세는 이 추세를 급격히 강화했다. 한국도 주주가치론에 입각한 구조조정이 벌어진 후 똑같은 현상이 벌어졌다(5.2절 논의 참조).

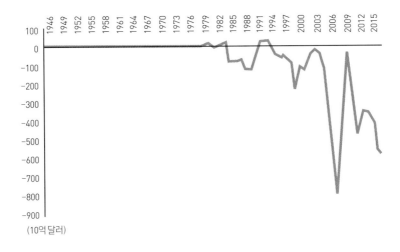

그림 3-5 돈 빨아가는 미국 주식시장: 비금융 기업 순주식 발행 추이
(경상 달러 기준, 1946~2016)

· 주: 순주식 발행=주식 발행-(자사주 매입+인수합병 통한 기존 주식 폐기)
· 출처: 신장섭(2018).

다. 실제로 이 기간에 미국 경제의 노동생산성 증가율은 임금상승율을 지속적으로 앞질렀다. 20세기 중반 '경영자본주의' 시대에는 노동생산성과 임금상승율이 거의 똑같이 올라갔다. 근로자들도 생산성 향상의 몫을 함께 나눴고 이것이 두꺼운 중산층이 만들어지는 원동력이 됐다. 그렇지만 주주가치론이 미국 사회를 장악하기 시작하면서 근로자들이 받아가는 몫은 지속적으로 줄어들었다(그림 3-6). 이에 따라 미국은 2000년대부터 중남미와 같이 분배 구조에서 하위권인 그룹에 속하게 됐다(그림 3-7).

이 기간에 미국 경제가 분배에서는 나빠졌지만 구조조정을 통해 효율성이 높아졌고 그래서 '부활'했다는 일반적 인식도 입증된 사실이 아니다. 일본과 독일과 비교하면 경제의 효율성에서 특별히 좋은 성과를 거두었다고 하기 어렵다. 미국이 다른 나라보다 해외에서 근로 인력을 더 적극적으로 받아들이고 위기를 당했을 때 통화 헤게모니를 활용해서 더 적극적으로 대응했다는 이유 이외에 경제를 더 잘 운용했고, 따라서 국가경제 차원의 효율성이 더 높았다고 할 수 있는 근거를 찾을 수 없는 것이다 (따로읽기 3-3 '미국 경제 부활 신화의 허상' 참조).

그림 3-6 미국의 노동생산성과 임금상승률 추이

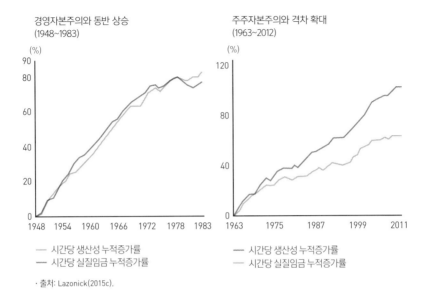

경영자본주의와 동반 상승
(1948~1983)

(%)

— 시간당 생산성 누적증가율
— 시간당 실질임금 누적증가율

주주자본주의와 격차 확대
(1963~2012)

(%)

— 시간당 생산성 누적증가율
— 시간당 실질임금 누적증가율

· 출처: Lazonick(2015c).

그림 3-7 미국의 소득분배 장기 추이

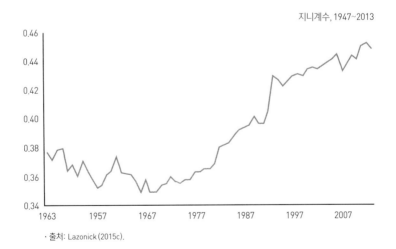

지니계수, 1947~2013

· 출처: Lazonick(2015c).

'주주 가치'보다 '타임 문화' 인정한
'패러마운트 대 타임' 판결

1985년의 '유노콜 대 메사 페트롤리엄Unocoal Corp. v. Mesa Petroleum Co.' 판결에서 델라웨어주 법원은 적대적 인수합병이 시도될 때 이사회가 '사업판단준칙'에 의해 방어 수단을 취할 수 있으며 "채권자, 고객, 직원과 어쩌면 공동체에 일반적으로 미치는 영향까지" 고려할 수 있다고 판결했다. 인수합병 시 주주의 권리가 최대한 배려되어야 하지만, 이 상황에서도 이사회가 주주 가치 이외의 가치를 고려할 수 있다는 것이다. 적대적 인수합병 열풍이 불던 1980년대에 주주가치론을 명시적으로 부정한 첫 번째 델라웨어 법원 판결이었다.

'패러마운트 대 타임' 판결은 이러한 법원의 견해를 "최종적으로 확인한" 것이다. 『타임』은 워너브러더스Warner Brothers와 주당 70달러의 가격에 합병 협상을 진행 중이었다. 그런데 중간에 패러마운트가 주당 175달러의 가격에 『타임』을 인수하겠다고 제안해왔다. 인수 제안 가격은 추후 200달러까지 올라갔다. 『타임』 주주 입장에서는 패러마운트에 매각하면 워너브러더스와 합병할 때보다 주당 거의 3배 가까운 가격을 받을 수 있었다. 그러나 『타임』 이사회는 이를 거부했다. 패러마운트가 소송을 제기했다. 델라웨어 대법원은 『타임』 이사회의 손을 들어주었다. 판결 요지는 다음과 같다.

우리의 분석에는 두 가지 핵심적 근거가 있다. 첫째, 델라웨어주 법은 이사회에 기업의 비즈니스와 사무the business and affairs를 담당하는 임무를 주고 있다. 이사회에 주는 이 임무에는…기업이 어떤 방향으로 행동을 취할 것인가를 결정하는 권한이 포함되어 있다.…(여기에서) '장기적 가치'인가, '단기적 가치'인가 하는 문제는 대체적으로 의미 없는largely irrelevant 일이다. 왜냐하면 이사회는…투자 시계investment horizon에 관계없이 어떤 방향으로 나아가는 것이 회사에게 가장 좋은 일인지를 결정하도록 의무를 부여받았기 때문이다. 둘째, 주어진 상황이 레블론Revlon의 사례처럼 명확하게 정해지지 않은 때에는, 이사회가…인수합병의 경우에도 주주 가치를 단기적으로 극대화해야 하는 의무를 지고 있지 않다.

『타임』이사회는 당장 주주에게 큰돈을 안겨주는 현찰 딜을 거부하고 '타임 문화Time culture'를 지키면서 기업 문화가 비슷한 워너와의 합병을 통해 장기 성장 전략을 추구할 수 있게 되었다. 기업이 주주 가치에 종속되지 않는 기업 문화를 가질 수 있는 사회적 실체라는 사실을 확립한 판례이다.[58]

---

58   Avi-Yonah and Sivan(2007: 170~171); Allen(1992: 275~276).

자사주 매입은 내 재산 팔아 내 월급 올리는 것
– 자사주 소각 금지해야

주주 가치를 높인다면서 기업이 단골 메뉴처럼 하는 것이 자사주 매입 및 소각이다. 행동주의 헤지펀드들도 기업을 공격하며 자사주 매입을 요구한다. 대규모 자사주 매입을 '통 큰 주주환원'이라고 미화하는 언론도 있다.

그러나 실상을 보면 자사주 매입은 내 재산 팔아 내 월급 올린 뒤 돈 많이 벌었다고 자랑하는 것과 마찬가지다. 주가조작이라고도 할 수 있다. 주주들 간에도 회사를 오래 잘 키우겠다는 주주는 손해 보고, 차익 내고 '먹튀'하려는 주주만 도와주는 것이다. 정부는 자사주 매입 자체는 허용하더라도 자사주 소각은 금지시켜야 한다. 기업에게 정말 '잉여 현금'이 있다면 주주에게 배당으로 돌려주는 것이 낫다.

자사주 매입은 기업이 보유한 돈으로 주식시장에 풀려 있는 내 회사 주식을 사는 것이다. 기업 가치라는 입장에서 봤을 때에는 똑같은 돈으로 기업이 여러 금융 상품에 투자해서 운용하건, 자사주를 사건 거의 마찬가지다. '주주 가치'가 달라질 이유가 없다. '주주환원' 수단으로 자사주 매입을 얘기하는 사람들은 동시에 자사주 소각을 요구한다('주주환원'을 주장하는 헤지펀드들은 기업이 기존에 갖고 있던 자사주까지도 소각하라고 요구한다. 이들이 주장하는 것은 소각을 위한 매입이지 자사주 매입 자체가 아니다). 이때도 회사의 전체 주식 가치는 달라지지 않는다. 주식 숫자만 줄어들 뿐이다.

이때 유일하게 달라지는 것은 '주당 순이익EPS(순이익/주식 수)'이다. EPS는 주식시장의 펀드매니저들이나 애널리스트들 사이에서 주가 움직임 판단 기준으로 가장 많이 사용되는 지표다. 1주당 순이익이 늘어나면 주가가 오를 것이라고 자연스럽게 생각할 수 있다. 그러나 자사주 매입은 EPS의 실체에 대해 착시를 일으킨다. 일반 사람들은 기업의 순이익(분자)이 늘어서 EPS가 올라가는 경우만 생각한다. 그러나 자사주 매입은 주식 수(분모)를 줄이는 일이다. 순이익(분자)이 똑같은 수준에 있어도 분모가 줄기 때문에 EPS가 올라간다. 이것은 기업의 경영 상황이 좋아진 것이 전혀 아니다. 수치상으로만 좋아진 듯 보이는 것이다. 그렇지만 펀드매니저들이나 애널리스트들은 이 지표를 놓고 '사자'를 권한다. 내 재산 팔아 내 월급 인상한 뒤 내 재산 가치 올랐다고 나에게 투자하라고 권하는 것과 다름없다.

이 실상을 모를 리 없는 헤지펀드들이 자사주 매입 및 소각을 요구하는 것은 크게 두 가지 이유 때문이다. 첫째, 자사주 매입은 이들이 단기 차익을 올리고 빠져나갈 수 있는 안전한 통로를 제공해준다. 대규모 자사주 매입의 경우 1년가량 걸쳐 이루어진다. 기업이 주식을 사주는 동안에는 주가가 떨어질 염려 없이 팔고 나갈 수 있다. 2017년 삼성전자 주식거래에서 가장 큰 매입 세력은 삼성전자였다. 헤지펀드 엘리엇은 이 기간에 보유 주식을 다 팔고 큰 차익을 챙겼다. 둘째, 세금 부담이 없다. 배당을 받으면 세금을 내야 한다. 그러나 많은 나라에서 주가 차익에 대해서는 세금을 물리지 않는다. 자사주 매입 때 내가 갖고 있던 주식을 팔면 세금 부담이 없다.

단기 투기꾼에게는 이렇게 좋은 일이지만 자사주 매입 및 소각은 중장기 투자자나 기업, 근로자, 정부에게는 나쁜 일밖에 없다. 중장기 투자자들은 기업이 벌어놓은 돈으로 미래를 위해 투자를 잘해서 기업 가치가 올라가기를 바란다. 이것이 기업존재론을 실현하는 일이다(**기업명제 4**). 기업 돈으로 자사주를 사서 태워 없애버리는 일에서 미래 가치가 생겨날 것을 기대할 수 없다. 인시아드INSEAD의 에어스와 올레닉은 자사주 매입이 '기업 자살corporate suicide'이라고 비판한다.[59]

기업 입장에서도 현찰 자산은 가장 중요한 투자 재원이다. 큰 투자 기회가 언제 올지 확실하지 않는 상태에서 돈을 갖고 기다리는 것이 좋지, 그 돈을 태워버리고 기회가 오면 돈을 빌려 투자하겠다고 할 수 없다. 근로자 입장에서도 투자를 하면 일자리가 생기지만 자사주를 소각하면 일자리가 생기지 않는다. 오히려 '주주 가치'를 높인다는 명분으로 기업이 '구조조정'을 하면서 근로자들 일자리가 없어지는 경우가 많다.

정부 입장에서도 배당으로 '주주환원'을 유도하는 것이 조세 정의상 합당한 일이다. 자사주 매입은 주식을 팔고 나가는 주주들에게 이익을 나눠주는 것이고, 배당은 주식을 들고 있는 주주들에게 이익을 나눠주는 것이기 때문이다. 또 많은 나라에서 배당에 대해서는 높은 세율을 매기고 주가 차익에 대해서는 과세하지 않는다. 그래서 자사주 매입은 주주에게 '세금 효율적tax efficient' 주주 가치 증대 수단이라고 얘기된다. 배당을 받는 중장기 투자자들에게는 세금을 받아내고 자사주 매입 때 주식을 팔고 나가는 단기 투기꾼에게는 세금을 면제해주는 것이 정의로운 일이 아니다.

오직 단기 투기꾼만 도와주는 자사주 소각은 금지되어야 한다. 자사

---

59   Ayers and Olenick(2017).

주 매입 자체는 여러모로 쓸모가 있다. 기업이 대규모 인수합병할 때에 주식 교환이 유용한 경우가 많다. 실리콘밸리의 많은 기업들이 주식을 인수합병 수단으로 사용한다. 자사주를 우리 사주에 넣어서 경영자나 근로자의 의욕을 북돋을 수도 있다. 자사주 매입 자체를 막을 이유는 없다. 그러나 자사주 소각은 기업의 중장기 성장, 주주들 간의 형평, 조세 정의 등의 측면에서 사회적 해악만 있지 옹호할 이유가 하나도 없다.

미국에서는 대기업 경영진이 보수의 상당 부분을 주식이나 주식 옵션으로 받기 때문에 자신의 단기 수입을 늘리기 위해 헤지펀드 요구에 못 이기는 척하며 자사주 매입을 대폭 수용하는 관행이 일반화되어 있다. 라조닉은 이를 '불경한 동맹unholy alliance'이라고 비판한다. 실제로 이 불경한 동맹으로 인해 미국 대기업들은 지난 10여 년 동안 벌어들인 수익의 거의 전부를 주주에게 '환원'했다. 이중 3분의 2가량이 자사주 매입이었다. 이 과정에서 미국 중산층이 붕괴됐다. 트럼프가 정권을 잡은 경제적 뿌리도 이러한 주주들의 '약탈적 가치 착출'에 있다.

한국은 다행히 아직 이런 수준까지 가지 않은 상태다. 더 늦기 전에 정책 당국이 나서서 자사주 소각을 금지해야 한다. 자사주 소각은 아편이다. 아편 판매상들이 '주주 가치'를 들먹이며 기업에게 아편을 만들어달라고 하는 행태에 제동을 걸어야 한다.[60]

---

60   신장섭, 「자사주 매입은 내 재산 팔아 내 월급 올리기」, 『매일경제신문』, 2018년 5월 6일 자 칼럼을 확장 및 수정함.

미국 경제 '부활' 신화의 허상

미국이 1990년대 이후 비록 분배에서는 실패했더라고 경제성장에서는 성공한 모델이라는 생각이 아직까지 많은 식자층을 사로잡고 있다. 그렇지만 이러한 통념은 근본적으로 다시 살펴봐야 한다. 그래야만 주주가치론으로 '부활'했다는 미국 모델에 대해 의미 있는 평가가 가능해진다.

1990년대 이후 미국이 다른 선진국들과 비교할 때 상대적으로 높은 경제성장률을 보였다는 사실은 부인할 수 없다. 1991년부터 2012년까지 미국의 연평균 성장률은 2.61%인 반면, 일본과 독일의 수치는 각각 1.04% 및 1.67%로 큰 차이를 보인다(표 3-1). 미국 경제의 부활이나 미국 모델의 성공을 얘기하는 사람들은 주로 이 경제성장률 수치만 단순 인용하는 경향이 있다. 그렇지만 경제성장을 달성한 원인을 비교해보면 미국이 특별히 잘했거나 효율적이었다고 얘기하기 어렵다.

같은 기간 근로자 1인당 성장률을 비교해보자. 미국이 1.66%인 반면, 일본은 0.91%, 독일은 0.87%이다. 미국이 가장 높지만 '잃어버린 20년lost decades'를 보냈다는 일본이 독일보다 높다. 일본과 미국과의 격차도 자세히 보면 효율성 면에서 차이가 났다고 보기 어렵다. 2000년대만 비교하면 미국의 근로자 1인당 성장률은 일본과 비슷하다(그림 3-8). 1990년대에 일본의 수치가 미국보다 낮은 것은 일본이 1990년 버블 붕괴의 후유증을 크게 겪었던 반면, 미국은 위기 없이 경제성장을 지속했던 데에서 그 원

표 3-1 미국·일본·독일의 성장률 격차 원인

(단위: %, 1991~2012)

항목	미국	일본	독일
경제성장률	2.61	1.04	1.67
근로자 1인당 성장률	1.66	0.91	0.87
근로자 인구 증가율	23.0	0.6	14.1

· 출처: Cline(2013)에서 정리.

그림 3-8 미국·일본·독일의 근로자 1인당 GDP 증가율 비교

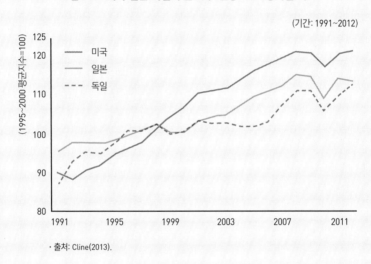

· 출처: Cline(2013).

인을 찾아야 할 것이다. 20년 동안 세 나라 간에 성장률 차이가 난 가장 큰 원인은 인구에서 찾을 수밖에 없다. 미국의 근로자 인구는 23.0% 증가했고 독일의 근로자 인구는 14.1% 늘었다. 그렇지만 일본의 근로자 인구는 0.6%밖에 늘지 않았다.

　미국이나 독일의 근로자 증가율이 높은 가장 큰 원인은 해외 인력 유치다. 미국은 원래부터 다양한 인종의 용광로melting pot였다. 지금도 이민이 일상화되어 있다. 독일은 히틀러의 게르만 순혈주의로 인해 배타적인 나라처럼 알려져 있지만, 원래 다양한 인종이 정착해서 살던 나라다. 지금도 계속 이민이 이루어진다. 난민을 받아들이는 데에도 제일 관대하다. 반면 일본은 이민으로 인력을 늘리려는 노력을 거의 하지 않았다. 이민을 일부 받아들였지만 일본인들이 일하기 싫어하는 저임금 분야에만 외국인 노동자들을 제한적으로 받아들이는 정도였다. 이에 더해 선진국 중에서 가장 빠르게 고령화가 진전됐다. 출산율도 더 빠르게 떨어졌다.

미국과 일본 간 성장률 격차를 만들어낸 다른 원인도 있다. 그것은 통화 헤게모니다. 미국은 2008년에 세계금융위기를 일으켰다. 그러나 1990년대의 일본만큼 커다란 후유증을 겪지 않았다. 달러 헤게모니를 바탕으로 달러를 찍어내며 '양적 완화QE: Quatitative easing'를 맘껏 할 수 있었기 때문이다. 그 과정에서 달러 가치는 떨어지지 않았다. 다른 나라들은 미국의 위기가 세계의 위기로 확산되면서 함께 어려움을 겪었다. 일본이 버블 붕괴로 어려움을 겪던 1990년대에는 이것이 세계경제에 악영향을 미치지 않았다. 미국은 오히려 성장 가도를 질주했다. 통화 헤게모니를 가진 나라와 그렇지 않는 나라 간에는 세계적 파급력과 위기 대응 수단의 선택 폭에서 커다란 비대칭성이 존재한다. 통화 헤게모니가 미친 영향을 제외한다면 미국 모델이 일본이나 독일 모델에 비해 경제의 '효율성' 측면에서 더 뛰어난 성과를 거뒀다고 단정하기 어렵다.[61]

---

61 신장섭(2016b)의 1.4절 '(3) 미국 경제 성장 신화 다시 보기'를 요약 및 수정함.

5. '이얼령비얼령' 이해관계자론

주주가치론의 반대편에 서 있는 이데올로기적 기업목적론은 이해관계자
론이다. 주주가치론이 주주를 위해 기업이 존재한다고 내세우는 것에 비
해 이해관계자론은 이해관계자들을 위해 기업이 존재한다고 내세운다.
그러면 이해관계자들은 구체적으로 누구인가? 『이해관계자론Stakeholder
Theory』이라는 책을 쓴 에드워드 프리먼Edward Freeman 등은 이해관계자를
"기업의 활동과 그 결과에 유의미한 이해관계를 갖고 있거나 그 기업이
목표를 달성하기 위해 의존하는 그룹이나 개인"이라고 정의한다.[62] 그리
고 〈그림 3-9〉과 같은 이해관계자 지도를 내놓는다.

그림 3-9 프리먼의 이해관계자 지도Stakeholder Map

· 출처: Freeman 외(2018: 16).

---

[62] Freeman et al.(2018: 1). 이해관계자론에 관한 문헌으로는 Freeman(1984; 1994); Freeman and
Evan(1990); Harrison et al.(2010); Jones(1995); Mitchell et al.(1997); Phillips(2003) 등 참조.

아마도 이 그림을 보는 사람들의 첫 번째 반응은 "기업이 어떻게 이렇게 많은 이해관계자들을 위해 일해야 하나"라는 질문일 것이다. 프리만의 '1차 이해관계자primary stakeholders'에는 종업원, 공급 업체, 금융기관뿐만 아니라 고객, 지역 공동체까지 포함된다. '2차 이해관계자secondary stakeholders'에는 정부, 시민단체, 노동계 지도자, 소비자보호운동 그룹, 특수 이해관계 그룹, 언론, 경쟁사까지 망라된다. 사회에 있는 거의 모든 구성원이 이해관계자에 포함된다고 해도 지나치지 않다.

이해관계자론은 처음에 기업이 상대해야 하는 다양한 현실을 폭넓게 설명하고 경영 결정에 도움을 주는 실무지향적 이론으로 출발했다. 경영은 기업 내부의 인력, 재무, 생산, 판매 등의 문제뿐만 아니라 협력 업체나 소비자, 지역사회, 언론, 정부 등과의 관계도 잘 관리해야 성공적으로 이루어지는 것이다. 이러한 포괄적 경영론은 경영학계에서 '경영 정책business policy', '경영 윤리business ethics', '기업의 사회적 책임corporate social responsibility' 등의 이름으로 오래전부터 다뤄왔던 내용이다. 기업 경영을 할 때에 다양한 이해관계자에 미치는 영향을 잘 다루어야 한다는 것은 현실적이고 정당한 문제의식이다.

(1) 기업과 이해관계자 간의 경계선을 어디에 어떻게 긋나?

그러나 기업이 다양한 이해관계자의 요구에 잘 대응해야 한다는 것과 기업이 이해관계자를 위해 존재한다는 것은 근본적으로 다른 얘기다. 이를 제대로 구분하지 않고 이해관계자론을 기업목적론으로 내세우면, 그것은 사회주의가 되든지 아니면 이해관계자가 중시하는 사회적 가치를 기업에 마음대로 갖다 붙이는 '귀에 걸면 귀걸이, 코에 걸면 코걸이' 기업목적론이 된다. 기업은 독립된 사회적 실체이고 적법한 범위에서 자유롭게 가치를 추구한다는 **기업명제 6**에 정면으로 배치된다.

프리먼의 이해관계자 지도(그림 3-9)를 다시 보자. 1차 이해관계자와 2차 이해관계자의 경계가 무엇인가? 객관적으로 뚜렷한 기준이 없다. 예컨대 '지역사회'가 왜 1차 이해관계자로 분류되는지, 2차 이해관계자로 분류되는 '소비자옹호그룹'이나 '시민단체' 등과 무슨 차이가 있는지 등에 대해 아무런 설명이 없다. 적당히 경계선을 그었다고 할 수밖에 없다. 2차 이해관계자에 포함되지 않은 3차 이해관계자들도 있을 것이다. 그러면 2차 이해관계자들과 3차 이해관계자들을 구분하는 기준은 무엇인가? 그 경계선도 적당히 그을 수밖에 없을 것이다. 이런 식이면 이해관계자는 4차, 5차, 6차… 무한대로 확장될 수 있다. '나비효과'처럼 아무리 조그마한 영향을 미친다고 생각하는 주체도 기업에 큰 영향을 미칠 가능성을 배제할 수 없기 때문이다. 그렇다면 사회 내에 있는 어떤 그룹도 기업의 이해관계자에서 배제할 근거를 찾을 수 없다. 이렇게 모든 이해관계자의 복리를 위해 기업이 존재한다면 기업이 사회 전체를 위해 존재한다는 얘기와 똑같다. 사회주의가 된다.

이런 사회주의적 이해관계자론에서는 속된 말로 '개나 소나' 다 이해관계자가 될 수 있다. 내사랑이(주)에게는 진짜로 개나 소가 이해관계자가 된다. AI 강아지 제품에 의해 견공犬公의 복리가 영향을 받고 AI 송아지 제품에 의해 우공牛公의 복리가 영향을 받기 때문이다. 내사랑이(주)가 견공과 우공의 복리, 또 그들 주인의 복리까지 감안한 범동물 사회주의 혹은 범인류 사회주의에 입각해서 경영되어야 하나?

한편 이해관계자의 범위를 전체 사회보다 작게 축소해서 어딘가에 이해관계자와 비非이해관계자 간의 경계선을 긋는다 하더라도, 이해관계자론을 현실에서 일관되게 적용하는 것은 불가능하다. 그 경계선이 일반적으로 확정될 수도 없고 상황에 따라 변하기 때문이다.

예를 들어, 애플Apple과 폭스콘Foxconn의 관계를 살펴보자. 폭스콘은 애플의 가장 큰 협력 업체다. 폭스콘은 애플 제품의 조립 생산을 통해 세계적 기업으로 발돋움했다. 애플이라는 기업 입장에서 이해관계자의 경계선을 긋는다면 어디에 그어야 할까? 애플과 폭스콘 사이에 그어야 할까, 아니면 애플과 폭스콘을 같은 이해관계자로 취급하고 그 바깥에 그어야 할까? 애플 입장에서는 그 경계선이 상황에 따라 달라진다. 폭스콘이 필요한 일을 잘해줄 때는 계속 주문을 넣고 이해관계가 함께 간다. 그러나 폭스콘이 그러지 못할 때는 주문을 줄이든지 다른 협력 업체에 주문을 넣을 수도 있다. 직접 생산할 수도 있다.

애플은 국내 생산을 늘리라는 트럼프 행정부의 압력에 부응해서 폭스콘에 맡기던 스마트폰 조립 작업의 일부를 미국에서 직접 해 나가기로 했다.[63] 애플이 이런 경영 결정을 내릴 때 폭스콘의 복리를 항상 고려해야 하나? 폭스콘의 복리가 침해받으니까 애플이 협력 업체 전환이나 내부 생산으로의 전환 계획을 수립하지 말아야 하나? 그렇지 않다. 애플은 자신의 입장에서 폭스콘과의 이해관계를 설정할 뿐이다. 폭스콘이 손해 보는 일이 생길 가능성이 있다고 그것까지 고려해서 애플의 경영 정책을 결정하지 않는다.[64] 이렇게 이해관계의 경계선이 상황에 따라 변화하는데, 두 기

---

63 'Apple accelerates US investment and job creation', *Apple press*, 2018년 1월 18일 발행(https://www.apple.com/sg/newsroom/2018/01/apple-accelerates-us-investment-and-job-creation); "Apple iPhone Supplier Foxconn Planning Deep Cost Cuts", *Bloomberg*, 2018년 11월 21일 자.

64 물론 폭스콘이 아주 핵심적인 부품 생산을 담당하고 있어서 폭스콘을 지금 손해 보게 만들면 나중에

업을 같은 이해관계자로 취급해서 애플의 기업목적론을 설명할 수 없다.

애플과 삼성전자의 관계는 더 복잡하다. 두 회사는 스마트폰 시장에서 치열한 경쟁자다. 한편 삼성전자는 애플의 중요한 부품 공급 업체이기도 하다. 애플리케이션 프로세서AP, 메모리 등 반도체 부품, 액정 스크린, 카메라 모듈 등 다양한 부품을 애플에 제공한다. 애플에게 삼성전자가 중요한 이해관계자라는 사실은 부인할 수 없다. 그렇다고 애플이 삼성전자의 복리를 위해 존재하는가? 그렇지 않다. 애플은 자신의 이익을 위해 삼성전자와의 '경쟁 협력Co-petition' 관계를 계속 조정해 나갈 뿐이다.[65] 삼성전자도 마찬가지다. 애플이 삼성전자의 중요한 이해관계자이지만 애플의 복리가 삼성전자의 경영 결정에 핵심적인 요인이 아니다. 삼성전자는 자신의 입장에서 경영 결정을 내리고 애플과 경쟁 협력 관계를 조정해 나갈 뿐이다.

이해관계자론이 기업목적론으로 작동하려면 기업이 의사 결정할 때에 우선적으로 고려해야 할 이해관계자가 누구인지를 일반적으로 확정지을 수 있어야 한다. 그러나 애플, 폭스콘, 삼성전자 간의 관계와 같이 기업들 간에는 다양한 형태의 합종연횡이 벌어지고 상황에 따라 변화해 나간다. 이해관계자의 경계선을 일반적으로 확정 지을 수 없는 것이다. 현실에 적용할 수 있는 일반 원칙을 제시하지 못하면 기업목적론으로서 이해관계자론은 작동할 수가 없다.

이해관계자론을 내세우는 사람들 중에서 이해관계자를 전체 사회로

폭스콘에게 '보복'당할 수 있다면 생각을 다시 하게 될 것이다. 복잡한 경우의 수를 놓고 주판알을 튕길 것이다. 그러나 이 경우에도 애플의 궁극적 판단 기준은 자신의 이익이지 폭스콘의 이익이 아니다.

65 'Co-petition'은 'cooperation(협력)'과 'competition(경쟁)'을 합친 조어다.

확장해서 기업이 사회주의 원칙에 맞게 경영되어야 한다고 명시적으로 얘기하는 사람은 거의 없다. 대부분 자신들이 중요하게 생각하는 이해관계를 기업 경영에 반영해야 한다고 주장한다. 환경보호론자들은 환경 이슈를 기업이 경영에 반영해야 한다고 내세운다. 여권 운동을 하는 사람들은 이사회에 여성 참여를 일정 비율 이상 높여야 한다고 주장한다. 해당 기업이 본사나 지사를 두고 있는 지역사회에서도 지역 발전에 기업이 별도로 기여해야 한다는 주장을 내놓는다. 한국에서는 '공정 경제'를 달성하기 위해 대기업이 중소기업의 입장을 의사 결정에 반영해야 한다는 사회적 압력이 높다. '협력 이익 공유제'라는 말까지 나온다.

이것은 '귀에 걸면 귀걸이, 코에 걸면 코걸이', 즉 이얼령비얼령식으로 기업목적론을 재단하는 것이다. 사회운동가들이 자신이 중요하다고 생각하는 사회적 가치를 달성하기 위해 목소리를 내는 것은 당연한 일이다. 민주주의 사회에서 다양한 이해관계자들의 목소리가 언론을 통해서나 정부의 다양한 채널을 통해 반영되는 것은 바람직한 일이기도 하다. 정부는 이렇게 다양한 이해관계자들의 의견을 수렴하고 국가 운영의 틀 속에서 적절하게 취사선택하기 위해 존재한다.

그렇지만 이러한 가치들은 그 주장을 내놓는 사람이나 단체의 목적이지 기업의 목적이 아니다. 기업은 기본적으로 영리법인이다. 이익만 추구할 것인지 사회적 가치를 함께 추구할 것인지, 사회적 가치를 추구한다면 어떤 사회적 가치를 추구할 것인지는 기업이 적법한 범위 내에서 자유로이 판단하는 것이다(**기업명제 6**). 물론 이 과정에서 외부의 조언을 받을 수도 있다. 환경 변화에 따라 가치관을 바꿔 나갈 수도 있다. 소비자들이 특정 사회적 가치관을 강하게 원하면 기업이 거기에 어느 정도 따라가야 한다. 그러나 기업이건 개인이건 가치관은 원천적으로 자신이 결정하는 사안이다. 이해관계자론을 기업의 존재 이유이라고 규정 짓는 것은 외부자가 자기 멋대로 기업과 사회 간의 경계선을 긋고 독립된 실체인 기업의 사적 영역을 침범하는 것이다. 이 책은 **기업명제 6**의 논리적 귀결로서 **따름정리 6-4** "이해관계자론은 사회주의 아니면 이얼렁비얼렁 기업목적론이다"를 제시한다.

(2) 이해관계자론의 정치경제학

이해관계자론도 주주가치론과 마찬가지로 조금만 들여다봐도 논리적 기반이 취약하기 그지없다. 호베는 "기업에 대한 상대적 위상이 '이해관계자들' 간에 너무나 달라서 이들이 기업에 대해 '이해관계stake'를 갖고 있다는 견해는 [일반적으로] 어떤 작동 가능한 의미any operational meaning도 결여하고 있다"라고 지적한다.[66] 그럼에도 불구하고 이해관계자론은 중요한 기업목적론으로 남아 있으며, 최근 들어 오히려 강화되는 추세마저 보이고 있다. 왜 그런가?

한 가지 이유는 각종 이해관계자들이 자신의 견해를 여론으로 포장해 입법 과정 등을 통해 지속적으로 반영해왔기 때문이다. 현대 자본주의 국가는 대부분 민주주의 체제이고 선거에서 다수결의 원리가 작동한다. 각종 사회적 가치를 얘기하는 개인이나 시민단체들이 동원할 수 있는 표의 힘이 상당히 크다. 정치인들 입장에서는 "기업이 사회적 책임을 다할 의무가 있고 정부가 그에 상응하는 규제를 하겠다"라고 말하는 것이 "기업은

66　Robé(2011: 69).

자유로운 실체이니 스스로 결정하도록 놔둬야 한다"라고 말하는 것보다 표를 얻는 데 훨씬 유리하다. 보수주의를 표방하는 정당에서도 사회적 가치에 입각한 기업 규제 도입에 찬성하는 경향을 보이는 정치경제학적 뿌리가 여기에 있다. 그리고 규제는 자기 지속성 내지는 자기 확장성을 갖는다. 한번 만들어진 규제나 법안은 웬만해서 잘 폐기되지 않는다. 특정 사회적 가치가 정부 규제로 존재한다는 사실 자체로 그것이 민의民意인 것처럼 받아들여진다. 이해관계자론이 정부 내에 계속 축적되는 것이다.

그러나 정부가 이해관계자론자들의 주장에 따라 규제를 도입했다고 해서 그것이 기업의 목적을 그렇게 규정한 것은 아니다. 이해관계자들의 다양한 견해가 국정에 반영되는 것은 정당한 정치 행위다. 서로 경합되는 이해관계자들이 있을 때 그것을 조정하고 정리해주는 것이 정치의 역할이다. 하지만 정부는 기업의 외부인이다. 정부가 기업의 목적을 규정하지는 못한다. 정부는 기업의 행위가 공공에 영향을 미친다고 판단할 때 그 긍정적 영향을 북돋우고 부정적 영향을 줄이는 방향으로 정책을 사용할 뿐이다. 그러나 이해관계자론자들은 종종 자신의 가치에 입각한 규제가 작동되고 있다는 사실에 기반을 두어서, 그것이 사회에서 기업의 목적으로 받아들여지고 있다는 논거로 삼는다. 그리고 그 단순 논리를 받아들이는 사람들에 의해 이해관계자론은 확산되고 있다.

최근 들어 이해관계자론이 강화되는 중요한 이유는 뮤추얼펀드, 연기금 등 기관 투자자들이 기업에게 이해관계자론적인 압력을 넣고 있기 때문이다. 예를 들어 세계 최대 기관 투자자인 블랙록은 2019년 투자 스튜어드십investment stewardship 관여 우선 항목에 '이사회 구성 다양화를 포함한 지배구조governance, including company's approach to board diversity', '환경에 대한 위험과 기회environmental risks and opportunities' 등을 포함시켰다. 래리 핑크Larry Fink 블랙록 회장은 투자 기업 최고경영자들에게 매년 훈계조의 편지를 보내는데, 2019년 편지에서는 '목적과 이익: 불가분한 연결Purpose and Profit: An Inextricable Link'이라는 항목을 별도로 넣고 "[기업의] 목적은 이해관계자에게 가치를 매일 창출하는 것"이라며 이해관계자론의 옹호자로 나섰다.[67]

한국의 국민연금도 2018년에 스튜어드십 코드를 도입하면서 '책임 투자'를 중요한 기업 평가 기준으로 만들었다. '중장기 투자수익률'이라는 전통적 기금 운용 기준에 이해관계자론적 기준을 추가한 것이다. 스튜어드십 코드 도입 이전에는 기금 운용 본부장이 투자위원회 위원장을 맡으면서 기업 투표 및 관여에 대해 최종 의사 결정을 내렸기 때문에 사회적 가치에 관한 고려가 중장기 투자수익률이라는 기금 운용 대원칙에 복속되어 있었다. 그러나 스튜어드십 코드 도입과 함께 기업 투표와 관여 업무를 수탁자 책임 전문위원회에서 총괄하게 되면서 기업에 대한 '책임 투자' 압력이 강화되고 있다. 국민연금은 '사회적 물의를 일으킨 기업'에 대해 적극적으로 주주권을 행사한다는 조항까지 넣어 '국민연금 기금 국내 주식 수탁자 책임활동 가이드라인'을 만드는 등 다른 어느 나라의 기관 투자자보다도 강하게 이해관계자론을 기업에 강요하고 있다.[68]

그러나 이렇게 금융 투자자가 기업에게 사회적 가치를 직접 요구하는 것은 정당성이 결여된 행위이다. 금융 투자자가 자신의 가치관을 기업에 반영하기 가장 손쉽고 정당한 방법은 매매다. 자신의 가치관과 다른

67   'Larry Fink's 2019 Letter to CEOs: Purpose & Profit', 블랙록 웹사이트(https://www.blackrock.com/corporate/investor-relations/larry-fink-ceo-letter, Accessed on 20 April 2019).
68   보론 '스튜어드십 코드의 5대 왜곡과 중장기 투자 북돋는 기관-기업 규준 5대 제안' 및 「국민연금 '사회적 물의 일으킨 기업에 적극적 주주권 행사'」『매일경제신문』, 2019년 1월 20일 자 참조.

회사라면 주식을 아예 사지 않거나 갖고 있던 주식을 팔면 된다. 자신의 가치관과 같으면 그 회사 주식을 사거나 계속 보유하면 된다. 기업에게 주주들이 '발로 투표하는 것'만큼 강력한 수단은 없다. 월스트리트 워크는 일반 주주가 기업에 자신의 의사를 밝히는 가장 즉각적이고 효과적인 수단으로 확립되어 있다.

주주가 주식을 보유한 상태에서 기업에 특정 가치관을 요구하려면 다른 주주들의 뜻을 잘 모으는 수밖에 없다. 대다수 주주가 그 가치관에 동의하면 기업 정관을 바꿀 수도 있고, 주주총회를 통해 이사회가 사업판단준칙에 따라 그 가치관을 경영에 반영해달라고 요청할 수 있다. 그러나 힘 있는 기관 투자자들이 주총을 통하지 않고 자신의 힘을 배경으로 특정 가치관을 기업에 요구하는 것은 두 가지 면에서 정당성을 찾을 수 없다.

첫째, 이들이 주장하는 가치관이 전체 주주의 생각을 반영한 것이라고 할 수 있는 근거가 없다. 힘 있는 개별 기관 투자자들이 자신이 중요하다고 생각하는 특정 가치를 기업이 따라야 한다고 '이얼렁비얼렁'으로 요구하는 것이다. 둘째, 기관 투자자들은 고객의 돈을 모아서 관리하는 '자금 관리 수탁자money-managing trustee'다. 돈을 맡긴 고객의 뜻에 따라 돈을 운용해야 할 책임을 지고 있다. 그런데 기관 투자자가 기업에게 요구하는 가치관이 고객의 뜻을 반영한 것이라고 말할 수 있는 근거가 없다. 고객이 이에 대해 공식 투표를 한 것도 아니고, 고객 대상으로 정식 설문 조사를 한 결과도 아니다. 자금 관리하는 사람들이 중요한 사회적 가치라고 적당히 생각한 것에 불과하다.

책임 투자 등을 강조한 스튜어드십 코드는 기관 투자자들이 자신에게 쏟아지는 사회적 비판을 피해 가기 위해 적당히 내놓은 '립서비스'인

측면도 많다. 한국의 경우는 정부가 국민연금이라는 국내 최대 기관투자자의 힘을 동원해 자신이 중시하는 사회적 가치를 실현하는 수단으로 스튜어드십 코드를 사용하는 모습을 보이기도 한다(보론 '스튜어드십 코드의 5대 왜곡과 중장기 투자 북돋는 기업-기관 규준 5대 제안' 참조).

리윈 아비요나와 개닛 시반Rewen Avi-Yonah and Dganit Sivan은 법인이 "주주와 국가의 부당한 개입으로부터 기업 경영을 차단하기 위해 만들어진 실체"라고 강조한다.[69] 주주가치론과 이해관계자론은 법인이 독립된 실체로서 자유로이 자신의 목적을 선택할 수 있다는 사실을 부정한다. 주주가치론은 법인설립 때 만들어진 주주와 경영인 간의 경계를 무시하고 경영인을 주주의 대리인으로 취급한다. 이해관계자론은 외부인이 이얼령비얼령식으로 기업과 사회 간의 경계를 허물고 기업 내부로 들어오는 것을 용인한다. 이 과정에서 권한과 책임의 상응이라는 최소한의 기본 원칙이 지켜지지 않는다(**기업명제 8**).

---

69   Avi-Yonah and Sivan(2007: 172~173).

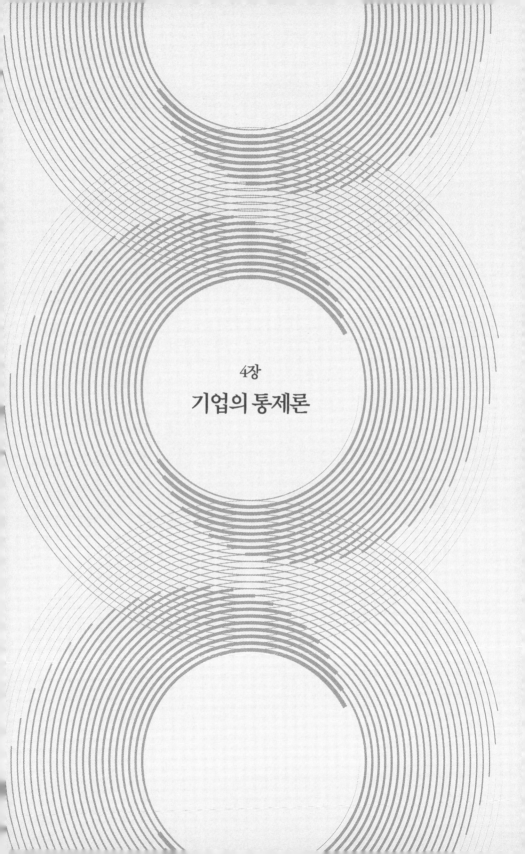

4장

기업의 통제론

김전진은 기업을 공개하기 전까지 주식회사에서 '소유와 통제의 분리'가 실제로 무엇을 의미하는지를 직접적으로 느끼지 못하고 있었다. 창업할 때 변호사로부터 자산분할과 개체보호에 관해 설명을 들었지만, 그 후 이 문제를 심각하게 다시 생각해볼 만한 계제가 별로 없었다. 김전진과 창업자들은 단순히 주주일 뿐만 아니라 이사회의 핵심 멤버였고 경영자로서도 전면에 나섰다. 법적으로는 소유와 통제가 분리되어 있지만, 실질적으로는 자신들이 주식을 소유하면서 기업을 통제하고 최고경영진을 구성하고 있었기 때문에 그 법적 분리가 갖고 있는 의미를 실감하지 못했다.

창업 동지들이나 호모데우스와의 팀워크도 좋았다. 같은 생각을 갖고 있는 사람들이 힘을 모아 함께 경영한다고 생각했다. 내사랑이 그룹이 잘 굴러가며 초고속 성장 가도를 달렸기 때문에 경영 방식에 대해 불만을 제기하는 사람들도 거의 없었다. 직원들의 사기도 높았다. 외부의 간섭도 거의 없었다. 내사랑이 아이들을 시장에 내놓았을 때 인권 단체 등이 회사

앞에서 시위하고 비판적 언론 보도가 나오기도 했지만, 제품에 대해 소비자들의 열화 같은 성원이 쏟아지면서 찻잔 속의 태풍처럼 지나갔다. 정부의 간섭도 별로 없었다. 내사랑이(주)가 한국이 낳은 세계적 벤처기업이라고 자랑스러워하고 앞으로 커 나가는 것을 잘 도와주겠다는 공무원, 정치인이 대부분이었다.

그러나 기업을 공개하면서 많은 것이 달라졌다. 일반 주주가 대거 들어오고 내사랑이 그룹이 대외적으로도 유명해지면서 그전과 다른 다양한 도전이 대내외적으로 다가왔다. 김전진은 기업의 통제에 관해 깊이 생각해볼 수밖에 없게 됐다. 경영권이라는 것이 무엇인지, 경영권을 어떻게 행사해야 하는지에 대해서도 생각해봐야만 했다. 기업지배구조라는 용어도 다시 들여다보게 됐고, 지배구조 개혁 요구의 실체가 무엇인지, 이에 대해 어떻게 대응해야 하는지를 놓고 씨름하게 됐다.

1. 경영과 정치

김전진은 어렸을 때부터 정치에 관심이 없었다. 초·중·고등학교를 거치면서 한 해도 빼놓지 않고 반장을 했지만 그것은 워낙 똑똑하고 성격도 좋아 급우들에게 인정받았기 때문이지, 반장이 되겠다고 나섰기 때문은 아니었다. 대학에 가서도 봉사활동은 했지만 대부분의 시간을 공부에 몰두했다. 신문의 정치 기사는 제목만 보고 내용은 거의 들여다보지 않았다. 싸움질만 하는 것 같아서 정치는 자신의 천성과 맞지 않는다고 생각했다. 김전진은 물건이나 일을 만드는 것이 좋았다. 내사랑이(주)를 설립할 때도 자신의 천성에 맞는 일을 하는 것이라고 생각했다.

그러나 기업공개를 하고 회사가 커지면서 자신이 정치인이 됐다는 사실을 갑자기 깨닫게 되었다. 정치적 도전이 안팎에서 물밀 듯 밀려오는데 여기에 대응을 잘하지 못하면 아무리 좋은 제품과 서비스를 제공하더라도 그 성과가 크게 흔들릴 수 있다는 사실을 알게 된 것이다. 최고경영자로서 경영을 잘하기 위해서는 어느 정도까지 정치인으로 변신해야 했다.

김전진에게 닥친 정치적 도전은 크게 두 갈래였다. 하나는 일반 주주로부터 오는 것이었고 다른 하나는 이해관계자라는 다양한 외부 세력이 던지는 도전이었다. 일반 주주의 주관심사는 주가다. 매일매일의 주가 움직임에 일희일비하는 사람들도 많아졌다. 나노초秒 단위로 주식을 사고파는 초단기 매매high-frequency trading, HFT 세력도 들어왔다. 언론이나 주식거래 웹사이트에서 주가 움직임에 관한 보도가 계속 나오니까 일반 직원들도 주가에 신경을 쓰게 됐다.

주가가 기업존재론 달성의 결과물이라는 김전진의 생각은 변하지 않았다. 그렇지만 이제 주가를 경영지표의 하나로 고려해야만 하게 됐다. 배당 정책이라는 것도 생각해보게 되었다. 그전에는 이익이 났어도 배당을 주지 않았다. 창업 멤버들과 호모데우스는 회사에 자금이 축적되고 기업가치가 올라가는 것만으로 만족했다. 그러나 일반 주주 중에서는 매년 배당금을 안정적으로 지급받기를 원하는 기관이나 개인이 제법 되었다. 일반 주주의 이런 관심사에 어떻게든 응대해야 했다.

김전진은 특히 블랙록, 뱅가드, 국민연금 등 대형 기관 투자자와 좋은 관계를 유지하는 데 신경을 써야 했다. 신임 이사를 선출하거나 벤처기업 등 다른 회사를 인수합병하려면 주주총회에서 승인을 받아야 하는데 표밭을 미리 잘 관리해야 하기 때문이다. 김전진은 ISS, 글래스루이스 등 투표자문사들이 있다는 사실도 처음으로 알게 됐다. 주주들이 투표권을 행사하려면 총회에 올라오는 사안들을 스스로 잘 살피고 투표하면 될 텐데 왜 투표자문사들의 도움을 받아야 하는지, 투표자문사들이 왜 그렇게 커다란 힘을 행사하는지 의아했다.

김전진은 행동주의 헤지펀드라는 곳이 기업 투표장을 흔들고 다닌다는 것도 처음 알게 됐다. 차를 타고 출근하던 어느 날 아침 라디오방송에서 학창 시절 교환학생으로 '기술과 혁신' 강의를 들었던 신장섭 싱가포르 국립대학 교수가 인터뷰를 하고 있어서 귀를 쫑긋 세웠다. 신 교수가 행동주의 헤지펀드를 '악덕 정치인'에 비유하는 것을 듣고 내사랑이 그룹의 경영에도 앞으로 정치적 외풍이 많이 불겠다는 생각이 스쳐갔다.[1]

한편 회사에 대해 왈가왈부하는 외부인들이 갑자기 많아졌다. 일단

---

1 「행동주의 헤지펀드는 금융계의 악덕 정치인」, 『YTN라디오 생생경제』, 2018년 4월 5일 자 참조.

언론의 관심을 폭발적으로 받았다. 내사랑이 아이들(주)의 공개는 한국거래소KOSPI 개설 이래 최대 규모의 기업공개였다. 한국 기업 중에서 기업공개 때 전 세계 주요 기관 투자자들이 이렇게 다 들어온 적도 처음이었다. 당연히 한국 언론뿐 아니라 세계 언론의 커다란 관심사가 됐다. 상장한 뒤 한참 동안 내사랑이 아이들(주)의 주가 움직임 자체가 매일매일의 뉴스거리였다.

김전진은 언론의 인터뷰 요청을 극구 사양했다. 앞으로 해야 할 일이 산적해 있는데 성공을 미리 자랑하고 싶지 않았다. 자신의 사적인 생각이나 생활이 여러 사람의 입방아에 오르는 것도 싫었다. 그동안 해오던 대로 회사 키우는 데만 집중하고 싶었다. 그렇지만 내사랑이 그룹의 창업과 성장 스토리를 다루는 언론 보도는 줄을 이었다. 홍보팀을 대폭 강화할 수밖에 없었다.

정부의 관심과 규제도 많아졌다. 주식거래소가 상장기업에 요구하는 각종 규정을 준수해야 했다. 금융감독원도 내사랑이 아이들(주)을 주목하기 시작했다. 공정거래법의 규제도 받았다. 상장하자마자 내사랑이 그룹이 국내 5대 재벌로 떠올랐기 때문이다. 공정거래위원회에 제출해야 할 서류가 산더미처럼 많아졌다. 대통령과의 신년 하례 모임에도 초대받았다. 대한상공회의소에서는 김전진을 비상근 부회장으로 추대했다.

시민단체들도 앞다퉈 훈수도 하고 요구 사항도 내놓기 시작했다. '건전한 기업지배구조'를 만들려면 내사랑이 그룹이 무엇을 해야 한다는 보고서를 내놓는 단체도 생겼다. 동물보호단체, 인권단체, 환경보호단체들도 내사랑이 그룹에 대해 경고하는 메시지를 본격적으로 보내기 시작했다. 내사랑이 아이들이 계속 발전하면 인류는 2등 시민으로 전락할 것이라며 대책을 마련해야 한다고 경고하는 학자도 있었다. 내사랑이 아이들이 앞으로 사람의 일자리를 빼앗아갈 테니까 미리 생산량을 규제하고 세금도 별도로 매겨야 한다고 주장하는 사람도 나왔다.

정부와 시민단체의 요구에 대응하기 위해 내사랑이 그룹은 대관업무팀을 새로 꾸렸다. 정부 담당 부처뿐만 아니라 국회의원들과도 상시적 소통 채널을 만들어야 했다. 시민단체를 상대하는 일도 대관업무팀이 맡기로 했다. 김전진은 이래저래 다양한 사람들과 저녁식사 약속도 많아졌다. 사람들을 만나 세상 얘기를 나누는데 정치나 사회에 대해 깜깜하면 바보 취급을 받는다. 정치·사회면 기사도 읽기 시작했다. 비서진에게 정치 상황에 대한 요약을 제출받기 시작했다.

김전진은 그동안 회사 내부를 경영하고 거래선과 만나는 일 등에 일과의 거의 전부를 썼다. 그러나 이제는 일과의 4분의 1 이상은 정치적 역량을 발휘해야 하는 곳에 쓰게 됐다. 자신의 천성과 관계없이 정치적 역량을 키우고 발휘하는 것이 공개된 대기업 최고경영자의 숙명이라고 받아들일 수밖에 없게 됐다.

2. 기업지배구조론의 도전

내사랑이 그룹이 당면한 정치적 도전 중에서 가장 난해한 것은 기업지배구조corporate governance론이었다.[2] 그룹으로 확장한 것은 사업에 편리했기 때

---

2   국내에서 '기업지배구조'라는 표현을 사용하는 것은 'corporate governance'에 대한 과잉 번역이다. 그냥 '기업지배'라고 번역했어야 했다. '기업지배구조'라는 말을 쓰려면 원어가 'corporate governance structure'여야 한다. 그러나 이런 영어를 사용하는 문헌은 없다. 국내에서 '구조'라는 도식적 용어를 선호하는 경향이 있다 보니 벌어진 일인 것 같다. 또 구조라는 말을 덧붙여 사용하면 지배구조라는 것이

문이었다. 범위의 경제를 활용할 수 있었고 자산분할에 의해 위험을 합리적으로 관리할 수 있었다.[3] 계열사에 대한 통제 문제는 법인실체론에 입각해서 단순하게 생각하고 있었다. 큐티펫Cutie Pet과 합작법인 마이러브큐티My Love Cutie를 계열사로 설립했을 때는 내사랑이(주)가 마이러브큐티의 지분 51%를 갖고 있으니까 그것으로 통제가 안정된다고만 생각했다.[4] 내사랑이 아이들(주)을 상장할 때도 마찬가지였다.[5] 내사랑이(주)가 자사주 포함 50%의 지분을 안정적으로 확보하고 있으니 별문제가 없을 것이라고 생각했다. 두 계열사 간의 상호 출자 구조는 보유 주식 매각을 원하는 이살핌, 박현찰, 아마데우스의 필요를 해결해주면서 그룹 통제력을 유지하기 위한 방편이었다.

그러나 내사랑이 아이들(주)을 주식시장에 상장한 뒤 갑자기 듣게 된 말은 재벌이라는 것이었다. 상장하자마자 5대 그룹으로 뛰어올랐으니까 각계각층의 관심을 받는 것은 당연한 일이다. 돈을 굉장히 많이 번 기업이나 들을 수 있는 호칭이니까 그동안의 비약적 성공을 축하해주는 말이라고 할 수도 있었다. 하지만 재벌이라는 말이 붙으면서 개혁 대상인 듯이 취급받는 것은 전혀 뜻밖의 일이었다. 한국이 1997년 외환위기에 빠진 뒤 국제통화기금IMF 체제에서 대대적인 '재벌 개혁'이 이루어졌고, 그 후

다양하거나 유연하지 않고 화석처럼 굳어져 있는 것이고, 따라서 개혁의 대상이라는 의미를 더 강하게 내포하게 되었던 것 같다. 용어 번역자들의 '개혁 의도'가 반영되지 않았나 하는 의심마저도 든다. 나는 기업활동을 이해하는 데 있어 '기업지배'보다는 '기업통제'라는 표현을 쓰는 것이 낫다고 생각한다. '지배'는 누군가 일방적으로 강한 통제력을 발휘하는 것처럼 느껴진다. 반면 '통제'는 여러 경로에서 발휘되는 힘을 포함할 여지를 갖고 있다. 특히 이 책에서는 '소유와 통제의 분리'라는 기업명제를 출발점으로 삼았기 때문에 통제라는 표현을 가능한 일관되게 사용하는 것이 독자들에게 편리할 것이다. 앞으로 '지배'라는 표현은 시중에서 사용되는 용어를 인용해야 하는 경우에만 국한할 것이다.

3   2.5절 참조.
4   2장 〈그림 2-3〉 참조.
5   2장 〈그림 2-5〉 참조.

에도 '경제민주화'라는 이름으로 반底기업 정서와 정책이 지속되어왔다는 것은 어느 정도 알고 있었다.[6] 그렇지만 단순히 비즈니스그룹 형태를 유지하고 규모가 커졌다는 사실만으로 개혁 대상으로 분류되는 것은 쉽게 받아들이기 어려웠다.

내사랑이 그룹은 뜻밖의 규제도 받게 됐다. 공정거래위원회가 갑자기 김전진을 총수로 지정한 것이다. 김전진은 총수라는 말 자체를 싫어했다. 내사랑이 그룹을 이끌어오면서 자신이 총수라고 생각해본 적은 더더욱 없었다. 그런데 공정위는 김전진이 총수이니까 개인 재산 변동뿐만 아니라 친인척의 회사나 재산에 대해서도 면밀하게 감시하겠다고 통보했다. 네이버 창업자인 이해진 씨가 총수로 지정받는 것을 피하기 위해 이사회 의장직에서 물러나는 등 백방으로 노력했지만 결국 총수로 지정되어 실망도 하고 고생도 많이 하고 있다는 얘기를 신문에서 읽은 적은 있었다.[7] 그렇지만 자신이 똑같은 처지에 놓일지는 상상도 못 하고 있었다.

공정위는 더 나아가 총수로서 김전진의 그룹 지배력이 얼마인지를 마음대로 계산해서 발표했다. 재벌 총수가 1%도 안 되는 '쥐꼬리만 한' 지분으로 '제왕적 경영'을 한다는 등의 비판이 나오는 것을 신문지상에서 본 적은 있다.[8] 그렇지만 똑같은 얘기가 자신에게도 적용되는 것을 보고 황당해졌다. 게다가 총수가 비즈니스그룹을 '비정상적'으로 지배하는 것을 막기 위해 상호 출자와 순환 출자를 곧 금지할 것이라는 언론 보도도 이

---

6 신장섭(2016b) 참조.
7 「이해진은 네이버 '총수'…준대기업 집단 26곳 지정」, 『조선일보』, 2017년 9월 4일 자.
8 공정거래위원회는 매년 총수와 총수 일가의 그룹 지분을 계산해서 발표한다. 그때마다 언론은 총수의 '쥐꼬리만 한 지분' 혹은 '한 줌 지분'을 한국에서만 벌어지는 굉장히 비정상적인 일인 양 크게 보도한다. 예를 들어 다음과 같은 기사가 그렇다. 「10대 재벌 총수, 0.9% '한 줌 지분'으로 그룹 지배」, 『한국일보』, 2019년 9월 6일 자.

이어졌다.[9] 공정위는 내사랑이 그룹의 통제 구조를 '나쁜 기업지배구조'라고 이미 단정 짓고 있었다.

내사랑이 그룹은 새로운 도전에 빨리 대응해야 했다. 그룹 전략팀에서 대책을 총괄하기로 했다. 마침 전략팀에는 그동안 실무 부서에서 경험을 쌓고 뛰어난 성과를 올린 추호현이 팀장으로 발탁되어 있었다. 해외 경험이 많은 추호현은 이 일을 맡는 데 적임자였다. 전략팀은 먼저 공정위가 경전처럼 인용하는 「경제협력개발기구 기업지배구조 원칙OECD Principles of Corporate Governance」을 검토했다.[10]

그렇지만 이 보고서는 구름 잡는 얘기인 것 같았다. 그 원칙이라는 것들을 따라 하면 기업이 정말 잘될지 의문이었다. 기업을 사고뭉치 집단으로 취급하고 외부 감시를 강화하면 경영이 잘된다는 얘기 그 이상도 이하도 아닌 것 같았다. 내사랑이 그룹이 그동안 사업을 확장하는 과정에서 중시한 것들은 거의 다루어지지 않았다. 그 원칙이라는 것들이 일반 주주의 입장을 일방적으로 반영하는 내용이라고 받아들인다 하더라도, 그렇게 하면 정말 일반 주주가 원하는 대로 주가가 올라갈 수 있을지도 확신할 수 없었다.

전략팀은 좀 더 근본적인 질문을 던지기로 했다. '정말 좋은 기업지배구조가 도대체 무엇인가'를 직접 알아보기로 한 것이다. 이를 위해 국제적으로 관련 분야 전문가들을 모아 자문단도 꾸렸다. 김전진도 여기에 동의했다. 세계를 돌아다니면서 상대했던 기업의 실상이 OECD 보고서에서

---

9   실제로 한국 정부는 30대 그룹의 상호 출자를 1990년대에 이미 금지시켰고 2014년부터는 신규 순환 출자를 금지시켜서 상호 출자와 순환 출자의 '불법화'를 거의 마무리 지은 상태다.

10 상세한 내용은 5.2절 참조.

이야기하는 것과 많이 다르다고 느꼈기 때문이다. 한국의 재벌이 정말 그렇게 '나쁜 지배구조'를 갖고 있다면 그동안 어떻게 세계적으로 성공했는지도 이해할 수 없었다.

전략팀은 출발점을 현장에서 찾기로 했다. 잘 경영되는 기업이 실제로 어떤 통제방식을 갖고 있는지, 그 통제방식과 경영 성과 간에 무슨 관계가 있는지를 직접 찾아보는 것이다. 김전진도 현장주의자다. 원래부터 공허한 이론 얘기하는 사람들과 말 섞기를 싫어했다. 그런 책은 읽다가 바로 내려놓는다. 김전진이 AI 부문에서 일찌감치 뛰어난 학자가 되었던 것도 현장에서 벌어지는 일들과 이론을 잘 결합했기 때문이었다. 이론만 잘 알았기 때문이 아니었다. 경영은 실사구시다. 현실을 알고 현실에 맞는 대책을 내놓아야 한다. 기업지배구조론의 도전에 대해서도 마찬가지다.

3. 기업통제방식의 세계적 다양성

학계나 정책 담당자들 사이에는 기업통제에 관해 대단히 비역사적이고 도식적인 관념이 강하게 자리 잡고 있다. 미국의 주요 대기업처럼 주식 지분이 분산된 전문경영 체제가 어떤 기업이든 도달해야 할 종착역이고 이상향이라는 것이다. 앞에서(1.2절) 지적했듯이 기업지배구조 관련 연구자들이나 법조인들이 벌리와 민스의 초기 저술『현대 기업과 개인 재산』에서 내놓은 전문경영 체제 대기업의 모습을 전거로 삼기 때문에 나타나는 현상이다.

정책 담당자들도 이에 대해 별다른 의문을 제기하지 않고 전문경영 체제 이상론을 꺼낸다. 예를 들어 강철규 전 공정거래위원장은 한국 대기업들의 "소유지배의 왜곡"이 "전문경영인의 책임경영 체제 확립을 지연시키고 있습니다"라고 강조한다. 전문경영인의 책임경영 체제는 한국 기업이 도달해야 하는 이상향으로 상정되어 있다. 지금까지도 이 비현실적 이상향은 한국 공정거래 정책의 근간을 이루고 있다.[11]

(1) 기업지배구조론은 미국에서조차 특수론에 불과

1980년대에 본격적으로 시작된 기업지배구조 논의는 미국 대기업의 전문경영 체제가 불러온 문제점이라고 여겨지는 것들에 초점을 맞추고 진행된 것이었다. 미국이 세계의 경제적·학문적 담론에서 절대적 헤게모니를 차지하고 있기 때문에 그것이 마치 일반론인 것처럼 받아들여졌다. 또 펀드자본주의 추세가 강하게 전개되고 자본 자유화 열풍이 불면서 미국산 기업지배구조론이 1990년대 이후 전 세계로 급속히 퍼져 나갔다. OECD의 기업지배구조 원칙 보고서도 그 과정에서 만들어졌다.[12]

그렇지만 이러한 기업지배구조론은 역사적으로나 세계적으로 볼 때 특수 사례를 일반화한 것이다. 일단 미국 내에서만 보더라도 특수론이다. 미국에서도 새로운 기업이 계속 만들어지고 커 나간다. 새로운 기업은 모두 대주주경영으로 시작한다. 중소·중견 기업은 대부분 대주주경영이라고 할 수 있다. 크게 성장하고 기업공개를 한 뒤에도 대주주경영인 경우가 많다. 미국의 디지털 경제를 이끄는 5대 기업 '파앙FAANG: Facebook, Apple, Amazon, Netflix, Google'은 애플만 빼고 모두 대주주경영 체제다. 애플도 스티브 잡스Steve Jobs가 살아 있을 때는 대주주경영과 전문경영이 섞여 있었다

---

11 강철규(2004).
12 이에 대한 자세한 설명은 5.2절 참조.

고 봐야 한다.

전체 기업 숫자로 따지면 대주주경영이 전문경영보다 압도적으로 많다. 개략적 수치만 살펴보자. 2013년 기준으로 미국의 상장기업은 4,180개다.[13] 그해 법인은 약 161만 개에 달한다.[14] 비상장 법인은 대부분 대주주경영으로 봐야 할 것이다. 미국 상장기업 중에서 약 3분의 1 정도가 대주주경영이다. 이 사실을 감안하면 전문경영 기업은 미국 전체 법인의 0.2%에 미치지 못한다.

'기업이 누구를 위해 존재하는가'의 일반론은 상장기업뿐만 아니라 비상장기업도 포함해서 만들어져야 한다. 미국 기업을 제대로 이해하기 위해서라도 대주주경영과 전문경영을 아우르는 일반적 기업지배구조론 혹은 기업통제론을 내놓아야 한다. 전문경영 체제에 기반을 둔 기업지배구조론은 미국에서조차 숫자로 0.2%가 되지 못하는 기업에 해당하는 특수론이다. 이 특수론을 일반론으로 내세우는 사람들은 미국에서 숫자상 99.8%의 현실을 예외로 취급한다. 그래서 이들을 일방적으로 개혁 대상으로 삼거나 미발전未發展의 산물로 고려 대상에서 아예 제외해버린다. '특수론 전체주의'라고 이름 붙일 수 있다.

미국에서 1980년대부터 기업지배구조 개혁을 주도했던 기관투자자 평의회CII가 '모든 주주들의 평등한 취급the equitable treatment of all shareholders' 이라는 명분으로 폐기해야 한다고 주장하는 차등의결권도 마찬가지로 특

---

13   'USA: Listed companies', The Global Economy.com 웹사이트(https://www.theglobaleconomy.com/USA/Listed_companies).

14   미국 국세청에 등록되어 있는 C-type corporation은 2013년에 1,611,125개였다. 미 국세청 웹사이트(https://www.irs.gov/statistics/soi-tax-stats-integrated-business-data).

수론 전체주의다.[15] 마치 '1주 1의결권'이 기업통제의 일반론이고 차등의결권은 특수론인 듯이 내세우는 것이다. 그러나 차등의결권은 미국에서도 1주 1의결권과 공존하는 통제방식이다. 뉴욕증권거래소는 1주 1의결권을 강제하지만 나스닥 등 다른 증권거래소는 차등의결권을 허용한다. 기업지배구조론자들이 차등의결권을 없어져야 할 구시대의 유물인 듯이 비판하기 시작한 지 40년 가까이 지났지만 지금도 많은 미국 기업들이 차등의결권을 이용하고 있다. 혁신 기업일수록 차등의결권을 더 많이 사용하는 경향이 있다.

예를 들어 구글, 페이스북, 아마존은 모두 주당 10개의 투표권을 부여하는 차등의결권을 사용한다. 그래서 구글은 21.5%의 지분으로 73.3%의 의결권을 행사하고, 페이스북은 14%의 지분으로 60%의 의결권을 생사하고, 아마존은 16%의 지분으로 75%의 의결권을 행사한다. 투자의 귀재 워런 버핏Warren Buffet은 버크셔 해서웨이 보유 주식 한 주에 대해 200개의 투표권을 행사한다. 첨단 IT 기업 브로드컴은 대주주가 10%의 지분으로 52.6%의 의결권을, 비아콤은 10% 지분으로 100%의 의결권을 모두 행사한다(표 4-1). 미국 신규 상장기업 중에서는 차등의결권을 사용하는 회사의 비중이 2015년 17%에서 2018년 27%로 높아졌다.[16] 한국이 CII가 주장하는 1주 1의결권을 상법의 강제 규정으로 모범생처럼 채택하고 있는

---

15 CII는 공식 웹사이트에서 다음과 같이 입장을 명백히 밝히고 있다. "CII의 정책은 '1주 1표' 원칙을 지지한다. 상장기업 보통 주는 모두 똑같은 투표권을 갖고 있어야 한다."(https://www.cii.org/dualclass_stock)
16 아마존, 페이스북 및 신규 상장기업의 수치는 'Dual class IPOs are on the rise: Tech unicorns jump on board this new trend', PwC's Deals Blog(https://usblogs.pwc.com/deals/dual-class-ipos-are-on-the-rise-tech-unicorns-jump-on-board-this-new-trend.). 이병태(2019)에서 재인용.

표 4-1 미국 기업의 차등의결권 사용 현황

기업명	지분율	의결권 비율	최대 주주
구글	21.5%	73.3%	세이게르 브린, 래리 페이지
컴캐스트	1.9%	24.6%	브라이언 로버트
포드자동차	31%	40%	포드 가문
뉴스코프	10%	100%	머독 가문
비아콤	10%	100%	서머 레드스톤
브로드콤	10%	52.6%	헨리 사무엘리, 니콜라스 가문 자단
허쉬	22.6%	78.6%	허쉬 재단
에크스타	55.6%	92.6%	찰스 어젠
뉴욕타임스	0.6%	100%	슐츠버거 재단

· 출처: 김수연(2015).

것과 크게 대비된다.[17]

유럽은 더 광범위하게 차등의결권을 사용한다. 유럽 기업의 3분의 1가량이 차등의결권을 사용한다. 프랑스(69%), 네덜란드(86%), 스웨덴(75%)은 차등의결권 사용 비율이 특히 높다(그림 4-1). 따라서 기업통제에 관해 올바른 논의를 하려면 왜 다양한 의결권 제도가 사용되는지의 일반론을 먼저 살펴보고 특정 국가에서는 왜 1주 1의결권이 더 많이 자리잡고, 다른 나라에서는 왜 차등의결권이 더 많이 사용되는지의 차이를 살펴봐야 한다. 일반론과 특수론을 뒤집으면 안 된다. 서로 다른 특수론들의 존재를 인정하고 그러면 특수론들 간의 차이가 왜 나왔는지, 특수론들을 포괄하는 일반론을 만들어낼 수 있는지, 특수론들의 차이를 현실에서 어

17　1주 1의결권이 한국에서 강행 규정으로 채택된 과정에 대해서는 5.4절 참조.

그림 4-1 유럽의 국가별 차등의결권 적용 현황

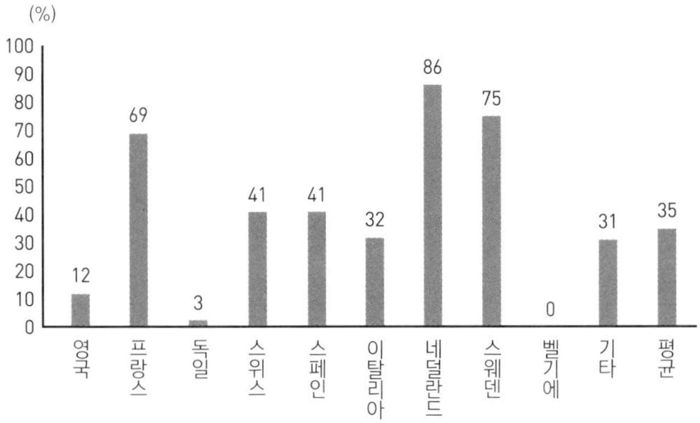

· 출처: 신장섭(2018, 표 5-2). 김수연(2015)에서 수정 게재.

떻게 조정할 것인지 등을 실사구시적으로 따져봐야지 한 가지 특수론을 일반론으로 강요하는 전체주의로 흘러가서는 안 된다.

(2) 유럽, 일본, 신흥 시장의 다양한 기업통제방식

미국 이외 선진국들의 기업통제방식은 더 다양하다. 영국은 미국처럼 대기업에서 전문경영 체제가 많이 발달했다. 그러나 영국에서도 중소기업들은 대주주경영이 지배적이다. 유럽 대륙 국가들에서는 대기업도 다양한 형태의 대주주경영이 대세다. 많은 유럽대륙 국가 대기업에서는 한 주주 그룹blockholder이 종종 50% 이상의 투표권을 통제한다. 독일 57.0%, 벨기에 56.0%, 이탈리아 54.5%, 오스트리아 52.0%, 네덜란드 43.5%, 스웨덴, 34.9%, 프랑스 20.0% 등이다. 미국(5.4%)이나 영국(9.9%)보다 훨씬 높다(표 4-2). 주식 지분 자체가 영미보다 덜 분산되어 있는 데다가 차등의결권이나 상호 출자, 순환 출자 등을 통해 투표권의 집중도가 지분 집중도보다 많이 높기 때문이다.

독일 대기업들에는 특유의 은행 경영 참여와 대주주경영이 혼재되어 있다. 예를 들어 세계적 화학 회사 바스프BASF나 바이엘Bayer의 경우는 독일 3대 은행인 코메르츠방크, 도이체방크, 드레스드너방크가 투표권의 40% 이상을 통제한다.[18] 폭스바겐그룹Volkswagen Group의 경우는 포르쉐 지주회사Porche SE가 30.8%의 주식을 보유하고, 투표권은 52.2%를 행사하는 대주주경영의 모습을 취하고 있다. 두 번째로 큰 대주주는 지분 11.8%를 갖고 의결권은 20.0%를 행사하는 니더작센Nidersachen: Lower Saxony 주정부다(그림 4-2). 한편 포르쉐 지주회사에 대해서는 포르셰와 피에크가家가 50%의 주식 지분으로 100%의 투표권을 행사한다.[19]

겉으로만 보면 포르쉐 가문이 폭스바겐을 일방적으로 통제하는 것처럼 보인다. 그렇지만 실질적으로는 폭스바겐과 포르쉐가 주식 지분과 경영권을 맞교환하는 상호 결합 형태를 취하고 있다. 2009년에 폭스바겐 경영진은 포르쉐가 폭스바겐의 지분 50% 이상 보유를 허용하는 대신, 폭스바겐뿐만 아니라 포르쉐 제품 생산 및 판매에 대한 경영권을 모두 행사하기로 합의했다. 이에 따라 폭스바겐 경영진은 폭스바겐, 아우디Audi, 시아트SEAT, 스코다Škoda, 벤틀리Bentley, 부가티Bugatti, 람보르기니Lamborghini, 포르쉐, 두카티Ducati, 폭스바겐 상업용 차, 스카니아Scania, 만MAN, 폭스바겐 금융 서비스 등의 회사와 브랜드를 모두 총괄한다.[20] 포르쉐 가문이 최대 주주로 올라서면서 폭스바겐의 경영권을 안정적으로 지켜주고 배당 등의

---

18   Brecht and Böhmner(2002: Table 5.1).

19   위키피디아 https://en.wikipedia.org/wiki/Porsche_SE.

20   위키피디아 https://en.wikipedia.org/wiki/Porsche_SE.

표 4-2 유럽 대기업의 의결권 집중도

국가	회사 수	최대 투표 그룹 (중앙값, %)	제2대 투표 그룹 (중앙값, %)	제3대 투표 그룹 (중앙값, %)
오스트리아	50	52.0	2.5	0.0*
벨기에	140	56.0	6.3	4.7
독일	372	57.0	0*	0*
스페인	193	34.5	8.9	1.8
프랑스	40	20.0	5.9	3.4
이탈리아	214	54.5	5.0	2.7
네덜란드	137	43.5	7.7	0*
스웨덴	304	34.9	8.7	4.8
영국	207	9.9	6.6	5.2
미국 NYSE	1,309	5.4	0*	0*
미국 NASDAQ	2,831	8.6	0*	0*

· 5% 이상의 지분을 가진 투표 그룹이 없는 경우.
· 주: 프랑스는 CAC 40주가 지수에 포함되는 대기업.
· 출처: Barca and Becht(2002)

그림 4-2 폭스바겐의 주식 지분 및 의결권 분포(2019년 6월 기준)

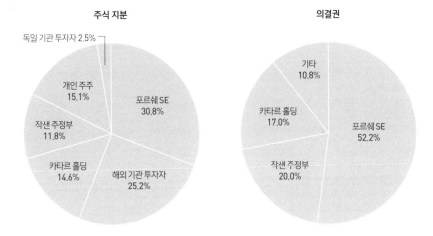

금전적 권리를 확보하는 대신, 폭스바겐 경영진은 포르쉐까지 포함한 경영의 전권을 확보한 것이다.

2018년 말 기준으로 폭스바겐의 지분 25.2%는 블랙록 등 외국인 기관 투자자들이 갖고 있다. 이들이 폭스바겐의 경영에 영향력을 행사할 여지는 거의 없다. 미국산 기업지배구조론으로 폭스바겐의 통제방식을 이해하기 어렵다. '나쁜 기업지배구조'에 해당된다. 그러나 폭스바겐은 토요타와 세계 1위 자동차 회사의 자리를 다투며 전기차 등 미래차 분야에서도 앞서 나가고 있다. 해외 주요 기관 투자자들도 폭스바겐 주식을 계속 보유한다. 지배구조와 관계없이 경영 실적이 계속 좋아질 것이라고 기대하기 때문이라고 봐야 할 것이다.

프랑스는 대기업에서 개인과 정부의 대주주경영 형태가 많다. 예를 들어 루이비통을 소유하고 있는 LVMH그룹은 베르나르 아노Bernard Arnaut 회장 일가의 지주회사 아노패밀리그룹이 2017년 말 주식 지분의 46.8%를, 투표권의 63.1%를 확보하고 있다.[21] 르노Renault그룹은 정부와 민간이 결합된 대주주경영이다. 공식적으로 프랑스 정부가 15%의 지분을 갖고 있는 대주주다. 한편 닛산Nissan과의 제휴로 닛산이 르노 지분의 15%를 갖고 있고, 르노는 닛산 지분의 43%를 갖고 있는 상호 출자 관계가 형성되어 있다.[22] 프랑스에도 물론 전문경영 체제가 있다. 예를 들면 미쉐린

---

21 위키피디아 https://en.wikipedia.org/wiki/LVMH; https://www.lvmh.com/investors/lvmh-share/capital-structure.

22 닛산은 르노 지분에 대해 투표권을 갖고 있지 않다. 그러나 일본의 상호출자제한법에 따라 닛산이 르노지분을 25%로 올리면 르노의 닛산 지분 43%에 대한 투표권이 무효가 된다. 투표권이 없어도 상호 견제할 수 있는 장치가 마련되어 있다. 한편 프랑스에서 2014년부터 주식을 2년 이상 보유하면 투표권을 두 배로 늘려주는 '플랑지 법Florange Law'이 시행됨에 따라 프랑스 정부의 입김이 지나치게 강해지는 것을 막기 위해, 르노와 닛산은 '비전략적 사안'에 대해서는 프랑스 정부의 투표권을 최대 20%로 제한하기로 합의했다(마켓스크리너 웹사이트 https://www.marketscreener.com/

Michelin은 최대 주주가 뱅가드이고 지분율이 3.1%에 불과하다. 노르지 은행(2.5%), 미쉐린 자사주(2.0%)가 그 뒤를 잇는다.[23]

스웨덴의 발렌베리그룹은 5세대에 걸쳐 대주주경영이 이루어지고 있다. 발렌베리재단이 그룹 지주회사인 인베스터AB Investor AB의 주식 19%를 갖고 투표권은 41%를 통제한다. 스웨덴 증시에 상장되어 있는 인베스터AB는 주식을 A주식과 B주식으로 나눠놓았다. A주식은 주당 1표를 행사할 수 있다. 반면 B주식은 주당 10분의 1표만 행사할 수 있다. 일본에서는 이렇게 1표보다 적은 투표권을 가진 주식을 10개 혹은 100개를 묶어야 한 표를 행사할 수 있다는 의미에서 '단원주單元株'라는 표현을 사용한다.[24] 인베스터AB에서 A주식의 지분은 40.8%이고 87.3%의 투표권을 통제한다. B주식의 지분은 59.2%이지만 12.7%의 투표권밖에는 통제하지 못한다. 발렌베리재단은 인베스터AB의 A주식만 보유하고 있다. 인베스터AB는 다양한 방법에 의해 ABB, 에릭슨Ericsson, 일렉트로룩스Electrolux, 사브Saab, 아트라스콥코Atlas Copco 등의 다양한 계열사들을 통제하고 있다(그림 4-3). 예를 들어 통신회사 에릭슨에 대한 인베스터 AB의 지분은 2017년에 6.6%로 2대 주주인 세비안캐피털Cevian Capital의 지분 6.4%와 별로 차이나지 않는다. 그러나 투표권에 있어서는 인베스터 AB가 22.2%를 통제하고 세비안캐피털은 3.4%밖에 통제하지 못한다.[25]

네덜란드의 금융그룹 ING는 주식 소유와 기업통제에 있어서 극단적

RENAULT-4688/company); 'French Government, Renault Agree on Double-Voting Rights', *The Wall Street Journal*, 2015년 12월 11일 자).

23   마켓스크리너 웹사이트(https://www.marketscreener.com/MICHELIN-4672/company).

24   일본의 단원주 제도에 대해서는 신장섭(2016b:184) 참조.

25   'Investment firm Investor AB overtakes Cevian as top Ericsson owner', *Reuters*, 2017년 10월16일 자.

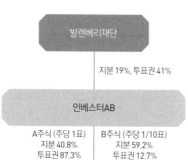

그림 4-3 발렌베리그룹의 통제 구조

발렌베리재단

지분 19%, 투표권 41%

인베스터AB

A주식 (주당 1표)
지분 40.8%
투표권 87.3%

B주식 (주당 1/10표)
지분 59.2%
투표권 12.7%

발렌베리그룹 계열사: ABB, Atlas Copco, AstraZeneca,
Electrolux, Ericsson, Saab, SEB, NASDAQ, Husqvarna,
Swedish Orphan Biovitrum, Mölnlycke Health Care, Grand
Hötel, Aleris…

인 분리 구조를 갖고 있다. '경영진 독재체제'라고까지 말할 수 있다. ING
그룹은 투표권이 딸린 주식의 100%를 경영진이 통제하는 트러스트 사무
소trust office 아드미니스트라티 칸투르Administratie Kantoor가 소유한다. 이 트
러스트는 보유 주식을 기반으로 투표권이 없지만 ING그룹의 배당 등 금
전적 권리cash flow right를 100% 갖는 주식을 발행해 시장에 유통한다. 2018
년에 무투표권 주식의 최대 주주는 블랙록이다. 5.01%를 보유하고 있다.
그렇지만 이사 선임 등 경영에 아무런 영향을 미치지 못한다. 반면 트러
스트는 ING그룹에 대한 통제력만 100% 갖고 있고 주식 보유에 따르는
금전적 권리는 전혀 갖고 있지 않다.[26] 경영진의 영구 집권 체제가 구축되
어 있다.

---

26 Brecht and Mayer(2002); ING 웹사이트(https://www.ing.com/About-us/Corporate-governance/
Shareholder-influence/Largest-investors.htm).

자동차 회사 피아트Fiat와 페라리Ferrari, 영국의 경제 주간지 『이코노미스트The Economist』, 축구 클럽 유벤투스Juventus, 호텔 체인 클럽메드Club Med, 통신사 텔레콤이탈리아Telekom Italia 등을 계열사로 거느리고 있는 이탈리아 최대 그룹 엑소르Exor도 대표적인 대주주경영이다. 과거에는 아그넬리Agnelli 가문이 80% 이상을 통제하는 지주회사 IFI를 중심으로 복잡한 상호 출자, 순환 출자에 바탕을 두고 그룹이 운영됐다. 2008년에는 출자 관계를 단순화하면서 IFI가 통제하고 있던 프랑스 지주회사 엑소르Exor를 그룹 통제의 정점으로 올렸다. 2016년에는 이탈리아보다 복수의결권 활용이 자유로운 네덜란드로 엑소르 그룹의 본사를 옮겼다. 엑소르는 아그넬리 가문의 회사 지오바니 아그넬리 B. V.Giovanni Agnelli B. V.가 2017년 말 기준으로 52.99%의 절대적 지분을 갖고 통제한다.[27]

일본은 제2차 세계대전 패배 후 맥아더 사령부가 미쓰이, 미쓰비시 등 '자이바츠'들을 전범으로 분류하여 해체시켰다. 그렇지만 해체됐던 자이바츠 계열사들은 1950년대에 6·25전쟁 특수 및 중화학 산업화를 거치면서 '게이레츠系列'로 부활했다. 중앙에 강력한 통제력을 갖는 개인이나 가족은 없어졌지만 계열사들이 상호 출자, 순환 출자 등으로 얽히면서 그룹으로 활동한다. 전문경영 비즈니스그룹이라고 할 수 있다. 일본 게이레츠에서 대주주경영이 없는 것은 자연스러운 현상이라기보다 맥아더 사령부의 혁명적 조치 때문이라고 봐야 할 것이다.

한편 창업 가문의 계보가 이어지고 있는 토요타, 혼다 등과 같이 수직 계열화 그룹은 한국의 재벌과 비슷한 통제 구조를 갖고 있다. 창업 4세로

---

27 Bianchi et al.(2002); Exor(2019); Exor history at Exor 웹사이트(https://www.exor.com/home/EXOR/La-nostra-storia.html); 위키피디아(https://en.wikipedia.org/wiki/Exor(company)).

토요타 자동차의 최고경영자를 맡고 있는 토요다 아키오豊田章男 사장의 지분은 0.15%에 불과하다. 토요타 일가의 지분을 모두 합해도 2% 안팎에 불과하다. 대신 그룹에 대한 통제력은 다음과 같은 상호 출자, 순환 출자를 통해 안정적으로 유지된다.

"[토요타] 자동차는 자동직기의 1대 주주이고, 자동직기는 자동차의 2대 주주[경영에 참여하지 않는 금융회사를 제외하면 사실상 1대 주주]다. 또 자동차는 덴소의 1대 주주이고, 덴소는 자동차의 6대 주주다. 자동직기는 덴소와 아이신정기의 2대 주주이고, 덴소와 아이신정기는 각각 자동직기의 2대, 7대 주주다. 덴소는 아이신정기의 3대 주주, 아이신정기는 덴소의 7대 주주다. 이런 방식으로 도와 부동산은 자동직기, 덴소, 아이신정기 3사와 모두 상호 출자 관계를 맺고 있다. 이 밖에 토요타 통상, 토요타 방직 등도 핵심 계열사들과 상호 출자 또는 순환 출자 관계를 맺고 있다."[28]

신흥국의 대기업에는 대주주경영이 일반적이다. 인도의 경우 릴라이언스그룹, 타타그룹, 미탈그룹 등이 한국의 재벌과 유사한 대주주경영이다. 동남아시아에서도 인도네시아의 살림그룹, 리포그룹, 아스트라그룹, 시나마스그룹, 말레이시아의 르농그룹, 사임다비그룹, CIMB그룹, 필리핀의 아얄라그룹, 로페즈그룹, 고통웨이그룹 등의 핵심 기업들이 재벌식 대주주경영이다.[29] 중국에는 중앙정부나 지방정부가 통제력을 발휘하는 '사회주의적 시장경제' 기업들이 많다. 알리바바그룹, 레노버그룹 등 개인 기

---

28 천광암(2018).

29 Gutierrez and Rodriguez, R.(2013).

업이라고 하는 곳들은 대주주경영이 많다.[30] 대만에서도 포모사그룹, 홍하이그룹 등 시치에關系企業라고 불리는 재벌식 대주주경영이 강력하게 존재한다. 신흥국에서도 미국과 마찬가지로 중소·중견 기업들은 대부분 대주주경영이라는 사실은 더 말할 나위가 없다.

4. "좋은 경영 성과를 내는 지배구조가 좋은 기업지배구조다"

전 세계 성공한 대기업들의 통제방식을 비교해볼 때 바로 드러나는 것은 다양성이다. 다양성의 이유는 너무나 당연한 데 있다. 기업이 성장한 역사와 환경이 다르기 때문이다. 기업의 전략도 다양하다. 경영자들이 어떤 가치관을 갖고 어떤 기업 문화를 만들어내려고 했는지도 다양하다. 기업통제방식에는 이러한 다양성이 반영될 수밖에 없다. 미국산 기업지배구조론은 이 다양성을 무시하고 기업지배구조의 표준이나 모범을 만들어 적용하려는 것이다. 특정 가치에 편향된 이상향에 맞춰 현실을 재단하려기보다 현실에서의 다양성을 있는 그대로 받아들이고 그 연장선상에서 기업통제방식을 이해해야 한다.

이러한 문제의식에 입각해서 이 책은 **기업명제 7** "좋은 경영 성과를 내는 지배구조가 좋은 기업지배구조다"를 제시한다. 또 **따름정리 7-1** "좋은 경영 성과를 내는 전략과 조직이 다양한 것과 마찬가지로 좋은 기업통제방식은 다양할 수밖에 없다"와 **따름정리 7-2** "이상적 지배구조를 내세우는 기업지배구조론은 기업통제와 경영 성과 간의 다양한 관계를 무시하는 허

---

30 He et al.(2013).

구다"를 내놓는다. 좋은 경영 성과를 내는 기업통제방식이 실제로 어떻게 작동하는지를 좀 더 자세히 살펴보자.

(1) 감시 카메라 성능 높인다고 경영 성과 좋아지지 않는다

기업지배구조론자들이 원칙이나 표준 같은 것을 쉽게 만들어낼 수 있다고 생각하는 이유 중 하나는 기업통제라는 기업 권력 행사 메커니즘을 기업에 대한 외부 감시에만 초점을 맞추어서 다루기 때문이다. 주주가치론은 이런 경향을 드러내는 극단적 시각이다. 경영진에 대한 주주의 감시를 강화해야 경영진이 주주의 대리인으로서 제대로 일하고 따라서 기업이 좋아지고 경제도 좋아진다고 주장한다.[31] '스튜어드십 코드Stewardship code'라는 것도 기업 감시 방법에 대한 '표준code'을 만들 수 있다는 전제에서 나오는 얘기이다.[32]

미국산 기업지배구조론이 세계로 퍼져 나가고 있던 2000년대 초 프랑스의 미셸 아글리에타Michel Aglietta는 다음과 같이 지적한 바 있다. "비즈니스에서 주당 수익률ROE을 높이려면 두 가지 방법이 있다. 한 가지는 좋은 것이고, 다른 한 가지는 썩 좋은 것이 아니다. 첫 번째는 제품, 서비스, 마케팅을 개선하는 것이다. 두 번째는 관리자가 돈주머니에 손대지 못하도록 카메라를 설치하는 것이다. 기업지배구조 논의는 사업 관리보다 카메라에 더 관심을 두는 것 같다."[33]

감시 카메라를 설치하는 것은 상대적으로 굉장히 쉬운 일이다. 전국

---

31   주주가치론에 대한 비판은 3.4절 참조.
32   3.5절, 6.5절 및 보론 '스튜어드십 코드의 5대 왜곡과 중장기 투자 북돋는 기관-기업 규준 5대 제안' 참조.
33   Aglietta(2005: 32). 아글리에타는 이 비유가 바쉬(L. Batsch)가 한 말을 인용한 것이라고 밝힌다.

에 방범을 강화하기 위해 일정 수준 이상의 카메라가 설치돼야 한다는 표준code을 제시하기도 상대적으로 쉽다. 어떤 조직이건 잘못되는 일이 벌어지지 않도록 적절한 감시 기능은 물론 필요하다. 그러나 최첨단 카메라를 많이 설치한다고 해서 기업 경영이 개선되리라는 보장은 없다. 기업 경영이 좋아지기 위해서는 끊임없이 혁신을 해야 한다. 아글리에타가 얘기한 첫 번째 방법, 즉 '제품, 서비스, 마케팅 개선'을 해야 한다. 다시 말해 값싸고 질 좋은 제품과 서비스를 지속적으로 내놓아 소비자의 선택을 받아야 하는 것이다(**기업명제 4**). 이 가치 창조 과정, 즉 기업존재론의 실현 과정에는 카메라 설치보다 훨씬 복잡하고 고도의 집합적 역량이 필요하다.

(2) 다양성은 창조적 경쟁의 결과

기업의 다양한 통제방식은 이러한 가치 창조 과정의 다양성에서 나타나는 결과로 봐야 한다. 가치 창조를 위한 혁신의 3대 기능적 조건 중에 '전략적 통제strategic control'가 있다.[34] 전략은 남과 같아서는 쓸모가 없다. 남들과 뭔가 다르게 해야 경쟁력을 갖는다. 또 남과 다르게 하는 것이 결과를 낼 때까지 통제력이 유지되어야 한다. 남과 전략을 다르게 하다 보면 조직도 남과 뭔가 다르게 된다. 그렇게 남과 다르게 하려는 노력이 축적되다 보면 남과 다른 기업 발전의 궤적이 생긴다. 여기에 더해서 기업이 처한 환경도 많이 다르다. 나라마다 상법이나 세법, 노사관계가 다르다. 주식시장의 규제나 여타 금융 환경도 차이가 난다. 이렇게 다른 여건에 적응해야 하는데 기업들이 같은 전략이나 조직을 취하는 것이 오히려 이상

---

34   2.2절 참조.

한 일이다.

이렇게 볼 때 경영 컨설턴트들이 종종 꺼내드는 '베스트 프렉티스best practice'라는 말처럼 무의미하고 현실을 호도하는 용어가 없다. 기업 경영에 그런 정답이 있다면 얼마나 좋을까? 아무리 바보 같은 사람도 그 교본을 따르면 경영을 아주 잘할 것이다. 모든 사람들이 최고경영자가 될 것이다. 정말 베스트 프렉티스라는 것이 있다면 기업들이 다 똑같아져야 한다. 경쟁에서 특별히 이기는 기업도 없고 지는 기업도 없이 모든 기업들이 '베스트 프렉티스'라는 것을 사용하면서 고만고만하게 경쟁할 것이다. 어떻게 '베스트'보다 더 나은 것이 나올 수 있겠는가?

그렇지만 현실은 그렇지 않다. 경영은 오히려 정답이 없으니까 중요하고 그래서 경영자의 역량이 필요한 것이다. 타산지석이라는 말처럼 남들이 하는 것에서 배울 점은 항상 있다. 잘하는 기업으로부터 배울 건 배워야 한다. 그러나 똑같이 따라 해서는 남을 이기지 못한다. 전략이라는 것도 결국은 남과 다르게 하는 것이다. 모든 기업들이 똑같은 전략을 쓰고 있다면 그 전략은 이미 쓸모없는 것이다. 그런데 많은 사람들이 기업 경영에서 전략의 중요성을 얘기하면서 동시에 베스트 프렉티스를 좇아야 한다고 얘기한다. 그 사람들은 실제로 전략이 무엇인지, 성공했다는 기업들이 실제로 왜 성공했는지를 잘 모르는 사람들이다. 전략과 조직을 논할 자격이 없다. 전략과 조직의 요체는 다양함에 있다. 남과 다르게 해야 이길 수 있다. 기업들이 서로 다른 것을 내놓으려고 경쟁하다 보니 '베스트'에서 정지되어 있는 것이 아니라 끊임없이 개선과 조정이 이루어지는 것이다.

스마트폰 시장에서 애플과 삼성전자가 경쟁하는 과정을 살펴보자. 두 회사는 경쟁하는 방식이 많이 다르다. 국내에서 흔히 나오는 언론 보도나 경영 컨설팅 조언을 보면 삼성이 애플처럼 창의성을 더 많이 갖춰야만 경쟁에서 이길 수 있다고 한다. 삼성이 스마트폰 출하 대수에서는 애플을 앞지르지만 이익률에서 크게 떨어지는 것을 '창의성' 부족의 결과로 치부하는 사람들마저도 있다.

이것은 애플과 삼성의 결정적 차이, 즉 전략의 다양성을 무시하는 것이다. 첫째, 애플과 삼성은 선발주자와 후발주자라는 점에서 크게 다르다. 애플은 스마트폰 시장의 개척자로서 스마트폰의 소프트웨어와 핵심 하드웨어를 스스로 만들고 이를 통합시키는 '폐쇄 모델'이다. 이에 따라 소프트웨어와 하드웨어 간의 연동이 처음부터 대단히 매끄럽다seamless. 또 소프트웨어 플랫폼을 장악하고 있기 때문에 스마트폰만 파는 것이 아니라 앱 스토어App Store를 통해 앱 판매 수수료를 챙기면서 거대한 파생수익을 올린다.

그렇지만 후발주자에게는 애플과 같이 돈 버는 길이 별로 열려 있지 않다. 애플이라는 커다란 폐쇄 모델 생태계가 이미 만들어져 있는 상황에서, 후발주자들이 새로운 폐쇄 모델 생태계를 만들어서 경쟁하는 것은 거의 승산이 없는 일이었다. 그래서 후발주자들이 택한 것은 '개방 모델'이다. 공통의 플랫폼을 만든 뒤 아무나 쉽게 참여할 수 있도록 함으로써 후발주자들의 네트워크를 최대한 키워서 경쟁하는 것이다. 공통의 개방 플랫폼은 구글이 안드로이드를 통해 만들어냈다. 구글이 이렇게 할 수 있었던 것은 비록 스마트폰 시장에서는 후발주자이지만 검색시장에서는 최강자라는 선발주자 이점을 강하게 갖고 있었기 때문이다. 안드로이드를 공짜로 주더라도 안드로이드폰 사용자들이 구글 검색서비스를 많이 사용하면 거기서 수익을 올릴 수 있다. 게다가 구글플레이를 통해 앱이 많이 다운로드되면 애플의 앱스토어처럼 커다란 파생수익을 올릴 수 있다.

삼성은 애플이나 구글이 갖고 있는 선두주자 이점 없이 후발주자로서 스마트폰 시장에 뛰어들었다. 독자적인 폐쇄 모델을 구축할 힘도 없고 소프트웨어 역량에서도 구글과 경쟁할 수준도 아니었다. 삼성 입장에서는 안드로이드 진영에 들어가서 하드웨어에서부터 도전하는 것이 그나마 열려 있는 창이었다. 그래서 삼성이 택한 전략은 품질 좋고 다양한 스마트폰을 지속적으로 만들어내는 것이었다. 최고급품 시장에서 애플과 경쟁하는 한편, 새로운 고객이 많이 생기는 신흥국 시장에서 팔릴 수 있는 중저가 제품도 다양하게 만들어냈다. 그러다 보니 애플은 연간 5~6개의 모델을 내놓는 데 반해, 삼성은 연간 20~30개에 달하는 다양한 모델을 만들어내야 했다.

어느 누가 훨씬 적은 종류의 스마트폰을 만들며 큰 이익 올리는 전략을 마다하겠는가? 그러나 후발주자 입장에서는 이 전략을 똑같이 따라 하면 필패다. 선택할 수가 없는 옵션이다. 여기에서 애플과 삼성을 구분하는 두 번째 전략이 나온다. 애플은 스마트폰 생산 및 플랫폼 지배력 유지에 초점을 맞추고 대부분의 부품을 외주 줘서 이익을 높이는 전략을 취하는 반면, 삼성은 제조 능력과 투자 능력을 기반으로 스마트폰 자체뿐만 아니라 스마트폰 부품까지 종합적으로 생산하는 전략을 취한다. 현재 세계에서 삼성만큼 스마트폰 관련 제조 능력을 두루 갖추고 있는 회사는 찾을 수 없다. 스마트폰의 두뇌인 애플리케이션 프로세서AP에서부터 메모리, 그래픽, 모니터, 카메라 모듈 등 거의 모든 핵심 부품을 직접 만든다. 이 능력이 있으니까 남보다 빨리 새로운 제품을 만들어낼 수 있고 제품을 다변화하는 것도 용이하다.

　이렇게 애플과 삼성 간에 서로 다른 전략에 관심을 기울여보면 '선택과 집중'이 필요하다는 일반적 전략 조언도 근본적으로 다시 생각해봐야 한다. 애플은 선택과 집중을 할 수 있다. 그것이 경쟁력을 유지하면서 이익을 높이는 길이기도 하다. 반면 삼성은 다변화를 통해 경쟁력을 유지한다. 스마트폰의 종류도 다양화하고 스마트폰 부품도 다양하게 만들면서, 즉 다변화된 종합 제조 업체로서 경쟁력을 유지하는 것이다. 따라서 스마트폰 자체에서는 애플보다 이익률을 높이기 어려운 구조다. 반면 스마트폰 시장이 확장되면서 스마트폰 부품 수요가 많이 늘어나니까 이를 통해 완제품과 부품을 합친 전체 매출과 이익을 높이는 전략을 취하는 것이다.

(3) 장기 투자 여건을 어떻게 만들어내느냐가 중요

기업통제방식에 대해 전문경영과 가족경영의 일반적 장단점을 비교해서 둘 중 한 가지를 선택해야 한다고 생각하는 사람들도 베스트 프랙티스론자들과 비슷하게 다양성을 무시하는 흑백논리에 사로잡혀 있다. 미국산 기업지배구조론은 전문경영이 마치 이상적 경영 체제라는 전제에서 출발하고 있지만, 앞에서 강조했듯이(3.4절 및 4.3절) 미국에서나 전 세계적으로나 가족경영 혹은 대주주경영이 훨씬 더 보편적이다. 경영 성과를 평균적으로 보면 가족경영이 전문경영보다 더 효율적인 것으로 나타난다. 미국에서조차 가족경영이 전문경영보다 매출증가율과 이익증가율에서 모두 앞서는 것으로 조사된다(따로읽기 4-1 '가족경영의 보편성과 상대적 효율성').

　그렇다고 전 세계 모든 나라들이 가족경영을 택해야 하는가? 그렇지는 않다. 전문경영 체제로 넘어간 기업을 가족경영으로 되돌리는 것은 쉽지 않다. 역사에는 불가역성이 있다. 가족경영이라고 해서 모두 잘되는 것도 아니다. 실패한 가족경영도 있고 성공한 가족경영도 있다. 한진해운과 같이 능력 없는 가족이 최고경영자가 됐다가 몰락한 케이스도 있다. 발렌베리그룹과 같이 5세대에 걸쳐 성공적으로 가족경영 체제를 유지하는 곳도 있다. 전문경영도 마찬가지다. 잘되는 전문경영도 있고 잘 못되는 전문경영도 있다. 폭스바겐이나 ING그룹과 같은 경우는 오래도록 성공적인 전문경영 체제를 유지해가고 있다. 한 세기가량에 걸쳐 성공적 전문경영의 대표적 사례로 얘기되어오던 제너럴일렉트릭은 최근 대표적 실패 사례로 전락했다.[35]

경영 성과는 가족경영이냐 전문경영이냐 등 통제방식에 관한 선택이 아니라 기업존재론을 실현하는 구체적 방법을 각자 처한 여건에서 어떻게 잘 찾는가에 달려 있다. 가족경영이 전문경영보다 평균적으로 높은 경영 성과를 보이는 한 가지 이유는 전략적 통제를 상대적으로 오래 지속할 수 있는 여건을 갖추고 있기 때문에 장기 투자를 더 많이 할 수 있다는 데 있다. 전문경영인들은 재임 기간이 짧고 그 임기 중 성과에 따라 재임명 여부가 결정된다. 이들은 자연히 단기 실적을 내는 데 관심을 기울이게 된다. 전문경영인이 해당 기업의 10년, 20년 후의 장래를 생각하며 투자 결정을 내리는 것은 쉽지 않다.

반면 가족경영은 본인이 살아 있는 동안, 더 나아가 가족에게 승계한 이후까지도 길게 보고 결정을 내릴 수 있기 때문에 훨씬 다양한 투자를

---

35 'Charting GE's Historic Rise and Tortured Downfall', *Bloomberg*, 2019년 1월 30일 자; 'GE Powered the American Century—Then It Burned Out', *Wall Street Journal*, 2018년 12월 4일 자.

진행할 수 있다. 경영 성과는 투자의 양과 질에 따라 결정된다. 투자에 대해 장기적 시각을 가질수록 수행할 수 있는 투자의 종류가 많아지고 추진력도 생기는 것이 당연하다.

전문경영 체제도 미국이 '팍스 아메리카나Pax Americana'를 일구었던 20세기 중반에는 장기 투자를 많이 했다. 이때에는 일반 주주들이 분산되고 힘도 약했기 때문에 단기 이익 배분을 강하게 요구하는 채널도 그런 이데올로기도 없었다. 이런 환경에서 장기 비전을 가진 전문경영인들이 '유보와 재투자'의 철학을 실현했다. 주요 대기업들은 1930년대의 대불황기에도 연구 개발 투자액을 오히려 늘렸다. 미국의 전문경영 체제가 세계의 존경을 받던 시기였다.

그러나 1980년대부터 기업사냥꾼의 시대가 도래하고 주주가치론이 득세하면서 미국 전문경영인들의 철학이 '축소와 배분'으로 바뀌어가기 시작했다. 단기주가 움직임에 의해 크게 좌우되는 주식옵션 등에 의해 성과급을 받는 경영자들이 많아지고 일반 주주들의 단기 이익 배분 요구가 강해지면서 미국의 전문경영 체제는 회사가 공들여 쌓아놓은 자산을 자사주 매입 등으로 외부에 빼내는 데 급급해지고 장기 투자를 등한시하게 된 것이다.[36]

1장의 〈그림 1-4〉를 확장해서 미국 기업의 통제 변화를 역사적으로 비교해보면 〈그림 4-4〉과 같이 될 것이다. 1980년대 이후 펀드자본주의가 강화되고 이들이 갖고 있는 힘을 배경으로 주주가치론이 득세하면서 전문경영인이 갖고 있던 기업통제력에 큰 변화가 생겼다. 일반 주주의 대다수가 개

---

36 3.4절 참조.

그림 4-4 미국 기업통제의 역사적 변화

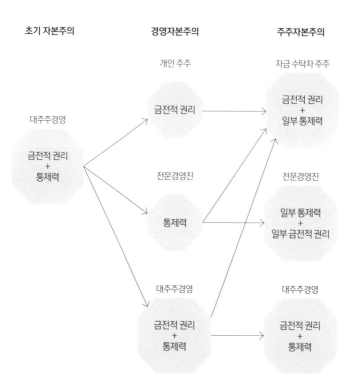

초기 자본주의

경영자본주의

주주자본주의

개인 주주

자금 수탁자 주주

대주주경영

금전적 권리
+
통제력

금전적 권리

금전적 권리
+
일부 통제력

전문경영진

전문경영진

통제력

일부 통제력
+
일부 금전적 권리

대주주경영

대주주경영

금전적 권리
+
통제력

금전적 권리
+
통제력

인 주주였던 시대에는 이들이 기업통제력을 행사할 의사도 힘도 거의 없었다. 그러나 연금, 뮤추얼펀드, 헤지펀드, 사모펀드 등 자금 수탁자에게 개인과 기업의 돈이 모이면서 자금 수탁자 주주의 기업에 대한 통제력이 확대되기 시작했다. 한편 전문경영진은 주식옵션 등의 금전적 권리를 일부 받는 한편, 통제력의 일부를 자금 수탁자 주주에게 내주었다.

한 가지 잊지 말아야 할 사실은 이러한 역사적 변화 과정에서도 대주주경영이 숫자상 대세로 남아 있다는 것이다. 미국이 초기 자본주의에서 경영자본주의로 옮겨갈 때도 대주주경영으로 계속 남아 있는 대기업들이 많이 있었다.[37] 경영자본주의 시대에도 대주주경영이 대세일 수밖에 없던 이유는 새로운 기업이 계속 태어나고 성장하기 때문이다. 중소기업이나 상장 전 대기업들은 거의 다 대주주경영 체제다. 주주자본주의로 넘어가서도 마찬가지다. 대기업 중에서 대주주경영이 상당수 남아 있고, 계속 태어나고 성장하는 기업들 중에서는 대주주경영이 절대적 대세다. 하지만 상장한 대주주경영 기업들에 대해 내사랑이 아이들(주)이 느끼는 것처럼 금융 투자자들의 주주 가치 추구 압력이 과거보다 훨씬 강해져 있는 상태이다.

주주자본주의 강화에 대응해서 장기 투자 체제를 유지하기 위해 기업이 택할 수 있는 방법은 크게 세 가지다. 첫째는 가능한 상장을 하지 않는 것이다. 2000년대 이후 사모펀드 시장이 확대되면서 과거 같으면 벌써 상장했을 기업들이 비상장 체제를 많이 유지하고 있다. 확장에 필요한 자금을 사모펀드 등을 통해 조달하고 상장을 하지 않든지, 가능한 한 늦추는 것이다. 세계 최대 차량 공유 업체인 우버Uber는 사모를 통해 확장을 계속한 뒤 2019년에야 뒤늦게 상장했다. 업계 2위 차량 공유 업체 그랩Grab은 사모시장을 통해 여러 차례 대규모 자금을 조달했지만 아직 기업공개를 하지 않고 있다.

둘째는 상장한 기업을 비상장으로 전환하는 것이다. 델Dell 컴퓨터는 월가의 단기 이익 추구 압력에서 자유로워지고 싶다면서 2013년 244억 달러(약 28조 원) 규모의 자금을 사모펀드와 개인 투자자로부터 조달해서

37　Burch(1972), 1.2절 논의 참조.

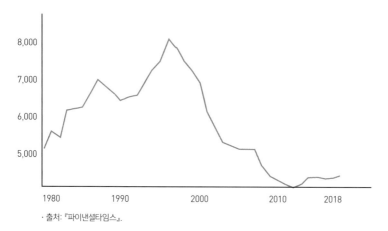

그림 4-5 반토막 난 미국의 상장기업 숫자

· 출처: 『파이낸셜타임스』.

상장 폐지했다. 상장 포기 및 연기와 상장 폐지가 많아지면서 미국 주식 시장에 상장된 기업 숫자는 1996년에 약 8,000개에서 2019년에는 4,000개가량으로 반토막 났다(그림 4-5).[38]

셋째, 차등의결권을 사용하는 것이다. 기업에 대한 통제력을 안정시키고 금융가의 단기 이익 추구 요구에 차단벽을 설치해 장기 투자 체제를 유지하려는 것이라고 할 수 있다. 실제로 구글과 같은 회사는 장기 투자를 위해 차등의결권을 도입한다는 사실을 명확히 밝힌 바 있다. 2004년에 구글이 나스닥에 상장할 때 금융가와 여론은 차등의결권 주식 발행에 비판 일색이었다. 그러나 창업자인 래리 페이지와 세르게이 브린은 "차등의결권은 단기 이익을 좇는 월스트리트식 경영 간섭에 제한받지 않고 장기

---

38 물론 여기에는 상장 연기 및 폐지뿐만 아니라 상장기업 간 합병에 의해 기업 숫자가 줄어든 것도 적지 않은 영향을 미쳤다. 'The incredible shrinking stock market', *Financial Times*, 2019년 6월 27일 자; Doidge(2017); Ernst & Young(2017) 등 참조.

적인 기업 전략 수립 및 경영을 가능하게 한다"라면서 "이것이 싫다면 구글에 투자하지 말라"라고 반박했다.[39]

미국 기업들의 경영 성과는 이러한 장기 투자를 위한 차등의결권 옹호론을 뒷받침한다. 차등의결권을 가진 회사의 경영 성과가 그렇지 않은 회사들에 비해 높기 때문이다. 2017년의 경우 미국에서 전체 상장사의 평균 주가상승률은 27%였던 반면, 차등의결권 회사의 주가상승률은 32%였다. 2018년에도 상장사 평균 주가상승률은 35%인 반면, 차등의결권 회사들의 주가상승율은 52%였다.[40] 기업지배구조론자들이 보기에 '나쁜 지배구조'를 가졌다는 기업들의 경영 성과가 그렇지 않은 기업들의 경영 성과보다 평균적으로 더 좋은 것이다. 감시 카메라의 성능이 경영 성과를 결정 짓지 못하는 또 다른 증거다.

실리콘밸리에서는 기업의 장기 성장을 추구하는 주식시장을 별도로 만드려는 움직임도 나타나고 있다. 한 벤처기업이 주요 벤처캐피털의 지원을 받아 '장기 주식거래소Long Term Stock Exchange'라는 주식시장을 설립하겠다는 제안서를 냈고 2019년 5월 SEC의 승인을 받았다. 이 주식시장 설립안에서 가장 흥미로운 내용은 기업의 '장기 가치 창조long-term value creation'에 초점을 두고 암스테르담 증권거래소처럼 주식을 오래 보유하는 주주에게 그 기간에 따라 투표권을 더 많이 주겠다는 것이다.[41] 미국 경제의 혁신은 실리콘밸리가 주도한다는 것은 대부분이 인정하는 사실이다.

39 김수연(2015).

40 'Dual class IPOs are on the rise: Tech unicorns jump on board this new trend', PwC's Deals Blog(https://usblogs.pwc.com/deals/dual-class-ipos-are-on-the-rise-tech-unicorns-jump-on-board-this-new-trend).

41 'Silicon Valley eyes plan to reward long term shareholders', *Financial Times*, 2019년 6월 28일 자. Posner(2019); SEC(2019).

혁신을 주도하는 주체들이 기업통제의 목적과 방법에 대해 기업지배구조
론자들과 전혀 다른 생각을 갖고 있다는 또 다른 반증이다.

가족경영의 보편성과 상대적 효율성

전 세계적으로 보면 가족경영이 전문경영보다 훨씬 더 보편적이다. 그 이유는 무엇보다도 인간의 본성에서 찾아야 할 것 같다. "피는 물보다 진하다"라는 말처럼 사람들은 일반적으로 가족을 더 가깝게 느끼고 이왕이면 사업을 가족에게 넘기고 싶어 한다. 모르는 사람들을 끌어들여서 신뢰 관계를 쌓는 것보다 가족들을 끌어들이면 신뢰를 쌓는 데 별도로 비용을 들일 필요도 없고 사업하는 것이 여러모로 편해지는 경우가 많다.

전문경영과 비교할 때 가족경영이 갖는 한 가지 장점은 경영의 지속성이 보장되기 쉽다는 데 있다. 전문경영인들은 재임 기간이 짧게 정해져 있고 그 기간 중의 성과에 따라 재임명 여부가 결정된다. 이들은 자연히 단기 실적을 내는 데 관심을 기울이게 된다. 전문경영인이 해당 기업의 10년, 20년 후의 장래를 생각하며 현재의 결정을 내리는 것은 쉽지 않다. 반면 가족경영은 본인이 살아 있는 동안, 더 나아가 가족에게 승계한 이후까지도 길게 보고 결정을 내릴 수 있다.

스웨덴의 최대 그룹 발렌베리는 장기 투자로 유명하다. 이 가문의 5세대 자손으로 현재 최고경영 책임을 공동으로 맡고 있는 야콥 발렌베리는 한 인터뷰에서 자신들의 전략은 "보유하기 위해 매입하는 것buy to hold"이라며 자신들에게 '보유'란 "100년 이상을 뜻하는 것"이라고 말한다.[42] 투자는 미래를 바라보고 하는 것이다. 먼 미래를 볼수록 투자할 것이 많아진다. 가족경영 기업들이 전문경영 기업들보다 대체적으로 투자를 많이 하는 이유가 여기에 있다.

가족경영에 대한 실증 연구 결과들을 보면 전문경영보다 가족경영이 매출액 증대나 이익 증가에서 평균적으로 더 좋은 성과를 내는 것으로 나타난다. 1990년대 초 미국 800대 기업을 살펴보면 가족경영 기업들이 동종 산업 평균보다 수익성이 33% 더 높았고 15% 더 빨리 성장했다. 1992년부터 2002년까지 S&P 500대 기업을 보면 매출증가율에서 가족경영은 23.4%, 전문경영은 10.8%로 차이를 보였고, 이익증가율에서는 각각 21.1%와 12.6%의 격차가 났다.

1980년대 영국의 325대 기업에 대한 조사에서도 가족기업들이 비가족기업들보다 이익률, 매출증가율, 자산증가율에서 모두 앞섰다. 1982년부터 1992년까지 프랑스 1,000대 기업 중에서 업종이 같고 크기가 비슷한 기업들 47쌍을 비교했을 때 자기자본이익률ROE은 가족경영이 25.2%, 비가족경영이 15.8%였고, 매출액대비이익률ROS은 각각 5.4%와 3.6%이었으며, 매출액 증가율에서도 가족경영이 비가족경영을 앞섰다(표 4-3).[43]

가족경영이 갖고 있는 부작용도 물론 있다. 대주주의 '독단 경영'이 사업을 그르칠 수도 있고 능력 없는 자녀들이 경영에 참여하면서 회사가 나빠질 수도 있다. 그렇지만 국제 실증 연구 결과들은 평균적으로 이러한 부작용보다 긍정적 효과가 더 높은 것으로 나온다. 가족경영을 비판하는 사람들은 가족경영이 잘못되는 경우만 예로 들어서 이를 강조하는 경향이 있다. 그러나 전문경영도 잘못되는 경우가 많다. 두 가지 경영 방식을

---

42 'Meet the Wallenbergs', *The Financial Times*, 2015년 6월 5일 자.
43 Miller and Breton-Miller(2005).

표 4-3 가족기업과 비가족기업의 경영 성과 비교

가족경영 대 비가족경영	표본
연평균 주주수익률 가족기업 16.6% 대 S&P기업 14%*	미국 200대 가족기업의 주가지수(1975~1995)
ROA 5.4% 대 4.1% TSR 15.6% 대 11.2% 매출증가율 23.4% 대 10.8% 이익 증가율 21.1% 대 12.6%	S&P 500(1992~2002)
가족기업이 전체 평균보다 이익이 33% 높고 15% 더 빠르게 성장	1990년대 초 미국 800대 공개기업
높은 이익율, 매출 및 자산 증가율	1980년대 영국의 325대 제조 업체
TSR 76% 대 9%	파리 증시상장 250개 기업(1989~1996)
ROE 25.2% 대 15.8% ROA 7.6% 대 6.1% ROC 18.5% 대 12.6% ROS 5.4% 대 3.6% 가족기업의 매출성장률이 더 높음	프랑스 1,000대 제조 업체 중 업종과 크기가 비슷한 47쌍의 가족기업과 비가족기업
ROS 8.8% 대 3.3% ROC 27% 대 6%	104개 스페인 가족기업과 스페인중앙은행에 등록되어 있는 4,702개 비가족기업(1991)

* S&P기업의 3분의 1이 가족기업이기 때문에 가족기업의 성과가 실제보다 저평가.

· TSR: total shareholder returns(주주총수익률), ROS: returns on sales(매출액이익률), ROA: returns on assets(자산수익률), ROE: returns on equity(자기자본이익률), ROC: returns on total capital(총자본수익률).

· 출처: 신장섭(2008, 표 5-3. 'Miller and Breton-Miller(2005)'에서 발췌 요약).

종합적·객관적으로 비교해야 한다. 또 가족경영을 전문경영 체제로 바꾼다고 해서 꼭 잘되리라는 보장이 없다. 가족경영이면 가족경영대로, 전문경영이면 전문경영대로 어떻게 잘되게 할지에 관한 실질적 원리와 방법을 찾는 것이 중요하다.

'오디오 업계의 애플'이라고도 불리는 보스Bose의 경우를 보면 전문경영 체제에서는 도저히 나올 수 없는 경쟁력이 가족경영에 있다는 것을 알 수 있다. 보스는 비상장기업이고 지분의 대부분을 보스 가문과 경영진이 가지고 있다. 일부는 MIT 대학교가 보유하고 있다. 창업자 보스 박사는 생전에 이런 말을 남겼다고 한다. "상장기업에서 주주들은 회사 내에서 어떤 일이 일어나는지도 모르는 채 회사의 미래를 정하는 중요한 결정을 내린다. 우리 회사가 상장기업이었다면 난 아마 열두 번은 쫓겨났을 것이다. 예컨대 1980년대에 5,000만 달러에 달하는 R&D 투자를 계속했는데 아무런 성과가 나오지 않았다. 그럼에도 연구를 밀어붙였고 결과적으로는 성공했다." 보스는 "목숨을 걸 만큼 기술 개발에 집중하라"라는 창업자의 뜻에 따라 창립 이래 회사 순익의 대부분을 고스란히 R&D에 투자해오고 있다. 선대의 유지遺志가 가족경영을 통해 계승되니까 가능한 일이다.[44]

---

44 「복잡한 건 기업이 도맡아야-버튼만 누르고 즐기게 하라」, 『조선일보』, 2014년 10월 11일 자.

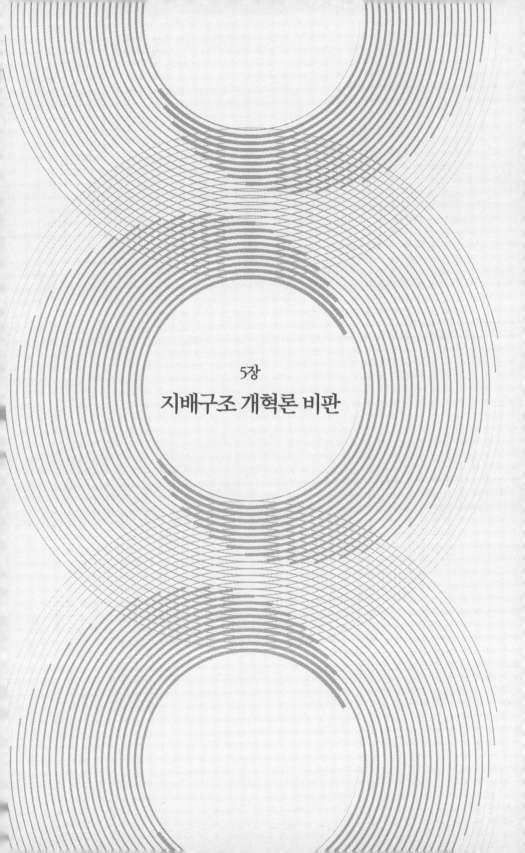

5장
지배구조 개혁론 비판

좋은 경영 성과를 내는 지배구조가 좋은 기업지배구조다(**기업명제 7**). 그것은 좋은 경영 성과를 내는 전략과 조직이 다양하고 기업통제방식에는 그 다양성이 반영될 수밖에 없기 때문이다. 좋은 전략과 조직이 한 가지로 고정되어 있지 않는 것과 마찬가지로 좋은 통제방식도 한 가지만으로 고정되어 있지 않다. 오히려 전략과 조직이 '베스트 프렉티스'라는 것에 고정되어 있으면 혁신의 여지가 사라진다. '베스트 프렉티스 지배구조'라는 것도 신기루다. 그런 지배구조를 갖춘다고 좋은 경영 성과가 따라오지 않는다. 경영 성과는 값싸고 질 좋은 제품·서비스를 지속적으로 창출하는 기업존재론 실현의 결과물일 뿐이다(**기업명제 4**).

그런데 왜 전 세계적으로 기업지배구조 개혁 바람이 세차게 불었는가? 왜 아직도 많은 학자, 정책 담당자, 법률가, 금융가들은 틈만 나면 지배구조 개혁을 소리 높여 외치는가? 나는 3장에서 주주가치론이 수 세기에 걸쳐 제도로 확립된 법인의 존재를 껍데기로 취급하며 기업이 처한 현실을 부정하고 논리와 실증 없이 "복잡한 문제들을 깔끔히 회피한" 허구라고 지적했다(따름정리 6-2). 그리고 주주가치론에 입각한 지배구조 개혁이 가장 많이 진행된 미국에서 약탈적 가치 착출과 중산층 붕괴라는 개혁 명분과 정반대 결과가 나타났다는 사실을 강조했다.

논리와 실증이 빈약한데도 지배적 담론이 되었다면 그 이유는 논리와 실증 바깥에서 찾아야 한다. 기업지배구조론은 권력 투쟁의 이데올로기로 봐야만 전모를 이해할 수 있다. 그 배경에는 1980년대 이후 비약적으로 성장한 일반 주주, 특히 기관 투자자가 있다. 기업지배구조론은 이들의 정치적 행동을 뒷받침하는 이데올로기였고 이들의 힘을 바탕으로 한 시대를 풍미하는 담론이 됐다.

권력 투쟁 이데올로기라는 성격은 '개혁'이라는 정치적 용어가 처음부터 동원된 사실에서 쉽게 이해할 수 있다. 다양성을 인정하는 합리적 논쟁이라면 내 입장이 절대적으로 옳고 상대방은 개혁 대상이라는 식으로 진행되지 않는다. 오히려 왜 다른가를 함께 논의하며 건설적 대안을 찾거나 적절한 절충을 해 나간다. 그렇지만 사안을 선악의 문제로 취급하면 상대방의 잘못이라는 것만 일방적으로 탓하게 되고 결국 힘과 힘의 대결로 흘러간다. 기업지배구조론은 논리와 실증이 없이도 힘의 대결에서 승리했다.

이해관계자론에 입각한 정치적 도전보다 주주가치론에 입각한 정치적 도전이 더 일찍 더 강력하게 힘을 발휘한 것은 주식회사 제도의 기본 성격 때문이다. 주식회사에 대해 법적 통제력을 갖는 유일한 주체는 주주다. 이해관계자는 명백히 기업의 외부자다. 여론이나 정부 정책을 움직여서 기업에 영향을 미칠 수는 있지만 기업에 대해 직접적인 통제력을 갖고 있지는 못하다. 하지만 주주는 주주권을 통해 기업에 대해 직접 영향력을 행사할 수 있다. 기업지배구조론은 주주들이 기업에 대해 갖고 있는 법적 통제력을 기반으로 정치적 행동에 나서면서, 즉 주주행동주의를 통해 강력한 사회적 담론으로 자리 잡았다.

1. 힘으로 득세한 기업지배구조론

기업지배구조론의 득세 과정에서 가장 역설적인 사실은 기업지배구조론이 처음에 약자의 저항 수단인 것처럼 출현했지만, 금세 강자의 지배 수단으로 변모했다는 점이다. 기업지배구조론은 1980년대에 미국 대기업에 대한 비판에서 출발했다. 대기업 경영진이 방만하게 사업을 벌이면서 자신의 아성을 지키는 데만 관심이 있을 뿐 소수 주주의 의견과 이익을 무시한다는 것이었다.

이 프레임에서 대기업 경영진은 강자다. '경영진의 참호managerial entrenchment'를 파놓고 자기 권력만 지키려는 개혁 대상이다. 반면 '소수 주주'를 대변하는 기업사냥꾼, 기관 투자자, 비판적 학자, 비판적 법률가 등 주주행동주의자들은 약자의 연합전선이다. 이들은 약하니까 힘을 합쳐야 하고 시장의 힘을 통해 대기업 경영진을 통제해야 한다. 이렇게 '시장에 의한 기업통제the market for corporate control'가 이루어지면 기업이 효율적으로 바뀌고 소수 주주의 이익도 지켜질 것이라고 내세운다.

(1) '소수 주주' 행동주의와 초超재벌 기관 투자자의 결합

앞에서(3.4절) 논의했듯이 당시 미국 대기업들이 어려움에 처했던 것은 경영진의 전적인 책임이라거나 소수 주주를 무시했기 때문이라고만 보기 어렵다. 또 소수 주주의 권한을 강화한다고 해서 기업이 더 잘 경영될 것이라는 논리적·실증적 근거도 빈약했다. 그럼에도 불구하고 기업지배구조론이 널리 받아들여지게 된 이유는 주주행동주의에 합류해 있던 신흥 강자의 힘에서 찾아야 할 것이다. 그 신흥 강자는 기관 투자자이다.

1950년에 미국 주식시장에서 기관 투자자가 차지하는 비중은 7% 정도에 불과했다. 대부분의 주식은 개인 주주에 의해 보유되어 있었다. 그렇지만 기관 투자자의 비중은 1960년에 14%, 1970년에 26%, 1980년에 40%로 급상승했다. 주주행동주의가 본격적으로 시작된 1980년대 초에는 이미 기관 투자자가 집합적으로 미국 주식시장의 최대 주주로 올라선 상태였다. 또 이 '펀드자본주의' 추세가 앞으로 계속 강화되리라는 것은 금융시장의 상식이었다. 당시 주주가치론을 내세운 학자들이나 주주행동주의자들은 기관 투자자의 영향력 확대를 자신의 이론이나 행동의 지렛대로 삼았다.

실제로 기관 투자자들의 미국 주식시장 점유율은 그 이후 1990년에 52%, 2000년에 63%, 2017년에 62%로 급상승했다(그림 5-1). 이 수치의 기반이 된 연방준비제도이사회FRB 통계에는 헤지펀드나 사모펀드가 포함되어 있지 않다. 이들을 포함하면 기관 투자자의 비중은 70%를 훨씬 넘었다고 봐야 할 것이다. 『연금과 투자Pensions & Investment』는 2017년 4월 기준으로 미국 대기업 주가지수인 S&P 500에 들어 있는 기업 시가 총액의 80.3%, 미국 중소기업 주가지수인 러셀 3000Russell 3000에 들어 있는 기업 시가 총액의 78.1%가 기관 투자자에 의해 보유되고 있다고 추산한 바 있다.[1]

---

1   '80% of equity market cap held by institutions', *Pension & Investments*, 2017년 4월 25일 자.

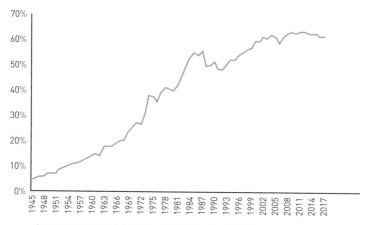

그림 5-1 미국 주식시장에서 기관 투자자 보유 비중 변화

· 출처: 연준FRB의 Z.1 Statistical Release에서 추정. Shin(2020)에서 인용.

　　기관 투자자는 단순히 집합적 최대 주주로서의 지위를 급속히 강화한 것만이 아니었다. 이와 동시에 일부 대형 기관 투자자에게로 주식 지분이 집중되는 과점화寡占化가 빠르게 진행됐다. 2018년 9월 기준으로 '빅3'로 불리는 블랙록, 뱅가드, 스테이트 스트리트는 5조 2,070억 달러(6,000조 원)의 미국 주식을 보유하고 있다. '초재벌'이라고 할 수 있다. 미국 100대 기관 투자자들 보유 주식 3분의 1이 넘는 33.8%가 3대 기관 투자자에 집중되어 있는 것이다(표 5-1). 지분율을 단순 합산했을 때 빅3는 2017년 S&P 500의 투표권을 20%가량 장악하고 있는 것으로 추산됐다.[2]

2　Bebchuk and Hirst(2018).

표 5-1 미국 기관 투자자들의 주식 보유 집중도(2018)

순위	기관 투자자	주식 보유액(10억 달러)
1	Vanguard Group	2,203
2	BlackRock	1,894
3	State Street	1,111
4	Capital Group	793
5	Fidelity Investments	672
6	T. Rowe Price Group	567
7	Wellington Management Group	371
8	Northern Trust Global Investments	324
9	Geode Capital Management	307
10	The Bank of New York Mellon	297
빅3		5,207(33.8%)
5대 기관 투자자		6,672(43.3%)
10대 기관 투자자		8,538(55.5%)
25대 기관 투자자		11,065(71.9%)
100대 기관 투자자		15,395(100%)

· 출처: Capital IQ. Shin(2020)에서 인용.

초재벌 기관 투자자들이 미국 대기업에 대해 실제로 갖고 있는 영향력은 단순 합산 지분율 수치가 보여주는 것보다 훨씬 더 강력하다. 2018년 9월 기준으로 블랙록은 전 세계 2,985개 기업에서 5%가 넘는 지분을 갖고 있다. 뱅가드는 2,067개 기업에서, 피델리티는 1,058개 기업에서 5%가 넘는 지분을 갖고 있다(표 5-2). 『뉴욕타임스』는 「주식 보유 거인들이 조용히 휘젓고 있다」라는 제목의 글에서 블랙록의 힘을 다음과 같이 묘사한 바 있다. "[블랙록은] 미국 5개 기업 중 하나에서 최대 주주다. 이 펀드는 JP 모건체이스JP Morgan Chase나 월마트, 쉐브론Chevron의 대주주이며 미국에서 공개되어 있는 40% 이상의 회사에서 5% 이상의 주식을 통제하고 있다."[3]

만약 '빅3'가 힘을 합치면 미국 대기업을 완전히 장악할 수 있다. 2015년 기준으로 빅3의 지분을 합치면 S&P 500 중 438개 기업에서 최대 주주가 된다. 이 438개 기업은 S&P 500 시가 총액의 78%를 차지한다. 대주주경영이 자리 잡고 있는 알파벳(구글), 버크셔 해서웨이, 아마존, 페이스북, 월마트, 오라클, 컴캐스트, 크라프트-하인스 등을 제외하고 대부분의 대기업에서 빅3가 최대 주주인 것이다. 미국 상장기업 전체를 보면 43%에 달하는 1,662개의 기업에서 빅3가 최대 주주다(그림 5-2).[4]

(2) 기업·기관 역학관계 변화에 역주행한 금융 규제

기업지배구조론의 부상 과정에서 또 다른 역설적 사실은 기관 투자자의 힘이 빠르게 강화되어 기업과 기관 투자자 간 역학관계가 역전되고 있었는데도 불구하고, 기관 투자자가 기업에 압력 넣는 것을 쉽게 해주고 헤지펀드 등과 공동 행동하는 것도 쉽게 해줘서 기관 투자자들의 힘을 더 키워주는 방향으로 금융 규제가 역주행해서 개정된 데 있다. 실제로 1980년대 주주행동주의에 가장 적극적으로 나섰던 기관 투자자는 당시 세계 최대 기관 투자자였던 캘리포니아공무원연금Califonia Public Employees' Retirement System, CalPERS이었다. CalPERS는 자신의 힘을 기반으로 매년 '실패한 50개 기업failing fifty' 명단을 만들고 공격을 집중시키기 위해 기업지

---

3 Craig(2013).
4 Fitchner et al.(2017).

표 5-2 개별 기관 투자자가 5% 이상 지분을 갖고 있는 기업의 숫자(2018)

기관 투자자	기업 수(세계)
BlackRock	2,985
Vanguard Group	2,067
Fidelity Investments	1,058
Capital Group	468
Wellington Management Group	383
T. Rowe Price Group	451
State Street Corporation	217
The Bank of New York Mellon	75
Northern Trust Global Investments	13
Geode Capital Management	0

· 출처: Capital IQ. Shin(2020)에서 인용.

그림 5-2 '빅3'의 경제력 집중도

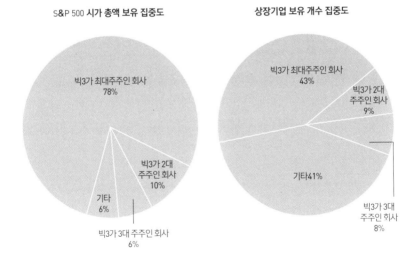

· 출처: Fitchner et al.(2017)의 Figure 2를 재가공함.

배구조 문제에 관해 특별히 '손봐야 할' 12개 기업을 별도로 선정해서 압력을 가했다.[5]

CalPERS는 또 기관 투자자의 힘을 키우기 위해 1985년 전국 22개 공공 및 노조 연금을 끌어모아 기관투자자평의회Council of Institutional Investors를 결성했다. 그 후 뮤추얼펀드 등 다른 기관 투자자들이 참여하고 국제적으로도 조직을 확장해서 CII는 2019년 말 전 세계적으로 총 43조 달러의 자산을 운용하는 회원사를 확보하고 있다. CII는 스스로를 '기업지배구조의 목소리Voice of Corporate Governance'라고 규정하고 기관 투자자 행동주의를 적극적으로 강화한다는 목표를 내세우고 있다.[6]

앞에서 지적한 바와 같이 기관 투자자는 1980년대 초에 이미 집합적으로 미국 기업의 최대 주주가 되어 있었다. 앞으로 그 추세가 강화되리라는 것도 명약관화했다. 하지만 자신이 대기업 경영진에 비해 약자이기 때문에 약자의 권리를 강화해줘서 대기업 경영진을 상대할 때 '균형'을 맞춰달라며 여러 가지 금융 규제 개정을 요구했다. 이 금융 규제 개정 로비에서 기관 투자자들은 기업사냥꾼의 로비 단체라고 할 수 있는 연합주식보유자협회United Shareholders Association, USA와 연합전선을 폈다.[7]

미국 증권거래위원회SEC는 1992년 위임 규제 개정proxy rule change을 통해 CII와 USA의 청원 내용을 거의 다 받아들였다. 첫째, 주식 투자자들은

---

5 Smith(1996).

6 CII 웹사이트(http://www.cii.org).

7 대표적 기업사냥꾼인 T. 분 피컨스(T. Boone Pickens)가 주도해서 1986년에 출범한 USA는 표면적으로 개인 투자자를 대변한다는 목표를 내세웠다. 전국적으로 65,000명이 넘는 회원을 모았다. 그러나 실질적으로는 기업사냥꾼의 로비 단체였다. USA는 CalPERS와 마찬가지로 매년 "경영 성적이 나쁘고, 경영 성적과 최고경영진 보수 간에 괴리가 있고, 지배구조 이슈에 관해 주식 보유자의 요구를 반영하지 않은 정책을 취하고 있는" 50개 기업을 선정해서 집중 공격 대상으로 삼았다.

5% 이상의 지분을 갖고 있지 않는 한, 즉 소수 주주인 한 해당 기업의 어떤 문제에 관해서도 자유롭게 서로 의견을 교환하고 협의할 수 있게 허용했다. 둘째, 주식 투자자들은 SEC가 정한 절차를 거칠 필요 없이 기업 경영진들을 직접 접촉하고 관여할 수 있게 됐다. '관여의 자유 허용'이라고 할 수 있다. 셋째, 주식 투자자들이 언론 등을 통해 공개적으로 기업과 경영진에 관해 발언하거나 비판하고 자신의 주식 매매 의도를 공개적으로 밝히는 것도 "사기가 아닌 한as long as the statements are not fraudulent" 자유롭게 할 수 있게 됐다. '표현의 자유 허용'이라고 할 수 있는 내용이다.[8]

이 1992년 위임 규제 개정은 그동안 미국 정부의 기관 투자자 규제 정신을 완전히 뒤집는 것이었다. 그동안 투자자 카르텔은 엄격하게 금지되고 있었다. 그렇지만 이 규제 개정은 카르텔이라는 표현만 사용하지 않았고 '5% 이내'라는 제한을 달았을 뿐, 투자자들의 '실질적 카르텔de facto cartel'을 허용한 것이라 할 수 있다. 담합하기 위해 첫 번째로 하는 행위는 당사자들끼리 협의하는 것이다. 미국의 반독점법이나 한국의 공정거래법 등에서는 이러한 협의 자체를 불법으로 금지한다. 그러나 위임 규제 개정은 소수 주주들에게 반독점법을 허물어주었다.

또한 과거 금융 규제에서는 기관 투자자가 경영진에 영향력을 행사하면 내부거래가 가능해지고 주가 조작도 쉬워진다는 판단하에 이것을 엄격히 제한했다. 한 증권거래위원회 고위 간부는 의회 증언에서 "[기관 투자자의] 유일한 긍정적 기능은 투자 다변화이다. 그 이상을 하려는 것

---

8 SEC(1992); Sharara and Hoke-Witherspoon(1993); Bainbridge(2005; 2008). 인용문은 Calio and Zahralddin(1994: 522~523).

은 도둑질하려는 것이다"라고까지 말할 정도였다.[9] 이 발언은 기관 투자자가 기본적으로 투기하는 주체라는 전제에 입각해 있다. '투기 세력'이 기업 내부 정보에 접근하거나 기업에 영향력을 행사할 수 있는 권한을 주면 기업 발전에 활용하기보다 자신의 투기 이익을 높이는 데 활용한다는 것이다.

기관 투자자가 기본적으로 투기하는 주체라는 사실은 그때나 지금이나 변하지 않았다. 그러나 1992년 규제 개정은 기관 투자자가 기업 경영에 관여할 수 있는 자격과 능력이 있다는 방향으로 판단을 180도 뒤집었다. SEC는 이 과정에서 시장논리만 내세웠다. 소수 주주들이 경영진에 영향력을 행사하는 통로를 많이 열어야 "미국의 이사회에 보다 바람직한 균형감각better sense of balance to America's board rooms"이 회복되고 "시장의 효율"이 달성된다고 합리화했다.[10] 대기업 경영진이 시장의 효율을 떨어뜨리는 주원인 제공자이고 소수 주주들은 시장의 효율을 높이는 주체로 상정되어 있다. 규제 개정을 위해 로비했던 주주행동주의자들의 주장을 액면 그대로 모두 받아들였다.

1992년 규제 개정이 논의되기 시작할 때부터 이러한 '기관 투자자 집사론'에 대한 비판이 많이 제기됐다. "누가 이 새로운 기업 감시자들을 감시할 것인가?Who will watch these new corporate watchers?"라는 것이었다. 특히 미국 경영자 협회는 "1980년대의 조작적인 기업사냥manipulative corporate raiding으로 인간적·경제적 파탄이 그렇게 컸는데, SEC가 커다랗고 강력한 투자자들에게 공시 의무를 면제해주면서 기업통제력을 둘러싼 경쟁을 포함한 위임장 경쟁proxy contest에 표를 몰아줄 수 있게 허용하는 이유를 도저히

---

9   Roe(1991: 1488).
10 Calio and Zahralddin(1994: 466).

가늠할 수 없다"라고 비판했다.[11] 그렇지만 SEC는 이러한 비판에 눈을 감았다. SEC가 주주행동주의의 집행 기구처럼 변해갔다. 이 경향은 다음 장 (5.3절)에서 다룰 2010년 이사 선임을 둘러싼 규제 개정(Rule 14a-11)에서도 여과 없이 드러났다.[12]

현재까지도 미국과 한국을 포함한 대부분의 나라에서 금융 당국은 기관 투자자들을 개인 투자자들과 함께 뭉뚱그려 소수 주주로 취급한다. 이것은 기업과 기관 투자자 간 뒤집힌 역학관계에 대한 실상을 제대로 인식하지 못하고 있거나, 알더라도 무시하기 때문에 벌어지고 있는 일이다. 그동안 금융 규제는 초재벌 기관 투자자들을 약자로 취급하고 이들의 힘을 대폭 강화해주는 방향으로 역주행해왔다. 지금까지 이 상황은 방치되고 있다.

---

11   Calio and Zahralddin(1994: 460~461).
12   5.5절 참조.

2. 기업지배구조론의 세계화

미국에서 기업지배구조론이 득세한 1990년대는 미국 경제의 회복기라고 할 수 있다. 미국의 가장 큰 국제 경쟁자였던 일본과 독일은 각각 버블 붕괴와 통독 후유증으로 침체기에 들어간 반면, 미국 경제는 활력을 회복되고 있었다. 이렇게 돌변한 상황은 미국 자본주의의 승리로 받아들여졌고 주주행동주의자들은 이것을 자신들의 승리라고 포장했다. '시장을 통한 구조조정'의 결과 기업이 효율성 위주로 재편됐고, 따라서 미국 자본주의가 역동성을 회복했다는 것이었다.

앞 장(3.4절)에서 살펴보았듯이 이 스토리는 결함투성이다. 그러나 이것은 금세 경전처럼 받아들여지기 시작했고 전 세계로 전파되기 시작했다. "혁신적 경영의 황금시대golden age of entrepreneurial management가 열렸다"라는 식의 언론 보도나[13] "미국의 지배구조 모델이 [다른 나라들이] 따라야 하는 모델로 갑자기 찬양받게 됐다"라는 학계의 평가가 이어졌다.[14] 유럽에서 가장 기업 주식 지분이 분산되어 있고 금융자본이 발달한 영국이 미국식 기업지배구조론 보급에 앞장섰다. 영국 금융 당국과 런던증권시장London Stock Exchange이 지원한 캐드버리 위원회Cadbury Committee는 미국식 지배구조론에 입각해서 기업지배구조에 관한 '베스트 프렉티스 코드Code of Best Practice'를 제안했다.[15]

지배구조론의 국제화는 기관 투자자뿐만 아니라 투자은행, 상업은

---

13 "Back on Top? A Survey of American Business", *The Economist*, 1995년 9월 16일 자.
14 Cheffins(2013: 59).
15 이 코드는 그 후 영국의 스튜어드십 코드로 재탄생한다(보론 참조).

행, 헤지펀드 등 미국 금융자본의 전반적 이해관계와 일치하는 것이었다. 미국 기관 투자자들은 이미 해외 주식투자에 가장 앞장서 있었고 해외투자를 적극적으로 확대하는 상황이었다.[16] 1990년대에는 주식뿐만 아니라 채권, 외환까지 포함한 자본시장 자유화capital market liberalization 바람이 강하게 불고 있었다. 미국 기관 투자자 입장에서는 자신이 원하는 기업지배구조가 해외에서도 만들어지면 투자활동 하기가 편리해진다. 투자은행들에게는 기업지배구조 관련 컨설팅 수요도 많이 생기고 인수합병이 활발하게 이루어지기 때문에 수익을 늘릴 수 있는 장터가 만들어지는 일이었다. 글로벌 컨설팅사 맥킨지가 미국 기관 투자자들이 해외투자를 할 때 지배구조가 잘 갖춰진 기업에 대해 최대 30%에 달하는 프리미엄을 지불하고 주식을 매입할 용의가 있다는 보고서를 낸 것도 이즈음에 벌어진 일이다.[17]

미국식 기업지배구조론의 국제 경전화化에 마침표를 찍는 일은 프랑스 파리에 본부를 두고 있는 선진국 클럽인 경제협력개발기구OECD가 담당했다. OECD는 1990년대 중반부터 기업지배구조에 관한 보고서를 조금씩 내놓다가 1999년에 『OECD 기업지배구조 원칙』이라는 종합 보고서를 발표했다. OECD는 그 후에도 이 보고서를 주기적으로 업데이트해서 출간해왔다. 가장 최근의 업데이트는 2015년에 이루어졌다.

한국의 공정거래위원회뿐만 아니라 각국 정책 담당자들은 이 보고서를 마치 국제 규범인 듯이 인용한다. 그래서 내사랑이 그룹 전략팀도 이

---

16 Conference Board(2000).

17 Felton et al.(1996); "Investors pay premiums for well-governed companies: McKinsey Report", *Financial Times*, 2000년 6월 20일 자.

보고서에서부터 출발해서 기업지배구조 개혁 대응책을 만들었다.[18] 그러나 이 보고서를 경전 취급하는 것은 미국에서 기업지배구조론이 어떻게 발원했는지에 대해 제대로 따져보지 않고 OECD라는 국제기구가 갖고 있는 권위만을 교조적으로 받아들이는 것이다. 우리가 그동안 논의한 법인실체론과 기업명제들에 비춰 볼 때 이 보고서는 치명적인 결함들을 갖고 있다. 그중 핵심적인 내용을 1999년 보고서를 중심으로 살펴보자.

(1) '인내 자본' 끌어들이기 위해 '좋은 기업지배구조'가 필수적?

보고서는 "국제 자본 이동은 기업에게 보다 폭넓은 계층의 투자자들로부터 자금을 조달할 수 있는 기회를 제공한다"라며 "장기 인내 자본patient capital을 끌어들이려면 기업지배구조가 신뢰성을 갖추고 국경을 넘어 잘 이해될 수 있어야만 한다"라고 강조한다.[19] 그러나 이것은 명백한 사실 왜곡이다.

첫째, 기관 투자자가 해외 주식을 매입할 때 대부분은 기존 유통 주식을 사는 것이다. 주주 간에 '손바뀜'만 일어나는 것이지 회사에 새로운 자본이 들어가는 것이 아니다. 벤처캐피털 투자와 같이 기업이 신주를 발행할 때 주식을 매입하는 것은 자본 공급이다. 그렇지만 기관 투자자의 전체 주식 매입에서 신주 매입은 극히 일부분에 불과하다. 해외에 투자할 때는 더 그렇다. 기관 투자자들이 기본적으로 투기꾼이면서 자신의 신분을 장기 자본 공급자로 위장하는 것이다.

둘째, 벤처캐피털과 같이 인내 자본을 제공하는 투자자가 가장 중시

---

18   4.2절 및 4.3절 참조.

19   OECD(1999: 10).

하는 것은 사업 전망이다. 호모데우스는 내사랑이 그룹에 투자했을 때 지배구조라는 것에 별 관심이 없었다. 제품이 얼마나 잘 팔릴지, 경영진이 얼마나 믿을 만한 사람들인지에 대해서만 관심이 있었다. 인내 자본을 공급하는 투자자에게는 해당 기업이 값싸고 질 좋은 제품·서비스를 지속적으로 창출하는 존재론(**기업명제 4**)을 얼마나 잘 달성할 것인지가 주관심사이지, 목적론을 주주 가치에 고정시키고 그에 맞춰 지배구조가 구축되어 있는지 여부는 우선순위가 크게 밀리는 관심사다.

셋째, 기업지배구조론이 강화되면서 미국에서 실제로 벌어진 일은 약탈적 가치 착출이었다. 주주들이 기업에 자금을 공급하기보다 그동안 힘들게 벌어놓은 돈을 빼내가는 데만 급급했다.[20] 기업지배구조론 강화와 장기 자본 공급은 오히려 역逆상관관계에 있다고 할 수 있다. 이것은 미국에서 1990년대 이후에만 벌어진 일이 아니다. 선진 자본주의 국가에서는 대체적으로 주식시장이 기업으로부터 돈을 빼가는 자금 유출 창구로 역할을 하지 자금 공급처로서의 역할이 미미하다. 주식시장의 힘을 강화하면 기업 부문으로 자금 공급이 잘될 것이라는 주장은 명백한 사실 왜곡이다.

콜린 메이어Colin Mayer의 연구에 따르면, 1970년부터 1985년까지 영국에서는 주식시장의 신규 자금 조달 순기여가 –3%였다. 미국은 1%, 캐나다는 3%, 독일 3%, 일본 5%에 불과했다. 프랭클린 앨런과 더글라스 게일Franklin Allen and Douglas Gale은 1970~1989년 사이에 벤처캐피털 투자를 포함해서 선진국의 신규 투자 자금 조달 경로를 분석했다. 이 연구에서 주식시장을 통해 조달된 자금 비중은 미국 –8.8%, 영국 –10.4%, 독일

---

20   3.4절 및 〈그림 3-5〉 참조.

0.9%, 일본 3.7%, 프랑스 6%로 나왔다.[21] 선진국 중에서 주식시장이 더 발달한 영미권에서 다른 나라보다 주식시장의 자금 유출 경향이 더 강했다는 사실에 주목할 필요가 있다.

IMF 체제에서 기업지배구조론에 입각해 '기업 구조조정'을 한 뒤 한국에서도 똑같은 경향이 나타났다. 그 전의 한국 경제는 기업 투자에 방점을 두고 은행과 주식시장이 함께 이를 지원하는 시스템이었다. 은행 대출이 가장 높은 비중을 차지했지만 신주 발행을 통해 주식시장이 기업 자금을 조달해주는 비중도 선진국과 비교할 때 현격히 높았다. 예를 들어 1970~1989년 기간 중 기업 부문의 전체 투자 자금에서 신주 발행이 차지하는 비중은 한국이 13.4%였던 반면, 독일 2.3%, 일본 3.9%, 영국 1.9%, 미국 -4.9%였다(표 5-3).

그러나 기업지배구조론에 따라 '주식시장 위주의 구조조정'을 한 뒤 한국 주식시장은 미국처럼 기업으로부터 돈을 빨아가는 자금 유출 창구로 바뀌었다. 1999년부터 2011년까지 신주 발행 등으로 주식시장에 유입된 돈은 147.9조 원이었던 반면, 배당, 자사주 매입, 유상 감자 등으로 주식시장에서 유출된 돈은 174.9조 원이었다. 27조 원이 순유출됐다(그림 5-3).

(2) '소유와 통제의 분리' 때문에 기업지배구조 문제 발생?

OECD 보고서는 "소유와 통제의 분리로부터 발생하는 지배구조 문제들에 초점을 맞춘다"라고 밝힌다.[22] 보고서의 철학적 기반을 제일 앞 문단에

---

21   Mayer(1988); Allen and Gale(2001).
22   OECD(1999: 9~10).

내놓은 것이다. 그러나 이것은 보고서가 결정적 오류 위에 만들어졌다는 사실을 스스로 인정하는 것일 뿐이다. 소유와 통제는 주식회사를 설립할 때부터 이미 영원히 분리되어 있다(**기업명제 2**). 소유와 통제의 분리가 문제를 일으킨다면 주식회사 제도 자체가 문제라는 얘기다. 그렇다면 법인설립과 자산분할에 대해 문제를 제기해야 한다.

그러나 이 보고서에서 언급하는 소유와 통제의 분리는 미국의 대기업에서 지분이 분산되어 있는 전문경영 체제를 뜻하는 것이다. 벌리와 민스식의 해석이다. 그러나 전문경영 체제는 숫자상으로 미국 전체 기업의 0.2%에도 못 미치는 일부 기업에 해당되는 예외적 사안이다. 미국에서조차 일반론이 될 수 없다.[23] 해외에서는 더하다. 영국을 제외한 대부분 나라에서는 대기업의 경우도 전문경영 체제보다 대주주경영 체제가 일반적

표 5-3 주요국의 투자 자금 출처 비교(1970~1989, %)

	독일	일본	영국	미국	한국*
내부 유보	62.4	40.0	60.4	62.7	29.0
은행 차입	18.0	34.5	23.3	14.7	40.7
채권 발행	0.9	3.9	2.3	12.8	5.7
신주 발행	2.3	3.9	7.0	-4.9	13.4
무역 신용	1.8	15.6	1.9	8.8	n.a.
자본 이전	6.6	n.a.	2.3	n.a.	n.a.
기타	8.0	2.1	2.9	5.9	n.a.

· *1972~1991년.
· 출처: 신장섭(2008).

---

23   1.2절 및 4.3절 참조.

그림 5-3 돈 빨아가는 주식시장으로의 구조조정

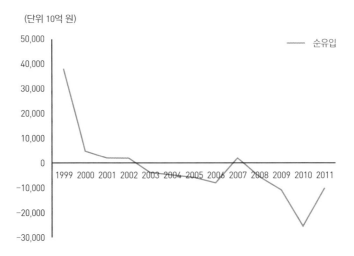

(단위 10억 원)

으로 자리 잡고 있다. 이들에게는 OECD 보고서가 제기하는 '소유와 통제의 분리'로부터 발생하는 기업통제 문제가 없다. 대주주가 통제력을 발휘하며 직접 경영하고 있기 때문이다.

따라서 해외 기관 투자자들이 이들 기업에 새로운 주주로 들어오면서 발생하는 실질적 문제는 '소유와 통제의 분리'가 아니라 대주주경영진과 신규 일반 주주 간에 벌어지는 갈등이라고 봐야 한다. 이것은 기업공개 때 벌어지는 갈등과 본질적으로 같다. 일반 주주가 대주주경영진으로부터 "앞으로 주주 가치 극대화를 약속하고 그에 맞춰 기업지배구조를 구축하겠다"라고 다짐받은 뒤에 주식을 사는 것이 아니다. 일반 주주는 기존 경영진이 기업을 운영해오던 철학, 향후 주가 전망, 공개 조건 등에 대해 종합적으로 검토한 뒤 매입할 가치가 있다고 판단하면 주주로 들어오는 것이다. 그 회사의 지배구조에서 일반 주주에게 불리한 면이 있으면

주식을 그만큼 할인해서 사든지, 그렇지 않으면 아예 사지 않으면 된다.[24]

기관 투자자가 해외 기업의 주식을 매입할 때도 마찬가지다. 대주주 경영진으로부터 지배구조에 관해 다짐받고 그 회사 주식을 사는 것이 아니다. 주가가 앞으로 잘 올라갈 수 있을지 종합적 판단을 한 뒤 주식 매입 여부를 결정할 뿐이다. 그 후 대주주경영진과 신규 주주 간에 갈등의 여지가 있으면 쌍방의 입장을 살펴서 갈등 해결 방안을 찾으면 된다. 그러나 OECD 보고서는 신규 주주의 입장을 '지배구조 원칙'이라고 제시하고 기존 대주주경영진이 여기에 따라와야 한다고 일방적으로 요구한다. OECD가 마치 미국 기관 투자자 제국주의의 전위대처럼 행동했다고 할 수 있다. 실제로 OECD 보고서가 처음 만들어질 당시부터 기업존재론을 중시하는 전문가들은 이 보고서가 미국 금융자본에 휘둘려 주주가치론을 세계화하는 과정에서 만들어진 것이라고 지적한 바 있다.[25]

---

24 3.2절 참조.
25 예를 들어 Aglietta(2005); Lazonick(2015b) 참조.

3. 왜곡된 주주민주주의

이데올로기는 핵심 세력의 힘만으로는 성공하지 않는다. 핵심 세력 이외의 많은 사람들에게 폭넓게 받아들여져야 한다. 민주주의 사회에서는 더욱 그렇다. 특정 이데올로기를 수용하는 사람들의 숫자가 많아지면 그것이 투표에 영향을 미치게 된다. 표심에 따라 행동할 수밖에 없는 정치인들은 다수가 원하는 것을 입법 과정 등을 통해 규제나 정책으로 만들어 나간다. 이데올로기는 제도화를 통해 위치가 더 공고해진다.

기업 경영진과 일반 주주 간의 차이를 정치권에 영향력을 미칠 수 있는 표수票數로 비교해보면 상대가 되지 않는다. 펀드 자본주의가 진행되면서 대부분의 개인이 연금에 가입하거나 펀드에 돈을 맡겨서 굴리게 됐기 때문이다. 이에 따라 자신의 이해관계가 기관 투자자의 이해관계와 일치한다고 보는 경향이 만들어졌다. 기관 투자자의 과점화가 아무리 강력하게 진행됐어도 그것은 기업에 대한 영향력을 높이고 따라서 자신의 권익을 높일 수 있는 것이라는 기대를 심어주기 때문에 별로 문제를 제기하지 않는다. 반면 기업 경영진이나 대주주에 대해서는 조그만 문제가 생기더라도 그것이 자신의 이익을 침해할 가능성에 대해 예민하게 반응한다.

기업지배구조론이 폭넓게 받아들여진 한 가지 이유는 기업지배구조론자들이 자신의 이데올로기를 '주주민주주의'라는 이름으로 포장했던 데에서 찾을 수 있다. 일반인이 잘 알고 있는 정치민주주의 원리들을 주식회사의 운용 및 통제에 갖다 붙여서 설명하니 쉽게 받아들여졌다. 정치민주주의의 성스러움을 믿기 때문에 주주민주주의라는 것도 개인의 성스러운 권리와 연결되어 있는 듯이 받아들였다. 하지만 주주민주주의라는 것을 찬찬히 들여다보면 수많은 왜곡과 논리 비약이 들어 있다.

(1) 주주권은 참정권과 근본적으로 다르다

주주민주주의의 왜곡을 이해하기 위해서는 무엇보다도 정치민주주의에
서 얘기되는 참정권과 주식회사에서의 주주권은 근본적으로 다르다는 사
실에 주목해야 한다. 정치민주주의는 주어진 영토에 뿌리박고 오래 산 사
람들에게 적용되는 것이다. 국적을 옮길 수 있는 사람이 일부 있고, 복수
국적을 허용하는 나라도 일부 있지만, 대부분의 국민은 한 나라 국적을
갖고 그것을 쉽게 바꾸지 못한다. 다시 말해 정치민주주의는 진입entry과
퇴출exit이 제한되어 있는 공간에 모여 사는 사람들끼리 공동체를 유지하
는 한 가지 방법이다. 국민의 참정권은 이 제한된 공간 속에 있는 공동체
내에서 민주주의가 발달하면서 성립된 것이다.

　또한 정치민주주의에서는 공동체 구성원으로서 행사하는 권리에
따르는 의무도 있다. 납세나 병역 등 국민으로서의 의무를 이행하지 않
을 경우 법적 제재를 받는다.[26] 이 정치 체제에서 국민이 자신의 목소리를
낼 수 있는 가장 강력한 방법은 투표다. 국적을 바꾸어 다른 나라로 옮기
는 방법 등에 의해 집권 세력에 대한 불만을 표현할 수도 있겠지만, 이렇
게 할 수 있는 자유는 극히 일부 사람에게만 국한되어 있다. 그런 행위가
국가 내에서 세력이나 체제의 변화를 일으키는 데는 거의 영향력이 없다.
체제에 불만이 있거나 의무를 이행하기 싫다고 내가 갖고 있던 참정권을
다른 사람에게 돈 받고 팔 방법도 없다.

26　6.4절 참조.

반면 주주권은, 특히 일반 주주의 경우 진입과 퇴출이 완전히 자유롭다. 마음이 바뀌면 언제든지 보유 주식을 팔 수 있다. 다른 주식을 언제든 살 수 있다. 포트폴리오 투자로 여러 회사의 주식을 동시에 갖고 있을 수도 있다. 포트폴리오 구성도 언제든 바꿀 수 있다. 일반 주주가 주식을 사는 중요한 이유는 주식시장이 이런 유동성을 제공해주기 때문이다. 이에 비해 참정권은 유동성이 전혀 없다.

일반 주주가 주식시장에 쉽게 참여하는, 즉 특정 기업의 주주가 되는 것을 쉽게 받아들이는 또 다른 이유는 주주로서 권한은 갖고 있지만 그에 따르는 의무는 없기 때문이다. 대주주나 경영진은 자신의 권리에 따르는 의무를 여러 가지 갖고 있다.[27] 그러나 일반 주주는 회사가 아무리 잘못되더라도 아무런 법적 책임을 지지 않는다. 주가 하락분만큼만 금전적으로 손해보면 된다. 이러한 '유한책임'이 서양에서 처음 공개 주식시장이 만들어질 때부터 일반 주주들을 끌어들일 수 있었던 강력한 당근이었다.[28]

정치민주주의에서는 그 나라에 뿌리를 두고 있는 국민이 투표를 하는 것이 정치인들에게 가장 큰 압박이다. 반면 주식회사에서 일반 주주가 경영진에게 불만을 표현하는 가장 효과적이고도 쉬운 수단은 주식을 파는 것이다. 주총에 가서 실제 투표하는 것보다 '발 투표vote with feet' 혹은 '월 스트리트 워크'를 해서 그 회사와의 관계를 절연하는 것이 더 위협적인 행동이다. 주식을 파는 주주들이 많아지면 주가가 떨어져 경영진에게 큰 압박으로 작용하기 때문이다.

그러나 주주행동주의자들은 정치민주주의를 기업에 자의적으로 적

---

27   6.3절 및 6.4절 참조.
28   Lazonick(2014); Lazonick and O'Sullivan(2001); Lazonick and Shin(2020).

용해서 일반 주주의 영향력을 강화해왔다. 예를 들어 미국의 대표적 주주행동주의자 로버트 몽크스Robert Monks는 주주민주주의를 왜곡해서 기관투자자에 대한 투표 의무화를 이끌어냈다. 한국의 대표적 주주행동주의자 장하성 전 고려대 교수는 자연인에게 적용되는 정치민주주의를 법인에 왜곡 적용해서 법인의 주주권을 부인하고 상호 출자나 순환 출자를 죄악시하는 공정거래 정책의 논리를 제공했다.

(2) 몽크스의 '기업시민론'과 기관 투자자 투표의무화

정치 투표는 대부분의 나라에서 자발적 투표다. 정부에서 '투표 독려'는 하지만 이를 의무화하지 않는다. 전 세계에서 투표를 의무화한 나라는 호주, 브라질, 싱가포르 등 극히 일부 국가뿐이다.[29] 투표를 의무화하지 않는 데에는 몇 가지 중요한 이유들이 있다.

무엇보다도 민의가 왜곡될 수 있다. 투표에 관심 없는 사람들에게 투표를 강요하면 아무렇게나 후보자를 찍는다. 그때그때의 감정이나 사회의 선정적인 이슈 등에 흔들려서 투표하는 일들도 많이 벌어진다. 호주에서는 선거할 때 국회의원, 주의원, 구의원 등 여러 명에 대해 한꺼번에 투표하는데, 투표지에 일렬로 동그라미를 치든지 사선으로 동그라미를 치는 등의 투표 행태가 빈번하다. 또 대부분의 나라에서 투표하지 않는 것도 국민의 의사 표현이라는 관점에서 무투표를 금지하는 것은 '표현의 자유'라는 기본권을 억압하는 일이라는 논거에 따라 투표를 의무로 강제하

---

29 위키피디아에 따르면, 전 세계 196개 국가 중 22개국이 투표 의무화 제도를 갖고 있고 10개의 중앙정부와 2개의 지방정부만 이 제도를 집행하고 있다(https://en.wikipedia.org/wiki/Compulsory_voting#Current_use_by_countries).

지 않는다.[30]

지금도 개인 주주들에 대해서는 마찬가지 논거에 의해 투표가 의무화되어 있지 않다. 개인 재산인데 거기에 딸려 있는 권리를 행사할지 말지 여부는 각자 결정하면 되는 것이다. 정부가 주주권이라는 개인 재산권에 대해 주총에 가서 꼭 권리를 행사해야만 한다고 강요할 근거가 없다. 주주가치론이 득세한 1980년대 이전까지는 기관 투자자들도 개인과 마찬가지로 자유로이 투표 참여 여부를 결정했다. 이에 대해 아무런 규제가 없었다.

그러나 주주행동주의자들은 기관 투자자들이 투표와 관여를 통해 적극적으로 기업에 영향력을 행사하는 것이 기업과 경제에 좋은 일이라고 내세우며 기관 투자자 투표를 의무화해 나갔다. 투표를 '수탁자 의무'로 만들어간 것이다. 미국에서 이 투표 의무화를 주도한 사람이 몽크스이다. 주주행동주의적 법률가, 금융인이자 정치인이었던 몽크스는 1984년 노동부 연금 국장으로 취임할 때부터 1년만 일하고 그동안 "연금펀드들이 '기업의 주인'으로서 행동해야 하는 의무가 있다는 입장을 확립하겠다"라는 뚜렷한 목적을 갖고 있었다.[31] 주주행동주의자들 사이에서 '기념비적'이라고 얘기되는 그의 연설문 「기업 시민으로서의 기관 투자자The Institutional Shareholder as a Corporate Citizen」의 일부를 살펴보자.

기관 투자자들이 행동주의적인 기업 시민이 되어야 하는 것은 자명하다.…기관 투자자들이 모든 주요 회사들 주식의 거대한 덩어리들huge blocks

---

30   Birch(2009); Brennan and Hill(2014); Singh(2015).

31   Rosenberg(1999: 83~84).

을 소유하고 있기 때문에 경영진을 항상 조용히 지지하거나, 이들이 기업 문제를 처리하는 것에 동의하지 않을 경우 주식을 파는 것이 현실적이지 못하게 됐다. 나는 기관 투자자들에게 [주주총회 등에서] 안건을 제의하고 통과시키는 것이 기업 시민으로서의 의무를 다하는 것이라고 말하고 싶다.…경영이 잘못되고 있는 기업에서 도망가고 싶어도 여러분들은 한번에 그렇게 할 수가 없다.…따라서 좋든 싫든 간에 실무적인 비즈니스 이유 때문에 기관 투자자들은 갈수록 더 행동주의적인 주식 소유주shareholder-owner가 되고 갈수록 덜 수동적인 투자자가 될 것이다.[32]

몽크스의 연설에는 크게 두 가지 왜곡이 들어 있다. 첫째는 기관 투자자 행동주의의 불가피성 논리이다. 몽크스는 기관 투자자의 주식 보유가 늘어나면서 '월 스트리트 워크'를 적용하는 것이 어려워진다고 단정하고 따라서 기관 투자자 행동주의를 강화해야 한다고 주장한다. 이것은 기관 투자자들을 뭉뚱그려 동일한 집단인 듯이 취급했기 때문에 나온 왜곡이다. 기관 투자자가 많아지면 이들 간에 주식을 사고팔 수 있는 시장도 더 커진다. 실제로 기관 투자자들은 연금펀드뿐만 아니라 뮤추얼펀드, 은행 신탁, 보험회사, 투자회사 등 다양하고 같은 종류의 투자자 간에도 투자 원칙과 방향이 다른 경우가 많다. 기관 투자자들은 일반적으로 동료라기보다 고객을 더 많이 끌어들이고 수익률을 더 높이기 위해 서로 치열하게 싸우는 경쟁자들이다. 이들을 한데 묶어서 이들의 규모가 너무 커졌기 때문에 주식 매매가 어려워졌다며 이들의 집합적 행동주의를 강화하도록

---

32   Rosenberg(1999: 92~93).

규제를 바꿔야 한다는 주장은 기관 투자자들의 카르텔을 인정하라는 얘기와 다를 바 없다. 실제로 그 후 미국의 금융 규제는 '1992년 규제 개정'에서 나타나듯이 수탁자 주주들이 이러한 카르텔을 만들어서 행동하는 것을 점점 용이하게 만드는 방향으로 바뀌었다.[33]

몽크스의 연설에서 두 번째 왜곡은 기관 투자자를 주식 '소유주'라고 강조한 것이다. 이것은 틀린 표현이다. 법률가 출신인 몽크스는 기관 투자자의 법적 지위가 수탁자라는 사실을 잘 알고 있었고, 자신이 쓴 글 곳곳에 수탁자라는 표현을 사용한다. 기관 투자자가 자신의 돈으로 주식을 사는 것이 아니라 고객이 맡긴 돈으로 고객 대신 주식을 사기 때문이다. 경영인은 기업 경영이라는 업무를 부여받은 경영 수탁자이고 기관투자자들은 고객 돈을 관리하는 업무를 부여받은 자금 관리 수탁자 혹은 자금 수탁자다. 둘은 서로 다른 고객을 섬기며 서로 다른 기능을 맡는 수탁자일 뿐이다. 기관 투자자가 해당 기업의 주식을 보유하게 되면서 서로 조우하게 된 것일 뿐이다. 그러나 몽크스는 기관 투자자들의 행동주의를 끌어낼 목적으로 소유주라는 표현을 종종 사용했다. 그리고 이 전략은 성공했다. 그의 행동주의와 대리인이론이 결합하면서 기관 투자자와 경영자의 관계는 갈수록 '주인과 대리인'이라는 수직적 틀로 자리 잡아갔다.

(3) 장하성의 '소액주주 주인론'과 한국의 공정거래 정책

한국에서 몽크스와 비슷하게 주주민주주의를 왜곡해서 소수 주주 행동주의를 강화한 인물이 장하성이다. IMF 체제하에서 재벌 개혁 바람이 강하

---

33   4.3절 참조.

게 불고 있던 1999년에 내놓은 「재벌 개혁과 소액주주운동」이라는 글에서 장하성은 다음과 같이 주장했다. "총수 개인의 지분은 소량에 불과하고 절대 지분을 일반 소액주주들이 소유하고 있다. 결과적으로 총수들은 계열사 간의 상호 출자를 이용하여 '소유하지 않고 지배하는' 체제를 유지하고 있으며…경영에 참여하고 있지 않으나 절대 다수의 지분을 소유하고 있는 소액주주들이 바로 기업의 주인인 것이다."[34]

장하성의 시각은 한국의 공정거래 정책에 거의 그대로 반영되어 있다. 공정위는 매년 '총수와 총수 일가의 지분'을 발표하면서 오너 가족의 지분이 쥐꼬리만 하다는 점을 항상 강조한다. 강철규 전 공정거래위원장도 아래와 같은 발언을 통해 그 입장을 정리했고, 공정위는 지금까지도 이 시각을 유지하고 있다. "우리나라 대기업 집단의 경쟁 제한적 문제는 계열사 간 출자를 이용하여 적은 지분을 가진 총수 1인이 계열사 전체를 지배하는 왜곡된 소유 지배구조에 있습니다. 기업 집단의 소유 지배구조의 왜곡 현상은 시장 감시가 미흡한 현실에서 지배 주주의 전횡을 가능하게 하며 기업 내 외부 감시 장치의 효과적인 작동을 저해하고 과도한 대리인비용을 유발하여 소수 주주 등 기업의 이해관계자 권리를 침해하며 중소·중견 기업과의 불공정거래를 유발하고 전문경영인의 책임경영 체제 확립을 지연시키고 있습니다."[35]

그러나 이러한 시각과 정책은 크게 세 가지 왜곡에 근거하고 있다. 첫째, '주권株權의 개인환원주의'다. 개인의 주식보유권만이 궁극적으로 정당하고 법인이 갖고 있는 지분은 개인 지분으로 환원돼야 한다는 것이다.

---

34 장하성(1999).
35 강철규(2004).

이것은 정치민주주의에서 투표권이 개인에게만 있고 법인에게는 없다는 사실을 상법에 견강부회한 것이다.

예를 들어 한 회사에서 오너 가족 지분이 5%, 계열사 지분이 45%, 소액주주 지분이 50%라고 가정해보자. 장하성이나 공정위는 계열사 지분은 '순수하게' 법인이 갖고 있는 '가공지분'이기 때문에 '실질적' 지분에서 제외해야 한다고 상정한다. 이렇게 법인 지분을 모두 '가공자본'으로 취급하고 나면 소액주주들이 50%의 '절대 다수 지분'을 보유하는 주인이고, 오너 가족들은 5% 지분만으로 '소유하지 않고 지배하는' 구조를 구축한 것이 된다.

이것은 법인의 실체를 전면 부정하고 주식회사 제도가 발전해온 기반을 송두리째 무시하는 것이다. 주식회사는 법인의 자산소유권이 인정되기 때문에 성립한 것이다. 회계 기준도 법인 단위로 이루어진다.[36] 법인의 주식 보유를 가공자본으로 취급하고 그 실체를 인정하지 않으면 경제활동이 이루어지지 못한다. 기업이나 은행들이 투자활동을 전혀 할 수 없게 된다. 투자할 때마다 이 돈을 궁극적으로 소유하고 있는 자연인이 누구이고 그 지분이 얼마인지를 따져야 하는데 이것은 불가능한 일이다. 지주회사도 만들 수 없다. 주식회사에는 개인이나 법인에게 따로 적용되는 정치적 주권主權이라는 것이 없다. 개인이건, 법인이건, 기관투자자건, 헤지펀드건 주식 숫자, 정확히는 투표권 숫자에 따라 권리를 행사하는 주권株權이 있을 뿐이다.

둘째, 장하성의 주장은 소액주주가 마치 동질적인 집단인 듯이 왜곡

---

36 1.4절 및 3.4절 참조.

한다. 그러나 그들은 대단히 이질적인 집단이다. '개미 투자자'뿐만 아니라 블랙록이나 국민연금과 같은 거대 기관 투자가들도 포함된다. 계열사가 아닌 다른 기업들이 투자 목적으로 주식을 취득하는 경우도 소액주주로 분류된다. 소액주주라는 말은 배격되어야 한다. 그들의 실상을 왜곡하고 상대적 약자라고 포장하는 정치적 용어이기 때문이다. 예컨대 삼성전자의 지분 1%는 2020년 1월 말 기준으로 4조 원이 넘는다. 거액의 주식을 보유하고 있는 주체를 소액주주라고 이름 붙일 수 있는가? 이 주체가 약자인가? 실상은 강력한 '거액 주주'이다. 회사에 대한 지분율만 낮을 뿐이다. '소수 주주'라는 표현을 사용하는 것이 정확하다.

장하성이 법인에 적용하는 주권의 개인환원주의를 기관 투자자에 적용하면 정말 우스꽝스러운 결과가 나온다. 기관 투자자의 지분에 대해서도 자연인의 '궁극적' 지분을 계산해야 하는데 기관에 돈 맡긴 개인의 숫자를 일일이 따져 순수 개인 지분을 계산할 방법은 없다. 예를 들어 국민연금의 보유 지분에 대해 전체 국민연금 가입자 숫자로 나누어 '궁극적' 지분을 계산할 수 있는가? 기관은 또 원금만 갖고 투자하는 것이 아니라 각종 금융 기법을 사용해서 원금 이상의 투자를 한다. 주권의 개인환원주의를 적용하면 기관의 레버리지leverage 활용도에 따라 기업에 대한 궁극적 지분이 고무줄처럼 왔다 갔다 해야 한다. 그러나 장하성이나 공정거래법은 '총수와 총수 일가'에 대해서만 주권의 개인환원주의를 적용하고 소액주주에 대해서는 적용하지 않는 이중 잣대를 갖고 있다.

셋째, 장하성의 주장은 **기업명제 1** "주주는 주식의 주인일 뿐이다. 기업의 주인은 기업 자신이다"에 대해 무지하다. **기업명제 2** "법인이 만들어지는 순간 '자산분할'을 통해 기업의 소유와 통제가 근원적으로 분리된다"도 무시한다. "소액주주들이 바로 기업의 주인이다"라는 결론은 이러한 무지와 무시의 결과물이다. 이것은 총수가 기업을 소유하고 있다는 전제에서 재벌 비판을 출발했기 때문에 도달한 종착역이다. 대주주가 됐건, 소액주주가 됐건, 자연인이 됐건, 법인이 됐건 간에 주주는 주식의 주인일 뿐이다. 주식회사 제도에서 기업 소유권은 법인이 갖고 있다. 경영인 주주와 일반 주주 간에 기업통제를 둘러싼 갈등의 본질을 이해하지 못했거나, 일반 주주의 힘을 과대 포장하기 위해 동원된 수사라고 할 수밖에 없다.

4. '개혁 세력'의 무자격과 무능력, 이해 상충

기업지배구조론이 약탈적 가치 착출을 불러오는 등 개혁이 내세운 구호와 다른 결과를 불러오는 중요한 이유는 앞에서 검토한 바와 같이 개혁의 논리가 허구이고 왜곡되어 있기 때문이다. 핵심 이슈가 무엇인지에 대한 기본 설정이 잘못됐고, 문제의 원인에 대한 진단 및 대책이라고 내놓은 것들이 오류투성이인데 결과가 잘 나올 수 없다.

개혁의 실체가 그 구호와 크게 어긋나는 또 다른 이유는 개혁을 추진한다는 세력이 자격과 능력이 없고 개혁을 빙자해 사익을 추구하는 데에도 있다. 지배구조 개혁은 기업통제라는 권력에 관한 것이다. 권력은 능력이 있으면서 공익을 추구하는 진실성 있는 주체에게 주어질 때 제대로 쓰여지고 좋은 결과를 내놓는다. 그러나 '선무당이 사람 잡는다'고 무능력자에게 권력이 주어지면 온갖 부작용이 벌어진다. 능력이 있더라고 권력을 이용해 사익을 추구하면 공익은 크게 손상받는다.

미국의 기업지배구조 개혁 세력에게도 똑같은 일이 벌어졌다. 이들은 다양한 집단의 연합체였다. 기업사냥꾼과 같이 자신의 사익 추구를 명확히 앞에 내놓고 그것이 공익에도 좋다고 주장하는 집단도 있었다. 사회운동가, 노동운동가, 변호사, 학자 등 공익을 앞에 내세운 집단도 있었다. 주주가치론을 신봉하는 학자들은 일반 주주의 이익을 극대화하는 것이 기업에도 좋고 경제에도 좋다는 이데올로기를 만들어 다양한 세력을 묶어주는 역할을 했다.

이들에게 공통의 적, 즉 개혁 대상은 대기업 경영진이었다. 자신들만의 아성을 쌓아놓고 방만하게 경영하며 주주들을 무시한다는 것이었다.

한국에서는 그 공격 대상이 재벌이었다. 재벌 총수와 가족이 소수 주주를 무시하고 제왕적으로 경영한다는 것이었다. 개혁이나 혁명이 진행될 때는 공고해 보이던 기존 권력이 도전받고 무너지는 데에서 많은 사람들이 카타르시스를 느낀다. 세상이 크게 바뀔 거라는 장밋빛 기대도 생긴다. 그러나 이 과정에서 흔히 벌어지는 문제는 기존 세력의 나쁜 면이라는 것만 부각될 뿐 개혁 세력의 역량이나 의도 등이 제대로 된 검증 과정을 거치지 않는다는 사실에 있다.

(1) 무능력·이해 상충 기관 투자자와 '인민 투표'

기업지배구조 개혁 세력의 가장 큰 힘은 앞에서(5.1절) 설명했다시피 기관 투자자에게서 나왔다. 몽크스와 같은 주주행동주의자들은 거대해지는 기관 투자자들이 그 힘에 걸맞게 기업 투표나 관여를 제대로 할 수 있는 역량을 축적할 것이라는 장밋빛 미래를 선전했다. 그러나 기관 투자자들의 실상은 정반대 방향으로 흘러갔다. 기업에 대한 투표와 관여에 원천적으로 무관심하고 무능력한 '인덱스펀드Index fund'가 대세가 되었기 때문이다.

　　기업지배구조론이 나오기 시작하던 1980년대에는 CalPERS 등 행동주의 공공 연금이 세계 최대 기관 투자자였다. 그러나 1990년대 이후 인덱스펀드를 주된 판매 상품으로 하는 뮤추얼펀드들이 최대 기관 투자자로 올라섰다. 현재 세계 뮤추얼펀드 시장을 석권하고 빅3는 모두 인덱스펀드로 급성장했다. 빅3가 관리하는 주식 자산 중에서 인덱스펀드가 차지하는 비중은 2016년 중순 블랙록 81.3%, 뱅가드 81.1%, 스테이트 스트리트 96.9%에 달했다.[37] 대형 연기금들도 내부에서 상당한 자금을 인덱스펀드식으로 운용하고 있다.

인덱스펀드는 개별 기업에 대해 연구하지 않고 주가지수 움직임에 대해서만 투기하기 때문에 초저가 수수료를 부과한다. 최소한의 운용 인력만으로 컴퓨터 모델을 만들어 펀드 투자를 주가지수 움직임에 연동시키는 다양한 기법을 동원한다. 인덱스펀드에는 많을 경우 한 펀드에 10,000개 이상의 기업이 들어간다. 펀드매니저들이 지수에 들어가는 수많은 기업들의 개별 현안에 대해 제대로 알기를 전혀 기대할 수 없다.

이와 함께 주식에 대한 단기 투기의 비중도 급격히 늘어났다. 뉴욕 시장에서는 알고리즘에 전적으로 의지해서 나노초 단위로 투기를 반복하는 초단기 매매high-freqency trading, HFT가 전체 거래의 절반에 달한다. 2017년에 인덱스펀드와 초단기 매매를 합쳐 인공지능AI이 미국 전체 주식거래의 60%를 통제하고 있는 것으로 추산된다. 펀드매니저나 개인이 판단을 내리는 주식거래distretionary equity trading는 10%가량에 불과하다.[38] 금융 투자자들이 기업에 대한 관여나 투표를 제대로 할 수 있으리라고 기대할 수 없다.

1980년대 인덱스펀드는 자신의 역량과 한계를 잘 알았기 때문에 행동주의에 동참하지 않았다. 기업 투표에도 참여하지 않았다. 기관 투자자 행동주의는 CalPERS 등 공공 연금이 주도했다. 1985년 CII가 창립될 때

---

37   Fichtner et al.(2017, Table 1).
38   AI 기술의 발전에 따라 "알고리즘이 월가를 장악하고 있다(Algorithms Take Control of Wall Street, *Wired*, 2010년 12월 27일 자)", "인공지능이 주식시장을 통제한다(A.I. Controls the Stock Market, *Squawker*, 2017년 8월 7일 자)", "미국 주식시장은 로봇이 장악하고 있다(The U.S. Stock Market Belongs to Bots, *Bloomberg*, 2017년 6월 16일 자)" 등의 보도가 쏟아져 나오고 있었다.

도 뮤추얼펀드는 그 회원이 아니었다. 그러나 2003년 SEC가 뮤추얼펀드까지 투표의무화 규제를 도입하면서 어쩔 수 없이 기업 투표에 참여하게 됐다. 주총에서 표를 가장 많이 갖고 있는 세력이 근본적으로 투표에 무능력하고 무관심한데 정부 규제에 따라 어떻게든 투표를 해야만 하는 상황이 만들어진 것이다.

기업 투표를 더 크게 왜곡시킨 것은 '인민 투표' 방식을 채택했기 때문이다. 기관 투자자들이 투표 내용을 공개하고 그 이유를 합리화하도록 강제한 것이다. 자유민주주의 국가에서의 정치 투표는 인민 투표가 아니라 비밀 투표로 행해진다. 국민이 내가 누구를 찍었다고 얘기할 필요도 없고 이것을 공개적으로 합리화할 필요는 더더욱 없다. 비밀 투표의 경우에는 투표에 관심 없는 국민들이 무작위로 투표하더라도 투표 결과가 한 방향으로만 몰리지 않는다. 서로 다른 방향의 투표가 상쇄돼서 부작용이 줄어들 수도 있다. 그러나 인민 투표 방식을 택하면 인민이 '정답'이라고 생각하는 방향으로 투표 방향과 이유를 맞추는 '쏠림 현상'이 나타날 수밖에 없다. 인덱스펀드와 같이 투표에 무관심하고 무능력한 기관 투자자들은 인민의 동의를 받을 수 있는 이유를 어떻게든 만들어내든지, 그 이유를 제공하는 업체로부터 '구매'하든지 해야 한다.

(2) 투표 '괴물' ISS: 정당성 없는 파워와 투표의 편향성

투표에 무능력하고 무관심하던 기관 투자자에게 갑자기 투표가 의무화되니까 이들이 가장 쉽게 택할 수 있는 방법은 투표자문사의 도움을 받는 것이었다. 스스로 투표 결정을 내리기 위해 개별 주총 사안에 대해 연구할 비용과 인력을 추가로 투입하기보다 투표자문사의 투표 방향 제시와 합리화를 싼값에 사는 것이다. 이것이 바로 몽크스가 연금의 투표의무화를 추진할 때 처음부터 노렸던 것이라고 할 수 있다.

몽크스는 불과 1년 남짓의 연금 국장 재임 기간 내내 투표의무화를 적극적으로 추진했다. 그리고 1985년에 사임하자마자 투표자문사인 ISSInstitutional Shareholder Services를 차렸다. 그는 연금 국장 시절에 이미 투표자문사에 관한 아이디어를 공개적으로 내놓았다. 여러 자리에서 "현재 수탁자들은 주인으로서 행동하기 위한 의사도 없고 그렇게 하기 위해 훈련하고 있지도 않다"라면서 "기관 투자자들이 공동 행동을 위해 적합한 메커니즘을 개발해야 할 의무가 있다고 믿는다"라고 말하기도 하고, "연금 펀드 가입자들과 매니저들이 투표하는 일을 중립적인 제3자에게 맡겨야 할 때가 됐다"라고 밝히기도 했다.[39]

몽크스가 한 연설에서 투표를 맡길 '중립적인 제3자'를 언급하자마자 한 펀드매니저는 즉각 몽크스의 숨은 의도를 공격했다. "몽크스, 이 빌어먹을 녀석. 너 같은 놈들이 정부에 들어가서 산불을 일으킨 뒤 나와서 우리한테 소화기를 있는 대로 다 팔려고 하는 거야!" 몽크스의 전기를 쓴 힐러리 로젠버그Hilary Rosenberg는 다음과 같이 말한다. "몽크스는 깜짝 놀랐다. 자기를 직시하는 사람이 여기 있었다. 그는 펀드의 투표를 대신해서 맡길 회사를 만드는 데 정말로 관심을 갖고 있었다."[40]

ISS는 1985년 창립 직후에는 고객을 확보하지 못해 고전을 면치 못했다. 기관 투자자들이 투표에 관심이 없었고 따라서 ISS의 서비스를 필요로 하지 않았기 때문이다. 그러나 연금국에 남은 몽크스의 동료들은

---

[39]   Rosenberg(1999).
[40]   Rosenberg(1999: 117).

1988년 '애본 편지Avon Letter'를 통해 연금 펀드가 투표하는 것이 수탁자 의무라는 유권해석을 내렸다.[41] 1989년에 재무부가 같은 입장을 반복 확인하면서 연금 펀드는 자신이 '연금 가입자들의 최선의 이익'이라고 판단하는 방향에 따라 주총에서 투표하는 것이 의무 사항이 됐다.[42]

연금의 투표의무화가 실현되면서 ISS의 사업은 날개를 달았다. 모든 연금이 이제 투표 자문을 필요로 했고 ISS만이 그 서비스를 제공하는 독점 회사였다. 2003년에 SEC가 뮤추얼펀드 등 다른 기관 투자자에게도 투표를 의무화시키면서 투표자문시장이 급격이 커졌다.[43] 이 흐름을 보고 글래스루이스Glass Lewis가 투표자문시장에 뛰어들었다. 현재 세계 투표자문시장은 ISS가 60% 이상, 글래스루이스가 30%가량을 차지하는 과점 체제다. 그러나 ISS가 크고 영향력 있는 회사나 금융기관의 투표 자문을 거의 맡아서 하고 있기 때문에 수치상으로 나타나는 것보다 훨씬 더 큰 영향력을 행사하고 있다

그러나 ISS의 투표 자문 역량을 들여다보면 투표에 무관심하고 무능력한 기관 투자자보다 더 낫다고 하기 어렵다. ISS는 2018년의 경우 전 세계 115개국의 960만 개의 안건에 대해 자문했다고 밝힌다.[44] 한국의 경우는 "ISS의 한국 시장 전담 인력은 2명뿐이다. 매년 주총 시즌에 20~30명의 인턴을 채용해 '반짝 분석'을 한 뒤 세계 2,000여 개 기관에 뿌리고 있다"라는 보도가 나온다.[45]

---

41 Rosenberg(1999: 165).
42 Blair(1995:158).
43 SEC(2003).
44 ISS 웹사이트(https://www.issgovernance.com).
45 「의결권 자문사의 '10만 원 보고서'에 떨고 있는 상장사…벼락치기 보고서, 기업 생사 좌우」, 『한국경제신문』, 2020년 3월 1일 자.

투표자문사 보고서는 안건에 대해 '예스' 혹은 '노' 라고 딱 부러지게 의견을 내놓는다. 하지만 안건이 주총에 올라가는 이유는 많은 부분에서 의견이 엇갈리기 때문이다. 한쪽의 주장만이 일방적으로 맞다고 할 수 있는 경우가 많지 않다. 경합하는 안건은 보통 서로 다른 장단점을 갖고 있고 보는 시각에 따라 그 장단점이 달라진다. 엇갈리는 견해에 대해 장단점을 분석하는 보고서를 내놓는 것은 상대적으로 쉽다. 그렇지만 이것을 종합해서 어느 쪽이 옳다, 그르다를 명쾌하게 판별하는 보고서를 내놓는 일은 대단히 어려운 일이다.

전 세계에 행정 직원까지 다 합쳐서 1,100명의 직원을 갖고 있다는 ISS가 그 수많은 회사들의 수많은 안건들에 대해 그렇게 뛰어난 변별력을 갖고 있다고 기대할 수 없다. ISS의 본질적 기능은 전문적 의견을 충실하게 제시하는 것이라기보다 기관 투자자의 투표 의무 수행을 합리화해주는 '립서비스' 문서를 만들어주는 것이라고 할 수 있다. 기관 투자자는 이 문서를 적당히 가공해 자신의 견해로 내세우면 모든 문제가 쉽게 해결된다.

투표자문사는 무능력뿐만 아니라 편향성의 문제도 갖고 있다. 조직이 만들어질 때부터 주주행동주의로 편향되어 있었기 때문이다. ISS는 주주행동주의의 대부인 몽크스가 처음 만들었다. 그 후 상당기간 베스타캐피털Vestar Capital이라는 사모펀드가 ISS를 소유하고 있었다. 기업사냥꾼으로 활약했던 퍼스트보스턴은행의 차입매수팀 출신들이 나와서 만든 펀드이다. ISS는 2017년 또 다른 사모펀드 젠스타캐피털Genstar Capital이 인수하여 현재에 이르고 있다. 행동주의적 기관 투자자와 기업 경영진이 분쟁을 벌일 때 구체적인 사안이 무엇인지 여부와 관계없이 ISS는 행동주의적 기관을 지지할 가능성이 높다고 할 수밖에 없다.

투표의무화는 ISS와 같은 투표자문사에게 정당성 없는 거대 파워를 주면서 기업 투표 공간을 복마전으로 만들었다. 인덱스펀드와 같이 투표에 무능력하고 무관심한 패시브펀드passive fund들 입장에서는 투표자문사의 추천을 따르는 것이 가장 쉽게 의무를 이행하는 방법이다.[46] 액티브펀드active fund의 경우에도 많은 펀드매니저들이 웬만하면 의결권 자문사 추천을 따르는 경향을 보인다. 그렇지 않아도 바쁜 펀드매니저들이 개별 기업의 투표와 관련된 주요 쟁점을 이해하기 위해 스스로 자료를 확보하고 판단하는 노력을 기울이기보다는 투표자문사 분석을 먼저 보는 경우가 많다. 처음 참고하는 자료 쪽으로 생각이 기울 가능성이 높아진다.

또 대부분의 기관 내부에서 의결권 자문사의 추천을 그대로 따라서 투표를 결정하면 펀드매니저들이 추가로 할 일이 없다. 그렇지만 자문사 추천과 반대 의견을 내려면 왜 그런지에 대해 설득력 있는 보고서를 작성해야 하는 내부 관행을 갖고 있다. 펀드매니저들 중에서 그런 시간과 노력을 가외로 들이려는 열정과 용기를 갖고 있는 사람은 그렇게 많지 않다.

공식적으로 투표자문사는 자문사에 불과하다. 이들이 기업의 주요 사안에 대해 영향력을 행사할 아무런 근거가 없다. 그러나 실질적으로는 강력한 영향력을 행사한다. 한 연구에 따르면 ISS로부터 부정적 평가를 받은 경영진 제출 안건은 사안에 따라 적으면 13.6%에서 많으면 20.6%까지 기관 투자자들의 지지율을 떨어뜨리는 것으로 나타났다.[47] 단 몇 퍼센트에 의해 주주총회에서의 통과 여부가 갈리는 경우도 많은데, 두 자리

---

46   Bew and Fields(2012: 15).
47   Bethel and Gillan(2002).

숫자의 지지율이 떨어지면 경영진으로서는 이를 심각하게 받아들일 수밖에 없다.

뮤추얼펀드의 25%는 ISS가 권고하는 대로 거의 자동적으로 의결권을 행사한다는 연구도 나왔다.[48] 미국의 경영자보수센터Centre On Executive Compensation가 2010년에 한 설문조사에 따르면, 응답 기업의 54%가 지난 3년 동안에 투표자문사들이 제시하는 기준을 맞추기 위해 기존 보수 계획을 바꾸거나 새로운 보수 제도를 도입했다고 응답했다.[49] 이러한 ISS의 영향력 때문에 중요한 안건이 있으면 평상시에는 강력해 보이던 미국 대기업의 고위 임원들이 ISS 본부가 있는 매릴랜드주의 록빌Rockville에 "무릎을 꿇고 찾아와 ISS 매니저들에게 자신이 갖고 있는 생각의 장단점을 설득하는 일이 벌어진다."[50]

투표자문시장이 독과점 구조이기 때문에 이러한 문제는 더 심각해진다. 수많은 투표자문사가 있고, 이들이 서로 다른 의견을 낸 뒤 기관 투자자들이 그중에서 취사선택한다면 이들의 견해가 그저 자문 수준에 그칠 것이다. 그러나 투표에 관심없거나 능력이 없는 펀드들에게 투표를 의무화시키면서 만들어진 커다란 공백을 어느 누구도 정당한 권리를 부여하지 않은 두 개의 투표자문사가 대부분 차지했다. 투표자문사는 투표의무화가 만들어낸 괴물이다. 전 세계 주요 기업들의 주주총회에 초대받지 않았지만 실질적으로 참석하고, 투표권이 없지만 실질적으로 투표권을 행사하여 어느 누구도 쫓아내지 못하고 오히려 그 앞에서 벌벌 떠는 전대미

---

48   Iliev and Lowry(2015).

49   Center on Executive Compensation(2011).

50   Strine(2005).

문의 존재가 되어 있다. 행동주의 헤지펀드가 아주 작은 지분을 보유하고도 '악덕 정치인'처럼 기업에 큰 영향력을 행사할 수 있는 중요한 이유 중 하나는 투표자문사들이 종종 헤지펀드 편을 들어주기 때문이다.

(3) 초재벌 기관 투자자의 기업지배구조팀과 '립서비스' 투표

투표의무화가 시행된 뒤 인덱스 계열 펀드들은 처음에 ISS 등 투표자문사에 전적으로 의존해서 투표 의무를 수행했다. 그러나 투표자문사에 의존하는 관행에 대해 비판이 일자 대형 뮤추얼펀드들은 내부에 투표를 전담하는 '기업지배구조팀corporate governance team'이라는 소규모 조직을 만들어 운영했다. 2010년대 이후 스튜어드십 코드라는 용어가 사용되기 시작하면서 여러 연기금과 뮤추얼펀드는 이 조직의 이름을 '스튜어드십팀'으로 바꾸고 있다. 그러나 이 팀 또한 투표자문사와 마찬가지로 수많은 기업투표 사안에 대해 제대로 분석해서 결정을 내릴 역량이 없는 구조적 한계를 갖고 있다. 투표의무화 규제를 이행하기 위한 '립서비스' 조직이고, 무능력과 투표의 편향성을 함께 갖고 있다고 할 수 있다.

블랙록의 경우를 보자. 블랙록은 투표 이원화를 택했다. 액티브펀드는 종전처럼 해당 펀드매니저들이 투표권을 행사하도록 했다. 반면 인덱스 계열의 패시브펀드들은 기업지배구조팀을 만들어서 전체 투표를 총괄하게 했다. 이에 따라 패시브펀드 매니저들은 '거래trading'만 담당한다. 패시브펀드에서 거래와 투표가 분리된 것이다.[51] 블랙록의 주식거래 자산 중 인덱스펀드의 비중이 80%가 넘는 상황을 감안할 때 기업지배구조

51　Loomis(2014).

팀이 블랙록 보유 주식의 관여와 투표를 절대적으로 관장한다고 할 수 있다. 뱅가드, 스테이트 스트리트, 피델리티 등 다른 거대 기관 투자자들도 비슷한 방식을 택했다.

기업지배구조팀은 투표와 관여에 충분한 역량을 갖추고 있는 것으로 대외에 홍보되고 있지만 속을 들여다보면 전혀 그렇지 못하다. 블랙록의 기업지배구조팀은 2012년의 경우 약 20명으로 구성되었는데 전 세계에서 열린 14,872건의 주주총회에서 129,814개의 안건에 대해 투표했다. 블랙록은 기업지배구조팀을 2017년 말 36명으로 늘렸다. 그러나 이것은 블랙록의 관리 자산이 2101년 3조 3,900억 달러에서 2017년 6조 2,800억 달러로 두 배 가까이 늘어난 것에 비례해서 늘어난 것일 뿐이다.

한눈에 보더라도 이 팀은 기업들이 당면하는 개별 사안들을 제대로 따질 여유와 역량이 안 된다. 대부분 기계적 기준을 그냥 적용할 뿐이다. 그래서 『뉴욕타임스』는 "기업지배구조의 스피드 데이트speed date를 하는 식으로" 결정이 이루어진다고 보도한 바 있다.[52] 뱅가드, 스테이트 스트리트 등 다른 대형 뮤추얼펀드도 거의 마찬가지 수준이다.

기업지배구조팀은 무능력 못지않게 편향성의 문제도 않고 있다. 구성원들이 주주행동주의로 편향되어 있기 때문이다. 예를 들어 블랙록의 기업지배구조팀 창설 때부터 지금까지 이끌고 있는 미셸 에드킨스Michelle Edknis는 영국에서 주주행동주의 펀드로 유명한 헤르메스연금에서 지배구조팀장으로 8년간 일하고, '소유자를 위한 지배구조Governance for Owners'라는 시민단체의 책임자로 일한 뒤, 2009년 블랙록에 채용됐다.[53] 기관 투자

---

52 Craig(2013).

53 블랙록 웹사이트(https://www.blackrock.com/us/individual/biographies/michelle-edkins); 'BlackRock's

자를 '수탁자'가 아니라 '소유자'라고 틀린 말을 사용해가며 행동주의 단체를 운영한 인물인데 그가 이끄는 지배구조팀에 행동주의 편향성이 없다고 할 수 없다.

(4) 기업사냥꾼과 행동주의 헤지펀드

주주행동주의를 가장 앞장서서 실행에 옮긴 세력은 기업사냥꾼들이었다. 처음 기업사냥꾼들이 등장하고 이들의 공격 앞에 철옹성과 같아 보이던 대기업 경영진들이 무너지자 대중은 뜨거운 환호를 보냈다. 그러나 기업사냥꾼들이 실제로 한 일은 근로자들의 일자리를 없애고 기업 자산을 맘대로 쪼개 팔아 자신들의 배를 불리운 것이었다. 대표적 기업사냥꾼 칼 아이칸Carl Ichan은 이 와중에 항공사 TWA의 최고경영자로 올라서 기업 경영의 전면에 나섰다. 결과는 처참한 실패였다. 투기 능력은 뛰어났지만 경영 능력은 전혀 없었기 때문이었다. 그렇지만 본인은 이익을 챙기고 물러났다. 자신의 투자금을 근로자들이 쌓아놓은 퇴직금에서 지급하도록 하는 옵션을 걸어놨기 때문이다. 회사는 파산하고 그 손실은 근로자, 지역사회, 금융기관, 정부가 떠안았다.[54]

　　1980년대 후반 미국에서는 이러한 기업사냥꾼의 활동과 적대적 인수에 강한 역풍이 불었다. 역풍은 지방정부가 주도했다. 중앙집권국가인 한국에서는 중앙정부가 상법과 금융 규제를 모두 담당한다. 이와 달리 연방국가인 미국에서는 연방정부 소속인 SEC가 금융 규제를 담당하고 기업법은 주정부 관할이다. 주정부가 기업법을 입법하고 사법적 판단도 주법

Michelle Edkins behind wave of shareholder revolts', *The Daily Telegraph*, 2012년 5월 4일 자.
54　Stevens and Stevens(1993); Carlisle(2014); Lazonick and Shin(2020, Ch. 6).

원이 내린다. SEC는 1980년대 이후 주주행동주의를 옹호하는 입장을 보여왔다. '1992년 위임 규제 개정'이나 2003년 뮤추얼펀드에 대한 투표의 무화 등에서 나타나듯 주주행동주의의 집행 기구인 듯한 모습마저도 보였다. SEC는 기업사냥꾼을 규제할 의사가 전혀 없었다. 대신 기업사냥꾼에 대한 공격은 '기업 구조조정'으로 일자리가 없어지고 그에 따른 사회문제들을 떠안게 된 주정부와 주법원들이 주도했다.

미국 주정부들은 기업이 적대적 인수합병 공격에 대한 방어 수단으로 '포이즌 필poison pill'을 도입하는 것을 허용했다. 또 기업법에 주주 가치만이 아니라 다른 사회적 가치를 추구한다는 '관계자 법규constituency statues'를 도입했다. 1991년까지 28개 주에서 공식적으로 관계자 법규를 채택했다. 델러웨어주는 관계자 법규를 채택하지 않았지만 1989년의 '패러마운트 대 타임' 판결을 통해 이사회가 주주 가치 이외의 가치를 추구할 수 있다는 것을 명확히 하고 기업사냥꾼의 활동에 강력한 제한을 가했다.[55] 델러웨어주 대법관 앨런은 이러한 주정부들의 관계자 법규 도입과 주법원들의 판결로 인해 기업사냥꾼의 활동이 "내장 제거를 당했다eviscerated"라고까지 표현했다.[56] 또 정크본드junk bond 파이낸싱으로 시대를 풍미하던 이반 보스키Ivan Boesky가 내부자거래 등으로 1987년 말 실형을 선고받았다. 기업사냥꾼과 정크본드 거래자들에 대한 여론도 크게 악화됐다. 적대적 인수합병 시장이 붕괴됐고 '딜의 10년The Deal Decade'이 마감됐다.[57]

돌변한 상황에서 기업사냥꾼들은 활로를 찾아 나갔다. 이들에게 연방

---

55   3.4절의 따로읽기 3-1 '주주 가치보다 타임 문화 인정한 패러마운트 대 타임 판결' 참조.
56   이번 절의 앞부분 논의 및 따로읽기 3-1 '주주 가치보다 타임 문화 인정한 패러마운트 대 타임 판결' 참조.
57   Blair(1993).

정부 산하의 SEC가 맡고 있는 투표 위임 관련 규제proxy rule는 "경영진에게 영향력을 행사할 수 있는 창구로 몇 개 남아 있지 않던 것"이었고 이들은 규제 개정을 밀어붙였다.[58] 대표적 기업사냥꾼 T. 분 피컨스가 개인 주주들의 이익을 보호한다는 명목으로 USA를 만들어 CalPERS, CII 등과 함께 위임 규제 개정 공동전선에 나선 것은 이 맥락에서 이해할 수 있다.[59] 칼 아이칸도 이를 적극 후원했다. 적대적 인수합병을 통해 대주주로 나서지 않고 소수 주주로서 기업에 영향력을 행사할 수 있는 방안에 관한 연구팀도 만들고 이를 금전적으로 지원했다.[60]

기업사냥꾼들이 대주주로 올라서면서 기업을 장악하려면 자금도 많이 동원해야 하고, 분쟁 과정에서 변호사 비용도 많이 들고, 법적 위험도 많이 부담하게 된다. 그렇지만 소수 지분만 인수한 뒤 '소통'이나 '자유로운 의사 표현'을 통해 영향력을 행사할 수 있으면 비용과 위험부담을 줄이면서 돈을 벌고 여론의 비판도 적게 받을 수 있었다. 한편 소수 지분만 갖고 단독으로 경영진과 '소통'하면 영향력이 약해진다. 여러 기관 투자자들이 함께하는 것이 좋다. 지분 5% 이내에서 투자자들 간의 의견 교환 및 협의를 허용해 실질적 카르텔을 만들 수 있는 방안은 그래서 추진됐다고 봐야 한다. USA는 1992년 SEC의 위임 규제 개정이 이루어지자 '임무 완수mission accomplished'를 선언하고 스스로를 해체했다.[61] 소수 주주로서 행동주의를 실현하는 데 필수적인 규제 완화를 모두 얻어냈기 때문이었다.

이제 기업사냥꾼은 그 전의 방식을 고수할 필요가 없게 됐다. 대신 헤

---

58   Calio and Zahralddin(1994: 466).

59   5.1절 참조.

60   Pounds(1992; 1993); Stevens and Stevens(1993) 참조.

61   Blair(1995: 73).

지펀드 행동주의자hedge-fund activist로 스스로를 재창조했다. 대주주로 올라설 필요 없이 소수 지분을 매입한 뒤 영향력을 행사해서 차익을 챙길 수 있게 됐다. 1992년 위임 규제 개정은 소수 주주 행동주의의 발판이 되었다. 헤지펀드 행동주의자들은 기업사냥꾼의 후예다. 칼 아이칸도 기업사냥꾼으로 화려한 경력을 보낸 뒤 헤지펀드 행동주의자로 변모했다. 그렇다고 기업의 다수 지분을 인수하고 상장폐지를 해서 구조조정하는 그 전 방식이 쓸모없어지지는 않았다. 이 방법을 계속 사용하는 기업사냥꾼들은 사모펀드로 옮기거나 자신들이 직접 사모펀드를 차리면서 활동을 이어갔다. 기업사냥꾼들은 행동주의 헤지펀드와 사모펀드의 두 갈래로 진화해나갔고 이들의 행동주의적 영향력은 갈수록 강화됐다.

한편, 1996년 전국증권시장개선법National Securities Markets Improvement Act, NSMIA은 기관 투자자와 헤지펀드를 주주행동주의로 묶어주는 강력한 플랫폼을 제공해주었다. NSMIA는 클린턴 행정부 때 미국의 금융 경쟁력을 높인다는 명분하에 다양한 금융 규제 완화 방안을 포함시킨 법안이다. 헤지펀드와 관련된 NSMIA의 209조는 당시 언론이나 학자들의 주목을 전혀 받지 못했다. 그러나 이 규제 완화는 헤지펀드의 영향력을 대폭 강화하는 한편, 기관 투자자와 헤지펀드가 공동으로 기업에 행동주의적 개입을 할 수 있는 통로를 열어주었다.[62]

NSMIA 209조는 규제 완화를 내세우며 헤지펀드 가입 자격 제한을 대폭 풀었다. '자격을 갖춘 고객qualified purchasers'을 거의 무제한 모집할 수

---

62 이에 관해 상세하게 기술한 데이비드 다이엔(David Dayen)은 NSMIA가 "이 당시 [외부인들에게] 거의 인식되지 않았지만…월가의 폭넓은 지지를 받아 추진됐고 의회에서 거의 저항을 받지 않았던" 규제 완화라고 설명한다(Dayen 2016).

있도록 하고 그 자격은 개인의 경우 순자산 500만 달러 이상, 기관은 운용 자산 2,500만 달러 이상으로 규정했다.[63] 이에 따라 헤지펀드는 개인 자금뿐만 아니라 기관 투자자 자금을 거의 무한정 끌어들일 수 있게 됐다. 기관 투자자 입장에서 보면 이 규제 완화는 자신에게 금지되어 있는 고부채 지렛대 투자high-leverage investing 및 공매도short-selling 등을 헤지펀드 '대체 투자alternative investment'를 통해 간접적으로 할 수 있는 문호를 활짝 열어준 것이었다.

NSMIA 통과 이후 헤지펀드의 투자 자산은 대폭적으로 증가했다. 여기에 가장 크게 기여한 것이 기관 투자자로부터 유입된 자금이다. 현재 헤지펀드 자산의 60% 이상은 기관 투자자로부터 공급되는 것으로 추산된다.[64] 전체적인 헤지펀드 산업의 급성장에 발맞추어 행동주의 헤지펀드도 1990년대 중반 이후 빠르게 성장했다. 행동주의 헤지펀드 자산은 1997년 150억 달러에 불과했다. 하지만 6년 만인 2003년에 1,170억 달러로 10배 가까이 늘어났다. 2014년 5,070억 달러로 10년여 만에 거의 5배 가까이 늘었다(그림 5-4).

기관 투자자와 헤지펀드는 현재 절반 이상 '한 몸'이라고 할 수 있다. 따라서 헤지펀드가 지분을 보유한 기업에 행동주의 캠페인을 전개할 때 이 헤지펀드에 '대체 투자'한 기관 투자자도 해당 기업 주식을 보유하고 있으면 자신의 대체 투자수익률을 높이기 위해 헤지펀드의 캠페인을 지

---

63 NSMIA에서는 다루지 않았지만 현존하는 1934년 증권거래법에서 투자 고객이 500명(기관) 이상이거나 자산이 500억 달러 이상일 때에는 SEC에 등록하도록 되어 있다. 개별 헤지펀드가 이 규모보다 클 필요는 거의 없다. 또 규모가 그 이상 커질 경우에는 똑같은 사람이 운용하더라도 여러 헤지펀드로 나누어 운용하는 데 아무런 규제가 없다.

64 Preqin(2016).

그림 5-4 행동주의 헤지펀드의 급성장(1997~2016)

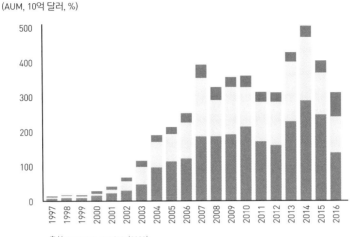

(AUM, 10억 달러, %)

· 출처: Lazonick and Shin(2020).

원할 경제적 유인이 생긴다. 더 나아가 처음부터 헤지펀드와 기관 투자자가 캠페인 대상 기업의 주식을 함께 매입하고 행동에 나서는 경우도 있다. '공동 투자co-investment'라고 불리는 현상이다.

2013년부터 2015년까지 2년 동안 전개된 화학 기업 듀폰Du Pont과 헤지펀드 트리언Trian 간의 대결이 대표적인 사례다. 캘리포니아 교원연금 California State Teathers' Retirement System, CalSTRS은 듀폰의 장기 투자자였고 경영진과의 관계도 좋았다. 그러나 2013년 트리언이 듀폰에 캠페인을 전개하며 요구 사항이 적힌 편지를 보낼 때 CalSTRS은 공동 서명했다. 듀폰 경영진은 처음에 영문을 몰랐다. 그러나 추후에 CalSTRS가 트리언에 대체 투자했고 듀폰에 대해서는 트리언과 '공동 투자자'였다는 사실이 밝혀

졌다. 듀폰은 트리언의 요구를 심각하게 받아들일 수밖에 없었다.[65]

2012년에 벌어진 철강 및 기계 부품 회사 팀켄Timken에 대한 캠페인도 대표적 공동 투자 사례다. CalSTRS는 헤지펀드 릴레이셔널 인베스터스Relational Investors, LLC에 이미 10억 달러를 대체 투자하고 있던 긴밀한 관계였다. 릴레이셔널과 CalSTRS는 처음부터 팀켄에 대한 공격을 함께 시작했다. 릴레이셔널과 CalSTRS는 함께 팀켄의 지분을 매입해 들어가서 동시에 5% 지분을 넘기는 '이리 떼 공격wolf-pack campaign'을 시도했다. 캠페인이 시작될 때부터 CalSTRS와 릴레이셔널은 unlocktimken.com이라는 웹사이트를 공동으로 만들어서 팀켄 일가를 공개적으로 비판했다. 다른 주주들에게 캠페인을 설명하는 로드쇼road show에도 양쪽 관계자들이 함께 갔다. 팀켄 일가를 비난하는 보도자료도 양측이 공동으로 내놓았다.[66]

헤지펀드 혼자 캠페인을 전개하면 기업 경영진이 "당신들, 단기 투자자 아니냐. 당신들 주장이 전체 주주들에게 좋은 것이라고 어떻게 얘기할 수 있냐"라며 쉽게 무시할 수 있을 것이다. 그러나 헤지펀드가 "○○연금, ××뮤추얼펀드 등도 우리와 같은 생각을 갖고 있고, 표 대결이 붙으면 우리를 지원할 것이다"라고 얘기하면 이들의 요구에 귀 기울이지 않을 수가 없다. 극소수 지분을 가진 행동주의 헤지펀드가 힘을 발휘하는 것은 기관 투자자, 다른 헤지펀드, ISS 등과 공동 연대를 만들어내면서 경영진에 압력을 넣고 공격할 수 있는 정치력에 기반을 두고 있다.

---

65 Gandel(2015).

66 Schwartz(2014); Orol(2014); Denning(2014).

5. '혁명 시도' 분쇄하고 '개량' 요구한 미국의 항소법원 판결

기업지배구조를 개혁한다며 투표의무화가 도입된 뒤 벌어진 것은 다수의 무능력·무관심 기관 투자자들이 기업 투표라는 공간에서 뭔가 해야만 하든지, 하고 있다는 시늉이라도 내야 하는 상황이다. 그리고 그 거대한 공백空白에서는 아무런 정당성을 갖추지 못한 행동주의 헤지펀드, ISS와 같은 투표자문사, 기관 투자자 내부의 행동주의자들, 기업지배구조 관련 단체들이 파워도 발휘하고 이익도 챙기는 복마전이 전개되고 있다. 이 복마전의 판이 더 커지게 된 것은 '1992년 위임 규제 개정'과 같이 주주민주주의를 실현한다면서 일반 주주들이 힘을 모아 실질적 담합을 할 수 있는 방향으로 금융 규제가 바뀌었기 때문이다. 이 복마전의 판은 1990년대 이후 미국산 기업지배구조 개혁론의 세계화가 진행되면서 한층 더 커졌다.

그러나 시류는 변한다. 앞 장(3.4절)에서 지적했듯이, 미국 대기업 경영자들의 모임인 비즈니스 라운드테이블은 20세기 내내 기업의 목적에 대해 자유주의적 법인실체론의 입장을 견지하다가 주주가치론이 극에 달했던 1997년 주주가치론으로 바꿔 발표했다. 하지만 2019년에 자유주의적 법인실체론으로 다시 돌아왔다. 주주가치론에 입각한 기업지배구조 개혁이 불러온 부정적 결과를 심각하게 받아들였기 때문에 이루어진 반전이다. 기업지배구조 개혁의 논리와 세력은 20세기 후반부터 21세기 초반까지 약 20~30년가량 반짝 전성기를 보냈고 지금 쇠락의 문턱에 들어서고 있다고 할 수 있다.

그러나 아직까지 대다수 학자, 정책 담당자, 법률가, 금융인, 심지어 기업인들 사이에서 기업지배구조 개혁은 거부할 수 없는 대세인 듯이 받아들여지고 있다. 시류가 바뀌는 초기에 흔히 나타나는 현상이다. 변화를 감지하지 못하고 과거 생각 틀에 머물러 있기 때문이다. 하지만 시계를 넓히고 역사를 길게 보면 이것은 잠시 비정상 상태에 있다가 정상 상태로 돌아오는 것이라고 할 수 있다.

그 변곡점의 단초는 2011년의 미국 항소법원 판결이 만들어줬다. 일반 주주들이 아주 심각한 지배구조 '혁명'을 시도한 것에 대해 미국 기업들이 결사항전했고 항소법원이 기업 경영에는 '개량'이 우선이라는 사실을 확인해준 것이다. 대부분의 학자나 언론은 이 판결의 중요성을 제대로 인식하지 못하고 있다.[67] 그렇지만 이 혁명 시도와 분쇄 과정에는 기업통제를 둘러싸고 벌어지는 갈등의 정수가 다 들어 있다. 그리고 기업의 존재 이유, 통제 권력의 정당성, 경제 사회에 미치는 영향 등을 총괄적으로 검토해서 판결을 내린 미국 항소법원의 지혜가 응축되어 있다.

(1) 주식회사 제도에 체화되어 있는 개량주의

기업통제에서의 핵심은 이사회 구성이다. 이사회가 기업의 최고 의사 결정 기구이기 때문이다(**따름정리 1-1**과 **따름정리 1-2**). 전 세계의 주식회사 제도는 이사회에 막강한 권한을 주고 주주총회에는 초라한 권한을 부여한다.

이사회 구성에서도 마찬가지다. 처음 회사를 만들 때나 대주주가 바뀌었을 때에는 주주가 전체 이사진을 구성한다. 그러나 일단 기업이 굴러가기 시작하면 새로운 이사를 이사회가 추천하고 주주총회는 이에 대해 승인 여부를 결정한다. 주총은 이사진에 대해 적극적 구성권을 갖는 것이

---

67   신장섭(2017b; 2018).

아니라 수동적 승인권을 갖는 것이다.[68] 또 대부분의 회사에서 '시차 임기 이사제staggered board 또는 classified board'를 사용한다. 이사들의 임기가 끝나는 시기에 차이를 두어서 이사진이 한꺼번에 바뀌지 않고 순차적으로 바뀌도록 하는 것이다.

이렇게 이사회에 이사 제청권을 주고 시차 임기제가 보편적인 것은 기업 경영의 연속성을 보장하기 위한 것이다. 혁신을 통한 지속적 가치 창출은 투자의 연속성과 조직적 역량이 유지돼야 이루어진다(**기업명제 4**). 그런데 이사진이 대폭 바뀌는 상황이 보편적이 되면 투자의 연속성을 보장하기 어려워진다. 기업의 권력 교체에 개량주의 정신이 체화되어 있는 제도라고 할 수 있다.

기업존재론을 실현하는 경영 시스템에도 개량이 이미 체화되어 있다. 혁신은 실패가 있을 수 있다는 사실을 전제하고 전반적인 성공 확률을 높이기 위해 전략과 조직을 만드는 것이다. 벤처기업 투자에서도 20개 중 1개가 성공하면 성공으로 간주된다. 아무리 혁신적인 기업이라 하더라도 연구 개발 과정이나 신사업 추진에는 수많은 실패가 벌어지고 그중 일부가 성공할 뿐이다. 따라서 기업의 혁신활동은 금융 투자자들이 하는 것과 마찬가지로 '고위험·고수익', '중위험·중수익', '저위험·저수익'의 다양한 스펙트럼의 포트폴리오를 만들어서 성공의 평균 확률을 높이면서 위험을 관리하는 시스템을 택한다.[69]

혁신을 추구하는 기업의 경영 시스템에는 이렇게 실수와 실패를 극복해가는 개량이 체화되어 있기 때문에 문제가 발생하면 해결하고 새로

---

68 1.5절 참조.
69 Freeman(1982).

운 문제를 찾아내 그것을 혁신으로 바꾸어 나간다. 물론 아주 결정적인 문제가 발생하거나 환경이 갑자기 크게 바뀌는 경우에는 시스템을 고쳐야 할 필요가 있을 것이다. 그렇지만 문제가 발생하거나 경영진의 일부 일탈이 있을 때마다 지배구조를 바꾸거나 경영진 전체를 교체할 필요는 없다. 문제의 원인을 찾아내 그 원인을 제거하면 된다. 사업판단준칙도 이사회나 경영진에게 시스템 개혁 없이도 개량적 해결책을 찾아갈 수 있도록 폭넓은 재량권을 주는 것이라고 할 수 있다.

그러나 미국의 주주행동주의자들은 기관 투자자의 힘이 대폭 강화되는 추세를 이용해서 주주가 이사를 선제적으로 추천하고 시차 임기 이사 제도를 없애려고 시도했다. 이들이 내세운 것 또한 주주민주주의였다. 기관 투자자가 기업 주식 지분의 70%를 넘게 보유하고 있는데 그에 비례한 권리를 행사해서 기관 투자자가 지명한 이사의 숫자가 70%를 넘어야 한다는 것이다. 김전진도 기업을 공개한 뒤 일부 행동주의적 주주들로부터 "내사랑이 아이들(주)에서 일반 주주 지분이 50%니까 일반 주주가 지명하는 이사가 50%는 돼야 민주적인 것 아니냐"라는 얘기를 들은 적이 있었다.

이 논리대로라면 미국에서 거의 모든 대기업의 이사진을 기관 투자자 마음대로 뽑고 교체할 수 있게 된다. 내사랑이 아이들(주)의 경우도 마찬가지다. 자사주(10%)는 투표권이 없다.[70] 투표권으로만 따지면 일반 주주 지분율(50%)이 내사랑이(주)의 지분율(40%)보다 높다.[71] 그동안은 7명의 이사 중 4명이 사내이사이고 3명이 사외이사였다. 사외이사도 이사회

---

70 자사주는 우호 세력 등 회사 외부인에게 팔아야 투표권이 살아난다.

71 3.1절 참조.

에서 지명한 사람을 주총에서 승인받는 식이었다. 그러나 선제적 이사 제안권을 받아들이고 지분 보유 비율을 산술적으로 적용해서 이사를 뽑으면 이사 7명 중 4명을 일반 주주가 선출하게 된다. 여기에서 더 나아가 전체 이사를 일반 주주가 선출하게 되는 일도 벌어질 수 있다. 이사를 선출할 때 주주는 이사진 전체에 대해 투표하는 것이 아니라 개별 이사 각각에 대해 찬반 여부를 투표한다. 그러면 모든 개별 이사 투표에서 일반 주주가 이길 수 있다. 회사의 권력이 완전히 뒤집어지는 혁명이 벌어지는 것이다.

주주행동주의에 앞장서는 대표적 학자인 하버드 대학교 법과대학 루시안 베브척Lucian Bebchuk은 이런 주장을 2000년대 중반부터 제기했고, 이에 대해 델러웨어주 법원의 부대법관 레오 스트라인Leo Strine이나 UCLA의 스티븐 베인브리지Stephen Bainbridge 등이 합리적 반박을 내놓았던 바 있다.[72] 그러나 행동주의적 기관 투자자들은 이 논쟁을 제대로 검토하지 않고 기업에 대한 자신의 영향력을 강화하는 방향으로만 행동했다. CII를 필두로 CalPERS, CalSTRS 등 미국의 주요 연기금들은 이사 선임 관련 규제 개정 청원을 SEC에 제출했다. 그리고 SEC는 2010년 8월, 이 청원을 받아들여 '규정 14a-11Rule 14a-11'을 통과시켰다.[73]

그러나 미국 기업들이 이에 대해 즉각 반발했다. 비즈니스 라운드테이블과 미국 상공회의소Chamber of Commerce of the USA가 항소법원에 규제 무효 소송을 제기했다. 1년가량의 재판을 거쳐 2011년 7월 항소법원은

---

72 베브척의 주장은 Bebchuk(2005; 2013) 참조. 스트라인의 비판은 Strine(2006; 2014), 베인브리지의 비판은 Bainbridge(2006) 참조.
73 SEC(2010). SEC는 해당 회사의 3% 이상 지분을 3년 이상 보유한 기관 투자자에게 이사 제안권을 허용키로 했다.

SEC의 이사 선임 규제 개정을 "무효화한다vacate"라고 선고했다.[74] 판결문은 처참할 정도로 SEC의 논리와 실증을 난도질했다. SEC는 아무런 반박도 못 하고 '규정 14a-11'을 포기했다. 주주행동주의의 혁명 시도는 분쇄됐다.

(2) SEC의 엉터리 비용·편익 분석과 공공·노조연금의 '편협한 이익' 추구 가능성

항소법원이 SEC 규제 개정을 무효화한 이유는 크게 세 가지이다.

첫째, 그동안 미국 기업들이 다른 나라의 기업들에 비해 경영이 그리 잘못되어왔다고 할 수가 없는데, 오래도록 확립된 이사 선임 방식을 그렇게 혁명적으로 바꿀 특별한 이유를 찾기 어렵다는 것이다. 이사회가 주도하는 개량에 의해 경영이 어느 정도 잘 이루어져왔는데, 갑자기 주주들이 아무 때나 마음대로 혁명을 일으켜 이사회 구성을 완전히 바꿀 수 있게 해준다고 해서 기업 경영이 더 잘되리라는 이유를 찾을 수 없다는 것이다.

SEC는 효율성efficiency, 경쟁competition, 자본 축적capital formation이라는 세 가지 목적을 동시에 추구하도록 만들어졌다. 따라서 SEC의 금융 규제는 이 세 가지 목적에 의해 합리화되어야 한다. 그런데 항소법원은 SEC가 이사 선임 규제 개정에 관해 경쟁이라는 측면에서만 일부 효과를 분석했지, 효율성과 자본 축적이라는 측면에서는 아무런 분석을 내놓지 않았고, 따라서 규제 기관으로서의 임무를 방기했다고 지적했다. 실제로 기업존재론에 영향을 미치는 것은 자본 축적과 효율성이라고 봐야 한다. 기업존재론 실현에 미칠 영향을 빼놓고 분석한 것은 '감시 카메라 성능 강화'만으

---

[74]　U.S. Court of Appeals for the District of Columbia Circuit(2011a).

로 모든 것을 해결할 수 있다는 기업지배구조론의 편향적 시각을 그대로 옮겨놓은 것이라고 할 수 있다.[75]

둘째, 어떤 규제든 새로운 도입을 합리화하려면 비용·편익 분석을 해서 편익이 비용보다 커야 하는데 그 근거가 제대로 제시되지 않았다. 항소법원은 SEC가 "일관성 없고 기회주의적으로inconsistently and opportunistically" 비용과 편익을 설정했다고 지적했다. 재판부는 SEC가 "어떤 비용들은 제대로 계산하는 데 실패했고, 왜 그 비용들을 계산하지 못하는지 설명하지도 않았고,…스스로 모순을 일으켰고, 코멘터commentor[SEC 요청으로 의견을 제출한 전문가]들이 제기한 심각한 문제들에 대해 응답하지도 않았다"라고 비판했다.[76]

SEC는 특히 한쪽 시각의 자료만 선택적으로 이용했다. 회사에 '반기를 든 주주가 지명한 이사dissident shareholder nominees'가 선임될 경우 주주 가치를 떨어뜨린다는 결과를 내놓은 연구들이 많다. 실제로 규제 개정이 결정되기 전에 한 코멘터는 "반기를 든 주주가 지명한 이사가 임명됐을 경우 그 회사들은 주총 이후 2년 동안 다른 회사에 비해 19% 내지 40%까지 성과가 더 나빠진 것으로 나타났다"라고 밝혔다. 그러나 SEC는 규제 개정 결정 과정에서 이에 대해 아무런 언급을 하지 않고 무시했다. 항소법원은 SEC의 규제 개정이 "불충분한 증거 자료insufficient empirical data"에 의존했을 뿐만 아니라, "상대적으로 설득력 없는 두 개의 연구"에만 "전적으로 그리고 무겁게exclusively and heavily" 의존했다고 지적했다.[77]

---

75 5.1절 논의 참조.
76 U.S. Court of Appeals for the District of Columbia Circuit(2011a: 7).
77 U.S. Court of Appeals for the District of Columbia Circuit(2011a: 11).

재판부는 이와 함께 연금 등 기관 투자자들이 경영진에 강력한 영향을 미치게 되면서 벌어질 수 있는 이해 상충 문제에 관해 명백한 결론을 내렸다. SEC는 규정 14a-11로 인해 "편협한 이익narrow interests"이 추구될 가능성이 있다는 점은 인정하면서도 장기 투자자에게만 이사 제안권을 주기 때문에 그런 비용 발생이 "제한적일 수 있다may be limited"라고 막연히 정당화했을 뿐이었다. 그러나 연금은 장기 투자자다. SEC 규제개정에 의해 이사 제안권을 부여받는다. 항소법원은 "특수 이해관계를 가진 기관 투자자들이 이 규제 개정을 활용할 것이라고 믿을 만한 근거가 많다"라며 특히 "공공 연금과 노조 연금들이 규제 14a-11을 활용할 개연성이 가장 높은 기관 투자자"라고 밝혔다. 재판부는 그러나 SEC가 이러한 우려와 비용에 대해 "진지한 평가를 회피했다"면서 "SEC가 제멋대로arbitrarily 행동했다"고 결론지었다.[78]

(3) 기관 투자자들 간의 자중지란 – 뮤추얼펀드의 반대

셋째, 기관 투자자들 간에 자중지란이 벌어졌다. 규제 개정을 앞장서 추진했던 공공 연금이나 노조 연금과 달리 뮤추얼펀드는 규제 개정에 반대했다. 기관 투자자 행동주의가 바람직하지 않다고 생각했기 때문이 아니었다. 이 규제 개정이 자신에게 적용되면 자신의 치부가 드러나고 기업보다 더 심각한 지배구조 논란에 빠질 수 있다고 생각했기 때문이었다.

뮤추얼펀드는 내부에 수많은 펀드를 유지하고 이 펀드들이 개별적으로 주식시장에 상장되어 있다. SEC 규제 개정의 원칙대로라면 개별 펀드

---

78   U.S. Court of Appeals for the District of Columbia Circuit(2011a: 14~15).

마다 이사회를 별도로 구성해야 하고 이사진을 펀드의 주주인 고객들이 선제적으로 선출할 수 있어야 한다. 그러나 블랙록 등 대부분의 뮤추얼펀드는 재벌이 그룹 전략기획실 등 중앙 조직을 통해 계열사를 통제하는 것처럼 (실제로는 재벌보다 더 강력하게) 중앙에서 개별 펀드를 통제하고 관리한다.

흥미 있는 사실은 미국 투자자 협회인 투자회사기구Investment Company Institute, ICI가 펀드 운용의 효율성뿐만 아니라 지배구조 문제를 제기하며 '규정 14a-11' 도입에 반대했다는 것이다. ICI는 미국 투자회사의 83%가 내부 펀드 전체를 한 이사회에서 관장하는 단일 이사회 모델을 갖고 있고, 17%은 내부 펀드를 몇 개의 소그룹으로 나누어 이사회를 따로 운영하는 클러스터 이사회를 갖고 있다고 밝혔다. 개별 펀드마다 독립된 이사회를 구성하는 경우는 0%이다.

ICI는 이렇게 비독립적으로 개별 펀드를 운영하는 것이 '엄청난 영업 효율성tremendous operational efficiencies'을 갖고 있을 뿐만 아니라 지배구조에도 좋다고 주장했다. 그리고 '규정14a-11'이 "효율적인 펀드 지배구조를 위험에 빠뜨린다"라고까지 강조했다.[79] 이 효율성 논리는 **기업명제 5**에서 설명한 '범위의 경제'를 금융 투자사들도 폭넓게 활용하고 있다는 얘기다.[80] 한 펀드를 관리하는 역량이 있으면 거기에 조금만 보태서 다른 펀드를 관리할 수 있다. 두 펀드를 개별적으로 관리하는 것보다 비용을 줄일 수 있고 매입 자산을 고르는 데 더 효과적일 수 있다.

항소법원 재판부는 ICI 보고서의 논리를 따라 SEC 규제 개정이 잘못

---

79 U.S. Court of Appeals for the District of Columbia Circuit(2011b: 19).

80 2.3절 및 2.5절 참조.

됐다고 판결문을 써 나갔다. 그 말미에서는 SEC가 내세운 규제 개정 근거가 "말도 안 되게 정신 나간 이유unutterably mindless reason"라고까지 비판했다. 규제 개정을 통해 기업의 지배구조를 개선하는 책무를 기관투자자들이 지게 되는데, "내 눈의 들보는 보지 않고 남의 눈의 티끌을 빼겠다"라는 것과 마찬가지라는 취지였다. 1990년대에 기업지배구조론이 힘을 받을 때부터 "누가 이 새로운 기업 감시자들을 감시할 것인가?"라며 나왔던 기관투자자 집사론 비판이 그대로 맞아떨어진 것이다.[81] ICI 보고서는 금융 투자사들이 자신의 지배구조에 대해서는 감독을 받거나 '개혁'하기 싫다고 명백히 밝힌 것이라고 할 수 있다.

항소법원의 무효 판결이 난 뒤 SEC는 상고를 포기하고 재판부의 결정을 받아들였다. 이 판결은 주주행동주의 혁명을 통해 과연 무엇이 좋아질 수 있을지, 혁명을 추진하는 세력이 자격과 역량이 있는지를 근본적으로 질문한 것이었다. 그리고 대답은 '노'였다. 독립된 이사회 운영은 주주행동주의자들이 기업에게 지배구조를 개선하라면서 요구하는 단골메뉴다. 그런데 정작 기관 투자자의 지배구조라는 것을 들여다보면 형편없다. ICI가 밝혔듯이 펀드 별로 독립된 이사회를 운영하는 뮤추얼펀드는 하나도 없다. 주주행동주의자들은 많은 대기업에서 이사회가 '거수기'이고 사외이사들이 허수아비라고 비판한다. 그렇지만 뮤추얼펀드들은 개별 펀드의 이사회를 구성조차 하지 않는다. 주주행동주의자들은 비즈니스그룹 계열사들 간의 내부거래를 비판한다. 그러나 주주행동주의의 핵심 세력인 기관 투자자는 내부에 갖고 있는 여러 펀드들 간의 내부거래를 투명

---

81 5.1절 참조.

화하겠다고 밝힌 적이 없다. 이에 대해 정부 규제가 제대로 들어간 적도 없다.[82]

---

82   신장섭(2018) 참조.

6. 상호·순환 출자 금지론의 허구와 적반하장

미국에서는 민간의 다양한 세력이 연합한 주주행동주의자들이 지배구조 개혁을 밀어붙였고 금융감독 기관인 SEC와 노동부 등이 이를 제도로 추인했다. 한편 한국에서는 지배구조 개혁이 정부 주도로 이루어졌고 공정거래위원회가 그 전위대 역할을 했다. 공정위가 1981년 처음 출범할 때에는 기업지배구조가 관심사가 아니었다. 대기업과 중소기업 간의 불균형이 주된 관심사였고, 대기업에 의한 '경제력 집중'을 어떻게 해소할 것인지에 정책의 초점이 맞춰졌다. 공정위가 기업지배구조 문제를 본격적으로 건드린 것은 1997년 한국 외환위기 이후 국제통화기금 관리 체제에서 기업 구조조정이 본격적으로 진행되면서부터였다.[83]

앞에서(5.3절) 언급했듯이 한국의 대표적 주주행동주의자 장하성은 이즈음 미국식 기업지배구조 개혁론의 입장에서 재벌 개혁 논리를 만들어냈다. 그 핵심은 법인 지분을 가공자본으로 취급해서 재벌이 상호 출자나 순환 출자로 갖고 있는 계열사 지분의 정당성을 부정하는 것이었다. 한편 기관 투자자 등 소액주주 지분에 대해서는 액면 그대로 정당성을 부여해서 '절대 다수의 지분을 소유하고 있는 소액주주들이 바로 기업의 주인'이라는 주장을 내놓았다.

이것은 논리라는 이름을 붙일 수조차 없는 것이었다. 재벌 개혁이라는 이미 정해놓은 목표에 맞춰 법인의 실체를 전면 부정하고 비즈니스그룹의 지분 평가와 소액주주의 지분 평가 간에 이중 잣대를 들이대서 만들

---

83 이 과정에 대한 상세한 설명은 신장섭(2016b)의 2장 2절 '1997년 외환위기와 '반재벌 3자 동맹' 참조.

어낸 구호에 불과하다. 몽크스가 정치 투표의 실상을 왜곡하고 기관 투자자를 '소유자'로 칭하면서 기관 투자자의 투표를 의무화해야 한다고 주장한 것과 비슷한 구호다. 실제로 장하성은 몽크스의 한국판 아바타라고 할 수 있는 면을 여러 가지 갖고 있다. 몽크스가 공익을 내세우며 ISS를 설립하고 렌스펀드Lens Fund라는 기업지배구조 개선 펀드를 만들어 사익을 함께 추구한 것처럼 장하성도 '좋은기업지배구조연구소'라는 투표자문사와 '장하성펀드'라는 지배구조 개선 펀드를 만들어 사익도 함께 추구했다(따로읽기 5-1 '몽크스와 장하성' 참조).

몽크스가 추진했던 기관 투자자 투표의무화가 연금 국장직을 떠난 다음에도 주주행동주의자들에 의해 계속 진행된 것처럼 장하성이 만든 구호는 그 후 한국 공정거래 정책의 기반으로 자리 잡았다. 상호 출자와 순환 출자는 재벌이 돈을 들이지 않고 계열사를 장악하기 위해 가짜로 만들어낸 방편이라며 죄악시하게 된 것이다. 예를 들어, 공정거래법 9조는 상호 출자 제한의 필요성 항목에서 "상호 출자는 자본 충실의 원칙을 저해하고 가공의결권을 형성하여 지배권을 왜곡하는 등 기업의 건전성과 책임성을 해치는 악성적 출자 형태"라고 규정짓고 "이 제도[상호 출자 제한 제도]는 건전한 자본주의 시장경제 유지의 전제가 되는 준칙의 성격을 지닌다"라고 밝힌다.[84] 순환 출자 제한의 필요성도 동일한 생각에 바탕을 두고 있다.

---

84 공정거래위원회 웹사이트(http://www.ftc.go.kr/www/contents.do?key=46).

(1) 비국제적·비역사적 적반하장 규제

그러나 전 세계에서 상호 출자와 순환 출자를 실질적으로 금지하는 나라는 한국뿐이다. 계열사 간의 내부거래 자체를 규제하는 나라도 한국뿐이다. 비국제적 갈라파고스Galapagos 규제라고 할 수 있다. 앞 장(4.3절)에서 살펴보았듯이 상호·순환 출자는 전 세계 수많은 기업들이 사용하는 결합 방식이다. 르노와 닛산은 상호 출자로 결합되어 있다. 일본과 유럽의 많은 대기업뿐만 아니라 신흥국의 비즈니스그룹 대부분이 상호 출자와 순환 출자를 사용한다.

비즈니스그룹은 전 세계적으로 보편적인 사업 형태다. 가족경영이나 대주주경영도 세계적으로 보편적이다.[85] 재벌은 가족경영과 비즈니스그룹식 경영이 합쳐진 사업 체제다. 이러한 사업 조직은 크기나 다변화 정도에서는 나라마다 차이가 있을지언정 그 존재 자체는 세계적으로 보편적 현상이다. 그렇다면 재벌에 대한 정책은 보편성을 인정하고 만약 갈등이 벌어질 경우 합리적으로 해결 또는 조정하는 방안을 찾는 쪽으로 만들어졌어야 한다. 보편성을 받아들인 상태에서 개량 대책을 마련해야 했던 것이다.

하지만 한국의 공정거래법은 재벌을 어떻게든 개혁해야 한다는 목표가 먼저 정해져 있고 거기에 맞춰 논리를 거꾸로 꿰맞춘 모양새다. 그러다 보니 비즈니스그룹과 대주주경영이라는 보편적 현상을 일탈로 취급한다. 그렇게 하기 위해 강철규 전 공정거래위원장의 발언에서 나타나듯이 전문경영 체제를 이상향으로 삼는다.[86] 그러나 미국에서조차 전문경영 체

---

85   따로읽기 4-1 및 4.3절과 4.4절 참조.
86   5.1절 참조.

제는 기업 숫자로는 0.2%에도 못 미치는 예외적 경영 체제다. 이 예외를 보편적 현상으로 치부하고 보편적 사업 조직을 예외적 현상으로 몰아붙이는 방법에 의해 공정위는 상호·순환 출자를 '악성적 출자 형태'라고 규정한 것이다.

앞에서(2.3절 및 2.5절) 지적했듯이 비즈니스그룹과 다국적기업은 똑같이 법인 간 자산분할을 통해 확장한다(기업명제 5). 그러나 한국 정부는 상호 출자나 순환 출자, 내부거래 규제를 국내 재벌에게만 적용할 뿐 다국적기업에게는 적용하지 못하고 있다. 규제의 불일치다. 재벌이 한국에만 특이한 현상이라고 생각하는 갈라파고스적 인식의 결과이기도 하다. 자산분할 원리가 똑같다면 비즈니스그룹과 다국적기업 간에 똑같은 규제가 적용되어야 한다. 다국적기업에 가하지 않는 규제를 재벌에만 가하는 것은 자산분할 원리에 대한 무지나 편파적 규제 적용의 결과라고 할 수 있다(따름정리 5-1).

여기에 덧붙여 재벌은 비역사적인 적반하장 규제를 당하고 있다고 할 수 있다. 만약 한국에 지주회사가 처음부터 허용됐다면 상호 출자나 순환 출자가 그렇게 많이 나타날 필요가 별로 없었을 것이다. 그런데 한국은 1948년 정부 수립 후 처음 상법이 만들어질 때부터 지주회사를 금지했다. 한국에 재벌이 생기기 훨씬 전이었고, 따라서 재벌 문제라고 하는 것도 없던 때였다. 그렇지만 일본 상법을 아무 생각 없이 베껴 쓰다 보니 일본 상법의 지주회사 금지까지 한국 상법에 들어간 것이었다.

일본에서는 제2차 세계대전 패전 이전까지 자이바츠가 지주회사 형태로 운영됐다. 그러나 전후 맥아더 점령 사령부는 자이바츠를 전범으로 지목하고 해체시키면서 지주회사를 금지시켰다. 한국전쟁으로 일본의 중화학 산업화가 다시 진행되면서 과거 자이바츠 계열사들은 '게이레츠'로 다시 연합했다. 그러나 지주회사를 금지한 상법은 그대로 남아 있었기 때문에 일본 기업들은 상호 출자 및 순환 출자 형태로 연결 고리를 만들었다.

한국 재벌은 처음에는 사업을 영위하는 회사가 지주회사 역할을 하는 사업 지주회사 체제를 갖췄다. 재벌이 조금 크자마자 정부는 1972년에 '기업공개 촉진법'을 도입했다. 그리고 총수 가족 지분 5% 이내로 소유 구조를 분산하는 대기업에게 혜택을 주겠다고 했다. 정부의 서슬이 퍼런 때라서 기업공개를 하는 대기업들은 총수 지분을 크게 줄였다. 대신 상호 출자를 많이 사용해 계열사들 간의 연결 고리를 유지했다. 그런데 1981년에 공정거래위원회가 만들어지고 1987년부터 상호 출자를 제한했다. 대기업들은 상호 출자를 순환 출자로 바꿔갔다.

1997년 외환위기 이후에는 공정위가 순환 출자를 통해 그룹을 유지하는 것은 문제가 많으니 지주회사 체제로 전환하라고 강력히 권고했다. IMF 체제하에서 진행된 재벌 개혁의 일환이었다. SK그룹은 이 권고에 따라 지주회사 체제로 바꾸다가 2003년 '소버린 사태'를 당했다. 한국 정부는 2013년에 결국 신규 순환 출자를 금지하는 법까지 통과시키며 상호·순환 출자를 죄악시하는 오랜 여정에 거의 마침표를 찍었다.

한국 재벌이 상호·순환 출자를 많이 활용하게 된 또 다른 이유는 상법에서 '1주 1의결권'이 강행 규정으로 되어 있기 때문이다. 이것도 지주회사 금지와 마찬가지로 일본 상법에 있는 내용을 별생각 없이 도입하는 과정에서 따라 들어온 규제다. 그런데 일본은 전후 경제발전 과정에서 경영권 안정 필요가 제기되면서 단원주單元株라는 차등의결권을 도입했다. 반면 한국은 교조적으로 1주 1의결권을 고집해왔다.

이에 따라 한국에서는 주식거래소들이 차등의결권을 도입하고 싶어도 할 수가 없었다. 상법이 바뀌지 않는 한 불가능하다. 내사랑이 그룹도 만약 한국에 차등의결권 제도가 있었다면 상호 출자를 할 필요가 없었다. 차등의결권을 사용해 내사랑이(주)를 사업 지주회사로 만들고 구글이나 페이스북이 했던 것처럼 내사랑이(주)가 보유하는 내사랑 아이들(주)의 주식에 대해서는 10개의 투표권을 주고, 일반 주주들이 보유하게 되는 주식에 대해서는 1개의 투표권을 주면 그룹 통제 문제가 쉽게 해결되는 것이었다. 그런데 한국 상법에서 1주 1의결권을 강제하니까 내사랑이 그룹은 상호 출자를 택했다. 한국의 다른 그룹들도 만약 복수의결권이 허용됐다면 상호·순환 출자를 그렇게 많이 활용하지 않았을 것이다.

이렇게 볼 때 상호·순환 출자는 차등의결권이 없는 나라에서 차등의결권의 '대체재substitutes' 역할을 어느 정도 했다고 할 것이다. 역사를 돌이켜 보면 한국의 재벌이 특이해서라기보다는 한국에 특이했던 정부 규제의 산물로 상호·순환 출자 중심의 재벌 형태가 나타났다고 할 수 있다. 상호·순환 출자의 원죄는 정부에 있는데 적반하장으로 상호·순환 출자를 할 수밖에 없게 된 재벌이 개혁 대상이 되어버렸다.

(2) 상호·순환 출자는 '부분 합병'으로 해석해야

공정위가 상정하듯이 법인들 간에 상호 출자나 순환 출자로 얽혀 있는 것이 '나쁜 지배구조'라면 자연인이 상대방 자산에 대해 소유권을 교차하거나 순환해서 갖는 것에 대해서도 '나쁜 소유 구조'라고 말해야 할 것이다. 그러나 이것은 조금만 생각해보면 어불성설이다. 예를 들어, 자연인A가 자연인B의 토지에 대해 일부 소유권을 갖고, 자연인B가 자연인A의 건물에 대해 일부 소유권을 상호 갖고 있다고 상정해보자. A가 B의 토지에 대해 일부 소유권을 갖고 있고, C가 A의 건물에 대해 일부 소유권을 순환식으로 갖고 있고, B가 C의 콘도에 대해 일부 소유권을 갖고 있는 경우를 상정해도 마찬가지다. 이렇게 상호 소유하건, 순환 소유하건 무슨 문제가 있나? 왜 법인에 대해서만 이런 지분 소유 형태에 대해 '나쁜 것'이라고 단정 짓는가?

과거에 공정위는 상호·순환 출자로 묶여 있으면 그룹의 금융 위험이 높아진다는 주장을 내세웠다. 그러나 실제로 상호·순환 출자 자체가 갖고 있는 금융 위험은 기업이 다른 방식으로 주식 투자하는 것에 비해 위험이 더 높다고 할 근거가 전혀 없다. 한 계열사가 망하면 그 회사에 출자한 다른 계열사가 그 주식만큼만 손해 볼 뿐이다. 그 회사가 여유 자금으로 그룹 외부 회사 주식을 샀다가 잘못되면 손해 보는 것과 마찬가지다. 계열사 건, 그룹 외부 회사 건 간에 투자한 만큼만 유한 책임 지고 개체보호를 받는 것이다. 과거에는 한국 재벌들이 계열사에 출자를 하면서 은행 대출에 대해 지급보증까지 해줬기 때문에 추가 금융 위험이 존재했다. 그러나 IMF 체제에서 구조조정을 거치면서 대기업 계열사 간의 지급보증은 완전히 해소됐다.

금융 위험 논리가 더 이상 통하지 않으니까 공정위가 내세운 것이 '지배구조 위험'이다. 상호·순환 출자를 이용해 총수가 직접 보유하는 주식보다 훨씬 더 많은 지배력을 갖고 있다는 것이다. 그러나 앞에서 살펴보았듯이 이런 현상은 다른 나라에도 많이 있다. 상호·순환 출자가 허용되고 차등의결권 제도도 사용된다.[87] 미국이나 유럽에서 차등의결권을 사용하는 기업이 그 사실만으로 지배구조 위험에 처해 있다고 얘기할 근거는 없다. 마찬가지로 상호·순환 출자 자체가 지배구조 위험을 야기한다고 말할 근거는 어디에도 없다. '악성적 출자 형태'라고 단정지을 근거는 더더욱 없다.

기업존재론에 입각해보면 상호·순환 출자에 대해 유연하게 생각할 수 있다. 상호·순환 출자는 혁신과 성장이라는 존재론적 목표를 달성하는 데 편리한 '부분 합병'으로 볼 수 있는 것이다. 지배구조 개혁론자들은 기업이 독자적으로 경영하든지, 다른 기업과 완전히 합병하든지 두 가지 선택밖에 없는 듯한 흑백논리를 갖고 있다. 그렇지만 기업과 기업 간의 관계를 설정하는 데에는 상호 출자, 순환 출자, 자회사 설립, 전략적 제휴 등 다양한 중간 지대가 있다. 기업지배 개혁론은 폭넓은 중간 지대의 현실을 무시하고 양극단의 대안 중에서 하나를 선택하라는 것과 마찬가지다. 그렇게 기업 운용 방식을 흑백으로 단순화하면 외부에서 카메라를 들이대고 감시하는 데는 편리해질지 모른다. 그러나 값싸고 질 좋은 제품·서비스를 지속적으로 창출해서 주가를 지속적으로 올릴 수 있으리라는 보장은 없다.

상호·순환 출자는 복수의 기업이 피를 섞으면서도 독립성을 유지하는 것이 좋다고 판단할 때 얼마든지 할 수 있는 것이다. 르노와 닛산은 바로 이런 이유 때문에 상호 출자를 통한 부분 합병을 택했다. 폭스바겐과 포르쉐 가문이 합친 것도 유사하게 피차 독립성을 유지하는 상태에서 택

---

87   4.3절 참조.

한 상호 결합이다. 이것은 사람과 사람이 결합할 때 다양한 방식을 택할 수 있는 것과 마찬가지라고 할 수 있다. 독신이냐 정식 결혼이냐의 양극단만 존재하는 것이 아니다. 동거도 있을 수 있고 계약 결혼도 있을 수 있다. 형식적으로 결혼한 사람들이 상호 합의하에 실질적으로는 독립성을 유지하는 생활을 할 수도 있다.

영국의 철학자 버트런드 러셀Bertrand Russell은 결혼한 상태에서 부인과의 합의하에 자유연애를 했다. 계약 결혼은 이제 많은 나라에서 큰 거부감 없이 받아들여진다. 최근에는 '졸혼卒婚'이라는 새로운 사회현상도 나타나고 있다.[88] 프랑스 의회는 1999년에 '시민 연대 계약Pacte civil de solidarité, PACS'이라는 법을 통과시켰다. 정식으로 결혼하지 않고 결합해서 사는 다양한 커플에게 아이를 낳고 기르는 데 있어 법적 지위에서나 사회복지에서 차별당하지 않는 제도를 만든 것이다. 그 결과 1.5명까지 떨어졌던 출산율이 1.9명까지 올라가는 '생산성 향상'이 나타났다.[89] 어떤 형태의 기업 결합을 택하더라도 회사의 생산성이 올라가는 방향으로 이루어지면 좋은 일이다. 좋은 경영 성과를 내는 지배구조가 좋은 기업지배구조인 것이다**(기업명제 7)**.

---

88 「'할 만큼 한 결혼 생활…각자 삶으로' 한 달 한 번 꼴 만나는 일본의 중년 부부들」, 『조선일보』, 2016년 5월 11일 자.
89 「결혼 않고도…프랑스에선 다양한 '신개념 가족'이 태어납니다」, 『조선일보』, 2019년 6월 19일 자: 'Civil solidarity pact', 위키피디아 https://en.wikipedia.org/wiki/Civil_solidarity_pact.

몽크스와 장하성

몽크스가 미국에서 주주행동주의의 대부로 자리매김하고 있다면 한국에서는 장하성 전 고려대 교수가 주주행동주의의 대부라고 할 수 있다. 두 사람은 여러 면에서 닮았다. 둘 다 금융 투자자 중심으로 사고가 형성됐다. 몽크스는 법학을 공부한 뒤 투자 금융 업계에서 잔뼈가 굵었고 장하성은 금융을 전공한 경영학자였다. 그리고 대기업들이 '소수 주주'들을 무시한다는 사실에 '분개'해서 주주행동주의를 시작했다. 몽크스는 미국 대기업들이 기업사냥꾼의 '그린메일greenmail' 협박에 쉽게 넘어가면서 일반 주주들보다 더 비싼 값에 기업사냥꾼 보유 지분을 되사주는 관행에 반기를 들었고, 장하성은 한국의 재벌들이 '소액주주'들의 의견을 무시하며 '총수' 위주로 경영하는 관행에 반기를 들었다. 두 사람 다 '주주가치론'이라는 특정 기업목적론에서 입각해서 기업을 재단했고, 기업목적론이 다양할 수 있다는 사실에 대해 눈감았다. 또 기업의 존재론적 관점에서 기업의 행태를 이해할 생각은 전혀 하지 않았다.

두 사람은 자신의 이상이라고 내세운 것들을 실현하는 과정에서 논리를 과도하고 왜곡되게 전개했다는 사실에 있어서도 공통점을 갖고 있다. 앞(4.5절)에서 지적했듯이, 몽크스는 법학도로서 기관 투자자들이 '수탁자fiduciary'라는 법적 지위를 갖고 있다는 사실을 잘 알고 있으면서도 종종 '주인owner'이라고 강조했다. 또 기관 투자자들의 투표의무화를 추진하면서 정치민주주의의 실상을 왜곡했다. 대부분의 나라에서 투표는 권리 사항이지 의무 사항이 아닌데, '기업 시민corporate citizen'의 의무라면서 기관 투자자들에게 투표를 의무화시킨 것이다.

장하성은 비즈니스그룹이 보유하고 있는 계열사 지분의 성격을 왜곡했다. 법인의 실체를 부정하고 법인 보유 지분을 '가공자본'이라 규정하고 그래서 소액주주들이 "절대 다수의 지분을 소유하고 있는…기업의 주인"이라고 내세웠다. 두 사람 다 실질적으로는 '구호'에 불과하다고 할 수밖에 없을 정도로 무리하고 근거 없는 주장을 내세웠지만, 몽크스는 기관 투자자 투표의무화라는 커다란 변화를 만들어냈고, 장하성은 상호·순환 출자를 불법화하는 데 성공했다.

몽크스와 장하성은 주주행동주의라는 공익을 앞으로 내세우면서 사익을 함께 추구했다는 면에서 공통점을 갖고 있다. 몽크스는 연금 국장에 재직하면서 투표의무화를 추진했고, 그 혜택을 가장 크게 받는 회사인 ISS를 설립했다. ISS는 기관 투자자 투표의무화가 집행되자마자 이후 독점 투표자문사로 금세 돈을 벌기 시작했다. 몽크스는 1990년에 ISS가 SEC로부터 '이해 상충' 문제로 조사를 받게 되자 ISS에서 형식적으로 손을 뗐다. 그러나 "돈을 뺴낼 수 없는 재단Irrevocable trust을 만들어 3백만 달러의 ISS 주식을 넘기고 자신의 조카 니콜라스 히긴스Nicholas Higgins와 아들인 로버트 몽크스 주니어Robert Monks Jr.를 재단 신탁자로 만들었다." ISS는 그 후 모건스탠리로 주인이 바뀌었다. 이 과정에서 몽크스와 몽크스 가족이 얼마나 돈을 받았는지는 알려져 있지 않다.

또한 몽크스는 기업지배구조 개선 펀드인 렌스펀드Lens Investment Management를 설립해 공익을 내세우면서 사익도 함께 추구했다. 렌스펀드는 나중에 영국 브리티시텔레콤BT의 연금 펀드인 헤르메스Hermes Investment Management가 인수했다. 그의 행동주의 정신은 헤르메스에서 지속되고 있다. 헤르메스는 대표적인 행동주의 펀드가 되었고 일본에서 기업지배구조 개선 펀드를 만들기도 했다. 2004년에 삼성물산의 지분을 매입한 뒤 삼성전자 보유 지분 매각, 삼성카드 증자 불참, 삼성물산 우선주 소각 매입 등을 요구하며 행동주의에 나섰고 '주가 조작' 혐의로 논란을 일으키기도 했다.

몽크스가 렌스펀드를 설립한 것과 비슷하게 장하성도 이른바 장하성 펀드를 2006년 4월에 설립했다. 정식 이름은 '라자드 한국기업지배구조 개선 펀드Lazard Korea Corporate Governance Fund, LKCGF'이다. 공개 의무가 없는 헤지펀드로 조세 회피처라고 할 수 있는 아일랜드에 설립했다. 공식적인 펀드 운용은 투자은행 라자드 미국 본사의 싱가포르 사무소에서 담당했다. 한국의 기업지배구조를 개선한다는 '공익'을 그렇게 내세웠으면 한국에 펀드를 설립하고 한국에서 제대로 운용했어야지, 왜 이렇게 복잡한 소유-운용 구조를 만들었는지 의심스러운 일이었다. 특히 기업지배구조 개선의 목표라고 내세운 것이 소유와 경영 간의 왜곡된 구조를 바로잡자는 것이라면서 그렇게 왜곡된 소유·경영 구조를 갖고 있는 펀드를 통해 그 목표를 달성하겠다는 것은 앞뒤가 맞지 않는 일이었다.

장하성은 공식적으로 이 펀드에 대해 아무런 지분을 갖지 않고 자신이 주도적으로 만든 '좋은기업지배연구소'와 함께 컨설팅 업무만 수행했다고 한다. 그러나 펀드가 출범한 이후 적극적으로 언론 인터뷰 등을 하면서 이 펀드를 홍보했다. 당시 대표적인 주주행동주의자로서 큰 영향력을 행사하고 있었기 때문에 언론에서는 이 펀드를 '장하성펀드'라고 불렀다. 또 주식시장에는 '장하성펀드 따라 하기' 현상이 나타나기도 했다. 장하성펀드가 특정 주식을 샀다는 정보가 나가면 다른 기관 투자자들이나 개인 투자자들이 따라 하기에 나서 주가가 뛰기도 했다.

장하성펀드가 표면적으로 내세운 한국의 기업지배구조 개선을 얼마나 일구어냈는지는 미지수다. 그러나 투자 실적에서는 참담한 실패를 겪었다. 비공개 펀드이니까 전체 수익률은 공개되지 않았다. 그렇지만 여기에 1억 달러를 투자했던 미국의 대표적 행동주의 연금 CalPERS가 펀드 성과 보고서에 자신이 맡긴 돈의 수익률을 공개했다. 2008년부터 2011년까지 누적 수익률이 -32.2%였다. CalPERS는 환매를 요구했고 장하성펀드는 2014년에 청산됐다. 몽크스의 렌즈펀드가 투자 실적을 제대로 못 내면서, 결국 영국의 기관 투자자 헤르메스에게 매각된 것과 비슷하다고 할 수 있다. 그러나 두 사람 다 이 과정을 거치면서 개인적으로는 상당한 부를 일군 것으로 알려졌다.[90]

---

90 장하성은 문재인 정부에 청와대 정책실장으로 임명된 직후인 2017년에 재산이 공개됐다. 청와대 참모진 가운데 가장 많은 93억 1,962만 원의 재산을 신고했다. 이중 본인 명의 주식 47억 1,572만 원, 배우자 명의 주식 6억 2,963만 원으로 주식 보유 평가액만 53억 4,535만 원이었다(「장하성 실장 재산 93억…'재벌 재테크'로 재벌?」, 『뉴데일리』, 2017년 8월 25일 자).

304   기업이란 무엇인가

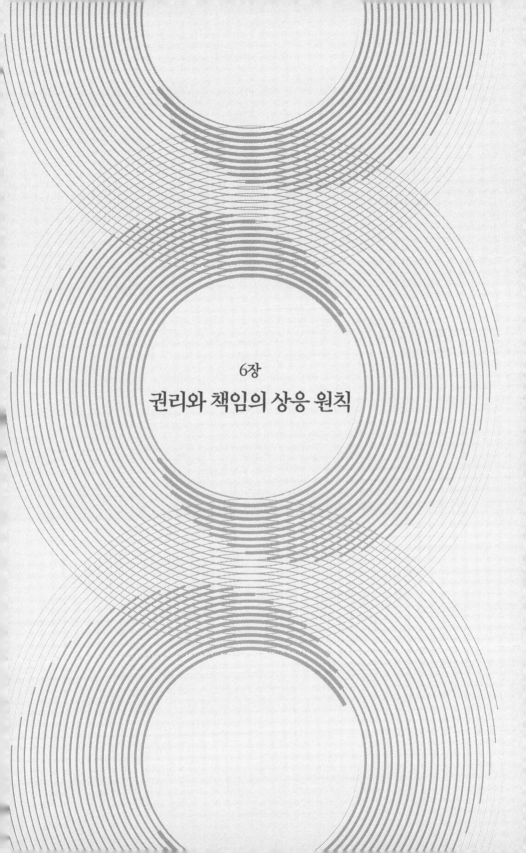

6장

권리와 책임의 상응 원칙

내사랑이 그룹은 또다시 세계를 깜짝 놀라게 하는 발표를 했다. AI 아이들의 역량을 활용해 다행성기업으로 발돋움한다는 것이다. 내사랑이 그룹은 그동안 다국적기업으로 크게 성공을 거두었다. 처음부터 내수시장만 보지 않고 세계시장을 바라보며 사업을 키웠다. 한국인만이 아니라 전 세계 어느 누구라도 관심 가질 만한 제품과 서비스를 내놓으려고 했다. 처음부터 범세계적 경쟁에 노출될 수밖에 없었지만 계속 초격차 전략을 사용하며 경쟁자들을 앞서 나갔다. 우주시장 개척 계획도 초격차 전략의 연장선상에서 나온 것이다. 지구상의 어떤 기업도 엄두를 내지 못하고 있을 때에 우주시장 개척의 선발주자가 되는 것이었다

실제로 내사랑이 아이들은 '인류애의 아이들'로만 머물러 있을 이유가 없었다. 지구를 벗어날 수 있는 잠재력을 갖고 있기 때문이다. 물리학자 스티븐 호킹Stephen Hawking은『큰 질문에 대한 간단한 대답Brief Answers to Big Questions』에서 천 년 단위로 인류의 존재를 위협하는 전 지구적 재앙이

일어났고 앞으로도 그럴 가능성이 충분하기 때문에 우주로 나가야 한다며, 우주에서 긴 여행이 가능하도록 유전자편집을 통해 인간 수명을 늘려야 한다고 말했다.[1]

내사랑이 그룹은 인간을 재설계해서 우주로 나가는 것보다 내사랑이 아이들이 우주로 나가는 것이 훨씬 쉽고 빠를 것이라고 판단했다. 지구에서 벌어질지 모르는 재앙을 걱정하며 소극적으로 대응하는 것이 아니라, 우주를 새로운 시장이라 생각하고 적극적으로 개척하는 것이다. 내사랑이 아이들은 자연인과 달리 장시간 우주여행에 적합하도록 처음부터 설계할 수 있다.

제일 중요한 것은 이들이 외계인을 만나게 될 때 자연인보다 소통을 훨씬 잘 할 수 있다는 데 있다. AI 아이들의 언어 알고리즘을 한 가지 언어에 고정시키는 것이 아니라 새로운 언어를 받아들일 수 있는 개방형으로 만들어놓으면 외계인과 맞닥뜨렸을 때 그들의 언어를 쉽게 습득하고 소통할 수 있게 된다. 또 개척하려고 계획하는 행성에 관한 자료를 미리 모아서 그곳에 서식할 것으로 예상되는 외계인의 형태와 가장 유사하게 AI 아이들의 외관을 만들면 처음부터 친근함을 느끼게 할 수도 있다. '현지 맞춤형 AI 아이들'을 만들어 현지 친화형 시장 개척을 하는 것이다.

그러나 다행성기업 계획은 처음부터 일반 주주뿐 아니라 시민단체, 언론, 정부 규제 기관들로부터 강력한 비판과 반대에 직면했다. 일반 주주들은 우주에 진출하려면 굉장히 많은 투자를 해야 할 텐데 회사의 이익으로 연결될 수 있을지에 대해 지극히 회의적이었다. 테슬라 창업자인 엘론 머스크Elon

---

1 「호킹 박사는 왜 지구를 떠나야 한다고 했나」, 『동아일보』, 2019년 1월 21일 자.

Musk가 이끄는 스페이스XSpace X와 같은 회사가 우주 개척에 이미 앞서가고 있고, 미국, 러시아, 중국 등 세계 강국들이 일찍부터 거액을 투자하면서 각축을 벌이고 있는데, 내사랑이 그룹이 뒤늦게 뛰어들어 경쟁력을 확보할 수 있겠느냐는 지적도 나왔다.[2] 이들은 우주로 외연을 확장하지 말고 지구에서 사업을 심화하는 전략을 취해야 한다고 주장했다.

시민단체 중에서는 내사랑이 그룹이 '우주 제국주의'의 첨병이 되려는 것 아니냐고 문제를 제기하는 곳도 있었다. 지구에도 아직 해결하지 못한 문제들이 널려 있는데 투자할 돈이 있으면 지구를 위해 투자해야지 왜 우주를 위해 투자하느냐고 비판하는 곳도 있었다. 결국은 외계인을 지구에 끌어들여 AI와 외계인들이 인류를 지배하게 될 것이라는 선지자적 경고를 내놓는 곳도 있었다.

규제 당국에서는 기업의 우주 진출과 관련해서 마땅히 갖고 있는 규제 수단이 없었다. 지구상에서 급박하게 벌어지는 일들에 대해서도 규제를 제때제때 바꿔 나가지 못하는 판인데, 우주 진출에 대한 규제 틀을 만들어야 한다고 미리 생각하고 대책을 준비한 선각자적 정치인이나 공무원들은 어느 나라에도 없었다. 그렇지만 각 나라의 규제 당국들은 내사랑이 그룹이 다행성기업으로의 도약을 선언하자 우주시장 개척이 기존 규제 원칙에 부합되는지 검토하겠다면서 당국의 승인을 받은 다음에나 사업을 구체화하라고 요구했다.

---

2   스페이스X에 관해서는 'Elon Musk: Private Space Entrepreneur', *Space*, 2018년 8월 8일 자; 'Space X', 위키피디아(https://en.m.wikipedia.org/wiki/SpaceX) 등 참조. 선진국의 우주를 둘러싼 각축에 관해서는 'US Is in a New Space Race with China and Russia, VP Pence Says', *Space*, 2019년 3월 27일 자; 'China and the US are locked in a crucial battle for space domination', *Wired*, 2019년 3월 17일 자; 「미중 '우주錢쟁…돈 많은 쪽이 무조건 이긴다」, 『뉴데일리』, 2019년 1월 4일 자 등 참조.

1. 개량적 도약

우주 진출을 둘러싼 논란에서 주목해야 할 사실은, 외부인에게는 이것이 '혁명적' 사태로 받아들여지지만, 내사랑이 그룹 입장에서는 그동안 발전해온 궤적에서 이루어진 '개량적' 발전이라는 것이다. 내사랑이 그룹에게 우주 진출은 AI 아이들의 활용 범위를 지구만이 아니라 우주로 넓혀 범위의 경제를 추구하는 것이다.[3] 기존 역량에 기반한 개량적 사업 확장 방식이다. 이 과정에서 다행성기업으로 자연스럽게 올라서는 것이다.

그렇지만 일반 주주나 외부의 이해관계자는 내사랑이 그룹이 지구에만 머물지 않고 우주로 확장한다는 사실, 즉 자신이 당연하다고 생각하던 공간에서 상상치 못하던 공간으로 진출하는 사실 자체를 혁명적으로 받아들인다. 이것은 지구와 우주를 명확히 구분하는 고정관념에서 비롯되는 것이다. 그 고정관념을 깨야 하니까, 혹은 그 고정관념이 깨지는 것이 두려우니까 우주시장 개척이 혁명적으로 다가오는 것이다.

다행성기업으로의 확장 실무 작업은 전략팀장을 맡고 있는 추호현이 주관했다. 추호현은 우주시장 개척이 내사랑이 그룹의 핵심 역량을 활용한 초격차 전략의 일환이고 개량적 도약이라는 사실을 강조했다. 초격차 전략은 단번에 상대방과 거리를 벌리는 것이 아니다. 끊임없이 도약한 성과의 축적이 초격차로 나타나는 것이다. 외부인의 눈에는 그 도약이 잘 보이지 않는다. 그러나 기술을 개발하고 영업하는 회사 구성원 입장에서는 끊임없는 개량을 통해 도약을 반복하는 것이다. 이 개량적 도약은 내

---

3 2.3절 및 2.5절 참조.

사랑이 그룹이 다국적기업으로서 지구시장에 맞는 제품과 서비스를 창출할 때나 우주시장에 맞는 제품과 서비스를 만들어낼 때나 본질적으로 아무런 차이가 없다. 공간만 지구에서 우주로 확장할 뿐이고 시장 환경에 맞춰 항상적인 개량 작업이 진행되는 것이다.

추호현은 일반 주주나 이해관계자의 비판에 대한 정면 돌파 논리와 대책도 준비했다. 주주에게는 당장 이익이 나지 않더라도 미래 가치에 대한 신뢰만 서면 주가가 크게 오를 수 있다는 점을 설득했다. 스페이스X는 아직 이익을 내지 못하는데도 2020년에 360억 달러(약 40조 원)의 시장가치가 있는 것으로 평가됐다.[4] 내사랑이 아이들(주)은 AI 아이의 성능과 품질에 있어서는 독보적이다. 이 역량에 바탕을 두고 진행하는 사업이니까 믿고 결과를 기다려볼 가치가 있다.

또 외계인을 직접 만나 상거래하는 수준까지 도달하지 못하더라도 우주에 널려 있는 각종 천연자원을 채굴해서 큰 수익을 올릴 수 있다는 사실을 강조했다. 미국항공우주국NASA은 2017년에 '16사이키16 Psyche'라 명명된 소행성 탐사 계획을 발표한 바 있다. 이 행성에 있는 철鐵의 가치가 무려 1만경 달러(1조 달러의 천만 배)로 추산되기 때문이었다.[5] 추호현은 지구와 가까운 달이나 소행성들을 먼저 개척해서 거기에 있는 천연자원을 조금이라도 지구에 가져올 수 있으면 내사랑이 아이들(주)의 매출과 이익이 기하급수적으로 늘어날 수 있다고 강조했다.

정부나 언론, 시민단체가 제기하는 우려에 대해서는 내사랑이 아이들

4   'As SpaceX Reaches $36 Billion Valuation, Elon Musk Clarifies Starlink IPO Rumors', *Observer*, 2020년 3월 10일 자.
5   'NASA planning mission to an asteroid worth $10,000 quadrillion', *USA Today*, 2017년 1월 18일 자.

(주)이 지구에서 출발한 기업으로서 지구에 뿌리를 두고 지구인의 복리에 기여하는 방향으로 우주 개척 사업을 진행한다는 사실을 처음부터 명확히 했다. 이를 위해 우주 개척 과정에서 나오는 새로운 정보는 모두 세계 항공우주국연합회와 공유할 것이라는 계획을 발표했다. 또 우주 개척으로부터 나오는 수익금의 20%는 국제연합UN에 기부해서 기아나 질병 등 지구의 각종 문제들을 해결하는 데 쓰이도록 한다는 계획도 내놓았다.

진출하게 되는 우주시장의 현지 발전에 필요한 일을 하면서 공영共榮한다는 원칙도 마련했다. 현지에서 돈을 벌면서 그곳을 위해 뭔가 기여하는 것이 있어야 '우주 제국주의'라는 비판에서 자유로울 수 있다. 처음부터 적극적으로 현지와의 공생 방안을 찾는 자세로 사업을 하면 현지의 호의적 반응을 이끌어내 사업의 안정을 기하는 한편, 매출도 더 빨리 증진시킬 수 있다. 이러한 공영 방안이 매출이익률은 다소 떨어지게 만들지 몰라도 전체 이익을 훨씬 키우고 주당수익률을 높일 수 있기 때문에 주가 상승에 유리하다고 주주들을 설득했다.[6]

추호현은 김전진 사장이 주주들와 협력 업체, 언론을 한 자리에 모아 다행성기업 도약 계획 프리젠테이션을 할 때 드라마 〈별에서 온 그대〉에

---

6 추호현은 김우중 대우그룹 회장이 아프리카 등 신흥 시장을 개척할 때 '50 대 50 원칙'을 사용했다는 사실에서 영감을 받았다. '50 대 50 원칙'과 똑같은 방식은 아니더라도 그 정신은 우주 개척에도 적용시킬 수 있다고 생각했다. 참고로 그가 읽었던 책 원문은 다음과 같다. "그 나라가 필요로 하는 것들을 골라서 잘해줘야 해요. 아무래도 그렇잖아요? 자기 나라에 도움되는 일을 해주는데 싫다고 할 사람이 어디 있어요? 그래서 나는 리비아에서 사업할 때부터 돈을 벌면 50%만 회사 이익으로 하고 50%는 그 나라를 위해 쓰는 원칙을 정했어요. 처음에는 이익을 적게 얻는 것처럼 보여도 매출이 두 배로 늘어나면 50%만 벌던 게 본전이 되고, 매출이 20배로 늘어나면 이익이 10배가 될 수 있는 거예요. 신흥 시장에서는 매출이 10배, 20배 느는 것이 금방이에요. [그쪽에서 볼 때 우리가] 돈 버는 걸 빤히 다 아는데, 내 돈만 벌겠다고 하다가 잘못 보이면 무슨 규제든 할 수 있어요. 대신 자신들에게 도움되는 일을 잘 해주면 규제할 일이 없어지는 거지요.…보험이라고도 할 수 있지만 더 중요한 건 이런 일로 인해서 신뢰 관계가 쌓이고 사업이 더 커 나갈 수 있다는 거예요. 자기들에게 좋은 일을 해줬으니까 앞으로도 계속 해달라고 새로운 일을 주는 거지요."(신장섭 2014: 312~314)

서 허준 선생이 남자 주인공 도민준을 치료해준 뒤 '통즉불통, 불통즉통通
卽不痛, 不通卽痛'이라고 얘기해주는 장면을 클립으로 넣어주었다. 막힌 것
을 통하게 해주면 아픈 것이 없어지고 막혀서 통하지 않으면 통증이 생긴
다는 뜻이다.[7] 외계에서 온 도민준이 지구에서 오래 지내다 보면 갈수록
음양오행陰陽五行의 기氣가 통하지 않게 되니 언젠가는 지구를 떠나야 할
것이라고 말해주는 장면이다(그러나 민준은 떠나야 할 때 운명적 사랑에 빠
진다). 지구인이 외계에 오래 머물러 있어도 '불통즉통'이 벌어진다. 그래
서 스티븐 호킹은 우주여행을 하려면 유전자편집을 통해 인류를 재설계
할 필요가 있다고 지적했다. 그러나 내사랑이 아이들은 불통즉통으로부
터 자유롭다. 스페이스X 등 다른 경쟁사에 비해 내사랑이 그룹이 우주를
개척할 때 갖는 가장 큰 경쟁력이다.

2. 경영자의 권위와 인정

대내외로부터 정치적 도전을 받고 정치적 대응을 하게 되면서 경영인은
자신에게 주어진 권력을 어떻게 유지하고 사용해야 하는지 깊이 생각하
지 않을 수 없게 된다. 회사 내부 경영만 집중할 때는 위계 조직상에서 주
어지는 경영권을 당연하게 받아들인다. 그러나 일반 주주가 들어오고 다
양한 이해관계자를 상대하게 되면 경영권을 이들의 요구와 반응까지 포
함해서 폭넓게 다시 생각하게 될 수밖에 없다.

소유와 통제가 원천적으로 분리된 상황에서(기업명제 2) 아무리 많은

---

7   이것은 허준의 『동의보감』, 「잡병편(雜病篇)」, 1권 '용약(用藥)'에 나오는 말이다.

주식 지분을 보유하고 있어도 경영권을 유지할 수는 없다. 그 자체로는 주식의 주인일 뿐이다(**기업명제 1**). 경영인은 주식 보유 여부 및 주식 보유 과다와 상관없이 회사 경영이라는 업무를 부여받은 경영 수탁자이다. 경영권은 그 수탁자가 주어진 업무를 잘 수행할 수 있도록 부여되는 것이다. 따라서 경영권이 유지되고 잘 사용되려면 경영인이 수탁자로서의 자격을 인정받아야 한다. 벌리는 이것을 정당성legitimacy이라고 표현했다. 권력은 그냥 유지되는 것이 아니라 '힘이 옳게 보유the rightful possession of power' 되었다고 인정받아야 유지된다는 것이다.[8] 국가 경영도 마찬가지다. 집권 세력의 정당성이 인정받아야 국민을 다스릴 수 있는 것이다.

(1) 직원으로부터의 권위 인정

공개된 기업의 경우, 경영자 권위의 정당성은 직원, 주주, 이해관계자로부터의 인정을 통해 확보된다. 첫째, 경영자는 직원들과 한 팀을 이루어서 기업존재론을 실현하는 책무를 담당한다. 경영자가 권위를 가지려면 함께 일하는 직원으로부터 인정받는 것이 우선이다. 벌리는 직원으로부터 인정받는 내용이, 주주나 외부 인사로부터 인정받는 것과 질적으로 많이 다르다고 강조한다. 기업이 대형화되고 과학기술이 차지하는 중요성이 높아지면서 기업 내에서의 지도력은 "상식과 미래를 보는 지혜, 과학적·공학적 또는 다른 기술적 역량 등이 절제된 상상력과 잘 결합돼야" 나오는 것이라며 "이런 자질을 갖춘 사람이 수많은 주주들에게 개인적으로도 인기 있을 것이라고 믿을 수 있는 이유는 없다"라고 말한다.[9]

---

8 Berle(1959: 99).
9 Berle(1959: 108).

경영인이 직원들로부터 인정받는 역량과 일반 주주나 외부인들로부터 인정받는 역량 간에 차이가 나는 가장 중요한 이유는 기업이 위계 조직이기 때문이다. 직원은 회사와 복종 계약contract of subordination을 맺고 그 위계 조직에 들어와 있는 반면, 비非경영 참여 주주나 이해관계자는 위계 조직의 밖에 존재한다.[10] 직원들은 상사가 그 조직을 잘 이끌어야 자신도 직장에서 성공할 수 있다. 상사가 조직이 필요로 하는 지도력과 전문성을 얼마나 잘 갖추고 있는지를 확인할 수 있는 근접성과 전문성을 갖고 있다.

직원으로부터 역량을 인정받는 것이 더 중요해지는 이유는 기업이 군대처럼 상층부에 있는 책임자에게 비대칭적으로 큰 권한을 주는 엘리트 조직이기 때문이다. 기업에서 임원이 되면 "별 땄다"라고 얘기하는 것은 그냥 인사치레로 하는 말이 아니다. 군대에서 장성과 일반 장교 간에 권한과 책임에서 현격한 차이가 나는 것처럼, 기업에서도 임원과 일반 직원 간에는 권한과 책임이 대폭 차이 나기 때문이다. 보통 임원이 되면 연봉도 크게 뛰어오른다. 사업판단준칙은 기업의 엘리트로 뽑힌 사람들에게 권위와 신뢰를 주고 경영에 관해 상당한 재량권을 부여하는 것이다.[11] 일반 직원들의 입장에서도 임원의 역량을 인정할 수 있어야 임원을 존경도 하고 선망도 하면서 그렇게 되기 위해 자신의 업무에서 열심을 낼 수 있다.

김전진은 창업자이기 때문에 회사 내에서 권위를 인정받기 위해 밑에서부터 사다리를 타고 올라가는 승진이라는 과정을 거칠 필요가 없었다. 처음부터 사장이자 대주주경영인이었다. 그렇지만 그 지위 자체 때문에 권위가 인정받은 것은 아니었다. 만약 그동안 사업에 실패했으면 직원

---

10 1.6절 논의 및 따름정리 1-2와 따름정리 1-4 참조.
11 1.7절 참조.

들로부터 인정받기 어려웠을 것이다. 다행히 지속적으로 새로운 제품과 서비스를 제공해 소비자의 선택을 받으면서(기업명제 4) 벤처기업을 이제 다행성그룹으로까지 발돋움시켰으니까 직원들로부터 리더십을 인정받고 존경도 받아왔던 것이다. 전문경영인의 경우도 마찬가지다. 기업의 영속과 번영에 얼마나 기여했는가에 따라 권위를 인정받는다. 기업의 입장에서는 대주주경영인이 됐건 전문경영인이 됐건 직원에게 인정받는 리더십을 어떻게 지속적으로 확보하고 키워낼 것인지가 항상 커다란 숙제다. 앞으로 김전진 이후를 설계해야 하는 내사랑이 그룹의 경우도 마찬가지다.

(2) 주주로부터의 권위 인정

기업을 공개하면 주주들로부터 인정받는 것이 매우 중요해진다. 그 원인이 무엇이 됐건 간에 매일매일 움직이는 주가가 경영성적표처럼 받아들여진다. 경영적 문제들이 불거져 주가가 떨어지면 그 문제를 곧 해결할 수 있다는 것이나, 거시경제 상황 등 외부적 요인 때문에 주가가 떨어지면 그것을 잘 극복할 수 있다는 것 등을 공시를 통해서나 보도자료 혹은 인터뷰 등을 통해 시장을 설득해야 한다. 주주총회에서 이사 선해임이나 인수합병 등에 대해 승인을 받아야 하기 때문에 주주들과 좋은 관계를 유지하고 평상시부터 잘 관리해야 한다. 주주는 기업에 대한 법적통제력을 확보하고 있는 유일한 그룹이다. 이 그룹으로부터 인정받는 것은 경영권을 유지하고 발휘하는 데 대단히 중요한 사안이다.[12]

경영인이 주주로부터 인정받기 위해서는 무엇보다 기업존재론을 잘 실현해야 한다. 값싸고 질 좋은 제품·서비스를 지속적으로 창출하고 이를 위해 전략적 통제, 조직적 통합, 금융적 투입을 효과적으로 해 나가야 한다(**기업명제 4**). 지속적인 가치 창출을 통해 주가가 중장기적으로 올라가면 주주들도 그 혜택을 공유한다. 기업이 창출한 가치를 유보금으로 회사 내부에 갖고 있을지 배당으로 주주에게 나눠줄지는 부차적 사안이다. 배당을 하지 않더라도 주가가 충분히 올라가면 주주들은 만족할 수 있다. 워런 버핏의 버크셔 해서웨이는 아직까지 배당을 한 번도 하지 않았지만 주주들의 만족도가 대단히 높다. 주가 상승과 배당을 합친 '총주주 수익률 Total shareholder return, TSR'을 만족할 정도로 제공하기만 하면 주주들의 인정을 받을 수 있는 것이다.

내사랑이 아이들(주)은 처음 회사를 공개할 때부터 주주들에게 중장기 수익률을 목표로 경영한다는 사실을 천명해왔다. 멀리 보고 투자해야 하는 경영진이 주주에게 약속해줄 수 있는 것은 이것밖에 없다. 실제로 이렇게 중장기 수익률에 대해 시장에 확신을 주면 설혹 투자비나 다른 지출이 갑자기 많아져 단기 수익률이 떨어진다 하더라도 주가는 별로 떨어지지 않는다. 오히려 올라가기도 한다. 많은 벤처기업들이 적자를 보는데 주가가 오르는 것도 주주들이 중장기 수익에 대해 낙관적 기대를 갖고 있기 때문이다.

주주의 인정을 받아야 한다고 해서 경영진의 철학이 주주가치론으로 바뀌어야 하는 것은 아니다. 기업은 공개하기 전이건 후건 독립된 실체로서 "적법한 범위에서 자유롭게 가치를 추구한다(**기업명제 6**)". 이것은 기업이 추구하는 가치가 결과적으로 주주 가치를 올릴 수 있다고 합리화할 수

---

12 물론 회사가 부도 직전의 상황에 이르거나, 부도가 나면 채권자들도 통제력을 발휘할 수 있다. 주주보다 더 우선적으로 통제력을 부여받는다. 그렇지만 평상시에는 기업이 원리금을 정상적으로 지급하는 한 채권자들이 통제력을 갖지 못한다. 주주만이 기업이 '계속 기업(going concern)'으로 굴러가고 있을 때에 법적 통제력을 갖는다.

있는 경우만이 아니다. 기업은 주가에 미치는 영향과 상관없이 다른 가치를 추구할 수 있는 자유를 갖고 있다.[13] 그것을 기업 정관에 공식적으로 반영할지 아니면 사업판단준칙 내에서 추구할 것인지도 선택할 수 있는 사안이다. 김전진의 경우는 사회적 가치라는 것을 대외에 적극적으로 내세우고 싶은 생각이 없다. 그동안 자신의 가치관을 밖에 내놓고 살아오지 않았다. 생활방식을 바꾸고 싶지 않다. 내사랑이 그룹 입장에서도 가치관을 대외에 명확히 내놓는 것이 꼭 좋은 일이라고 생각하지 않았다. 사업판단준칙 내에서 유연하게 선택하면서 주주들의 인정과 동의를 끌어낼 수 있는 사회 기여 방안은 많을 것이라 생각하고 있다.

(3) 이해관계자로부터의 권위 인정

이해관계자에게 인정받는 것도 주주에게 인정받는 것과 크게 다르지 않다. 이해관계자도 일단은 기업 경영을 잘해야만 인정해준다. 경영자인데 어디를 가든 좋은 경영자로 인정받는 것이 첫 번째로 중요하다. 좋은 제품과 서비스를 지속적으로 창출해 소비자들을 행복하게 해주고, 협력사들이나 직원들도 그 경제적 혜택을 함께 누리게 해주는 것만큼 커다란 사회공헌이 없다. 정부에서 사회복지를 강조하지만 기업이 일자리를 만들고 종업원, 협력 업체 직원 등 관계자들의 삶을 향상시켜주는 것만큼 강력한 사회복지는 없다. 경영자는 기업존재론 실현을 통해 이해관계자들에게 가장 크게 인정받을 수 있는 것이다.

한편 사업과 직결되지 않더라도 기업이 갖고 있는 역량을 활용해서

---

13   3.4절과 따로읽기 3-1 참조.

사회에 기여하고 이해관계자들의 인정을 끌어낼 수 있는 일들은 많이 있다. 예를 들어 내사랑이 그룹은 고아원이나 양로원에 내사랑이 아이들과 내사랑이 동물들을 기부할 수 있다. 고아원에 있는 아이들을 위해 '내사랑 엄마', '내사랑 아빠'를 공짜로 주문 제작해줄 수도 있다. 양로원에 있는 노인들을 위해 '내사랑 아들', '내사랑 딸', '내사랑 친구'를 주문 제작해줄 수 있다. 이렇게 사회 공헌하는 것에 대해서는 직원들도 즐거울 것이다. 주주들도 기분 좋게 동의할 수 있는 일일 것이다. 사회로부터도 좋은 평판을 얻게 될 것이다.

김전진은 무슨 수단을 쓰더라도 이익을 최대한으로 올린 뒤 그 돈으로 나중에 사회공헌을 하거나 기부하는 것은 마음에 들지 않았다. 사업을 하면서 돈 버는 과정이 즐겁고 의미 있어야 한다. '악덕 기업인', '수전노' 소리를 들어가며 돈을 번 뒤 나중에 속죄하듯이 돈을 내놓은 것이 무슨 의미 있는 일인가? 기부를 전혀 하지 않는 사람보다야 낫다고 할 수 있지만 자신이 걷고 싶은 길은 아니었다. 김전진은 어렸을 때부터 자린고비 이야기나 스크루지 영감 이야기를 별로 좋아하지 않았다. 예상치 못한 반전을 준다는 점에서 많이 회자되는 것일 뿐이지 선생님이나 부모님이 어린이에게 어떤 삶을 사는 것이 좋은지 얘기해줄 거리가 무엇이 있는지 회의적이었다. 왜 그렇게 극단적으로 비정상적인 사람들의 이야기를 통해 애써 교훈을 찾으려고 하는지 이해할 수 없었다.

김전진은 정부나 시민단체 등이 동원하는 여론의 압력에 밀려 사회공헌하는 것도 싫었다. 수재 의연금과 같이 때가 되면 정부 눈치, 여론 눈치봐가며, 다른 그룹들이 얼마나 내는지 비교하면서 의례적으로 돈 내놓는 일은 하지 않으려고 했다. 한국이 옛날에 못살았을 때에야 정부 재정이 넉넉지 않았으니까 그런 식으로 기업이 십시일반할 수 있었다. 그런데 지금은 기업이나 개인의 소득 중 상당액을 세금으로 꼬박꼬박 내고 정부가 대규모 복지 재정을 운용한다. 방만하다 싶을 정도로 하는 것들도 많다. 자연재해가 벌어지면 정부가 미리 관련 예산을 비축해놓고 알아서 처리해야 한다고 생각했다. 기업이 사내 유보금을 쌓아놓는 것과 마찬가지 원리다.

그 대신 내사랑이 그룹은 여론을 선도할 수 있고 국민뿐만 아니라 세계인이 봤을 때도 고개를 끄덕일 수 있는 독창적인 사회공헌을 내놓는 것이 좋다고 생각했다. 그것이 이해관계자들의 공감도 얻고 주주들의 지지도 끌어낼 수 있는 방법이다. 공영한다는 비전을 제시하고 감동을 줄 수 있는 행동을 해야 사회 지도자로서의 권위도 생겨난다. 내사랑이 그룹이 우주시장을 개척할 때 정보를 세계우주항공연합회와 공유하고 UN에 지구 발전을 위한 기금을 내놓거나 현지 외계인들과 적극적으로 공영하는 것이 그러한 방법이라고 생각했다.

3. 주주의 권리와 책임

대주주경영인이건 전문경영인이건 사외이사건 일반 직원이건 간에, 경영인에게는 그 위치에 맞는 권한이 주어지고 그에 따르는 책임도 부과된다. 경영권과 함께 선관주의 의무가 규정되어 있는 것이다. 선관주의 의무를 다하지 못했다고 판명됐을 때는 법적 처벌도 받는다. 기업 내 위계 조직에서도 권리와 의무가 상응한다. 최고경영진으로 올라갈수록 권한을 많이 행사하는 한편 책임도 많이 진다. 하급 직원일수록 권한도 적고 책임도 적다. 이것은 대부분의 사람이 어렸을 때부터 귀가 아프게 듣던 원칙이다. 국민으로서 권리가 있으면 거기에 따르는 의무가 있다고 배웠다. 어떤 일을 맡게 되건 권리와 의무가 함께 가는 것은 복잡한 논증이 필요 없는 상식이다.

이 상식적 원칙은 주주에게도 마찬가지로 적용되어야한다. 실제로 기업법과 금융 규제에서 이 기본 원칙은 오래도록 지켜져 왔다. 대주주는 기업 경영에 영향력을 미칠 권력이 있는 만큼 그에 따르는 여러 가지 책임을 지도록 되어 있다. 반면 소수 주주는 경영에 영향력을 행사하지 않는다는 전제하에서 아무런 책임을 지우지 않는다. 그러나 지난 30여 년 동안 주주가치론이 득세하면서 이 원칙의 상당 부분이 허물어졌다. 소수 주주가 책임지는 것은 없이 기업에 영향력을 행사할 수 있는 권한만 많아진 것이다. **기업명제 8** "기업통제의 기본 원칙은 권리와 책임의 상응이다"는 비록 손상되었지만 빨리 복원해야 할 기업통제의 핵심 원칙이다.

대주주의 경우에는 아직까지 '지배 주주 독트린The doctrine of dominant stockholders' 혹은 '통제 주주 독트린The doctrine of controlling shareholders'이라고 불리는 권리와 책임의 상응 원칙이 엄격하게 살아 있다.[14] 이사회에 영향력을 행사할 수 있을 정도의 주식 지분을 보유한 대주주는 이사회 구성원이 아니더라도 이사에 준하는 법적 규제를 받는 것이다. 예를 들어 대주주가 이사회에 영향력을 행사해 기업이 자신의 자산을 시가보다 비싸게 매입하도록 했거나, 혹은 자신이 기업에 대해 지고 있는 부채를 경감받도록 했다면 이사회 승인이라는 '적법 절차'를 거쳤다 하더라도 법원은 사적 이

---

14   Berle(1958: 1222); Gilson and Gordon(2006); Cohen(1991).

득을 취한 대주주를 처벌한다.[15]

'법인 베일 뚫기 독트린The doctrine of piercing the corporate veil'도 같은 원리에 입각해 있다. 법인이 이사회 중심으로 정해진 절차에 따라 운용되는 것이 아니라 대주주 마음대로 개인 재산처럼 운용되면 해당 기업을 법인격체가 아니라 사술詐術로 만든 베일veil 혹은 마스크mask로 간주해 법원이 이를 찔러서 뚫을 수 있다는 것이다.[16] 개체보호는 주주와 법인 간에 상호적인 것이다. 주주가 법인의 잘못으로부터 개체보호를 받고 법인도 주주의 잘못으로부터 개체보호를 받는 것이다(**기업명제 2**). 그런데 주주가 법인의 개체보호를 마음대로 허물면 자신이 받게 되어 있던 개체보호도 허물어진다. 대주주가 권리를 오용하는 순간 주식회사에 대한 책임이 유한책임에서 무한책임으로 바뀌는 것이다.[17]

이러한 권리와 책임의 상응 문제 때문에 대주주와 소수 주주는 질적으로 차이가 난다. 대주주는 기업의 내부인으로 간주되고 책임 있게 행동할 것이 요구된다. 반면 소수 주주는 기업의 외부인으로 간주되고 기업에 대해 책임을 지우지 않는다. 금융 규제에서도 비슷하게 내부인과 외부인을 구분한다. 대부분 나라의 금융 당국은 '5% 룰'이나 '10% 룰'을 사용한다. 정확히 몇 퍼센트의 기준을 적용할지, 규제의 강도를 어떻게 설정할지

15　미국에서 이에 관해 선구적 판례는 1941년의 '리볼드 대 인랜드 스틸(Lebold vs. Inland Steel)' 건이다. 지배 주주가 자신이 그동안 기업과 개인적으로 맺고 있던 계약이 자신에게 좋지 않다고 생각하니까, 이사회에 영향력을 행사해서 기업을 아예 해체시켰다. 이에 따라 자신이 기업과 맺은 계약은 당연히 해지됐다. 그러나 법원은 그 기업이 존속했을 때의 주주에게 돌아갈 가치와 기업을 해체한 뒤 주주들이 받게 된 가치 간의 차액을 지배 주주가 나머지 주주들에게 배상하라고 판결했다(Berle 1958: 1223).

16　Gindis(2007: 272); Macey and Mitts(2014).

17　이 독트린은 법인실체론을 다시 확인해주는 것이다. 평상시에 법인이 원칙에 따라 운용될 때에는 그 실체성을 법원이 인정한다. 그러나 가짜로 혹은 사술로 운영됐다는 것이 드러날 경우 법원이 실체성을 인정해주지 않는 것이다.

등은 나라마다 차이가 있지만 그 정신은 비슷하다. 미국이나 한국의 경우 한 회사의 지분 5% 이상을 갖고 있는 주식 투자자는 해당 회사에 영향력을 행사할 수 있는 주체로 간주한다. 그래서 주식 매매에 대해 공시해야 할 의무도 있고 내부자거래 가능성에 대해 더 강한 감시를 받게 된다. 10% 이상의 지분을 보유하면 내부자로 간주된다.[18]

반면 소수 주주는 책임질 일이 없다. 대주주와 달리 주식을 아무런 제한 없이 언제든 사고팔 수 있다. 자신의 거래를 공개할 필요도 없다. 소수 주주가 개별적으로 하는 거래는 물량이 작기 때문에 주가에 거의 영향을 미치지 않는다는 생각이 반영된 것이다. 하지만 대주주의 주식거래는 주가에 영향을 미친다. 따라서 대주주의 거래에 의해 소수 주주가 피해를 입을 수 있다. 이런 피해가 발생하지 않도록 대주주에게 거래 내용을 공시하는 의무를 부과해서 소수 주주의 매매 판단에 도움되도록 하는 것이다. 이런 면에서 대주주는 소수 주주에 대해 수탁자 의무를 지고 있다고 할 수 있다.[19] 주식을 사고팔 때 소수 주주는 아무런 제약이 없는 반면 대주주는 제약을 받는다. 대주주가 소수 주주에 비해 권리를 많이 갖고 있기 때문에 받게 되는 제약이다.

권리와 의무의 상응 원칙(기업명제 8)은 '오너 경영'이라는 말이 얼마나 잘못됐고 위험한 일인지를 일깨우는 것이기도 하다. 법인이 만들어지면서 소유와 경영은 영원히 분리됐다(기업명제 2). 주식회사의 오너는 법인이다. 주주는 주식의 주인일 뿐이다(기업명제 1). 그런 상태에서 대주주가 오너

---

18 Fitcher et al.(2017: 8~9). 한국도 유사하게 '5% 규제(주식 등의 대량 보유 상황 보고 제도)'와 '10% 규제(임원 주요 주주 특정 증권 등 소유 상황 보고 제도)'를 갖고 있다(금융감독원 '지분공시 실무 안내').
19 Robé(2011: 73).

너처럼 행동하면 법의 칼에 뚫릴pierce 수 있다. 한국에서 많은 대주주경영인들이 범법자가 되어버린 한 가지 이유가 여기에 있다. 과거에는 사법부가 법인의 '베일'을 그냥 인정해주면서 넘어간 경우가 많았지만 갈수록 베일을 뚫는 방향으로 법 집행을 엄격히 하면서부터 대주주에게 배임 혐의 등이 많이 적용되는 것이다.

4. 주주행동주의의 권리-책임 불상응

기업통제라는 권력을 행사한다는 관점에서 볼 때에 주주행동주의가 갖고 있는 큰 결함은 권리와 책임이 상응하지 않는 데 있다. 주주행동주의자들은 기업이 주주 가치를 최대한 추구하면 기업과 경제가 효율적이 된다고 주장한다. 만약 이것이 사실이라면 권리와 책임이 상응한다고 말할 수 있을지 모른다. 그렇지만 앞에서 살펴보았듯이(3.4절, 4.2절 및 5.2절) 주주행동주의는 실제로 약탈적 가치 착출을 불러왔다. 기업의 중장기 효율성 향상에 기여한 바도 없다. 부정적 영향이 더 크다. 사회적으로도 부자를 더 부자로 만들고 중산층을 쇠락시켰다. 주주행동주의에 앞장선 일부 기관이나 개인만 권리를 챙겼고 기업이나 사회에 벌어진 병리현상에 대해서는 아무런 책임을 지지 않았다. 이것은 미국에서 주주행동주의를 주도한 대형 연금이나 헤지펀드에 공통적으로 벌어진 현상이었다.

(1) 대형 공공 연금의 무책임한 행동주의

1980년 이후 지금까지 미국에서 주주행동주의에 가장 앞장서고 있는 기관 투자자는 CalPERS이다. CalPERS는 1980년대 내내 세계 최대 규모 기관 투자자의 위치를 유지했고 1990년대에 뮤추얼펀드가 커지면서 최대 기관 투자자 지위를 내주었다. 여기에 캘리포니아 교원 연금CalSTRS: California State Teachers' Retirement System이 가세하면서 캘리포니아의 두 공공연금이 행동주의의 전위대가 되었다. 1985년 기관 투자자 연합체인 기관투자자평의회CII 설립도 CalPERS와 CalSTRS가 주도했다.[20]

국내에서 주주행동주의를 내세우는 학자들이나 정책 담당자들은 CalPERS를 대단히 성공적인 연금이고, 국민연금이 모델로 삼아야 할 기관으로 포장하는 경향이 있다. 그러나 CalPERS가 행동주의에 적극 나선 배경은 국민연금이 처해 있는 존재 기반과 굉장히 많이 다르다. 일반적으로 연금은 근로자들의 노후 대비 자금으로 투자하는 것이기 때문에 기업의 중장기 성과에 관심을 가져야 한다. 연금이 단기 투자 수익을 추구하면서 기업이 보유한 현찰을 뽑아내고 구조조정시키면 근로자의 일자리가 줄어들고 연금의 기반이 약해진다.

하지만 CalPERS는 단기 이익을 최대한 추구하는 기업사냥꾼들과 종종 보조를 맞춰서 행동했다. 이것은 미국에서 CalPERS와 같은 공공연금이 주정부 단위로 운영되고 있는 데다 국민 전체를 포괄하지 않고 공무원이나 교원 등을 대상으로 하는 직역연금職域年金이기 때문에 가능한 일이었다. 이들은 국가 혹은 세계적 범위에서 활동하는 미국 기업들에 대한 공동체 의식이 약하고 기업의 파산이나 구조조정에 따라 연금 전체에 중장기적으로 악영향이 미칠 가능성에 대해서도 둔감했다. 또 경제가 나빠진다 하더라도 주정부가 거둬들인 세금으로 연금 부족분을 충당할 수 있

---

20   5.1절 및 5.4절 참조.

다는 '마지막 보루'에 대한 기대를 갖고 있기 때문에 '안정적·장기적 수익성'이라는 연금 운용의 본령을 넘어 기업에 대한 행동주의적 개입에 적극적으로 나설 수 있었다.[21]

이런 미국 공공 연금의 특수성에 더해 CalPERS의 행동주의는 그동안 연금을 방만하게 운영한 결과로 인해 겪고 있던 재정상의 어려움을 타개하기 위한 목적도 있었다. CalPERS는 1980년대 초 이미 세계에서 가장 크지만 가장 '비싼expensive' 연금이 되어 있었다. 연금 가입자들에게 은퇴 직전 최종 임금의 90%를 사망할 때까지 지급하고 이 금액도 물가상승에 연동해서 상승시키고 있었다. CalPERS는 투자 수익을 올리기 위해 주식투자 비중을 크게 높였다. 이미 1966년에 전체 투자 자산의 25%까지 주식투자를 할 수 있도록 승인을 받아놓은 상태였지만, 1980년대 초에 자산의 60%까지 주식에 투자할 수 있도록 주의회에 요청했다.

주의회의 승인을 받지 못하자 CalPERS는 1984년에 "제한 없이 주식투자를 할 수 있지만 투자를 신중하게prudently 하지 않을 경우 이사회 멤버들이 개인적으로 책임을 진다"라는 굉장히 이상하지만 새로운 제안을 내놓았고 캘리포니아 주민 투표를 통해 주식투자 한도 확대를 승인받았다.[22] 이것은 1990년대 중반까지도 미국의 공공 연금 대부분이 안정성을 확보하기 위해 주식투자를 거의 하지 않던 상황과 크게 대비된다.[23] 이런 맥락에서 레오 스트라인은 "흥미롭게도 지나친 수익률outsized returns에 대한 요구는 재원 부족에 직면하거나 과거 투자에 실패했던 연금 펀드 등 기관

---

21   Gelter(2013); Malanga(2013).
22   Malanga(2013).
23   Gelter(2013: 39).

투자자들로부터 나왔다"라고 지적한다.[24]

CalPERS의 행태는 주주행동주의가 이론과 실증 없이 힘의 논리로만 작동하고 있고, 따라서 권리와 책임의 상응 원칙이 무시되고 있다는 방증이다. 실제로 미국에서는 1980년 이후 주주행동주의가 본격화된 이후, 그 효과에 대한 실증 연구가 다방면으로 전개됐다. 그리고 2010년경에 이르러서는 기관 투자자 행동주의가 긍정적 효과가 없다는 쪽으로 학자들의 컨센서스가 만들어졌다. CalPERS와 같은 행동주의적 기관 투자자들의 이해 상충 문제가 여러 경로를 통해 드러났기 때문이었다. 미국 항소법원이 SEC의 '규정 14a-11'을 무효화하는 판결을 내리면서 공공 연금과 노조 연금들이 대표적으로 이해 상충 문제를 갖고 있는 기관 투자자라고 지목한 것도 그동안 실증 연구들이 축적되어 있었기 때문이었다.[25]

실증 연구들은 공공 연금 관리자들이 기업에 대해 '관여'하거나 투표를 하면서, 이 채널을 자신의 경력을 만들어내 조직 내에서 승진하거나 다른 일자리를 찾기 위해 경영진에 압력 넣는 장으로 활용하는 사례들이 많이 발견해냈다.[26] 노조 연금들은 기업과의 임금 협상에서 유리한 고지를 잡기 위해 해당 기업에 주총에서 주주 제안을 하거나 합병에 대해 반대표를 행사하겠다는 의사를 전달한 뒤 경영진이 임금 협상에서 양보하면 주주 제안을 취하하거나 반대표 행사 계획을 취소하는 행태를 보였다. 노조 연금들이 경영진이 제안한 이사 임명에 반대표를 던지는 이유가, 기업에 바람직하다고 판단하기보다 노조에게 유리하다고 판단했기 때문이

---

24 Strine(2007: 7).
25 5.3절 참조.
26 Romano(1993); Woidtke(2002); Woidtke et al.(2003); Gilian and Stark(2007).

라는 실증 연구도 나왔다.[27]

　실증 연구들은 또 기관 투자자들이 '관여'를 통해 경영진으로부터 중요한 내부자 정보를 꺼내는 창구 역할을 하는 사례들도 많이 취합했다. 1930년대 뉴딜 금융 규제가 만들어질 당시 SEC의 고위 관료가 의회에서 기관 투자자들이 "투자 다변화 이상을 하려는 것은 도둑질하려는 것이다"라고 증언했던 것이 현실화된 것이라고 할 수 있다.[28] 존 시오피John Cioffi는 다음과 같이 말한다. "1992년의 위임 규제 개정은 겉으로는 기관 투자자들에 의해 기업지배구조를 개선하는 것처럼 보일지 모르지만 그 대가로 투명성을 잃게 만들었다. 기관 투자자들은 일부 예외를 제외하고는 경영진과 관여할 때 대중이 모르게 사적으로 우려와 비판을 전달하는 방식을 선호하게 됐다. 따라서 이러한 의견 교환은 경영진이 기관 투자자의 담당자들에게나 투자은행 혹은 증권회사의 애널리스트들에게 의미 있는 정보significant information을 내놓는 자리가 됐다."[29]

(2) 헤지펀드의 무책임한 행동주의

미국에서 실증 연구가 축적됨에 따라 주주행동주의를 옹호하는 학자들조차도 2010년경에 도달했을 때에는 기관 투자자 행동주의가 긍정적 영향이 없다는 방향으로 결론을 내렸다. 대신 자신들의 연구를 헤지펀드 행동주의 영향 분석에 집중했다. 예를 들어 헤지펀드 행동주의 실증 연구를 주도한 루시안 베브척이나 앨런 브라브 등의 학자들은 기관 투자자 행동

27　Agrawal(2008).
28　4.2절의 인용문 참조.
29　Cioffi(2006).

주의가 "무임승차 문제와 이해 상충"으로 긍정적 효과를 내는 데 어려움이 있다며 "기관 투자자 행동주의자들과 달리 헤지펀드 행동주의자들은 행동주의 어젠다를 추구하기에 더 적합한 금융적 인센티브와 조직 구조를 갖고 있는 신종新種 주주행동주의자다"라고 강조했다.[30] 헤지펀드들은 이해 상충의 여지 없이 주가 상승이라는 한 가지 목표만을 위해 개입하기 때문에 그 영향을 분석하기 쉽다는 얘기다. 그러나 헤지펀드 행동주의 실증연구도 단기적으로 주가를 높이거나 이익률을 높인 경우는 많지만, 중장기적으로 긍정적 영향을 미쳤다고 할 수 없다는 방향으로 나온다. 중장기적으로 긍정적 효과가 있다는 연구로 종종 인용되는 베브척 등의 논문들은, 그 실상을 살펴보면 '통계 조작'이라고 할 수 있을 정도로 심각한 문제를 안고 있다(따로읽기 6-1 '주주행동주의 실증 연구 결과 총정리' 참조).

이러한 실증 연구 결과는 너무나 당연한 것이다. 중장기 이익 증가나 주가 상승은 기업이 존재론을 실현하는 과정에서, 즉 값싸고 질 좋은 제품과 서비스를 지속적으로 창출하는 과정에서(**기업명제 4**) 달성되는 것이다. 행동주의를 강화한다고 해서, 즉 기업을 감시하는 카메라 성능을 높인다고 해서 기업의 가치 창출이 잘 되리라는 보장이 없다. 기업이 갖고 있는 현찰 자산을 주주에게 많이 나눠준다고 기업의 중장기 가치가 올라갈 수 없다. 그렇게 해서 기업의 중장기 가치를 올릴 수 있다면 아무나 CEO를 할 수 있을 것이다.

행동주의 헤지펀드들의 개입 행태를 보면 권리와 책임이 상응하지 않는다는 것이 바로 드러난다. 이들은 보통 기업에 개입하기 위해 주식을 매입

---

[30]   Brav et al.(2010: 2~3).

한 뒤 바로 요구 조건들을 내놓는다. 그리고 이것이 주주가 되면 누구나 갖는 천부인권을 발휘하는 것인 듯이 행동한다. 그러나 이것은 주주민주주의를 왜곡하고 주주권과 참정권의 근본적 차이를 호도하는 것이다.[31]

　국가는 외국인이 입국하자마자 바로 참정권을 주지 않는다. 그 나라에 일정 기간 이상 거주하고 그 나라를 위해 기여할 수 있다고 판단되는 사람에게만 선별적으로 시민권을 준다. 그 후에나 참정권을 행사할 수 있다. 행동주의 헤지펀드의 요구는 관광객이나 단기 체류자로 들어온 사람이 그 나라 정부에게 "돈을 더 많이 나눠줘라", "정치체제를 바꿔라"라고 바로 요구하는 것과 다를 바 없다. 이렇게 정치적 목적을 처음부터 내세우면서, 게다가 그 목적을 달성하면 바로 떠나겠다고 하면서 관광 비자나 단기 체류 비자를 요구하는 외국인에게 비자를 내줄 정부는 세상에 하나도 없을 것이다. 의무를 부과할 방법이 없는데 권리만 허용할 이유가 없기 때문이다. 기업의 경우도 마찬가지다. 그 전부터 회사와 아무 관계 없었고 원하는 것을 취하면 바로 회사와 절연하겠다는 주체의 요구에 맞춰 경영 결정을 할 수 없다.

　김전진은 그동안 자신이 경영인으로서만 각종 책임을 지고 있다고 생각해왔다. 그러나 '지배 주주 독트린'이나 '법인 베일 뚫기 독트린', '5% 룰' 등을 통해 대주주라는 사실 자체에도 책임이 따른다는 것을 알게 되었다. 그동안 당연하게 받아들였던 권리와 책임의 상응 원칙(**기업명제 8**)이 막연히 생각하던 것보다 훨씬 폭넓게 자신의 행동을 제약하는 것이었다.

31　5.3절 참조.

나중에 경영 책임을 내려놓고 대주주만으로 남게 될 때에도 명심해둘 원칙이라고 생각했다.

이와 동시에 김전진은 일반 주주의 요구에 대해서도 권리와 책임의 상응 원칙을 최대한 지켜 나가기로 했다. 실제로 일반 주주는 대부분 기업의 영속(기업명제 3)에 대해 관심이 없는 사람이다. 적당한 때 이익을 챙겨 나가면 그만이다. 또 기업에 자금을 공급한 사람이 아니라 대부분 유통시장에서 다른 사람이 갖고 있던 주식을 사서 주주가 됐다. 그 돈은 이전 주주가 갖고 갔다. 회사 금고로 들어가지 않았다. 일반 주주가 기업의 가치 창출에 기여한 바는 거의 없다. 일반 주주의 요구에 최고의 우선순위를 부여해서 들어줘야 할 근거는 어디에도 없다. 경영 수탁자는 기업 존재론을 실현하기 위해 노력해서 가치를 창출하고(기업명제 4), 주주에게 '적절한 이익'을 제공해주면 의무를 다하는 것이다.[32] 김전진은 이 원칙의 연장선상에서 일반 주주가 아무리 요구해도 자사주 소각은 하지 않기로 했다.[33]

---

32   3.2절 및 3.4절 참조.
33   3.4절과 따로읽기 3-2 참조.

주주행동주의 실증 연구 결과 총정리

주주들의 행동주의 개입을 통해 기업의 중장기 가치를 높일 수 있다는 기업지배구조론이나 스튜어드십 코드의 전제는 실상을 왜곡한 것이다. 기관 투자자 행동주의는 1980년대 미국에서 시작된 지 40년 가까이 흘렀고 실증 연구 결과가 이미 다 나와 있다. 기관 투자자 행동주의가 긍정적 결과가 없었다는 것은 이미 2010년경까지의 여러 실증 연구들을 통해 확립됐다. 행동주의에 나서는 공공 연금, 노조 연금 등이 주가 상승보다 관계자들의 이익을 위해 행동주의를 활용했기 때문이다.[34]

주주행동주의를 옹호하는 대표적 학자인 하버드 대학교의 루시안 베브척과 그의 동료들조차 기관 투자자 행동주의는 주주 가치에 긍정적 영향이 없다고 결론짓고 주가 상승만을 목표로 삼는 헤지펀드 행동주의의 실증 연구에만 매달렸다.[35] 현재 많은 행동주의 옹호자들은 베브척과 동료들이 내놓은 헤지펀드 행동주의 실증 연구를 인용하며 행동주의가 중장기 주식 가치를 올리는 데 도움이 된다고 주장한다. 그러나 이들의 연구는 그 내용을 들여다보면 심각한 결함을 갖고 있다. '통계 조작'이라고

---

[34] 예를 들어 Denes et al.(2017)은 30년간의 행동주의 실증 연구들을 총평하며 기관 투자자 행동주의는 주가 상승에 긍정적 영향을 미치지 못한 것으로 결론짓는다. 단지 헤지펀드 행동주의 실증 연구 중에서 긍정적 효과를 보였다고 할 수 있는 여지가 있는데, 이에 대해서는 추가 연구가 필요하다고 지적한다. 이 추가 연구는 아래에서 인용하는 deHaan et al.(2018)에 의해 이루어졌다. Shin(2020)과 Lazonick and Shin(2020)도 추가 연구를 포함하고 있다.

[35] 이 그룹의 연구는 Brav et al.(2008); Brav et al.(2010); Bebchuk et al.(2015); Brav et al.(2015) 참조.

할 수 있는 정도이다.

첫째, 그들이 사용한 통계 자체를 믿기 어렵다. 데이터베이스Compustat
에 있는 기업들의 절반가량이 5년 이내에 사라진다. 5년 후에 생존한 기
업의 평균 성과가 처음에 있던 전체 기업의 평균 성과보다 좋은 것은 너
무나 당연하다. 데이터베이스에서 사라진 기업의 성과를 분석하지 않고
'반쪽 비교'만 한 뒤 긍정적 효과가 있다고 주장하는 것은 거의 통계 왜곡
에 가깝다.[36]

둘째, 헤지펀드 개입이 벌어지기 전의 이익률 추세와 그 뒤의 이익률
추세를 구분하지 않는 오류를 범했다고 지적한다. 그 전에 이익률이 상승
하던 기업은 다른 이유 때문에 이익률이 올라가고 있었고, 헤지펀드 개입
이후에도 계속 그 추세를 유지했으면 그 이유를 헤지펀드 개입에 돌릴 수
없다. 과거 추세치를 감안해서 통계 분석을 다시 하면 행동주의 개입의
긍정적 효과가 없는 것으로 나타난다.[37]

셋째, 베브척과 동료들의 논문을 비롯해서 헤지펀드 개입에 따른 기
업 이익률 변화에 관한 실증 연구를 했다는 논문들은 대부분 자산수익률
ROA을 집중 분석했다.[38] 자산수익률에서 분모는 자산이다. 이익 증가 없
이 자산을 줄이면 ROA는 올라갈 수 있다. 그런데 헤지펀드들이 개입하면
서 기업에 요구하는 것들이 자산매각과 현찰 자산 '환원'이다. ROA의 분
모를 줄이는 일들이다. 대부분의 실증 연구들이 헤지펀드들의 압력에 못

---

[36] Bebchuk et al.(2015: 1104)은 아무런 근거도 제시하지 않고 데이터베이스에서 사라진 기업들이 대부
분 인수합병에 따라 없어졌고, 그 기업들의 내용이 좋았으니까 다른 기업이 인수했을 것이라는 '짐작'
만 내세운다.

[37] deHaan et al.(2018).

[38] Denes et al.(2017)이 검토한 실증 연구 12개 중 11개가 ROA에 집중했다.

이겨 많은 기업들이 자산을 매각하고 자사주 매입, 배당 등을 늘렸다는 결과를 내놓는다. 그렇다면 ROA가 올랐다는 것이 정말 기업의 경영 성과가 좋아졌기 때문이라고 할 수 없다. 분모를 줄여서 올라갔을 가능성이 많다. 자사주 매입을 통해 주당수익률ROE의 분모를 줄여 수치가 높아진 것을 놓고 주식 가치가 올랐다고 얘기하는 것과 차이가 없다. 미래를 팔아 현재 이익률 수치가 올라갔다는 착시를 일으키는 것이다.[39]

---

39 3.4절의 따로읽기 3-2 '자사주 매입은 내 재산 팔아 내 월급 올리는 것 – 자사주 소각 금지해야' 참조.

5. 이해관계자론의 권리와 책임 불상응

기업통제라는 관점에서 볼 때 이해관계자론의 가장 큰 맹점은 주주가치론과 마찬가지로 권리와 책임이 상응하지 않는다는 사실에 있다. 이해관계자라는 사람이 자신이 중시하는 사회적 가치를 기업이 실행해야 한다고 이얼령비얼령식으로 내세울 뿐이지, 그것이 기업존재론을 실현하는 데 어떤 영향을 미칠지에 대해서는 별로 검토하지 않기 때문이다.[40] 자신의 주장을 백가쟁명처럼 내놓지만 그것을 실행하는 주체도 아니고 책임지는 주체도 아니기 때문이다. 기업이 실행 주체이고 잘못될 경우의 책임도 어떤 형태로든 기업이 지게 된다.

만약 이해관계자가 외부인으로서 의견을 내놓고 기업이 그것을 취사선택하면 권리와 책임이 상응한다고 할 수 있다. 의견만 내놓을 뿐 권리라고 내세우는 것도 없기 때문이다. 권리가 없으면 책임도 없다. 그렇지만 이해관계자stakeholder가 기업에 '판돈stake'을 건 내부인이기 때문에 자신의 주장을 기업이 실행해야 한다고 내세우면 권리와 책임이 상응하지 않는다. 이해관계자가 자신의 판돈이라고 말하는 것과 자신이 책임지는 것 간에 상응하지 않기 때문이다. 실제로는 판돈 걸려 있는 것이 없거나 설혹 일부 있다 하더라도 기업이 부담하게 되는 책임에 비해서는 무시할 수 있을 정도로 작다.

권리와 책임의 상응 원칙(기업명제 8)에 부합하게 이해관계자들의 입장이 기업에 반영되려면 정부 정책으로 집행하는 것이 바람직하다. 정부

---

40 3.5절 및 프롤로그의 〈그림 II〉 자유주의적 법인실체론 참조.

는 선거를 통해 국민들로부터 정당성을 부여받고 공론화 과정을 거쳐 정책을 수립하고 집행하도록 되어 있다. 잘못된 정책 결정에 대해서는 선거나 감사 등을 통해 책임지는 기제도 마련되어 있다. 물론 어떤 정부건 정치적 편향성을 갖고 있고 특정 이해 세력으로부터 영향을 받을 가능성을 안고 있다. 그렇지만 정부에는 객관성과 전문성을 담보하기 위한 장치들이 상당히 만들어져 있다.

이해관계자의 주장은 대부분 공익에 필요한 것이라고 내세워지기 때문에 정부의 검증 작업이 더 중요해진다. 기업은 영리법인이다. 공익 수행의 주체가 아니다. 적법한 범위에서 영리활동을 하면서 자유롭게 가치를 추구할 수 있게 만든 사회적 실체다(기업명제 6). 기업은 외부 이해관계자의 요구를 받아들일지 말지를 결정할 자유를 갖고 있다. 그러나 정부가 법이나 다른 행정 규제로 시행하면 원하지 않는 것이라도 따라야 하고 경영 수탁자가 그 일을 하는 것에 대해 정당성을 확보하게 된다. 그러나 '이얼령비얼령'식으로 전달되는 이해관계자의 요구를 경영 수탁자가 '이얼령비얼령'식으로 선택하면 정당성도 확보하지 못하고 권리와 책임의 상응 원칙도 무너진다. 정부의 공익에 입각한 권한과 책임이 중개 기능을 해야 이해관계자의 요구가 경영 수탁자의 집행 사항이 된다.

각종 이해관계자들이 자신의 주장을 관철하기 위해 정부에 의견을 개진하고 원하는 규제를 만들어내기 위해 로비하는 것은 지극히 자연스러운 정치 행위다. 기업도 마찬가지로 정부에 자신의 입장을 개진하고 로비도 한다. 내사랑이 그룹에서는 대관팀이 그 일을 맡고 있다. 김전진도 정치인이나 관료를 만날 때나 경제 단체 회의 석상에서 자신이 생각하는 바를 이야기한다. 기업 간에 의견이 같지도 않다. 서로 다른 주장을 내놓는 경우가 많다. 이해관계자들이 같은 사안에 대해 서로 다른 의견을 갖고 있는 것과 마찬가지다. 이렇게 다양한 여러 집단이나 개인의 견해를 수렴하고 공익 차원에서 조율하는 것이 정부가 담당하는 중요한 역할이다.

김전진은 대관팀이나 홍보팀에게 정부 관계자만 아니라 이해관계자도 만나 적극적으로 소통하라고 주문한다. 합리적인 생각을 갖고 있는 이해관계자라면 기업 측의 설명 중에서 수긍할 수 있는 것은 받아들이고 자신의 주장을 재점검할 것이다. 그렇지만 김전진은 이해관계자에 대한 직접 후원은 절대 하지 않는다는 방침을 확립했다. 행동주의 헤지펀드의 개입에 대해 '몸값'을 주고 적당히 타협하는 것과 본질적으로 차이가 없는 일이기 때문이다. 이미 공익에 쓰이도록 정부에 거액의 세금을 내고 있다. 외부 강제에 의해 돈 내는 것은 그것으로 족하다. 내사랑이 그룹은 사업판단준칙 내에서 사회에 기여할 것을 자발적으로 찾아 사회적 가치를 실현할 뿐이다. 이익 중 얼마만큼을 주주에게 배당으로 분배할 것인지를 사업판단준칙에 따라 결정하고 조정하는 것과 마찬가지다.

내사랑이 그룹은 시민단체에 대해 기업 차원에서 지원하지는 않지만 개인이 후원하는 것에 대해서는 간여하지 않기로 했다. 시민단체는 기본적으로 정치단체다. 그 나름대로 실현하고자 하는 이념을 갖고 설립됐다. 그 이념에 동조하는 개인이 후원하는 것에 대해 기업이 개입할 근거도 방법도 없다. 무엇보다도 개인은 참정권을 갖고 있지만 기업은 참정권을 갖고 있지 않다. 참정권이 없는데 특정 정치단체를 지원할 근거가 없다. 만약 그렇게 한다면 그것은 의사 결정을 내리는 일부 경영진의 신념이나 이해관계가 반영된 것이 된다. 경영 수탁자의 본분에서 어긋나는 것이다.

김전진은 한국에서 기업의 정치자금 제공을 금지한 것은, 마찬가지 원리에서 옳은 정책이라고 생각했다. 미국은 아직까지 기업이 직접 정치자금을 내는 후진 정치 틀을 유지한다. 그래서 공화당이나 민주당 가릴 것 없이 모두 금권정치에 휘둘린다. 한국은 정치자금에 관해서는 미국보다 앞선 정치 선진국이다. 정치자금을 제공하지 않는 것과 시민단체를 지원하지 않는 것은 기업 입장에서 보면 똑같은 원칙에 입각한 이해관계자 대응책이라고 할 수 있다.

김전진은 한국에서 많은 기업들이 시민단체에 후원하는 관행을 알고 있다. 그 이념에 동의하기보다는 기업의 약점을 파고드는 시민단체들을 무마하기 위해 후원하는 경우가 종종 있다.[41] 언론 광고 집행이나 후원도 그것이 기업에 얼마나 홍보 효과가 있는가에 따라서만 결정되지 않고 언론사가 기업의 약점을 잡고 '물어뜯는' 것을 막기 위해 집행되는 경우도 있다는 것을 알고 있다. 그러나 이것은 사회적 병리현상이다. 고쳐야 할 것이지 따라야 할 것이 아니다. 김전진은 내사랑이 그룹을 이런 약점이 없도록 정도正道에 맞춰 최대한 경영하고 설혹 약점이 생기더라도 이를 빌미로 삼는 외부인들의 불합리한 요구에 적당히 타협하지 않는다는 원칙을 세웠다.

김전진은 정부의 여러 가지 요구사항에 대해서도 마찬가지 원칙에 따라 대응하기로 했다. 기업은 정부에 세금을 이미 많이 내고 있다. 내사

---

41 「참여연대 '25억 사옥 부지 부적절' 논란」, 『경향신문』 2006년 7월 3일 자 및 「한국 기업, 좌파의 숙주 노릇 계속할 건가」, 『펜앤마이크』 2019년 6월 27일 자 참조. 이들에 따르면 대기업 비판에 앞장서는 참여연대는 2006년 4월 '참여연대 보금자리 마련을 위한 후원의 밤' 행사를 앞두고 "850개 상장기업과 기업인을 포함한 개인 3,500여 명에게 후원 약정서가 담긴 초청장을 보냈다.…후원금 상한액은 500만 원으로 높였다"라고 밝혔다. 만약 모두 상한액을 냈다면 175억 원이 하룻밤에 모였을 것이다. 당시 얼마나 후원금이 거두어졌는지는 공개되어 있지 않지만, 참여연대는 2006년에 종로구 통인동에 24억 6천만 원을 내고 부지를 매입했다고 밝혔다.

랑이 그룹은 한국만이 아니라 전 세계 거의 모든 나라에서 세금을 내고 있다. 곧 다른 행성에서도 세금을 내게 될 것이다. 어느 정부건 돈이 더 필요하다면 공론화 과정을 거쳐 세금을 더 거두면 된다. 정부가 법으로 세금을 부과하는데 기업이 피할 방법이 없다. 김전진은 그러나 '준조세'는 가능한 내지 않는다는 방침을 세웠다. 경제단체 차원에서 함께 내는 것에 대해서는 내사랑이 그룹만의 생각으로 결정할 수 없다. 재계가 해오던 관행을 하루아침에 바꿀 수 없다. 사회보험 부담금과 같이 전체 기업에 똑같이 부과되는 것에 대해서도 당장 어쩔 수 없다. 준조세라 하더라도 법을 통해 강제되는 것들이 많은 만큼 개별 기업이 무조건 거부할 수도 없다.[42]

그러나 내사랑이 그룹에 직접적으로 요구되는 '비자발적 기부금'에 대해서는 거절 원칙을 확정했다. 그 기부의 내용이 내사랑이 그룹이 동의할 수 있는 사회적 가치라면 내사랑이 그룹의 사업판단준칙하에서 자발적으로 하면 된다. 그렇지만 정부의 요구를 따르지 않으면 후환이 생길까 두려워서 내는 준조세라면 행동주의 헤지펀드나 이해관계자의 무리한 요구에 타협하는 것과 차이가 없다. 원칙이라는 것은 상대해야 하는 주체가 누구건 상관없이 집행해야 한다. 정부라고 다를 바 없다.

김전진은 준조세를 거두는 것은 정부 입장에서도 권리와 책임의 상응 원칙을 저버리는 것이라고 생각했다. 정식 조세는 그 근거가 투명하고 쓰임새에 대한 감사도 이루어진다. 그런데 준조세는 자의적으로 부과된다. 돈이 어떻게 쓰이는지 정부 내에서 감사도 약하고 국민들에게 제대로

---

42 한국의 준조세 내역 및 규모에 대해서는 한국경제연구원(2018) 참조.

공개되지도 않는다. 돈의 규모나 성격에 상응하는 책임이 따르지 않는다. 정부가 공익의 실현자로서 제대로 기능하려면 절차적 정당성을 확보해야 한다. 마음대로 정한 준조세를 기업에게 요구하는 것은 이얼령비얼령으로 기업에 개입하는 것이다(**따름정리 6-4**).

김전진은 국민연금이 집행하는 스튜어드십 코드는 권리와 책임의 상응 원칙에 비춰 볼 때 최악의 조합이라고 생각했다. 주주가치론과 이해관계자론이 극단적인 형태로 국민연금에 들어와 힘을 합치고 있다. 정부가 주도하면서 '민간 자율 규제'라고 내세운다. 앞뒤가 안 맞는다. 연금 주인인 연금 가입자들이 여기에 동의한 바도 없다. 위임받지 않은 권력을 행사하는 것이다. 정부와 국민연금 관계자들이 연금의 기본 원칙은 무시하고 연금이 갖고 있는 힘을 이용해 기업을 마음대로 좌지우지하려는 것이라는 생각을 지울 수 없다(보론 '스튜어드십 코드의 5대 왜곡과 중장기 투자 북돋는 기관-기업 규준 5대 제안' 참조).

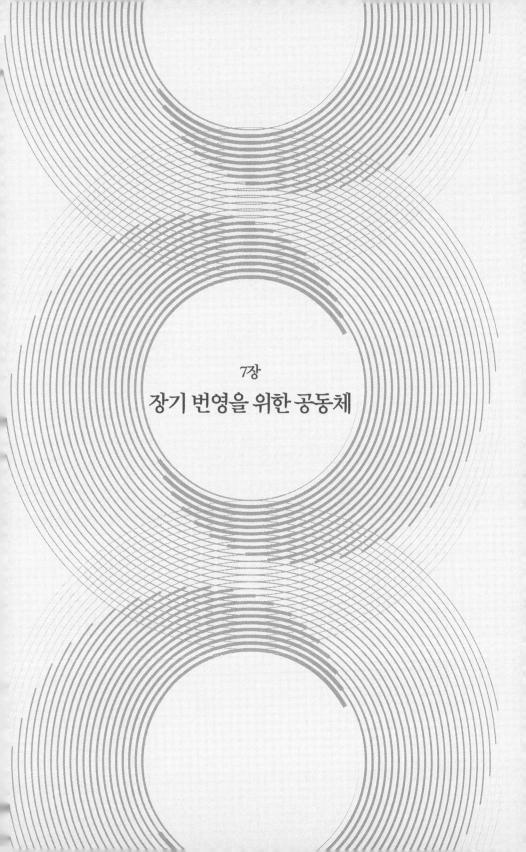

7장

장기 번영을 위한 공동체

김전진은 국내외에서 주주가치론과 이해관계자론의 도전은 갈수록 거세지는데 기업의 이데올로기는 이상할 정도로 정립되어 있지 않다는 사실을 깨닫게 되었다. 신입직원들과 대화해보면 법인에 대한 개념이 거의 없다. 기업이 그냥 돈 벌기 위해 사람들이 모여 있는 곳이라는 막연한 생각만 갖고 있었다. 김전진을 '오너'라고 하는 직원들도 있었다. 언론에서 내사랑이 그룹의 오너라 부르고, 공정거래위원회에서는 총수로 부르니까 아무 생각 없이 따라 하는 것이다. 내사랑이 그룹이 어떤 사회적 가치를 지향하느냐고 질문하는 직원들도 있었다. AI 아이들이 계속 발전하는 것이 인류에 과연 도움이 되느냐고 조심스럽게 묻는 직원도 있었다.

내사랑이(주)를 직접 창업하고 다행성 비즈니스그룹으로 발전시켜오는 동안 기업에 대한 김전진의 생각은 자유주의적 법인실체론으로 굳어져 있었다. 각종 계약을 법인 이름으로 하고 기업 금융과 회계가 모두 법인 단위로 이루어지는데 법인실체론은 김전진에게 너무나 당연한 것이었다. 창업할 때 변호사로부터 '자산분할'이라는 단어를 난생처음 들었을 때는 그 의미를 정확히 잘 몰랐다. 그렇지만 내사랑이(주)가 비즈니스그룹으로, 다국적기업으로 확장할 때 자산분할이 얼마나 기업활동에 편리한 법적 기제인지를 실감했다(**기업명제 2, 기업명제 5**).

법인을 통한 주식회사라는 틀 안에서 자신과 같은 주주경영인이 어떤 위치에 있는지는 시간이 한참 지난 뒤에야 깨달았다. 경영인으로서 자신에게 여러 권한과 책임이 있다는 것은 처음부터 알고 있었다. 경영 수탁자로서 선관주의 의무가 있다는 것도 들었다. 그렇지만 순수하게 대주주라는 위치에서도 만만치 않은 책임이 따른다는 사실은 아주 뒤늦게 알게 됐다(**기업명제 8**). 주주는 주식의 주인일 뿐이고 법인이 기업의 주인이라는 것(**기업명제 1**)도 창업할 때 변호사에게 들었고, 당시 그것을 이해했다고 생각했다. 그러나 기업을 공개한 뒤 경영인 주주들과 일반 주주들 간에 입장이 다른 적이 많다는 것을 확인하면서 주식 주인과 기업 주인의 차이를 되새김하게 되었다.

법인이 불멸의 존재라는 개념도 처음에는 제대로 인식하지 못했다. 그렇지만 회사의 장기 비전을 생각하면서, 특히 다행성기업으로 발돋움하기 위해 우주까지 뻗어가는 초장기 투자를 생각하면서 기업에게 영속의 기반이 만들어져 있다는 사실이 얼마나 중요한 것인지를 깨달았다(**기업명제 3**). 기업의 존재론과 목적론을 구분하는 것이 중요하다는 사실도 한참 후에야 생각하게 되었다. 처음에는 내사랑이 그룹을 키우는 일이 사회에도 기여하는 것이라고 막연하게 생각했다. 그러나 주주가치론이나 이해관계자론의 도전에 부딪히면서 기업존재론을 실현하기 위해 노력하는 것이, 즉 소비자라는 왕을 섬기는 것이 기업목적론의 상당 부분을 달성하는 일이라는 확신을 갖게 되었다**(기업명제 4)**.

한편 기업은 독립된 인격체로서 적법한 범위에서 자유로이 다른 가치를 추구할 수 있다는 사실도 다시금 확인했다**(기업명제 6)**. 그 연장선상에서 기업은 주주들이 '적절한 이익'을 올리도록 노력하면 되고, 그것이 기업을 공개할 때 주주들에게 암묵적으로 약속한 사실이라는 것도 뒤늦게 이해했다. 아무리 돌이켜 보아도 내사랑이 아이들(주)을 공개할 때 주주 가치를 극대화하겠다고 생각한 적도 없었고 그렇게 약속한 적도 없었다**(따름정리 6-2)**. 돈을 벌면서 사회적으로 의미 있는 일을 한다고 처음부터 생각했고 앞으로도 그렇게 할 생각이다. 그렇지만 외부 사람이 이래라저래라 하는 것을 따라 할 생각은 추호도 없다. 원래부터 성격이 그랬다. 남이 뭐라 하면 오히려 하기 싫어진다. 이해관계자들을 다양하게 만나면서 이해관계자론이 '이얼렁비얼렁' 기업목적론이라는 것은 아주 최근에서야 확인하게 됐다**(따름정리 6-3)**.

1. 기업의 이데올로기 – '창조, 도전, 공영'

김전진은 이제 이순(耳順)을 향해 달려가고 있다. 창업한 지 30년이 지났다. 직함도 그룹 회장이다. 그동안 내사랑이 그룹을 키워오면서 많은 것을 성취했다. 남들이 부러워할 만큼 큰돈도 벌었다. 단순히 돈만 많이 벌어 좋았던 것이 아니었다. 일 자체가 즐거웠고 성취감에 뿌듯했다. 실제로 김전진에게 돈 자체를 따지는 단계는 한참 전에 지나갔다. 내사랑이(주)의 성공만으로도 꿈에서조차 상상하지 못했던 규모의 재산을 모았다. 지금 회사를 계속 키워 나가는 것은 짜릿한 성취감을 계속 맛보고 싶어서다.

셀 수 없이 많은 기술적 과제들을 풀어내고 AI 인간 제작에 대한 사회적 반대도 극복하면서 내사랑이 아이들(주)로 사업을 확장한 것은 남들이 하지 못한 새로운 일을 누구보다 먼저 해냈다는 성취감을 맛보고 싶어서였다. 그리고 그 성취에 환호하는 소비자나 대중, 전문가들을 바라보면서 자신이 인정받는다는 희열을 느꼈다. 밤낮으로 일해서 얻는 것이 고작 돈이라면 인생에 무슨 재미가 있겠는가? 일하는 과정과 결과가 즐거워야 한다.

김전진은 내사랑이 그룹 임직원들도 비슷한 생각으로 자신과 동행한다고 생각했다. 직원의 급여와 복지는 현재 업계 최고 수준이다. 뛰어난 아이디어와 실행 능력이 있는 직원들이 사내 벤처를 만들어 성공하면 큰돈을 벌 수 있게도 해놓았다. 전무급 이상의 임원에게는 일만 잘하면 먹고사는 것이 걱정 없도록 급여 체계를 만들었다. 그러나 직원들이 단순히 경제적 풍요를 누리기 위해 내사랑이 그룹에서 일하고 있다고는 생각하지 않았다. 이들도 일 자체에 대해 보람과 성취를 느끼고, 거기에서 행복을 찾는다고 생각했다. 단순 반복 업무가 많은 하급 직원이라면 몰라도 고위직으로 올라갈수록 더 그래야만 한다고 생각했다. 일주일의 가장 많은 시간을 직장에서 보내는데 업무를 통한 성취에서 행복을 찾지 못하고 바깥의 다른 일에서 '소확행小確幸'을 찾는 것은 개인을 위해 바람직하지 못하다.[1] 회사를 위해서는 더 말할 나위가 없다.

(1) 기업인을 돈만 버는 존재로 격하하는 주주가치론과 이해관계자론

그러나 주주가치론이나 이해관계자론은 기업과 기업인을 돈만 버는 존재로 격하한다. 주주가치론은 기업인이 최대한 돈을 벌어 주주에게 갖다 바쳐야 하는 노예인 양 취급한다. 그래서 말 잘 듣는 경영인에게 주주가 갖고 있는 특권인 주권을 나눠주는 아량을 베푼다. 이해관계자론자들은 기업과 기업인이 돈만 버느라고 사회를 돌아보지 않는다고 질책도 하고 사회적 가치를 추구하라고 훈계도 한다. 자신이 기업인보다 도덕적 우위에 있다고 상정하고 기업인을 향해 '천민자본주의'라는 말까지 거리낌 없이 내뱉는다.

주주가치론과 이해관계자론의 양극단이 기업에 대해 협공을 강화하는 것은 학교에서 우파 신고전파 경제학이나 좌파 마르크스 경제학 이외에는 별로 가르치지 않기 때문이다. 기업이 실제로 활동하는 중간 지대에 폭넓게 자리 잡고 있는 자유주의적 법인실체론은 교과서와 교육과정에서 '뒷방 늙은이'처럼 밀려나 있다. 특히 '선진 경영'을 배우겠다고 영미의 유명 비즈니스스쿨을 다닌 사람들은 거의 대부분 주주가치론으로 세뇌되어

---

1   '소확행'은 한국에서 유행한 신조어다. '작지만 확실한 행복'을 뜻한다.

돌아온다. 그래서 기꺼이 주주 가치의 노예가 되기를 자처한다. 김전진은 추호현이 권해준『금으로 된 여권: 하버드 비즈니스스쿨과 자본주의의 한계, MBA 엘리트들의 도덕적 실패The Golden Passport: Harvard Business School, the Limits of Capitalism, and the Moral Failure of the MBA Elite』라는 책을 읽고 자신의 생각을 다시금 확인했다.[2]

물론 주주가치론에 비판적인 학자들이나 교육자들이 일부 있다. 그렇지만 이들 중에서도 대다수는 이해관계자론으로 편향되어 있다. 자유주의적 법인실체론을 계속 연구하고 그에 입각해서 기업의 행동 방안을 내놓는 학자들은 전 세계에 별로 없다. 한국도 마찬가지다. 목소리를 내는 사람들이 일부 있어도 그 목소리는 조그맣게 들린다.

김전진은 학계에서의 내부 토론과 정화 과정을 거쳐 기업의 존재 이유가 제자리로 돌아올 때까지 기다릴 수 없다. 그렇게 될 것 같지도 않았다. 경영자는 기업의 미래를 위해 지금 행동을 취해야 한다. 김전진은 그동안 자신이 오랜 시간에 걸쳐 체득한 경영 철학을 내사랑이 그룹의 기업 이데올로기로 확립해 나가기로 했다. 어떤 조직이든지 정신이 살아 있어야 오래 유지될 수 있다. 인류가 만물의 영장이 된 것은 인지 혁명을 통해 공동의 목표를 놓고 대규모 협업을 할 수 있게 되었기 때문이다.[3] 기업도 자신의 이데올로기를 확실하게 갖고 있어야 세대를 넘어 영속할 수 있다. 외부로부터 정치적 도전이 닥칠 때 나의 이데올로기를 갖고 대응하는 것

---

2 McDonald(2017). 이 책에는 대리인이론의 선구자인 마이클 젠센이 어떻게 하버드 비즈니스스쿨을 주주가치론의 온상으로 바꾸어 나갔고, 그것이 세계로 퍼져 나갔는지에 대해 상세히 기술되어 있다. 이 책의 요약 및 소개는 'Harvard Business School and the Propagation of Immoral Profit Strategies', Newsweek, 2017년 6월 4일 자; 'How Harvard Business School Has Reshaped American Capitalism', The New York Times, 2017년 4월 24일 자 등 참조.

3 1.4절 참조.

과 그렇지 못하는 것 간에는 하늘과 땅만큼의 차이가 있다.

예를 들어 행동주의 헤지펀드가 주주가치론을 내세우며 공격해올 때 많은 기업들은 투자은행과 자문 계약을 맺고 대응책을 세운다. 그런데 투자은행가들은 대부분 주주가치론으로 교육받았다. 평균적으로 기업인보다 훨씬 더 주주가치론에 경도되어 있다. 이들이 헤지펀드 행동주의에 대해 기업 입장에서 제대로 된 대응책을 제시해주기를 기대할 수 없다. 자사주 매입이나 배당 정책 등에서 타협책을 내놓거나 앞으로 '주주 친화 정책'을 어떻게 마련할 것인지 등을 조언해주는 것이 고작이다. 주주가치론자들끼리 협상안을 마련하는 것일 뿐이다.

기업이 자신의 이데올로기를 제대로 확보하고 있지 못한 상태라면 이런 자문을 좇아 적당히 타협하는 이상의 대응을 하기 힘들다. 반면 김전진이 이미 확립한 것처럼 "주주들이 어떤 요구를 하더라도 합리적인 선에서만 받아들인다"라거나 "자사주 소각은 하지 않는다"라는 원칙이 있고 이를 뒷받침하는 이데올로기가 있으면 대응 방안이 크게 달라진다. 인질범에게 적당히 몸값을 주기보다 원칙을 지키면서 전체 주주를 어떻게 설득할 것인지, 투표 대결proxy contest이 벌어질 경우 어떻게 대응할 것인지 등에 관해 더 적극적으로 방책을 세우게 된다. 더 나아가 앞으로 이런 일이 벌어지지 않도록 근본적으로 어떤 대책을 마련할 것인지도 검토하게 된다.

정부나 각종 이해관계자들로부터 제기되는 정치적 도전에 대응할 때도 마찬가지다. 정치 투쟁에서 중요한 것은 누가 먼저 '내려다보는 고지commanding heights'를 장악하는가다. 가장 높은 고지를 먼저 장악한 사람은 전체를 조망하며 내가 원하는 구도 속에 적이 들어오게 만들 수 있다. 반면 고지를 확보하지 못한 사람은 적이 어떤 꿍꿍이인지 알기 어렵다. 전투에서 질 확률이 높아진다.

정치권에서 프레임 싸움이 중요하다고 얘기하는 것도 마찬가지 원리다. 먼저 싸움의 틀frame을 잡아 놓고 적이 거기에 들어오게 만들면 상대하기가 쉽다. 그것을 아는 단수 높은 정치인들은 상대방이 만들어놓은 틀을 무시하고 자신에게 유리한 새로운 프레임을 내놓는다. 그리고 그 프레임을 중심으로 우군을 규합하기도 하고 적군을 공격하기도 한다. 그래서 정치 투쟁은 프레임 싸움이다. 다시 말해 이데올로기 싸움이다.

이해관계론자들은 종종 자신이 기업인에 비해 내려다보는 고지를 확보하고 있다고 생각한다. 기업은 사회의 일부이고 따라서 자신은 기업보다 더 큰 틀에서 문제를 바라본다고 생각하기 때문이다. 그래서 자신이 기업인보다 도덕적으로 우월하다고 생각하는 경향이 있다. 그 연장선상에서 기업인을 질책도 하고 훈계도 한다.

기업인이 기업의 이데올로기를 제대로 갖고 있지 못하면 이해관계론자들의 이러한 개입에 대해 "맞는 얘기이고 우리도 그 대의大義에 따라 도와주고 싶은데 우리 호주머니 사정이 있으니 이만큼만 도와주겠다"라는 식으로밖에 대응하지 못한다. 원칙 없이 타협만 하는 것이다. 자신의 가치관이 약하고 너무나 착하기만 한 개인이 자선을 요청하는 사람이나 단체가 나타날 때마다 "미안하다. 더 주고 싶어도 지금 이만큼밖에 줄 수 없다"라고 얘기하는 것과 마찬가지다.

그러나 기업이 자신의 이데올로기를 확립하고 있으면 스스로 필요하다고 생각하는 사회적 가치를 기업존재론과 결합해서 추구한다. 그리고 외부인이 얘기하는 것은 참고 수준에서 받아들인다. 기업은 법인 운영의 대원칙하에서 이해관계자들을 상대해야 한다. 자신의 가치관을 갖고 있는 개인이 자선을 할지 말지, 어떤 자선을 얼마나 할지 등을 스스로 결정하는 것과 마찬가지다.

실제로 내사랑이 그룹과 같은 기업은 개별 정부나 시민단체들보다 훨씬 더 큰 존재다. 한 나라에만 머물지 않고 전 세계에 뻗어 있다. 우주까지 진출하고 있다. 개별 정부나 시민단체들이 상정하는 '사회'보다 훨씬 더 큰 사회를 만들어서 유지하고 있고 훨씬 다양한 다른 사회들을 상대하고 있다. 기업인의 시각이 이해관계자들의 시각보다 편협하다고 볼 아무런 근거가 없다. 오히려 그렇게 생각하는 이해관계론자들의 생각이 편협할 뿐이다. 자신들이 안다고 생각하는 사회만 바라볼 뿐 기업이 상대하는 폭넓고 다양한 현실에 대해서는 무지한 경우가 많다.

(2) 새 사훈과 김전진의 주주총회 연설문

내사랑이 그룹은 기업의 이데올로기를 확립하기 위해 먼저 사훈社訓을 제대로 만들기로 했다. 창업 30주년을 맞아 더 명료하면서 미래지향적인 것이 필요했다. 경영진이 여러 차례 협의를 거쳐 결론 내린 것은 '창조creation, 도전challenge, 공영co-prosperity'이었다. 영어 첫 글자들을 모아 '3C'라고 줄여 부를 수 있게 했다.

주주총회에 꼭 올려야 할 안건은 아니었지만 새 사훈을 주총에 올려 대표이사 김전진이 직접 주주들에게 설명하고 박수로 승인받았다. 총회는 주주들 누구나 참석할 수 있는 파티로 이어졌다. 경영진과 주주들이 격의 없이 대화하고 여흥을 즐길 수 있도록 했다. 정당들이 전당대회를 거대한 축제로 만들어 당원들의 사기도 높이고 공동체 의식을 북돋우는 데, 기업이라고 주주들과 이런 행사를 갖지 않을 이유가 없다. 아래는 이날 김전진의 주주총회 연설문이다.

친애하는 주주 여러분, 그리고 동료 임직원 여러분.

여러분의 노력과 성원 속에 내사랑이 그룹은 조그마한 벤처기업으로 출발해 이제 다국적기업을 넘어 다행성기업으로 발전하고 있습니다. 지나온 세월을 돌이켜 보면 끊임없는 도전의 연속이었습니다. 아직 특허를 취득하지 못한 기술로 자금을 끌어들이고 회사도 만들었습니다. 진짜 애완견과 같은 촉감을 주고 반응도 하는 내사랑이 반려견을 만들기 위해 밤낮으로 일했습니다. 진짜 사람과 같이 얘기도 하고 감정을 나눌 수 있는 내사랑이 아이들을 내놓기 위해 또 불철주야 노력했습니다. 현지 사정에 대해 거의 아는 것이 없었지만 처음부터 세계시장을 바라보고 도전했습니다. 지금은 누구와 맞닥뜨릴지 알 수 없는 우주시장에 도전을 시작하고 있습니다.

내사랑이 아이들(주)의 우주시장 진출을 예견이라도 하듯 노벨 경제학상 수상자 허버트 사이먼Herbert A. Simon은 1997년에 다음과 같이 말했습니다. "화성에서부터 지구로 흘러 들어온 생명체가 있다면, 선진국 지역이 대부분 기업으로 덮여 있고, 기업이 우리가 '시장'이라고 알고 있는 소통과 거래의 네트워크를 통해 연결되어 있다는 것을 알게 될 것이다. 그러나 시장보다 기업이 훨씬 강렬하게 눈에 띌 것이다. 어떤 때는 자라기도 하고, 어떤 때는 줄어들기도 하고, 어떤 때는 분할되기도 하고, 어떤 때는 한 기업이 다른 기업을 집어삼키는 것을 볼 것이다. 확언컨대 화성인에게는 눈앞에 펼쳐지

는 장면에서 기업이 시장보다 활발한 요소active elements일 것이다.[4]

지구를 방문한 외계인에게 기업이 눈에 확 띄는 것은 기업이 창조적 활동의 주체이기 때문이라고 생각합니다. 기업은 값싸고 질 좋은 제품과 서비스를 지속적으로 창출하는 혁신의 담당자입니다. 이미 존재하는 것을 만드는 건 혁신이 아닙니다. 없는 것을 만들어내야 혁신입니다. 창조는 우리에게 운명입니다. 우리의 창조 행위가 활동적으로 보이는 것은 경쟁이라는 굴레를 쓰고 있기 때문입니다. 창조를 만들어내는 경쟁에서 이기면 커지고 경쟁에서 지면 줄어듭니다. 없어지기도 합니다. 새로운 경쟁을 위해 계열사도 만들고 다른 회사를 인수하기도 합니다. 경쟁이라는 굴레는 영원히 벗어날 수 없습니다. 우리가 더 나은 창조자가 되기 위해 끊임없이 노력하고 그래서 더 활동적이 되는 수밖에 없습니다.

창조는 아무것도 없는 데서 갑자기 뚝 떨어지지 않습니다. 도전하는 가운데 또 도전받는 가운데 나오는 것입니다. 그래서 역사학자 아놀드 토인비Anold Toynbee는 인류 역사를 '도전과 응전challenges and responses'으로 설명했습니다. 도전이 있어야 새로운 결과물이 나오는 것입니다. 혁신이 무엇입니까? 혁신은 확률이 낮은 일에 도전하는 것입니다. 확률이 높은 일은 구태여 도전할 필요가 없습니다. 다른 사람들도 다 알고 있는 일을 해봤자 무엇을 얻겠습니까? 남들이 잘 모르고 있거나 어렵다고 회피하는 일에 도전해야 큰 성과를 거둘 수 있습니다. 내사랑이 아이들(주)은 남들이 어렵다고만 생각하던 진짜 사람 같은 AI 아이들을 만드는 데 도전해서 성공했고, 지금은 남들이 불가능하다고 생각하는 우주시장에 도전하고 있습니다. 내사랑이 아이들

---

4   Simon(1997: 35).

(주)은 누구보다도 빨리, 누구보다도 멀리 우주시장에 대한 도전을 이어갈 것입니다.

우리는 끊임없는 창조와 도전을 통해 함께 번영하는 공동체를 만들어 나가고자 합니다. 영리법인으로서 내사랑이 아이들(주)은 돈을 벌 수 있는 곳에 창조와 도전의 역량을 쏟아붓고 있습니다. 기업은 돈을 잘 벌어야 구성원들이 행복할 수 있고 외부에서 존경도 받습니다. 우리가 번 돈은 이 돈을 버는 데 기여한 사람들에게 우선적으로 분배됩니다. 기여한 바에 따라 합당하게 보상받고 공영해야 구성원들이 공동체를 신뢰하고 공동체 발전을 위해 더 노력하게 됩니다. 그래야 회사의 주식 가치도 지속적으로 높아집니다. 우리는 그동안 회사 구성원과 주주의 공영에서 가장 성공한 기업 중 하나였고 앞으로도 그 성공을 이어갈 것입니다. 또한 우리는 여력이 있는 범위 내에서 공동체의 외연을 넓혀 사회를 위해, 지구를 위해, 우주를 위해 기여할 수 있는 일들은 적극적으로 찾아서 해 나갈 것입니다. 내사랑이 아이들(주)이 속하게 되는 더 큰 공동체와 공영하는 교집합이 많아질 때 우리가 창조하고 도전하는 일들의 보람과 가치도 높아질 것이라고 생각합니다.

우리 경영진은 다음 단계로 도약하려는 중요한 변곡점에서 내사랑이 아이들(주)의 정체성을 어떻게 하면 이어갈 수 있을 것인지를 오랜 시간에 걸쳐 협의했습니다. 특히 지구를 벗어나 우주로 확장할 때, 즉 우주의 여러 행성에 내사랑이 아이들(주)의 현지 법인들이 세워지고 외계인이 현지 법인의 구성원이 될 때, 그들이 어떻게 하면 공동체에 속해 있다는 일체감을 갖고 공동의 목표를 위해 일할 수 있을지 깊이 있게 의논했습니다.

저희가 내린 결론은 기업의 이데올로기가 명확히 확립되어 있어야 한다는 것이었습니다. 기업 구성원은 계속 바뀌지만 기업은 영원해야 합니다.

내사랑이 아이들(주)은 조만간 인간과 AI 아이, 외계인이 함께 일하는 전례 없는 조직이 될 것입니다. 이들을 묶을 수 있는 기업 정신이 있어야만 내사랑이 아이들(주)은 장기번영공동체로서의 생명을 이어갈 것입니다.

오늘 이 자리에서 우리 경영진은 내사랑이 아이들(주)의 기업 정신을 확립해 나가는 첫 번째 작업으로 '창조, 도전, 공영'이라는 사훈을 여러분에게 내놓습니다. 내사랑이 아이들(주)은 창조·도전·공영의 한마음을 가진 존재들의 공동체입니다. 간단하지만 중요한 세 단어를 통해 우리를 연결하는 끈을 만들었습니다. 앞으로 이 끈의 내구성을 시험하는 여러 도전이 닥쳐올 것입니다. 예상하던 것들도 있고 예상하지 못한 것들도 있을 것입니다. 우리 경영진은 앞으로 이 끈을 튼튼히 하고 확대하기 위해 '8대 기업명제'를 중심으로 내사랑이 아이들(주)이 왜 존재하는가에 관한 철학을 체계화하는 작업을 해 나가려고 합니다. 그 기반 위에서 내사랑이 아이들(주) 공동체는 서로를 믿으며 더욱 번성해 나갈 수 있을 것이라고 생각합니다.

그동안 보내주셨던 것처럼 앞으로도 변함없는 성원과 격려를 부탁드립니다. 감사합니다.

2. 장기번영공동체의 기업 문화와 행동 강령

내사랑이 그룹은 주주총회 직후 장기번영공동체 만들기 작업에 착수했다. 창업할 때 법인으로 출발하면서 불멸의 존재로 남을 수 있는 제도적 기반은 마련되어 있었다(**기업명제 3**). 김전진과 경영진은 시간이 흐르고 다시 생각해볼수록 법인설립을 통한 주식회사 제도는 인류가 만들어낸 위대한 유산이라는 확신을 다질 수밖에 없었다.

어떻게 사멸하는 인간으로부터 자산을 분할해 가상의 인격에 귀속시킴으로써 영원히 혁신의 수레바퀴를 돌리는 불멸의 사회적 실체를 만들어낼 수 있게 되었는가? 어떻게 대부분의 나라에서 이 제도를 받아들이고 누구나 주식회사를 쉽게 설립할 수 있게 해서 셀 수 없이 많은 혁신의 수레바퀴들이 전 세계에서 밤낮으로 돌아가게 되었는가?

인류가 지금 누리고 있는 생산력의 축복은 법인설립을 통한 주식회사 제도에 상당 부분 돌려야 할 것이다. 아마 우주를 개척하다가 외계인을 만나 회사를 함께 설립하게 되면 외계인도 주식회사 제도가 갖고 있는 장점을 단번에 이해하고 법인을 설립하자고 할 것이다. 법인설립을 통한 주식회사 제도는 전 우주가 받아들이게 될 인류의 독창적 발명품이 될 것이다.

주식회사 제도를 통해 불멸의 필요조건이 갖춰진 상태에서 기업이 영속을 위해 해야 할 일은 지속적으로 값싸고 질 좋은 제품·서비스를 창출해서 소비자 선택을 받는 것이다(**기업명제 4**). 내사랑이 그룹은 그동안 이 기업존재론을 나름대로 잘 달성해왔다. 하지만 앞으로 이 과제를 계속 잘 달성하리라는 보장은 없다. 주주가치론이나 이해관계자론으로부터의 외풍은 더욱 거세게 불어올 것이다. 기업존재론을 책임 있게 달성하며 기업목적론도 보람 있게 실현하기 위해 '창조, 도전, 공영' 정신의 영속적 실천 방안을 마련해야 한다. 아래는 김전진과 경영진이 그 후 다듬어 나간 내사랑이 그룹의 이데올로기와 행동 강령의 일부다.

(1) "나 자신이 혁신 기업가이다"

내사랑이 그룹은 신입사원이 들어올 때부터 "나 자신이 혁신 기업가 entrepreneur이다"라는 사실을 주지시키고 이것을 내사랑이 그룹의 독특한 기업 문화로 만들어 나가기로 했다. 많은 사람들이 기업 발전과 경제성장을 위해 기업가 정신이 중요하다고 말한다. 물론 중요하다. 위험을 부담하고 미래에 도전하는 용기 있고 역량 있는 기업인들이 많아야 기업도 커지고 경제도 성장한다. 그러나 기업가 정신이라는 단어는 창업자나 최고경영진에게만 너무 한정되어 쓰이는 경향이 있다. 지도자만 아무리 투철한 기업가 정신을 갖고 있어봤자 소용이 없다. 임직원들이 함께 팀으로 움직여야 한다. 기업가 정신을 임직원들이 공유해야 현장에서 실현된다. 기업가 정신이 체화된 근로정신이 함께 있어야만 기업은 한 팀으로 실력을 제대로 발휘할 수 있다.

실제로 기업의 이데올로기라는 것은 기업 구성원들이 위에서부터 아래까지 공유하는 기업가 정신이다. 혁신의 핵심 조건 중 하나인 '조직적 통합'은 그냥 이루어지는 것이 아니다.[5] 조직원들이 같은 목표와 방법론을 공유해야만 진정한 통합이 이루어진다. 이것은 개인의 금전적 인센티브 시스템을 어떻게 만드는가라는 지엽적 대책으로 해결되지 않는다. 미국에서 그렇게 금전적 인센티브에만 초점을 맞춰 최고경영진에게 주식옵션을 대폭 늘린 결과 벌어진 일은 조직의 분열과 약탈적 가치 착출이었다.[6] 일반 직원들도 눈앞에 보이는 금전적 보상이나 승진에만 매달리면 비슷한 일이 벌어지게 된다. 진정한 팀워크는 공동의 목표에 공감하고 그것을 달성하기 위해 필요하면 양보도 해가며 협력해서 목표를 달성한 뒤 그 결과를 정당하게 나눠 갖는 데에서 나온다.

창업자들은 목표를 이루기 위해 어려운 시기를 보낼 수도 있고 이느

---

5   2.2절 참조.
6   3.4절 참조.

정도의 희생도 필요하다는 사실을 당연하게 받아들인다. 기업이 조직으로서 기업가 정신을 발휘하려면 임직원들이 마찬가지 생각을 해야 한다. 기업에게 지속적 혁신과 장기 투자가 필요하다는 것(**기업명제 4**)은 어느 누구도 부인할 수 없는 기업존재론이다. 이 존재론을 실현하기 위해 매진하고 그 과정에서 발생하는 어려움을 함께 극복하는 것은 누구나 공유해야 하는 신념이다. 일반 주주는 그런 신념을 갖지 않는다. 이익을 챙긴 뒤 적당히 떠나면 그만이다. 손해봤을 때에도 손절損切하면 그만이다. 그렇지만 경영 수탁자는 기업의 장기 존속을 위해 선관주의 의무에 충실하고 거기에 기여한 바에 따라 보상받는다는 신념 체계를 가져야 한다.

　월급만 따박따박 받는 안정된 직장인이 되고 싶은 사람은 내사랑이 그룹에 들어올 필요가 없다. 창업자에 준하는 기업가 정신을 갖고 창조와 도전을 하려는 사람만이 내사랑이 그룹에서 일할 자격이 있다. 내사랑이 그룹에서는 나 자신이 혁신 기업가이고 우리 모두가 혁신 기업가들이다. 창조와 도전을 통해 성과를 내는 사람만이 내사랑이 그룹에서 고위직으로 올라갈 수 있다.

(2) 장기 투자 보상위원회

내사랑이 그룹은 직원들의 기업가 정신을 고취하고 장기 투자를 북돋우기 위해 '장기 투자 보상위원회'라는 새로운 조직을 각 계열사의 이사회 직속으로 신설했다. 이 위원회에는 내사랑이 그룹에서 오래 일하다가 퇴직한 원로들과 최고인사책임자, 최고재무책임자, 외부 전문가 등을 참여시켰다. 이 위원회가 하는 일은 5년 이상 지난 일에 대한 장기 성과 평가이다.

　기업이 아무리 장기 투자를 강조하더라도 일상적인 인사 및 보상 체계에서는 장기 투자 성과를 제대로 측정하기 어렵다. 장기 투자의 결과가 나오기 전에 인사발령을 내야 하는 경우도 많고, 연봉도 매년 성과급과 함께 지급되어야 한다. 아무리 장기적 기여를 평가하는 인사 및 보상 체계를 만들려고 해도 한계가 있다. 영리기업은 계속 돈을 벌어야 한다. 단기 성과를 무시할 수 없다. 예를 들어 해당 부서의 현재 실적이 나쁜데 장기 투자에 대한 기여가 크다고 성과급을 대폭 줄 수는 없다. 임직원들이 그때그때 잘한 일들에 대해 격려도 하고 보상도 해줘야 힘이 나지 "장기적으로 보고 기다려라"라고만 마냥 요구할 수도 없는 일이다.

장기 투자 보상위원회가 하는 일은 기업의 일반적 인사 및 보상 체계가 근본적으로 갖고 있는 결함을 어느 정도 보충하고 임직원들이 장기적 시각을 최대한 갖도록 인센티브 시스템을 추가로 만드는 것이다. 장기 투자 보상위원회는 5년 이상 지나 경영 성과가 난 항목들에 대해 재평가해서 거기에 기여한 개인에게 따로 보상해주는 일을 담당한다. 위원회는 큰 성과가 난 장기 투자 항목 중에서 과거에 기여한 사람들이 제대로 보상받았는지를 역산하는 시스템을 구축했다.

또 보상이 제대로 이루어지도록 '장기 투자 보상 신문고' 웹사이트를 만들었다. 임직원들이 회사의 장기 성장에 기여했지만 자신의 인사 평가나 금전적 보상에 제대로 반영되지 않았다고 생각하는 사항들을 매년 별도로 제출하는 웹사이트다. 이 웹사이트는 제출한 내용을 5년간 봉인하고 그 후 장기 투자 보상위원회만 내역을 볼 수 있도록 했다. 장기 투자 보상위원회는 이를 취합해 기업의 장기 성과에 실제로 기여했는지 옥석을 가려내도록 했다.

한편 장기 투자 보상은 해당 임직원이 다른 회사로 옮겼더라도 지급하기로 했다. 본인이 사망했으면 유족에게도 지급한다. 그래야만 공정하다. 장기 성과에 기여한 사람은 지금 어디에 있건 보상을 받을 수 있어야 한다. 그래야만 직원들이 당장 받게 될지 모르는 불이익을 걱정하지 않고 장기 투자 아이디어를 내고 실행한다. 내사랑이 그룹은 회사를 그만둔 사람에게도 성과급을 지급할 수 있는 규정을 만들고 매년 이익의 일정 부분을 '장기 투자 보상 기금'으로 축적해 나가기로 했다.

(3) 공영 위원회

내사랑이 그룹은 이와 함께 내사랑이 그룹 협의회 산하에 '공영위원회'를 신설했다. 내사랑이 그룹은 사회적 가치를 그룹 경영의 전면에 내세우지는 않았다. 사회적 가치를 기업 목적에 포함하기 위해 정관을 개정할 생각도 갖고 있지 않다. 사업판단준칙 내에서 임직원의 사기도 높이고 사회적으로 뜻 있게 기여할 수 있는 일들은 자발적으로 찾아서 해왔다. 공영위원회는 이 일을 보다 체계적으로 하기 위한 조직이다.

　장기 투자 보상위원회와 달리 공영위원회는 아이디어의 산실 역할만 하기로 했다. 집행 여부는 계열사가 알아서 판단한다. 공영위원회의 제안이 그룹 협의회의 명령으로 받아들여지지 않도록 내사랑이 그룹은 처음 출발할 때부터 계열사 사장들 모임을 갖고 이 사실을 명확히 했다. 김전진도 그룹 회장 직함을 갖고 있지만, 이에 관해 그룹 차원의 의견을 내지는 않기로 했다. 내사랑이(주)와 내사랑이 아이들(주)에 각각 이사직을 갖고 있기 때문에 개별 회사의 이사로서만 제안 내용을 별도로 검토하고 만약 계열사 간 협력이 필요한 경우에만 그룹 차원에서 협의한다는 원칙을 세웠다.

공영위원회는 다음 세 가지 조건에 맞는 프로젝트들을 발굴하기로 했다. ① 임직원이 보람을 느낄 수 있고, ② 주주들도 동의할 수 있고, ③ 사회에도 기여할 수 있다. 주주들의 참여를 끌어내기 위해 공영위원회에 일반 투자자 추천 위원 2명을 포함시키기로 했다. 그동안 고아원이나 양로원에 내사랑이 반려동물이나 내사랑이 아이들을 기증하거나 주문 제작해주었던 것도 이 세 가지 조건이 다 맞아서 해오던 일이었다. 우주 개척 방안을 발표하면서 우주 자원 개발과 유엔 기금 지원, 우주 현지와의 공영 방안을 패키지로 내놓은 것도 이 세 가지 조건을 맞춘 것이었다.[7] 공영위원회는 내사랑이 그룹의 사업과 관련해서 지역사회나 협력 업체 등에 도움이 되는 일들을 발굴해 나갈 것이다.

한편 이해관계자들이 공영위원회를 자신의 이해관계를 내사랑이 그룹에 반영하는 통로로 사용하는 것을 원천적으로 차단하기 위해 공영위원회와 대관팀은 완전히 분리시켜 운영하기로 했다. 정부를 비롯해 이해관계자들을 직접 상대하는 일은 대관팀이 전담한다. 공영위원회는 그룹 입장에서 기업의 존재론과 목적론을 결합할 수 있는 일들을 전향적으로 찾아내는 업무만을 담당한다.

3. 장기번영공동체의 통제 구조

내사랑이 그룹은 현재 기업통제력에 있어서는 대단히 안정적이다. 공개한 내사랑이 아이들(주)에서 내부 지분이 50%에 달하고, 내사랑이(주)는

---

7   6.1절 참조.

아직 공개하지 않았기 때문이다. 한국의 다른 비즈니스그룹들에 비해 굉장히 행복한 여건이다. 삼성전자는 내부 지분이 20%가량에 불과하다. 현대차는 30%에 못 미친다. LG전자는 33%가량이다. 다른 그룹들은 일반 주주들이 힘을 모으면 핵심 계열사의 경영이 흔들릴 가능성을 항상 떠안고 있다. 삼성전자와 현대차는 이미 행동주의 헤지펀드의 공격을 받은 바 있다.

내사랑이(주)는 앞으로 대규모 증자를 해야 하는 상황에 부딪히면 일반 주주들의 지분이 더 많이 늘어나고 기업통제력에 도전을 받을 수 있을 것이다. 그렇지만 현재 그런 걱정은 기우라고 할 수 있다. 사업이 잘 진행되고 내부 유보금이 쌓이고 있는데 대규모 외부 자본을 끌어들일 필요가 없다. 내사랑이 그룹은 앞으로 자본 조달의 필요성이 생긴다 하더라도 가능한 추가 기업공개는 하지 않기로 결정했다. 장기번영공동체로서 내사랑이 그룹을 유지해 나가는 데에는 현재의 통제 체제가 낫다. 일반 주주가 많아지면 통제 체제가 흔들린다. 폭스바겐이 포르쉐 가문과의 연합을 택한 것도 장기적으로 안정된 기업통제 체제를 유지하기 위한 것이었다.[8]

(1) 기업의 연속성과 한국의 '기업 명줄 끊기법'

하지만 내사랑이 그룹은 한국에 본사를 두고 있기 때문에 세대를 넘어 기업의 연속성을 유지하는 데 커다란 난관이 있다. 한국의 상속세율이 세계에서 최고로 높은 60%에 달하기 때문이다(그림 7-1). 상속받는 사람은 현찰이 별로 없다. 물려받는 자산을 팔아서 상속세를 낼 수밖에 없다. 그런

---

8   4.3절 참조.

그림 7-1 OECD 국가별 상속세 최고 세율

- 자료: 조세재정연구원 등.
- 주: 한국은 경영권 프리미엄 할증 과세 시 60%. 스위스는 26개 주 중 22개 주가 직계가족 비과세. 4개 주 최고 세율은 3.5%. 벨기에는 특정 기업 승계 요건 충족 시 3%.
- 출처: 「세계 최고 65% 상속세 폭탄에…기업·기술·일자리 모두 무너진다」, 「조선일보」, 2019년 1월 17일 자.

데 자산을 팔면 양도세를 별도로 내야 한다. 결국 상속세를 내기 위해 물려받는 거의 모든 자산을 팔아야 한다.

자산을 팔지 않고 경영권을 확보하며 상속을 받으려면 그만큼의 돈을 담보 대출받아서 세금을 먼저 내고 기업을 더 키우면서 평생 빚을 갚아 나가겠다는 각오를 해야 한다. 예를 들어 2018년에 LG그룹의 3세대 회장으로 올라선 구광모와 같은 경우는 7,000억 원 이상의 상속세를 내야 한다. 상당 부분을 개인 주식 담보대출로 처리할 수밖에 없다. 앞으로 LG 그룹의 주가가 올라가면 다행이지만, 만약 주가가 떨어진다면 그의 인생은 하염없이 고달파진다.

구광모 회장이나 다른 대그룹 후계자들은 이렇게 평생 빚의 노예가 될지 모르는 부담을 안고서라도 기업 경영을 하겠다는 의지를 갖고 있지만, 수많은 중소·중견 기업의 2, 3세들은 그렇지 못하다. 그래서 부모에게 회사를 팔고 남는 현찰을 물려달라고 요구한다. 산더미 같은 빚에 올라 앉은 상태에서 경영자로서의 삶을 시작하고 싶지 않은 것이다. 현재 한국의 상속세제는 세금을 그대로 다 내면 기업 상속이 거의 불가능하게 되어 있는 구조다.

한국에서는 여기에 더해 발렌베리그룹과 같이 공익재단을 만들어서 기업 승계를 하는 것도 봉쇄되어 있다. 의결권이 있는 주식의 경우 회사 지분의 5%까지만 증여세를 면제해주기 때문이다. 5% 지분만으로 기업통제력을 유지할 수 없다. 게다가 공익재단이 본래 목적에 맞게 제대로 운영되지 않는다고 정부가 판단하면 언제든지 국고로 귀속시킬 수 있다. 한국에서 공익재단을 통해 기업통제력을 유지하려는 것은 자살행위에 가깝다.[9]

한국에서 이와 같이 '상속금지법'에 해당하는 상속세율과 공익재단 규제가 생긴 것은 반 재벌 정서가 강하기 때문이다. 재벌 2, 3세들이 대기업들을 물려받아 황제 같은 권한을 행사한다는 대중의 반감이 깔려 있고 정치 세력들이 이 국민정서를 정치적 목적에 적극 활용하고 있기 때문이기도 하다. 한국은 무슨 일이 벌어지면 극단으로 가는 경향이 있다. 다른 나라에도 '금수저·흙수저' 현상이 있고 '부자 때리기'가 종종 벌어진다. 그렇지만 한국과 같이 상속세율도 높고 공익재단을 통한 승계까지 완전히 틀어막아 놓고 있는 나라는 전 세계에 없다. 상속세율이 상대적으로 높은 미국, 일본, 유럽 국가들은 모두 공익재단을 통한 경영권 승계가 가능하다. 가업 승계일 경우에는 세금을 대폭 공제하기도 한다. 한국의 기업인들이 "이럴 바에는 아예 법으로 상속을 금지하라"라고 볼멘소리를 하는 것은 엄살이 아니다.

한국의 상당수 정치인이나 학자들은 이 문제에 대해 "기업을 가족에게 상속하려고 하지 말고 전문경영인에게 넘기면 미국처럼 잘 운영될 것 아니냐"라고 얘기한다. 그것은 현실을 너무나 모르고 하는 무책임한 발언이다. 이들은 20세기 중반 미국 대기업에서 전문경영 체제가 잘 작동됐다는 것만 알고, 그것이 어느 시대건 어느 나라건 경전처럼 적용될 수 있다는 착각을 하고 있다. 주식회사에 대한 통제력이 어떻게 행사되는지에 대해 아무런 개념이 없다. 기업존재론을 실현하기 위해 통제력을 제대로 행사하려면 어떤 조건들이 필요한지에 대해서도 관심도 없다. 미국에서조차 가족경영이 전문경영보다 평균적으로 더 좋은 성과를 거두고 있다는

---

9 「구광모 LG회장, 7,200억 역대 최대 상속세 낸다」, 『조선일보』, 2018년 11월 3일 자.

사실에 대해서도 눈감고 있다. 미국의 전문경영 체제가 1980년대 이후 제대로 작동되지 못하고 개혁 대상이 되어왔다는 사실도 외면하고 있다.

20세기 초반부터 진행된 미국 대기업의 지분 분산 과정에서 창업자들이 보유 주식을 팔고 경영 일선에서 쉽게 물러날 수 있었던 중요한 이유는 기업의 연속성이 보장됐기 때문이었다. 처음에 주식을 샀던 새로운 주주들은 개인 투자자들이었고 기업통제력에 대해 관심이 없었다. 주식이 여윳돈을 굴릴 수 있는 새로운 투자 대상이라고 생각했을 뿐이었다. 1920년대부터 기관 투자자들이 등장하자 미국 정부는 '뉴딜 금융 규제'를 통해 기관 투자자들이 기업 경영에 관여하는 것을 억제하는 원칙을 세웠다. 기관 투자자가 투자 다변화 이상을 하려는 것은 "도둑질하려는 것이다"라고 SEC 고위 간부가 의회에서 증언하는 수준이었다.[10]

그러한 당시 미국의 금융 환경 및 규제 상황에서는 전문경영 체제로 넘어가더라도 창업 정신이 이어질 수 있었다. 대주주경영인들이 자신이 갖고 있던 주식 지분을 팔 때 개인 투자자들은 금전적 권리만 챙겼고, 그 지분에 딸려 있던 통제력은 대주주경영인과 동고동락했던 기존 전문경영인들에게 넘어갔다(그림 7-2 및 그림 1-4 참조). 전문경영진은 그 통제력을 기반으로 유보와 재투자의 철학을 유지하고 기업을 확장했다.

그러나 지금과 같이 주주가치론이 득세하고 금융 투자자의 힘이 강한 상태에서 대주주경영인들이 자신의 지분을 시장에 팔면, 사모펀드나 헤지펀드 혹은 경쟁사들이 그 지분을 사서 당장 돈 되는 자산만 이리저리 팔며 기업을 해체할 수도 있고, 통째로 다른 회사에 합병시킬 수도 있

---

10 신장섭(2018: 3장); 임동원(2019); 「공익사업에 연 1조 쓰는데…의결권 제한은 기부 문화 역행」, 『중앙일보』, 2018년 2월 27일 자.

그림 7-2 기업통제력의 이전 과정 비교

경영자본주의 사대

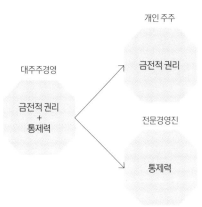

개인 주주

금전적 권리

대주주경영

금전적 권리
+
통제력

전문경영진

통제력

주주 가치 사대

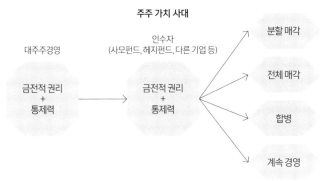

대주주경영

금전적 권리
+
통제력

인수자
(사모펀드, 헤지펀드, 다른 기업 등)

금전적 권리
+
통제력

분할 매각

전체 매각

합병

계속 경영

공익재단을 통한 이전

대주주지분

금진직 권리
+
통제력

공익재단

금전적 권리
+
통제력

공익 기여

계속 경영

고, 구조조정을 시킨 뒤 매각할 수도 있다. 다시 말해, 대주주 지분을 매입하는 주체들은 그 지분에 딸린 금전적 권리와 통제력을 함께 인수해서 그 통제력을 기반으로 자신의 금전적 권리를 최대화할 수 있는 다양한 방안을 모색하는 것이다. 회사의 연속성을 유지하는 것은 기업 인수자가 택할 수 있는 여러 가지 방안 중 하나일 뿐이다(그림 7-2). 이런 새로운 금융 환경에서는 기존 전문경영인들이 창업 정신에 따라 계속 기업을 키워 나가겠다는 엄두를 못 낸다. 새로 들어오는 대주주가 어떻게 할 것인지 눈치를 살피고 거기에 맞춰 자신의 생존을 모색하게 된다. 대주주가 바뀌자마자 기존 고위 경영진이 모두 쫓겨나는 일도 종종 벌어진다.

대주주경영인 입장에서 이것은 책임 있게 물러나는 일이 아니다. 자신이 그동안 기업을 키워온 목적은 보유 주식 가치를 높인 뒤 현찰을 최대한 챙기고 그 후 기업 구성원들에게 어떤 일이 벌어지더라도 상관없다는 것이 아니었다. 경영 책임을 지고 있는 동안 임직원들에게 기업 영속을 위한 장기 투자를 강조했고(**기업명제 3**), 혁신에 몸과 마음을 바치기를 요구했다(**기업명제 4**). 전문경영인 업적 평가도 기업존재론 달성에 대한 기여를 핵심 지표로 사용했다. 전문경영인들도 당장 실적이 나타나거나 자신에게 직접 보상으로 돌아오지 않는 일이더라도 장기적인 성과와 평가를 바라고 전력투구했다. 책임 있는 대주주경영인이라면 자신이 회사를 떠나더라도 전문경영인들이 그동안 노력했던 것들에 대해 제대로 보상을 받으며 보람 있게 일할 수 있기를 바랄 것이다. 그런데 한국의 상속 세제와 공익재단 규제는 대주주경영인이 전문경영인에게 경영권을 넘기며 기업의 연속성을 유지하는 방안조차 불가능하게 만들고 있다. 단순히 '상속 금지법'을 넘어 '기업 명줄 끊기 법'이 되어 있는 것이다.

(2) 대주주의 통제력을 누구에게 넘길 것인가?

내사랑이 그룹에게 핵심 과제는 세대를 넘어 장기번영공동체로 존속할
수 있는 통제 구조를 만드는 것이다. 가족경영 체제로 가는 것이 좋을지
전문경영 체제로 가는 것이 좋을지 여부는 부차적 문제다. 현재 두 명뿐
인 자연인 대주주 김전진과 이살핌은 조만간 사멸할 것이다. 이에 따라
이 두 사람이 행사하던 그룹에 대한 통제력은 누군가에게 넘어갈 수밖에
없다. 이 통제력이 도대체 누구에게 넘어가야 내사랑이 그룹을 장기번영
공동체로 지속시키는 데 바람직할 것인지, 그렇게 되도록 하기 위해 무엇
이 필요한지 등을 판단해야 한다.

　　김전진은 해외 출장을 가던 중 비행기 옆 좌석에 우연히 앉게 된 외국
기업인과 대화를 나눌 기회가 있었다. 이 기업인은 공익재단을 통해 이미
몇 대에 걸쳐 회사를 운영하는 가문에 속해 있었다. 그는 자기네 그룹의 원
칙은 기업 경영에 있어서는 가족과 전문경영인 상관없이 경영 능력만으로
사람을 구분한다는 것이었다. 능력을 인정받은 가족만이, 능력을 인정받은
전문경영인만이 고위직에 오르는 것이다. 최고경영자는 상황에 따라 가족
이 할 때도 있고 전문경영인이 할 때도 있다. 진짜 능력 있는 전문경영인에
대해서는 가족에 준하는 대우를 해준다. 능력 없는 전문경영인에 대해서
는 물론 재단이 책임지는 것이 없다. 능력 없는 가족에 대해서는 경영에서
배제시키되 재단이 '최소한'의 생활을 보장한다.[11]

　　김전진은 이 기업인과의 대화를 오래도록 곱씹었다. 공감하는 바가

11　이것은 내가 1995년 한국에서 스위스로 출장을 가던 중 옆자리에 앉게 된 인도계 비즈니스맨으로부
　　터 직접 들은 실화다. 이 집안이 가족에 대해 생각하는 '최소한'에는 괜찮은 집 한 채, 벤츠 자동차, 넉
　　넉한 생활비가 포함됐다.

많았다. 법인이라는 불멸의 존재에게 자산을 맡겨 기업이 영속을 추구하도록 만들었으면(**기업명제 3**), 기업통제력도 불멸의 존재에게 맡겨 영속 추구를 뒷받침해주는 것이 좋다. 그런 면에서 공익재단에 대주주 지분을 넘겨 금전적 권리는 공익을 위해 활용하고 기업통제력은 영원히 유지하는 것이 괜찮은 대안이다(그림 7-2 참조). 기업의 이데올로기에 입각한 기업통제력이 유지되어야만 최고경영자가 전문경영인이 되건 가족이 되건 상관없이 장기번영공동체로 꾸준히 발전시켜 나갈 수 있다.

김전진은 현 단계에서 자신의 아들에게 경영권을 넘길지 여부에 대해 판단을 내리지 않았다. 앞으로 그 판단은 자신이 내리지 않고 자신 다음에 경영을 책임지는 사람들이 내리는 것이 좋겠다는 방향으로 생각을 굳혀가고 있다. 아들 김차돌은 머리가 좋고 친구 관계도 좋다. 본인이 관심 있으면 내사랑이 그룹 경영에 참여할 수 있다. 전 우주에서 인재를 끌어들이는 마당에 아들이라고 내사랑이 그룹에서 일할 기회를 박탈할 수는 없다. 그렇지만 김차돌이 그룹을 물려받도록 '황태자 교육'을 시키지는 않았다. 자기 능력껏 하고 싶은 일을 찾아서 하라고 방목해서 키웠다. 경영에 참여하고 싶다면 다른 직원처럼 밑바닥부터 시작해야 한다.

김전진은 많은 가족경영 기업들이 2, 3세들에게 처음부터 회사 고위직을 맡기고 후계자로 키우는 것에 대해 물음표를 갖고 있었다. 역량을 검증받지 못한 상태인데 가족이라고 고위직을 그냥 주면 인사 체계가 흔들린다. '권리와 책임의 상응 원칙(**기업명제 8**)'도 흔들린다. 비행기에서 만났던 기업인 가족이 세웠던 원칙처럼 경영 능력만이 인사 기준이 되어야 한다. 김차돌도 회사 경영에 참여하고 싶으면 능력을 인정받으면서 올라와야 한다. 김전진의 부인은 "다른 회사들은 다 그렇게 하는데 당신은 왜 우리 아들에게만 매몰차게 하느냐'라고 불만이다. 그러나 김전진은 "그 애는 지금 평생 먹고살 것이 풍족하게 있는 상태에서 능력만 발휘하면 되는데 그게 특권이 아니면 뭐가 특권이냐"라고 부인의 얘기를 단칼에 잘라버렸다.

김전진은 현재 전문경영인 중에서 추호현을 가장 주목하고 있다. 다른 유능한 전문경영인들도 있다. 이들을 추호현과 계속 경쟁시키고 있다. 그러나 추호현이 김전진의 마음을 특히 사로잡은 것은 전문경영인으로서는 보기 드물게 장기적으로 세상을 바라보고 두둑한 배짱을 갖고 있기 때문이었다. 그는 종종 김전진의 마음속에 들어와 있는 듯 회사일을 한다. 김전진의 생각과 행동에 거의 동기화되어 있다. 매사를 깔끔하게 처리하고 어떤 경우에는 김전진이 해결책을 찾지 못하는 문제들조차 해결해낸다. 회사 내에서는 김전진처럼 추진력이 강하고 술도 거의 하지 않아서 '리틀 김전진'이라고 불린다.

추호현은 다른 전문경영인 후배들에게 이미 지도자로 자리 잡고 있다. 그는 고위 임원으로 승진한 후배들이 인사차 찾아오면 "지금 회사에서 잘려도 먹고살 만큼은 재산을 갖고 있지?"라고 물어본다. "그렇다"라고 대답하면 그럼 잘려도 좋다는 생각으로 어렵고 큰일들을 만들어서 추진하라고 조언한다. 어차피 먹고살 것이 있는데 윷놀이에서 '개'나 '걸' 정도만 하겠다 생각 말고 '모' 아니면 '도' 하겠다는 생각으로 도전하라고 설명해준다.

그는 한국 대기업에서 전문경영인이 자주 바뀌는 것에 대해 남들과 다르게 생각한다. 보통 사람들은 그룹 회장이 변덕스럽게 전문경영인을 마구 바꿔 치운다고 비판한다. 그렇지만 추호현은 전문경영인 책임이 더 크다고 생각한다. 회장 입장에서 볼 때 '개'나 '걸' 정도만으로 대과 없이 일하려는 사람은 얼마든지 찾을 수 있다. 그래서 얼마든지 바꿀 수 있다고 생각하는 것이다. 그렇지만 '도'를 하게 될지도 모르는 위험을 무릅쓰고 '모'를 해내는 전문경영인은 찾기 힘들다. 회장 입장에서는 이런 사람에게 일을 오래 맡길 수밖에 없다.[12]

그러나 김전진은 추호현과 같은 전문경영인이라 하더라도 기업통제력이 다른 사람에게 넘어가면 배짱을 갖고 장기적으로 경영하기 힘들다는 사실을 잘 알고 있다. 특히 새로운 대주주가 단기 이익을 노리는 주체라면 추호현 같은 경영자는 오히려 정리 대상이 되기 십상이다. 전문경영인에게 CEO 자리를 넘겨주느냐 마느냐가 중요한 게 아니다. 누가 CEO가 되건 그 사람이 기업 이데올로기를 지키고 장기번영공동체를 일궈 나갈 수 있는 제도적 기반을 만들어주는 것이 중요하다. 공익재단을 통해 통제력을 유지하는 것이 제일 좋은 방식일 것 같은데, 한국에서는 현재 불가능하다.

(3) 싱덜란드로의 본사 이전 검토

내사랑이 그룹 앞에 놓인 선택지는 크게 세 가지다. 첫째는 한국의 '기업 명줄 끊기법'이 대폭 수정되고 공익재단을 통한 기업통제력 유지가 가능해질 때까지 한국 본사를 유지하며 기다리는 것이다. 그렇게 되도록 다른 기업들과 함께 정부에 적극적으로 로비할 수도 있다. 둘째는, 본사를 지구상의 다른 나라로 옮겨 기업통제력을 유지하는 방안을 찾는 것이다. 셋째

---

12 이 내용은 한국에서 가장 성공한 전문경영인 중 한 명으로 꼽히는 사람에게 내가 직접 들은 이야기이다.

는, 본사를 우주의 다른 별로 옮기는 것이다.

첫 번째 안이 실현될 수 있으면 가장 바람직할 것이다. 지금 아무리 다행성기업으로 발돋움하고 있어도 '뿌리 의식'은 남아 있다. 한국에서 출발했는데 그 뿌리를 지키면서 우주로 확장할 수 있으면 임직원들의 마음이 편하다. 그러나 문제는 실현 가능성이다. 한국의 갈라파고스적 상속세와 공익재단 규제에 대해서는 그동안 전문가와 기업인들이 일찍부터 수많은 비판을 내놓고 대안도 제시했지만 개선되기는커녕 오히려 악화되어왔다. 세 번째 안은 지금 당장 실행하기 어렵다. 나중에 우주 시대가 충분히 열린 다음에 다시 고려해도 늦지 않다.

내사랑이 그룹은 두 번째 안을 심각하게 검토하기로 했다. 싱딜란드라는 나라가 첫 고려 대상이 됐다. 작은 나라이지만 비즈니스 인프라가 잘 갖춰져 있고 정치적으로도 안정되어 있다. 영어가 공용어처럼 되어 있어서 의사소통하는 데에도 문제가 없다. 많은 다국적기업들이 이곳에 본사를 두고 있어서 세계적 비즈니스 네트워크를 유지하는 데도 불편함이 없다. 회사나 개인이 부담하는 세율도 많이 낮다.

내사랑이 그룹이 가장 크게 관심이 끌린 분야는 이 나라의 재단 관련 규제와 주식투표권에 관한 규제였다. 싱딜란드에서는 재단을 공익재단으로 만들 수도 있고 패밀리 트러스트family trust로 만들 수도 있다. 공익성을 전면에 강하게 내세우려면 공익재단을 만들 수 있다. 가족 재산을 관리하기 편한 기제로 트러스트를 만들겠다고 해도 거의 제한 없이 허용한다. 이렇게 자유롭게 재단이나 트러스트를 만들 수 있는 것은 이 나라에 상속세와 증여세가 없기 때문이다. 어차피 상속세와 증여세가 없는데 경제적 권리를 개인 간에 주고받건, 재단이나 트러스트를 만들어서 주고받건 정부 재정에 아무런 차이가 없고 따라서 정부가 상관할 이유가 별로 없는 것이다.

재단이나 트러스트도 존립 방식을 자유롭게 택할 수 있다. 해체 불가능한irrevocable 재단이나 트러스트를 만들 수도 있고, 해체 가능한revocable 재단이나 트러스트를 만들 수도 있다.[13] 내사랑이 그룹 경영진은 해체 가능한 공익재단에 관심을 기울였다. 해체가 가능해야 한국 상황이 개선되면 재단을 해체해서 한국으로 보유 자산을 다시 옮겨올 수 있기 때문이다.

패밀리 트러스트는 가족경영으로 끌고 가겠다는 방향이 확실해야 택할 수 있는 대안이다. 그러나 내사랑이 그룹은 현재 가족경영과 전문경영 중 어느 쪽을 선택할지 결정하지 못한 상태이다. 두 가지를 섞어서 갈 가능성도 있다. 김전진은 또 재산 자체에는 욕심이 별로 없었다. 내사랑이 그룹의 통제력이 잘 유지되는 것이 가장 중요하고 그러면서 자신이 축적한 재산이 공익을 위해 지속적으로 사용될 수 있으면 좋은 일이었다. 가족은 공익재단을 통해 기본 생활이 보장되고 경영에 참여할 수 있는 길도 열려 있으면 그것으로 족했다. 트러스트보다 공익재단 방식이 나았다.

싱덜란드의 또 다른 장점은 차등의결권이 허용될 뿐 아니라 주식을 오래 보유할수록 투표권이 늘어나는 방식을 택할 수 있다는 데 있었다. 내사랑이 그룹과 같이 길게 보고 경영하려는 곳에게는 천국과 같은 환경이다. 재단에 속해 있는 내사랑이 그룹의 주식은 영원히 보유될 것이다. 주당 최대한의 투표권이 유지된다. 단기 투기 세력은 내사랑이 그룹 근처에 얼씬거리지도 못할 것이다. 주주총회는 그야말로 장기 투자자들끼리

---

13 여기에 기술한 재단이나 트러스트 운영 방식은 싱가포르에서 실제로 이루어지는 것이다.

모여 장기적인 시각에서 안건에 대해 토의하고 결정을 내리는 장기 주주들의 포럼이 될 것이다. 실제로 유럽의 한 거대 다국적기업은 이 차등의 결권 제도를 이용해 경영권의 안정을 기할 수 있다는 이유 때문에 지주회사를 싱덜란드로 이전한 바 있다.[14]

내사랑이 그룹이 이렇게 본사 이전을 검토하는 것은 현재 한국에서의 경영활동이 힘들기 때문은 아니었다. 세상에 천국은 없다. 어느 나라에 가든 그곳에서 당면하는 어려움들을 극복해야 한다. 그렇지만 그룹의 영속을 위해 미리 대안을 모색해야 했다. 특히 내사랑이 그룹이 다행성기업으로 본격 확장하면 시간의 개념이 크게 달라지게 된다. 한 우주 공간에서 긴 시간은 다른 우주 공간에서는 아주 짧은 시간이다. 통제력을 영원이라는 곳에 두어야만 달라지는 시간들을 모두 품을 수 있다. 영원한 통제 기반을 모색하는 것은 내사랑이 그룹에게 선택이 아니라 필수이다.

---

14 여기에 기술한 차등의결권 제도는 암스테르담 거래소에서 사용하고 있는 것이다. 이탈리아 최대 그룹 엑소르(Exor)는 이 차등의결권 때문에 2016년 본사를 네덜란드로 옮겼다(4.3절). 미국 실리콘밸리에서 추진되고 있는 '장기 주식거래소(Long Term Stock Exchange)'도 이와 같이 보유 기간에 따른 차등의결권 제도를 도입할 계획이다(4.4절).

한국 기업과 한국 경제의 미래

이 책은 자유주의적 법인실체론에 입각해서 기업의 존재 이유를 다루고 기업이 장기번영공동체라는 사실을 강조했다. 법인은 손으로 잡을 수 없는 가상의 존재이지만 자본주의 경제를 움직이는 핵심 실체가 되어 있다. 웬만한 기업은 법인을 통한 주식회사로 운영된다. 법인설립은 자산분할과 개체보호를 통해 기업이 영속할 수 있는 기반을 마련해줬다. 그 결과 기업은 세대를 뛰어넘어 생산력의 비약적 발전을 이루어내는 자본주의 엔진이 되어 있다.

법인에게는 이와 함께 자연인에 버금가는 자유가 주어졌다. 자연인이 삶의 목적과 방법을 스스로 결정할 수 있는 것과 마찬가지로, 법인도 '모든 적법한 사업이나 목적'을 수행할 수 있다. 혁신은 이렇게 법인에게 주어진 자유를 토대로 이루어진다. 기업이 자유로이 무엇을 이떻게 할 깃인지를 결정하면서 창의적으로 '새로운 결합'을 계속 만들어내는 것이다.

자유주의적 법인실체론은 유구한 역사를 갖고 있다. 법인은 로마시대에 개념이 출현했고, 14세기 중반 이후 자산을 소유하고 법적 소송의 당사자가 되는 실체로 자리 잡기 시작했다. 19세기 중반 이후에는 '주식회사 설립 혁명'이 전개됐다. 지금은 거의 대부분의 나라에서 세 명만 모이면 쉽게 주식회사를 설립할 수 있다. 법인은 또 대부분 나라에서 상법과 회계 제도의 토대가 되어 있다. 이에 반해 주주가치론이나 이해관계자론은 미미한 역사를 갖고 있다. 주주가치론은 1980년대부터나 본격적으로 등장했다. 이해관계자론은 '기업의 사회적 책임' 등의 형태로 그 전에 존재했지만 기업 존재 이유로서 자리 잡은 것은 주주가치론에 대한 비판으로 등장하면서부터였다. 두 담론 모두 기껏해야 30~40년의 역사를 갖고 있을 뿐이다.

그러나 현실에서는 이렇게 짧은 역사를 갖고 있는 담론들이 좌우 양쪽에서 자유주의적 법인실체론을 짓누르고 있다(프롤로그의 그림 I 참조). 주주가치론은 법인의 실체와 자유를 동시에 부정한다. 법인은 껍데기 혹은 법적 픽션에 불과하다고 전제한다. 따라서 기업은 스스로 목적을 결정할 수 있는 자유가 없고 경영인은 주주의 대리인 혹은 노예에 불과하다고 상정한다. 이해관계자론은 기업과 사회의 경계선을, 즉 법인의 실체를 이얼령비얼령식으로 무너뜨린다. 그리고 이해관계자들이 이얼령비얼령식으로 내놓는 사회적 가치를 기업이 좇아야 한다고 주장한다. 외부에 있는 이해관계자들이 기업 경영진보다 도덕적으로 우위에 있다는 오만한 전제도 종종 깔고 있다.

이 책에서는 대부분의 주요 기업이 법인을 통해 주식회사로 만들어져 있고 이들이 시장경쟁에 직면해 있다는 상식선에서 받아들일 수 있는 두 가지 전제에서 출발해서 기업의 존재 이유와 양식에 관한 '8대 기업명제'를 도출했다. 또 벤처기업이 창업해서 비즈니스그룹으로, 다국적기업으로, 더 나아가 다행성기업으로 커 나가는 과정과 8대 기업명제를 엮어서 기업이 실제로 어떻게 작동하는지를 설명하고 기업의 존재론과 목적론, 통제론을 구축해 나갔다. 그 바탕 위에서 주주가치론과 이해관계자론을 비판하고 자유주의적 법인실체론이 본래 갖고 있던 폭넓은 공간을 제대로 확보하고자 시도했다(프롤로그의 그림 II 참조).

경영자는 법인의 수탁자

기업의 존재 이유나 운용 방식에 관해 법인실체론이 던지는 가장 중요한 메시지는 대주주경영인이건 전문경영인이건 간에 경영자는 모두 기업 경영이라는 책무를 부여받은 수탁자라는 사실이다. 법인이 만들어지는 순간 기업의 소유와 통제는 근원적으로 분리된다(**기업명제 2**). 이에 따라 기업은 법인이 소유하게 되고 그 법인의 탄생에 기여했던 사람이나 기관은 주식이라는 증권을 받아 금전적 권리와 기업에 대한 통제력을 갖는다(그림 1-2). 주주는 주식의 주인일 뿐이지, 기업의 주인이 아니다. 법인이 기업의 유일하고 영원한 소유주이다(**기업명제 1**).

　따라서 경영인은 법인의 수탁자다. 경영인이 법인과 근로계약을 맺는 것은 바로 그 이유 때문이다. 주주가치론은 법인이라는 실체를 건너뛰고, 즉 법인을 껍데기나 법적 픽션로 취급하고, 경영인이 주주의 대리인이라고 주장한다. 기업법도 무시하고 고용계약서도 무시한다. 주주의 힘을 강화하기 위한 강변이라고 볼 수밖에 없다. 국내에서 흔히 사용하는 오너경영이라는 표현도 틀린 말이다. 대주주는 기업의 오너가 아니다. 주식의 오너일 뿐이다. 주식을 많이 갖고 있으면서 경영에 참여한다는 점에서 대주주경영이라는 표현을 써야 한다(따름정리 1-3 및 표 1-1). 대주주경영인도 주주인 자신과 근로계약을 맺는 것이 아니라 법인과 근로계약을 맺는다. 법인의 수탁자다. 대주주경영인이 오너로서 행세하거나 외부에서 그렇게 부르는 호칭을 수용하는 것은 주식회사법을 무시하는 것이다. 오너이기를 원한다면 애초에 주식회사를 설립하지 말았어야 한다.

대주주경영인이건 전문경영인이건 법인의 수탁자로서 담당하는 일차적 임무는 기업존재론을 실현하는 것이다. 값싸고 질 좋은 제품·서비스를 지속적으로 창출해서(기업명제 4) 기업의 영속(기업명제 3)에 기여하는 것이다. 기업을 돈만 버는 존재로 격하시키는 사람들은 기업존재론 달성이 갖고 있는 사회적 의미를 축소하는 경향이 있다. 기업이 돈을 벌기 위해 시장에서 치열하게 경쟁하는 것은 사실이다. 김전진 등 내사랑이 그룹 창업자들도 큰돈을 벌고 싶은 마음에서 벤처기업을 시작했다. 그렇지만 기업은 이 과정에서 여러 가지 사회적 효용을 창출한다.

그중 가장 커다란 것이 소비자 만족이다. 기업은 소비자를 만족시켜야만 제품과 서비스가 팔리고 생존할 수 있다. 그 과정에서 스마트폰이나 전기자동차와 같은 혁신 제품이 나온다. 내사랑이 그룹도 AI 반려동물이나 AI 아이들을 만들어내면서 사회에 기여했다. 기업이 돈을 번 것은 소비자 만족이라는 사회적 기능을 수행했기 때문이다. 경영 수탁자로서 기업인의 역할은 자신이 속한 기업이 돈을 벌게 해주는 것만이 아니라 값싸고 질 좋은 제품·서비스 제공을 통해 소비자에게 만족을 주고 그 과정에서 일자리도 창출하고 협력 업체도 커 나갈 수 있게 도와주는 전 과정을 포함하는 것이다.

기업인의 존재론적 이데올로기

이렇게 경영 수탁자가 담당하는 일을 전체적으로 살펴보아야만 기업인의 이데올로기가 제대로 확립될 수 있다. 어느 사람이든지 자신이 하는 일에 대해 자부심이 있어야지 자발적으로 노력과 주의를 기울이고 창의력을 발휘한다. 기업인도 마찬가지다. 돈만 열심히 버는 존재라고 자신을 규정해서는 자부심이 생길 수 없다. 자발성과 창의성이 나오기도 힘들다. 경영 수탁자로서 부여받은 권력을 사익에 오용하려는 유혹에도 쉽게 빠진다. 미국에서는 스톡옵션을 많이 받은 최고경영자들이 회사의 미래에 대해서는 눈감고 자사주 매입을 크게 늘려 자신의 수입을 더 크게 늘린 사례들이 많다. 단기 이익 추구를 위해 최고경영진과 일반 주주가 '불경한 동맹'을 맺었다는 비판이 그래서 나온다.[1]

크게 성공하고 시간이 흘러서도 존경받는 기업인은 돈만을 좇지 않았다. 오히려 '값싸고 질 좋은 제품·서비스 창출'이라는 기업존재론을 자신이 생각하는 이상과 결합해서 먼저 추구했고 그 결과로 돈을 번 경우가 많다. 헨리 포드의 세계적 성공은 자동차를 부자들만 향유하던 사치재에서 근로자들도 살 수 있는 대중 소비재로 바꾸었던 혁신에 바탕을 둔 것이다. 'T 모델'을 만들기 위해 이윤 극대화만을 추구하던 초기 투자자들과 고통스러운 결별을 했다. 지속적으로 투자하고 기술 개발하는 과정에서 수많은 어려움을 극복했다. 돈만 바라보는 기업인이었다면 엄두도 내지 못했을 일이다.

---

1   3.4절 참조.

한국의 경제 기적을 일구었던 기업인의 실상을 살펴보아도 비슷한 사례들이 많다. 삼성그룹을 창업한 이병철 회장은 '사업보국'을 얘기하며 '기업가의 창조적 직능'을 강조했다. 창조적으로 사업을 만들어 나가는 과정에서 국가에 보답할 수 있다는 것이다. 대우그룹을 창업한 김우중 회장은 '소유보다 성취의 기쁨'을 위해 24시간이 모자랄 정도로 일했다고 말했다. 세계시장을 개척하고 새로운 사업을 일구는 기쁨이 그를 움직인 동력이었다. 이들의 자부심은 돈을 많이 벌었다는 것보다 기업활동을 통해 사회에 필요한 일을 해냈다는 데에서 나온다. 또 그 자부심 때문에 이미 자신이 먹고 쓰고 즐기기에 충분한 만큼의 돈을 벌었는데도 불구하고 기업을 더 키우고 새로운 분야로 사업을 확장했다.[2]

내사랑이 그룹의 경우도 마찬가지다. 김전진 등 창업자들이 처음 내사랑이(주)를 설립했을 때는 큰돈을 벌고 싶은 생각이 컸지만 그 후 내사랑이 아이들(주)로 사업을 확장하고 그룹을 다국적기업, 다행성기업으로 키워갈 때는 돈을 더 벌겠다는 생각 자체는 굉장히 약했다. 무엇보다도 그렇게 사업을 계속 키우고 인정받는 것이 즐거웠다. 내사랑이 그룹이 독보적으로 갖고 있는 역량을 통해 고객에게 행복을 선물하며 창조·도전·공영의 공동체로 커 나가는 것 자체가 뿌듯했다. 자신이 보람을 느끼는 일이었기 때문에 임직원에게도 똑같이 '나 자신이 혁신 기업가다'라는 정신을 요구하고 그것을 기업 문화로 만들어 나갔다.[3]

이 책에서 기업의 존재 이유에 관해 목적론보다 존재론을 더 먼저 더 많이 강조한 것은 기업존재론을 실현하는 과정 자체가 갖고 있는 사회적

---

2   3.3절 참조.
3   7.2절 참조.

기능이 굉장히 크기 때문이다. 소비자 만족, 일자리 창출, 근로소득을 통한 사원 복지, 협력 업체 성장 등의 연관된 사회적 기능을 폭넓게 수행하면서 기업은 자본주의의 중추가 되어 있다. 기업은 존재론을 실현하는 과정에서 외부인이 사회적 가치라고 얘기하는 내용의 상당 부분을 실현한다. 경영 수탁자는 자신에 주어진 최우선적 임무를 수행하면서 그것이 단순히 회사만 잘되게 하는 일이 아니라 사회도 잘되게 하는 일이라는 생각을 하면서 자부심과 만족을 느끼게 된다. 경영인에 대한 외부의 인정도 일차적으로 기업을 얼마나 잘 키웠는가, 즉 기업존재론을 잘 실현했는가에 따라 결정된다. 아무리 고결한 사회적 가치를 추구했어도 기업존재론 실현에 실패한 경영인은 인정받지 못한다.

기업의 자유와 다양성

자유주의적 법인실체론은 경영 수탁자에게 최대한의 자유를 허용한다. 주주가치론에서는 주주가 기업의 목적을 주주 가치 극대화라고 정한다. 경영인은 이 목적에 개입할 여지가 없다. 단지 목적 달성의 수단을 택하는 데에서만 '사업판단준칙'을 부여받는다. 이해관계자론도 기업의 목적에 개입한다. 이해관계자라고 하는 사람들이 자신이 중시하는 가치를 기업이 따라야 한다고 요구한다. 그러나 현재 전 세계 대부분의 기업법에서는 기업이 '적법한 범위'에서 어떤 목적도 방법도 선택할 수 있는 자유로운 영리법인으로 규정되어 있다(**기업명제 6**). 법을 어기지 않는 범위 내에서 기업에 최대한의 자유를 주는 것이다.

이렇게 기업의 목적과 방법에 자유가 주어지는 것은 법인으로 설립됐기 때문에 당연한 일이다. 개인이 인격체로서 스스로 삶의 가치를 정하고 실행 방법을 자유로이 찾아가는 것처럼 기업도 법인격체로서 자신의 가치와 실행 방법론을 자유롭게 찾아갈 수 있는 것이다. 개인이나 기업에 대해 사회적 차원에서 규제할 필요가 있으면 입법이라는 정당한 절차를 거쳐서 하면 된다. 공적인 절차를 거치지 않고 개인이나 법인의 자유를 속박할 근거는 없다. 주주의 경우도 마찬가지다. 주식회사법이나 정관에 정해진 절차에 따라 기업에 개입해야 한다. 그렇지 않을 경우 '법인 베일 뚫기 독트린'에 의해 처벌받을 수 있다.[4] 법인은 "주주와 국가의 부당한 개입으로부터 기업 경영을 차단하기 위해 만들어진 실체"인 것이다.[5]

이렇게 기업에게 주어진 자유는 혁신이라는 기업존재론을 달성하는 기틀이 되어 있다. 남들이 생각하지 못하던 새로운 결합을 만들어내려면 자유롭게 다양한 실험을 할 수 있어야 한다. 무슨 상품을 생산할지, 어떤 방법으로 만들어낼지, 어디에 팔아야 할지, 조직을 어떻게 만들지, 자금을 어떻게 조달할지 등에 대해 다양한 선택을 가능한 자유롭게 할 수 있을 때 더 많은 새로운 결합이 탄생하는 것이다. 자유로운 혁신의 분위기에서 기존 기업이 성장하고 새로운 기업이 계속 태어난다.

기업의 다양성은 존재론 실현 방법의 자유뿐만 아니라 목적론 설정의 자유 때문에도 나타난다. 경제학 교과서는 이윤 극대화를 추구하는 아주 편협한 기업을 이상형으로 다룬다. 그렇지만 자유주의적 법인실체론은 기업이 적법한 범위 내에서 이윤 극대화건, 매출 극대화건, 적당한 이윤과 매출의 결합이건, 주주 가치 극대화건, 주주 가치와 사회적 가치의

---

4   6.3절.
5   3.5절.

조합이건, 사회적 가치만 추구하건, 기업이 자신의 목적을 자유롭게 선택할 수 있는 공간을 마련해준다. 기업의 목적을 정관 등을 통해 명시적으로 내놓을 수도 있고, 사업판단준칙 내에서 유연하게 만들고 변화시켜 나갈 수도 있다. 개인이 다양한 가치관을 선택할 수 있고 그 가치관을 외부에 밝힐지, 또 바꿔 나갈 것인지 등을 자유롭게 결정할 수 있는 것과 마찬가지다. 기업은 '스위스 군용 칼'과 같다. 기업이라는 도구 안에는 다양한 기능이 있고 그때그때 필요한 목적에 맞춰서 사용하면 되는 것이다.[6]

자유 기업을 억누르고 부정하는 사회 분위기와 정책

그러나 한국에서는 '공정거래'나 '경제민주화', '스튜어드십 코드' 등의 구호 아래 자유 기업을 억누르고 부정하는 사회 분위기와 정책이 계속 강화되어왔다. 공정거래법은 1980년에 처음 제정될 때부터 갈라파고스적 성격을 갖고 탄생했다. 공정거래법이 발원한 서양에서는 제품과 서비스가 나온 뒤 시장에서 벌어지는 경쟁에 대한 사후 규제에 주안점을 두었던 반면, 한국의 공정거래법은 기업 규모와 결합에 대한 사전 규제에 초점을 맞추었다. 상호 출자 및 순환 출자 규제는 이러한 사전 규제의 핵심 사항이다. 1997년 아시아 외환위기 이후 IMF 체제를 거치면서 정부는 재벌의 지배구조에 대해 본격적으로 개입하기 시작했다. 지주회사 체제로의 전환을 요구하기도 했고 다양하게 도입된 경제민주화 조치는 2014년에 신규 순환 출자 금지로까지 발전했다. 2017년부터는 스튜어드십 코드를 도

---

6   3.3절 참조.

입해 국민연금의 힘을 동원한 경영 개입까지 진행하고 있다.[7]

이 책은 상호·순환 출자 규제 논리가 허구라는 점을 강조했다. 새로운 주식회사가 자산분할을 통해 탄생하는 것처럼 비즈니스그룹의 계열사들도 법인 간 자산분할을 통해 만들어진다. 다국적기업도 똑같은 법인 간 자산분할 원리에 의해 확장한다(**기업명제 5**). 법인 간 자산분할에 대해 다국적기업은 규제하지 않으면서 국내 비즈니스그룹만 규제하는 것은 규제의 불일치이다. 기업 확장의 일반 원리에 대해 무지하거나 편파적으로 규제를 적용한 결과이다(**따름정리 5-1**).

특히 공정위가 매년 '총수와 총수 일가의 지분'을 발표하면서 계열사 지분을 가공자본으로 취급해 그 정당성을 부인하는 것은 법인의 실체를 전면 부정하는 것이다. 상법은 법인을 실체로 인정한다. 지주회사 설립, 기업이나 금융기관의 투자활동도 법인을 실체로 인정해야만 가능해진다. 법인의 통제력도 자연인의 통제력과 똑같이 인정해야 한다. 그러나 공정거래법은 개인의 통제력만 진짜로 보고 법인의 통제력은 가짜로 취급한다. 공정거래법과 상법이 서로 어긋난다. 둘 중 하나를 고치든지 폐기해야 한다.

공정위가 계열사 지분이 갖는 통제력의 정당성을 부정하는 데에는, 그래야만 총수 일가가 '쥐꼬리만 한 지분'으로 그룹을 지배한다는 재벌 비판 구호를 합리화한다는 사실 외에는 다른 이유를 찾을 수 없다. 법인이 실체라는 엄연한 현실을 받아들이면 법인의 지분을 포함해서 통제력을 따져야 한다. 그러면 한국 10대 재벌의 내부 지분율은 평균 50% 대에 달

7　3.5절, 5.1절, 5.4절, 6.5절 및 보론 참조.

한다. 지분율과 그룹 통제 간의 관계가 '비정상'이라고 비판할 여지가 없다. 법인 지분을 가짜로 취급하고 '총수와 총수 일가'의 지분만 진짜로 인정해야만 쥐꼬리만 한 지분으로 비정상적 통제를 한다는 재벌 비판 구호가 그럴싸해진다.

이 책은 한국뿐만 아니라 세계를 풍미했던 '기업지배구조 개혁론'이 기업존재론에 대한 고려 없이 기업에 대한 감시 기능만 강화하면 존재론적 과제들이 저절로 해결된다는 무논리와 비실증에 입각해 있다는 사실을 강조했다. 이와 함께 '개혁 세력'의 무자격과 무능력, 이해 상충을 지적했다. 가장 크게 힘을 발휘했던 기관 투자자 그룹은 기업 투표와 관여에 본질적으로 무관심하고 무능력한 인덱스펀드가 대세로 되어 있다. 겉으로는 개혁을 내세웠지만 속으로는 사익을 취하는 경우도 많았다. 처음부터 사익 취하기 위한 행동을 개혁으로 포장하는 경우도 많았다. 행동주의에 앞장선 CalPERS 등의 기관 투자자, 몽크스와 ISS, 행동주의 헤지펀드 등에서 나타난 일들이었다.

그 결과 주주행동주의가 가장 먼저 진행됐던 미국에서는 약탈적 가치 착출이 벌어졌다.[8] 한국에서도 주주가치론에 입각한 기업 구조조정 이후 주식시장이 기업 자금을 빨아가는 순유출 창구로 바뀌었다.[9] 지배구조 개혁이 기업의 존재론적 과제를 해결한 것이 아니라 거꾸로 존재론적 기반을 약화시킨 것이다. 한국의 공정거래나 경제민주화 정책은 논리와 실증에 대한 재검토 없이 반기업 정서를 기반으로 계속 강화되는 외길을 걸어왔다. 이에 따라 반기업 정서는 더 악화되고 정책의 논리와 실증 재검

---

8   3.4절, 5.2절 및 〈그림 3-5〉 참조.
9   4.2절, 5.2절 및 〈그림 4-3〉 참조.

토는 더 어려워지는 악순환에 빠져 있다.

다양성을 인정하는 실사구시

이러한 악순환의 늪에서 어떻게 빠져나올 것인가? 기업의 다양성, 주주의 다양성, 이해관계자의 다양성을 인정하고 그 다양성이 불러오는 실질적 문제들에 대한 해법을 찾아 나가야 한다. 기업은 다양한 가치와 방법을 추구하면서 값싸고 질 좋은 제품과 서비스를 시장에 내놓는다. 기업이 성장한 역사와 환경도 많이 다르다. 기업통제에는 이런 다양성이 반영될수밖에 없다. 이 다양성을 무시하고 특정 통제방식이 가장 좋다고 내세울 근거는 어디에서도 찾을 수 없다. 실제 다른 나라들과 비교해보면 성공한 기업들은 다양한 통제방식을 갖고 있다.[10] 좋은 경영 성과를 내는 전략과 조직이 다양하기 때문에 나타나는 결과다. 좋은 기업지배구조가 좋은 경영 성과를 가져오는 것이 아니라, 좋은 경영 성과를 내는 지배구조가 좋은 기업지배구조인 것이다(**기업명제 7**).

주주들도 다양하다. 대주주가 있고 소수 주주가 있다. 경영인 주주가 있고 일반 주주가 있다. 대주주 중에는 경영에 참여하는 주주가 있고 경영에 참여하지 않는 주주가 있다. 일반 주주 중에는 개인 주주가 있고 기관 투자자와 같은 수탁자 주주가 있다. 수탁자 주주 중에도 장기 투자자와 단기 투기자가 있다. 개별 기업의 내용을 제대로 살펴보면서 투자하는 기관 투자자도 있고, 인덱스펀드처럼 개별 기업의 내용을 살피지 않고 주

---

10   4.3절 참조.

가지수 움직임에 대해 투기하는 투자자도 있다.

한국에서 지배구조 개혁론은 경영인 주주(혹은 대주주경영인)와 일반 주주 간의 갈등이 정치적 용어로 표현된 것이다.[11] 이 갈등의 실질적 원인 중 하나는 경영인 주주와 일반 주주 간에 주식을 보유하는 목적이 차이 난다는 사실에 있다. 경영인 주주는 기업존재론 실현이라는 수탁자 의무를 지고 있다. 주식에 딸린 통제력을 기반으로 값싸고 질 좋은 제품과 서비스를 만들어내는 데 관심과 노력을 집중한다. 이들에게는 주식을 팔고 떠나는 옵션이 없다. 경영에서 완전히 손 떼고 대주주로도 남지 않겠다는 결정을 할 때나 가능한 일이다. 반면 일반 주주는 대부분 언제든 주식을 팔고 나갈 수 있다. 따라서 자신이 주식을 보유하고 있는 동안에 주가가 가능한 많이 오르기를 바란다. 적당한 시점이 되면 주식을 매각해서 해당 기업과 관계를 절연한다.[12]

경영 수탁자와 일반 주주 간에 한 가지 공통분모는 기업 주가가 올라가면 둘 다 좋다는 사실이다. 이 접점을 최대한 넓히려고 해야 한다. 경영 수탁자는 자신이 기업존재론을 달성하기 위해 열심히 노력하고 그 결과로 주가가 올라갈 수 있다는 것을 지속적으로 설득해야 한다. 장기 투자를 위해 대규모 자금을 조달해야 하고 단기적으로 이익이 떨어지는 경우가 생긴다 하더라도 장기 전망에 대해 긍정적인 기대가 만들어지면 주가

---

11 미국의 경우는 전문경영진과 일반 주주 간의 갈등이 지배구조 개혁론을 촉발했다.

12 국내의 많은 지배구조 개혁론자들은 재벌 체제, 즉 대주주 경영 체제를 없애고 전문경영 체제로 가면 지배구조 문제가 해결된다고 생각하는 경향이 있다. 공정거래 정책도 전문경영 체제 이상향에 맞춰져 있다. 그러나 이것은 착각이다. 법인실체론에 무지한 결과다. 전문 경영 체제가 된다 하더라도 전문경영인은 기업존재론 실현이라는 수탁자 의무를 대주주 경영인과 똑같이 지고 있다. 기업의 영속을 위해 길게 보고 경영해야 한다. 일반 주주의 단기 이익 추구에 경영을 맞추는 것은 배임 행위에 해당된다. '불경한 동맹'이다. 대주주경영인이 됐건 전문경영인이 됐건 경영 수탁자 임무를 제대로 수행하면 단기 이익을 추구하는 일반 주주와의 갈등은 본질적으로 피할 수 없다.

가 떨어지지 않는다. 기업의 투자 방향에 일반 주주가 공감할 수 있도록 적극적인 소통이 필요하다.

그렇지만 단기 주가를 끌어올리기 위해 장기 투자와 성장을 희생하는 것은 경영 수탁자와 일반 주주 간에 접점을 찾을 수 없는 일이다. 수탁자 의무를 저버리는 것이기 때문이다. 이런 본질적 갈등은 타협이 아니라 원칙에 입각해서 해결돼야 한다. 그래서 내사랑이 그룹은 일반 주주가 아무리 강하게 요구하더라도 자사주 소각은 하지 않는다는 원칙을 세웠다.[13] "내 재산 팔아 내 월급 올랐다"라고 내세우는 행위인데 선관주의 의무에 어긋나는 일이다.[14] 배당 등에서 일반 주주가 과도한 요구를 할 때도 마찬가지다. 기업을 공개할 때에 일반 주주와 그런 약속을 했었던 것이 아니라는 사실을 상기시키며 총투자수익률TRS 추세와 전망을 놓고 공통분모를 찾아야 한다.

이사회 중심의 지도력 확보

대주주경영인과 일반 주주 간에 갈등이 벌어지는 또 다른 원인은 대주주경영인이 수탁자로서의 의무에 충실하지 않고 '오너'처럼 행동하거나 경영권을 사익 추구에 사용하는 가능성에 있다. 실제로 재벌이 기업을 '사금고'처럼 사용한다든가 '갑질'을 한다는 등의 비판이 많이 제기되었다. 이런 문제에 대해서는 이미 관련법에 처벌 규정이 있다. 과거에는 기업인의 배임이나 횡령 등에 대해 다소 느슨하게 법이 적용됐지만 지금은 대단히

---

13 6.4절 및 7.1절 참조.
14 따로읽기 3-2 참조.

강력하게 적용되고 있다. 경영인이 수탁자 의무를 제대로 수행하지 않는 문제에 대해서는 엄격한 응징이 있어야 한다.

대주주경영인 스스로도 이 문제 해결에 적극 나서야 한다. 자신이 오너라는 생각을 버려야 할 뿐만 아니라 그렇게 불리는 것을 적극적으로 배격해야 한다. 자신이 경영 수탁자라는 사실을 제대로 알리고 수탁자로서 평가받는다는 자세를 견지해야 한다. 재산도 그 원칙에 따라 일궈야 한다. 수탁자로서 경영을 잘하면 연봉이 올라가는 동시에 보유 주식의 가치도 올라간다. 기업과 관련된 일에서는 이 두 가지만으로 재산을 늘린다고 처음부터 원칙을 명확히 세워야 한다.

이와 함께 이사회를 통해 경영 지도력을 발휘한다는 원칙을 확립해야 한다. 이것도 법치를 실천하는 것이다. 과거 개발 시대에는 그룹 회장이 이사회에 참여하지 않으면서 그룹 경영을 총괄하는 경우가 많았다. 이 관행은 시정되어야 한다. 주식회사에서 최고 의사 결정 기구는 이사회로 규정되어 있는데 이 핵심 기구를 유명무실하게 만들어서는 안 된다. 대주주경영인은 이사회에 들어와서 이사회를 통해 경영 지도력을 발휘해야 한다. 적법한 절차에 따라 경영권이 행사되어야 외부로부터 권력을 남용한다는 비판을 받을 여지도 줄어들고, 경영 결정을 내릴 때 이해 상충의 여지도 줄어든다.

비즈니스그룹과 일반 주주

비즈니스그룹 운용에서도 다양성을 인정하면서 원칙을 지키는 가운데 해법을 찾아야 한다. 경영 수탁자의 입장에서 비즈니스그룹식 확장은 '범위의 경제'를 활용해 기업을 효과적으로 키워 나가는 존재론적 근거를 갖고 있다. 또 비즈니스그룹의 경영자들은 그룹 전체의 성장에 관심을 둔다. 다국적기업이 전 세계 법인들을 묶어 전체 기업의 성장을 추구하는 것과 마찬가지다(**기업명제 5**). 하지만 일반 주주는 보통 특정 계열사의 주식을 보유하고 그 회사의 주식 가치에만 관심을 갖는다.

한국의 공정거래 정책이나 경제민주화론은 이런 비즈니스그룹 경영인과 일반 주주 간에 주관심사가 다르다는 사실을 인정하지 않는다. 대신그룹식 경영 자체를 죄악시하고 이를 개혁 프레임으로 비판한다. 이에 따라 계열사 간 내부거래에 대한 규제를 지속적으로 강화해왔다. 그러나 계열사들끼리 '윈-윈'할 수 있는 내부거래는 실제로 많이 있다. 서로 도와주며 함께 커갈 수 있다. 정부는 주식 보유 관계로 전혀 연결되어 있지 않은 대기업과 중소기업 간에도 '상생'을 정책적으로 요구한다. 그런데 주식으로 연결된 계열사들끼리 상생할 수 없다고 전제하는 것은 앞뒤가 맞지 않는다. 그룹식 경영과 일반 주주 간에 상생할 수 있는 가능성을 애초부터 부정하고 내부거래 자체를 죄악시할 이유가 없다.

한편 그룹식 경영과 일반 주주와의 갈등 가능성은 내부거래의 기준, 한도 등에 대한 투명성 확보를 통해 상당 부분 줄일 수 있다. 비즈니스그룹이 내부거래 기준과 한도를 미리 공표하면 일반 주주는 처음부터 내부거래로 발생할 수 있는 위험을 할인하고 주식을 살 수 있다. 내부거래로 이익을 얻을 수 있다고 생각할 때에는 그만큼 프리미엄을 주고 살 것이다. 처음에 공표했던 한도보다 내부거래를 늘려야 할 경우에는 이사회나 주주총회에서 별도의 승인을 거치는 장치를 만들어 절차의 투명성을 확보하면 갈등의 여지를 많이 줄일 수 있다.[15]

장기번영공동체

법인실체론이 한국 사회에 던지는 중요한 메시지 중 하나는 장기 투자다. 법인은 장기 투자와 성장을 위해 만들어진 사회적 실체다. 불멸의 법인에 자산을 맡겨 기업은 영속을 추구하는 존재가 되었고(**기업명제 3**), 그 존재론적 과제는 값싸고 질 좋은 제품과 서비스를 지속적으로 창출하는 혁신에 의해 실현된다(**기업명제 4**). 이 기반 위에서 기업은 세대를 뛰어넘어 축적과 성장을 지속하는 자본주의 경제의 동력이 되어 있다.

　이러한 기업존재론에 대한 인식이 사회에 확산될 때 기업과 경제를 장기번영공동체로 만들어 나가는 작업이 수월해진다. 일단 기업인이 경영 수탁자로서 자신의 임무가 기업의 장기 존속이라는 사실을 확실히 인지하고 그에 맞춰 노력하게 된다. 기업 내에서 경영인에 대한 업적 평가도 이러한 중장기 성과 기여를 중시해야 한다. 그러기 위해서는 당장 회사의 수입으로 돌아온 성과뿐만 아니라 값싸고 질 좋은 제품과 서비스 창출 과정에 기여한 것들을 평가하는 시스템을 만들어야 한다. 그래야 자신의 임기에 수익이 나지 않는 사업이라도 적극적으로 발굴하고 투자를 하게 된다. 내사랑이 그룹의 경우는 '장기 투자 보상위원회'를 만들었다. 5년 이후에 성과가 난 업무에 대해 재평가해서 보상하는 것이다.[16] 기업존재론에 충실하려면 경영인에 대한 장기 성과 평가는 선택이 아니라 필수다.

　정부 입장에서도 국가 경제의 지속적 성장을 위해서는 기업의 중장기 투자가 이루어져야 한다. 따라서 기업과 일반 주주 간의 갈등 가능성

15　3.2절 논의 참조.
16　7.3절 참조.

을 줄이는 방향으로 제도를 만들어야 한다. 예를 들어 '기업-기관 관계 규준'과 같은 것을 만들어 주주 제안을 내놓을 때 중장기 기업 가치에 미치는 영향에 대해 합리화할 것을 의무화할 수 있다. 그러면 일반 주주의 단기 이익 추구 압력이 상당히 차단될 것이다. 경영진도 마찬가지로 주총에 올리는 주요 사안에 대해 중장기 기업 가치에 미치는 영향을 합리화하도록 의무화하면 기업의 중장기 성장에 더 적극적으로 자신의 경영 능력을 투입하게 될 것이다.[17] 차등의결권 허용도 중장기 투자를 북돋우는 방안이 된다. 암스테르담 주식거래소나 LTSE처럼 보유 기간에 따라 투표권을 더 많이 주는 방식을 택하면 중장기적 시각을 갖는 기관 투자자들도 이에 동의할 여지가 커질 것이다.[18]

현재 한국 기업들이 장기 투자를 하는 데 있어 커다란 걸림돌 중 하나는 상속 관련 규제다. 기업 상속에 세계 최고인 65% 세율이 적용되고 공익재단을 통한 경영승계도 막혀 있기 때문이다. 정부 규제를 액면 그대로 지키면 다음 세대 상속마저도 쉽지 않다. 따라서 많은 기업들이 이 규제를 우회하기 위해 주식 헐값 증여, 일감 몰아주기, 해외 비자금 조성 등의 불법, 편법 행위를 했고 정부는 이를 막기 위해 규제를 더 강화하는 악순환에 빠져 있다. 싱가포르의 한 금융인은 "[한국 기업과 관련된] 만악의 근원이 상속 세제"에 있다고까지 말한다. 내사랑이 그룹도 똑같은 문제에 봉착해서 싱덜란드로의 본사 이전을 검토하고 있다.

한국에 상속금지법에 해당하는 규제가 생긴 중요한 이유는 기업 연속성과 금융 환경에 대한 오해에 있다. 20세기 초반 이후 미국의 창업자

---

17 이에 대한 보다 상세한 내용은 보론 참조.
18 4.3절 및 보론 참조.

들이 주식을 팔고 경영 일선에서 쉽게 물러날 수 있었던 중요한 이유는 기업의 연속성이 보장됐기 때문이었다. 당시 새로 들어온 주주들은 대부분 개인 투자자였다. 분산된 개인 주주들은 보유 주식에 딸린 금전적 권리만 챙겼고 기업통제력은 창업자와 동고동락했던 전문경영진에게 남았다. 전문경영진은 그 통제력을 기반으로 기업의 연속성을 유지하며 '유보와 재투자'를 해 나갈 수 있었다.[19]

그러나 지금과 같은 금융 및 규제 환경에서 한국 기업들이 대주주 지분을 팔면 매입 세력은 대부분 사모펀드나 헤지펀드 혹은 국내외 경쟁사들이 된다. 이들은 주식에 딸린 금전적 권리와 통제력을 함께 인수한다. 그리고 기업통제력을 기반으로 자신의 이익을 최대화할 수 있는 다양한 방안을 모색한다. 돈 되는 자산만 이리저리 팔며 기업을 해체할 수도 있고, 통째로 다른 회사에 합병시킬 수도 있다. 기업 연속성이 유지되기 어렵다. 한국의 '상속금지법'이 한 단계 더 나아가 '기업 명줄 끊기법'이 되는 이유이다.[20]

이런 상황이 한국의 기업과 경제에 긍정적으로 작용할 이유는 하나도 찾을 수 없다. 세대를 넘어 장기 투자가 지속될 수 있어야 튼튼한 기업과 일자리가 만들어진다. 그런데 중간에 기업 연속성이 끊기면 투자가 흔들린다. 사모펀드 등 매입자들은 적당한 때 회사를 되팔려고 한다. 최종 매입자들은 중국 등 경쟁국 기업이 될 가능성이 높다. 애써 키운 기술과 경영 역량을 경쟁자에게 헐값에 넘겨주게 된다. 한국 기업과 경제의 장기

---

19 4.4절 및 〈그림 4-4〉 참조.
20 7.3절 및 〈그림 7-2〉 참조.

발전을 위해 공익재단을 통한 승계를 허용하는 대안을 찾아야 한다.[21]

---

21 이와 관련해서 나는 '투자·고용·분배'의 과업을 부과한 생산적 공익재단을 통해 경영승계와 중소기
업 육성을 동시에 달성하자는 제안을 내놓은 바 있다(신장섭 2016b: 3장).

스튜어드십 코드의 5대 왜곡과 중장기 투자 북돋는 '기관-기업 규준' 5대 제안[1]

스튜어드십 코드는 기관 투자자가 기업에 대해 영향력을 행사해서 중장기 투자수익률을 높이는 '자율 규제'라고 내세워진다. 영국이 2008년 세계금융위기 이후 금융위기 재발 대책이라는 명분으로 스튜어드십 코드를 2010년 처음으로 도입했고, 미국에서는 기관 투자자들이 2017년초에 '투자자 스튜어드십 그룹ISG'을 출범시켰다.

한국은 2014년 말 금융위원회가 침체된 주식시장을 부양하는 한 가지 방안으로 스튜어드십 코드를 검토하기 시작했다. 그 후 '민간 중심의 자율 코드'라는 명분을 살리기 위해 금융위 산하 민간기구인 한국지배구조원이 실무 작업을 맡아 2016년 12월 한국 스튜어드십 코드안을 발표했다. 문재인 정부가 들어서면서 스튜어드십 코드는 '2018년 경제 운용 방향'에서 대기업 개혁을 통한 공정 경제 실현 수단으로 못 박히며 정책으로 자리 잡았다. 국민연금은 정부 방침에 따라 2018년 가을 스튜어드십 코드를 도입했고 2019년 초 한진칼에 대한 경영 참여 선언을 시발탄으로 기업에 대한 개입을 강화하고 있다.

---

1   이 보론은 내가 그동안 스튜어드십 코드와 관련해서 발표한 책과 논문을 기반으로 해서 이 책의 체제에 맞춰 요약 및 수정·확장한 것이다(신장섭 2018; 2019a; 2019b; 2020).

전 세계 주요 연금 중 경영 참여를 공식적으로 밝힌 곳은 국민연금이 유일하다. 국민연금이 경영 참여를 선언한 것 자체도 1988년 설립 이후 처음 있는 일이다. 2019년 말 기준 736조 원의 자산 규모로 세계에서 세 번째로 큰 연금이자 국내 대기업 지분을 평균 10%가량 보유하고 있는 국민연금이 경영 참여에 나서는 의미는 결코 가볍지 않다. 한국이 주요 자본주의 국가 중 최초로 '연금 사회주의'를 실현하는 것이라고도 할 수 있다.[2]

국내에서는 국민연금의 경영 개입을 비판하는 사람들조차도 스튜어드십 코드 자체는 괜찮은 것인데, 국민연금이 스튜어드십 코드를 제대로 집행할 '독립성'을 갖추지 못한 상태에서 기업에 영향력을 행사하는 것이 문제라고 얘기하는 사람들이 많다.[3] 그러나 핵심 문제는 스튜어드십 코드 자체에 있다. 스튜어드십 코드는 1980년대부터 진행된 기관 투자자 행동주의가 이름만 바꾼 것이다. 선진국에서 기관 투자자 행동주의의 실패가 명확하게 드러났는데도 불구하고 명패만 바꿔 달고 행동주의를 오히려 강화하는 것이다.[4]

실상을 들여다보면 스튜어드십 코드는 기관 투자자들이 자신의 무능력과 이해 상충을 가리면서 고객에 대한 수탁자 의무를 다하고 있는 듯이 포장하는 '립서비스'로 도입된 것이다. 한국에서는 여기에서 한 걸음 더 나아가 국민연금이 비정상적으로 많이 갖고 있는 기업 지분을 지렛대로 삼아 대기업에 영향력을 행사하는 평계로 사용되고 있다. 스튜어드십 코

---

2 아래 4.3절 참조.
3 예를 들어 기업 입장에서 국민연금 스튜어드십 코드 도입을 비판한 상장사협의회 전무조차 다음과 같이 발언한 바 있다. "기업이 연금의 주주권 행사를 무조건 반대하는 것은 아니다. 다만 기금 운용의 독립성과 투명성이 먼저 강화되고, 기준이나 운용 규정이 명확해야 한다." 「정부, 국민연금 주주권 강화 가속도…재계 "연금 독립성부터 강화를"」, 『중앙일보』, 2018년 7월 18일 자.
4 주주행동주의의 실패에 관해서는 이 책의 3.4절, 5.1절, 5.3절, 5.4절 및 6.4절 참조.

드와 국민연금 경영 개입의 실체를 이해하기 위해서는 스튜어드십 코드의 왜곡 탄생과 변질 도입 과정을 제대로 알아야 한다. 국가 경제를 관리하는 정부 입장에서는 기관 투자자가 마치 기업을 관리하는 집사인 양 행세하며 영향력을 강화하도록 독려하지 말아야 한다. 대신 기업의 장기 생존이라는 책무를 맡은 경영 수탁자와 고객의 자금 관리 책무를 맡은 자금 수탁자 간에 맡고 있는 수탁 업무의 본질적 차이 때문에 갈등 여지가 상존한다는 전제하에서 기업과 기관 간의 관계를 건설적으로 정립하는 방안을 모색해야 한다.

1. '자금 관리 집사'에서 '기업 관리 집사'로의 왜곡

스튜어드십 코드는 명칭에서부터 현실을 크게 왜곡한다. 스튜어드십 코드를 직역하면 '집사 준칙執事 準則'이다. 여기에서 집사는 기관 투자자이다. 이들은 누구의 집사인가? 연금 가입자와 같이 돈 맡긴 고객의 집사이다. 그러면 고객은 집사에게 무엇을 원하는가? 맡긴 돈을 잘 굴려주는 것이다. 그래서 이 책은 기관 투자자를 '자금 관리 수탁자money-managing trustee' 또는 줄여서 '자금 수탁자'라고 표현했다.[5]

자금 수탁자는 구체적으로 무슨 일을 하는가? 고객의 돈을 주식 만이 아니라 채권, 부동산, 파생상품 등 다양한 자산에 투자해서 운용한다. 그런데 이 운용 자산 중에서 스튜어드십 코드의 목적이라고 내세운 "기업에 대해 영향력을 행사해서 중장기적 투자수익률을 높인다"라는 말이 적용

---

[5]   1.5절 및 5.3절 참조.

될 수 있는 부문은 주식뿐이다. 예를 들어, 국민연금의 경우 2019년 말 기준으로 전체 투자액 중 국내 주식이 차지하는 비중은 약 18% 정도에 불과하다.

그 외 자산은 기업에 대한 영향력 행사, 즉 행동주의를 통해 수익률을 높일 여지가 거의 없다. 채권이나 부동산, 파생상품 등은 관여나 투표권 등 기업에 대한 영향력 행사 수단이 아예 없다. 국민연금 등 한국 기관 투자자가 주식 투자한 외국 기업에 대해 행동주의적 영향력을 발휘할 가능성도 거의 제로에 가깝다. 한편 영향력 행사가 가능한 국내 주식의 경우도 수익의 대부분은 사고파는 것, 즉 거래trading를 통해 차익을 얻는 것이다. 기관 투자자의 기본 기능은 투기이기 때문이다. 행동주의를 통해 수익률을 추가로 올릴 여지는 주식투자에서 극히 일부분이다.

미국의 경우는 인덱스펀드와 초단기 매매를 합쳐 인공지능이 주식거래의 60%를 통제하고 있다. 펀드매니저나 개인이 판단을 내리는 주식거래discretionary equity trading는 10%가량에 불과하다.[6] 이 10% 중에서 행동주의적 영향력 행사를 통해 수익을 올릴 수 있는 부분은 지극히 작다. 채권, 부동산 등을 포함한 전체 운용 자산과 비교하면 기관 투자자가 개별 기업의 내용을 들여다보며 투표와 관여를 해서 투자수익률을 높일 수 있다고 내세울 여지는 쥐꼬리만 하다고 할 수 있다.

그런데 스튜어드십 코드는 기관 투자자 행동주의를 통해 전체 투자 수익을 높일 여지가 굉장히 큰 듯이 침소봉대한다. 그리고 기관 투자자가 기업을 관리하는 집사로 나서는 일이 자금 수탁자로서 중요한 임무라고

---

6   5.4절 참조.

주장한다. 하지만 고객은 기관 투자자가 어떤 방법을 사용하건 전체 자산에 대해 좋은 투기수익율을 올려주기를 기대한다. 고객의 요구 조건도 다양하다. 단기 투기수익률을 원하는 고객도 있고, 연금과 같이 안정적인 중장기 투기수익율을 기대하는 고객도 있다. 기관 투자자는 각자 고객의 다양한 요구에 맞춰 자금 관리를 충실하게 수행할 선관주의 의무를 지고 있을 뿐이다.

자금을 맡긴 고객은 기관 투자자가 자신의 집사로서 얼마나 의무를 충실히 수행하는지도 제대로 감시하고 싶어 한다. 여기에는 숨긴 수수료 hidden fees 공개나 펀드 간 내부거래 투명화 등이 포함된다. 스튜어드십 코드가 정말 집사 역할을 제대로 수행하기 위한 것이라면 고객이 집사에게 원하는 전반적 사항에 대한 행동 지침이 나와야 한다. 그렇지만 숨긴 수수료나 펀드 간 내부거래 투명화에 대한 언급은 전혀 없이 기업에 대한 행동주의 강화 내용이 대부분이다. 스튜어드십 코드가 처음 시작될 때부터 자금 관리 집사를 기업 관리 집사로 왜곡시키면서 출범했기 때문에 벌어지는 일이다.

2. 기관 투자자 행동주의 성과 왜곡
– 기관 투자자의 무관심과 무능력, 이해 상충

기관 투자자가 운용하는 전체 자산 중에서 행동주의적 개입을 통해 수익률을 높일 여지가 있다고 생각하는 그 쥐꼬리만 한 부분조차도 실상을 보면 신기루에 불과하다. 논리도 없고 실증도 없이 현실을 왜곡한 것이다. 기관 투자자 행동주의는 1980년대에 미국에서 시작된 지 40년 가까운 시간이 흘렀고 실증 결과가 이미 다 나와 있다. 기업이 투자자 압력에 밀려 자사주 매입, 배당 등 '주주환원'을 늘리면서 단기적으로 주가가 높아진 사례는 있지만 중장기적으로 주가가 높아졌다는 증거는 없다. 오히려 기업 성장 잠재력을 갉아먹고 경제 전체적으로 고용 불안, 분배 악화라는 부정적 결과가 더 뚜렷하게 나타났다. 미국에서는 약탈적 가치 착출이 강하게 벌어졌다는 증거만 있을 뿐이다.[7] 한국에서도 주주행동주의가 강화된 IMF 구조조정 이후 주식시장이 기업으로부터 돈을 빨아가는 창구로 변모했다.[8]

따라서 미국에서는 주주행동주의를 옹호하는 대표적인 학자들조차 2010년경에 이르러서 기관 투자자 행동주의가 긍정적 성과가 없다는 방향으로 의견을 모았고 헤지펀드 행동주의에 대한 실증 연구로 역량을 집중하기 시작했다.[9] 이 종합된 실증 연구 성과가 2011년 미국 항소법원이 이사 선임에 대해 기관 투자자가 추가로 강력한 영향력을 행사할 수 있도록 허용한 SEC의 규제 개정(규정 14a-11)을 무효화하는 데 결정적 역할을 했다.[10]

기관 투자자 행동주의가 기업의 중장기 성과에 긍정적 영향을 미치지 못하는 이유는 너무나 자명하다. 첫째, 기관 투자자의 대다수가 개별 기업의 내용을 들여다보지 않는 인덱스펀드 방식으로 자금을 운용한다. 현재 세계 3대 기관 투자자인 블랙록, 뱅가드, 스테이트 스트리트는 평균 80% 정도의 자산을 인덱스 방식으로 투자한다. 대형 연금들도 내부에

---

[7]   3.4절 및 5.1절 참조.
[8]   5.2절 참조.
[9]   6.4절 참조.
[10]   5.5절 참조.

서 상당액의 자산을 인덱스 방식으로 운용한다.[11] 기업에 대해 알지 못하는데 기업에 대해 영향력을 행사해서 중장기 실적을 높이기를 기대할 수 없다.

둘째, 중장기 경영 성과를 높이는 것과 그에 따라 중장기 주가를 높이는 것은 기업존재론을 실현하기 위해 값싸고 질 좋은 제품·서비스를 지속적으로 창출하는(**기업명제 4**) 과정에서 벌어지는 일이다. 이것이 경영 수탁자의 사명이다. 반면 기관 투자자가 자금 수탁자로서 할 수 있는 일은 기껏해야 카메라 성능을 높여서 감시 기능을 강화하는 정도다. 경영진의 부정이나 일탈을 막는 데 기여할 수는 있어도 지속적 가치 창출에 기여할 수 있는 것은 별로 없다.[12] 기관 투자자가 생각하는 '좋은 기업지배구조'라는 것이 좋은 경영 성과를 가져올 보장이 없는 것이다(**기업명제 7**).

셋째, 기관 투자자가 기업에 개입할 때 기업의 중장기 성과를 높여 중장기 주가를 올리겠다는 목적으로 개입하리라는 보장이 없다. 오히려 그 평계로 단기 이익을 추구하든지, 개입하는 당사자들의 사적 이익을 추구할 가능성이 훨씬 더 크다. 기관 투자자의 기본 기능이 투기이기 때문이다. 5년, 10년이 걸리는 중장기 이익을 바라보고 투기할 펀드매니저는 없다. 기관 투자자가 내부의 펀드매니저들을 그렇게 성과 평가할 방법도 마땅치 않다.

실제로 공공 연금 관리자들이 관여와 투표를 하면서 조직 내에서 승진하거나 다른 일자리를 찾기 위해 경영진에 압력을 넣는 사례들이 많았다. 노조연금은 임금 협상에서 유리한 고지를 잡기 위해 주총에서의 투표

---

11   5.1절 및 5.4절 참조.
12   4.4절 참조.

권을 활용하는 행태를 보였다. 또 펀드매니저들이 관여를 통해 경영진으로부터 중요한 내부자 정보를 꺼내 투기에 활용하는 사례들도 많이 취합했다. 미국 항소법원은 "공공 연금과 노조 연금이 규정 14a-11을 [편협한 이익 추구에] 활용할 개연성이 가장 높은 기관 투자자"라며 이를 SEC 규제 개정 무효화의 중요 논거로 사용했다.[13]

3. 왜곡된 영미 스튜어드십 코드 – '대안적 선택'

기업지배구조 개혁이라는 이름으로 1980년대부터 기관 투자자 행동주의가 시작된 지 30년가량이 지났는데도 불구하고 왜 2010년부터 똑같은 내용이 명패만 스튜어드십 코드로 바꿔 달고 세계에 전파됐는가? 이를 이해하기 위해서는 처음 스튜어드십 코드를 만들어냈던 영국에 무슨 일이 벌어졌는지 알아야만 한다. 또 스튜어드십 코드와 관련해서 아무런 움직임이 없던 미국에서 왜 기관 투자자들이 2017년 초에 갑자기 투자자 스튜어드십 그룹ISG를 출범시켰는지 그 배경을 파악해야 한다.

3.1. '자율 규제'로 급조된 영국의 스튜어드십 코드

스튜어드십 코드 논의는 2008년 세계금융위기 이후 영국에서 시작됐다. 금융위기 충격으로 영국의 대표적 금융기관인 로이즈Lloyds, RBS, 바클레이스캐피털 등이 다 파산 위기에 처했다. 이것은 금융산업으로 부활하던 영국에게 충격적인 일이었다. 특히 런던은 유럽 통합의 흐름을 타고 뉴욕

---

13 5.4절 및 6.4절 참조.

에 필적하는 세계금융센터로서의 위상을 확보해 나가고 있던 중이었다. 영국 정부로서는 금융위기가 다시 벌어지지 않도록 대책을 시급하게 마련하고 그것을 세계에 빨리 보여줘야만 했다. 영국의 스튜어드십 코드는 이러한 금융위기 재발 방지 방안으로 탄생했다.

그러나 영국의 스튜어드십 코드는 탄생될 때부터 크게 왜곡됐다. '민간 자율 규제'라는 명목으로 영국 정부가 금융인에게 대책 마련을 맡겼기 때문이다. 투자은행 모건스탠리의 전 회장이었던 데이빗 워커David Walker 경이 한국의 금융위원회에 해당하는 금융보고위원회FRC에 제출할 보고서를 작성할 총책임을 맡았다. 9개월 만에 급조된 「워커 보고서Walker Review」는 금융기관 개혁 방안이 아니라 실질적으로는 금융을 통한 기업 개혁 방안을 제시했다.[14]

세계금융위기의 전범戰犯은 기업이 아니라 금융기관이었다. 금융기관들이 채권담보부증권collateral debt obligation, CDO, 신용부도 스와프credit default swap, CDS 등 파생상품 바이러스를 전 세계에 퍼뜨리다가 터진 대형 사고였다. 기업은 이 과정에서 피해자였다. 따라서 금융위기 재발 대책은 금융기관만 대상으로 만들면 되는 일이었다. 그러나 「워커 보고서」는 위험하고 방만하게 운영되는 금융기관을 그 '주인'인 기관 투자자가 제대로 감독·통제하지 못했기 때문에 금융위기가 벌어졌다면서, 기관 투자자가 이들에 대한 통제력을 강화하는 기관 투자자 행동주의를 통해 그 문제를 해결해야 한다고 주장했다.

기관 투자자가 운용하는 펀드에 금융위기를 일으킨 금융사들의 주

---

14 Walker(2009).

식이 들어가 있는 것은 사실이다. 그러나 그 포트폴리오에는 일반 기업의 주식이 훨씬 더 많이 들어가 있다. 게다가 금융위기를 일으켰던 금융사들도 펀드를 많이 관리했다. RBS나 바클레이스캐피털도 고객의 돈을 받아 투자하는 펀드를 대규모로 운용하며 기관 투자자 역할을 수행했다. 「워커 보고서」를 극단적으로 해석하면 금융위기 주범에게 자신뿐만 아니라 금융위기 피해자들을 잘 관리해서 금융위기 재발을 막으라고 권고한 것이라고 할 수 있다.

이렇게 기관 투자자 행동주의에 경도된 보고서가 만들어진 것은 자율 규제라는 틀을 미리 만들어놓고 시작했기 때문이다. 이 틀에서 금융위기 재발을 막기 위해 동원할 수 있는 방법은 기관 투자자가 '자발적으로' 포트폴리오에 있는 금융기관들에게 영향력을 행사하도록 하는 것 외에는 없었다. 그렇다고 포트폴리오에 함께 들어 있는 금융기관과 일반 기업에 대해 서로 다른 원칙을 적용할 수도 없는 일이었다. 따라서 기관 투자자에 의한 자율 규제 대상에는 금융기관뿐 아니라 일반 기업까지 들어갈 수밖에 없었고 이들을 포괄하는 일반적 스튜어드십 코드가 만들어졌다.

그러면 영국은 왜 자율 규제에 집착했는가? 런던 대학교의 아라드 리스버그Arad Reisberg는 이것이 '대안적 선택alternative option'이었다고 지적한다. 금융기관 입장에서는 스튜어드십 코드라는 자율 규제를 미리 도입하는 것이 정부로부터 직접 규제를 받는 것보다는 훨씬 나은 대안이었다는 것이다. 리스버그는 이에 대해서는 "국내 기관이건 외국 기관이건 다 똑같은 생각"이라며 정부 규제를 "무슨 일이 있어도 회피하고 싶어 한다want to avoid at all costs"라고 강조한다.

여기에 국제금융센터로서 런던의 위상을 지키고 싶어 했던 영국 정부의 이해관계가 맞아떨어졌다. 정부 규제가 많아지면 전 세계로부터 금융기관들을 런던으로 모이게 하는 허브로서의 기능이 크게 손상받는다. 사라 호그Sarah Hogg 당시 FRC 의장은 스튜어드십 코드를 추진하면서 금융기관 대표들이 모인 자리에게 다음과 같이 발언했다.

"[유럽연합] 본부가 지배구조와 주주 권리에 관한 최종적인 정책 패키지definitive package를 엮어 나가고 있는 지금, 이것[스튜어드십 코드]을 내놓지 못하면 우리가 브뤼셀에 비해 굉장히 약하게 보일 것이다.…스튜어드십이 실패했다고 결론을 내리면 [유럽연합] 본부는 더 많은 규제를 도입하고 우리가 그렇게 중시하는 권리들을 추가로 상실하게 되는 길로 벗어날 수 없게 밀고 갈 것이다."[15] 스튜어드십 코드를 성공 스토리로 만들어내지 못하면 브뤼셀의 유럽연합이 런던 금융시장에 직접 개입할 가능성을 우려한다는 것이었다.

영국의 스튜어드십 코드는 대안적 선택으로 인한 왜곡에 덧붙여 급조된 판박이라는 비판을 피할 수 없다. 워커 경은 세계금융위기의 바닥이었던 2009년 2월에 시작해서 11월에 기본 보고서를 제출했는데, 이 내용은 영국에 이미 20년 전부터 만들어져 있던 기관투자자위원회Institutional Shareholders' Committee의 행동주의 코드와 대동소이한 것이었다. FRC는 「워커 보고서」를 6개월간의 형식적 의견 수렴을 거쳐 거의 바꾸지 않은 상태에서 2010년 7월 스튜어드십 코드로 공표했다. 결국 "20년 된 중고 코드를 단순히 상표만 바꿔 붙이고 신제품이라고 판매한" 것에 불과했다.[16]

스튜어드십 코드는 처음부터 기관 투자자 행동주의로 방향이 정해져

---

15 Reisberg(2017: 238 인용-).
16 Reisberg(2015: 222).

있었기 때문에 의견 수렴 과정에서 그 원천적 한계에 대해 문제를 제기한 전문가의 의견은 묵살될 수밖에 없었다. 예를 들어, 케임브리지 대학교의 브라이언 체핀스Brian Cheffins은 「스튜어드십 코드의 아킬레스건」이라는 제목의 논문을 통해 (1) 기관 투자자의 기업 경영 관여 무능력과 무관심의 문제, (2) 일부만 관여하고 나머지 기관 투자자는 무임승차하는 문제, (3) 절대 다수를 차지하는 외국인 투자자(2008년에 영국 주식시장 42% 보유)를 자율 규제할 방법이 마땅치 않다는 사실, (4) 행동주의에 앞장서지만 기관 투자자로 분류되지 않는 헤지펀드와 사모펀드를 코드에 참여시킬 방법이 없다는 사실, (5) 세계금융위기 이전에는 기관 투자자가 '해법'이라기보다 '문제'로 취급됐다는 사실, (6) 주주행동주의에 관한 그동안의 실증 연구에서 기관 투자자의 관여와 기업의 장기 경영 성과 간에 상관관계가 입증되지 않았다는 사실 등을 내세우며 스튜어드십 코드를 도입하는 것은 '현명치 못한unwise' 일이라고 강조했다.[17] 그러나 FRC는 이에 대해 아무런 반대 논증 없이 기관 투자자 행동주의에 대한 긍정적 기대 만으로 스튜어드십 코드를 공표했다.

스튜어드십 코드가 공표된 지 10년가량 흘렀지만 영국에서 기업 경영에 긍정적 영향을 미쳤다는 증거는 없다. 스튜어드십 코드 집행이나 추진 주체 측에서는 주주활동의 관여 범위 및 관여의 양과 질의 측면에서 상당한 개선이 있었다거나, 관여의 결과 회사의 '반응성responsiveness'이 좋아졌다는 등의 얘기만 할 뿐, 최종 목표인 기업의 경영 성과가 좋아졌다는 얘기는 내놓지 못하고 있다.[18] 국민연금이 스튜어드십 코드를 도입하

---

17 Cheffins(2010).
18 FRC(2016; 2017).

면서 받았던 용역 보고서도 마찬가지로 행동주의와 경영 성과 간의 실증과 논리에 대해 침묵한다.[19]

3.2. 미국의 '립서비스' 스튜어드십 코드

미국에서는 2008년 세계금융위기 이후 스튜어드십 코드라는 이름의 논의가 전혀 진행되지 않았다. 그러나 미국의 주요 기관 투자자들은 거의 10년이 지난 뒤인 2017년 1월 투자자 스튜어드십 그룹ISG을 출범시켰다. 당시 이 기구에서 내놓은 자료와 이에 관한 간략한 언론 보도만 있었을 뿐, 왜 뒤늦게 ISG가 결성됐는지, 어떤 효과가 기대되는지 등을 다룬 연구는 거의 없었다. 그러나 그 전후 맥락을 살펴볼 때에 미국의 스튜어드십 코드는 영국과 마찬가지로 정부의 직접 규제가 들어오는 것에 대한 대안적 선택이고 기관 투자자들의 립서비스라고 해석할 수밖에 없다.

2008년 세계금융위기 이후 자율 규제를 내세웠던 영국과 달리, 미국은 2010년 7월 통과된 '도드-프랭크법Dodd – Frank Wall Street Reform and Consumer Protection Act'을 통해 월가의 투명성과 책임성을 높이는 한편, 부채 한도를 축소하는 금융위기 재발 방지 대책을 만들었다. 처음부터 정부의 직접 규제로 진행됐기 때문에 영국과 같이 스튜어드십 코드라는 자율 규제가 별도로 논의될 여지가 없었다. 또 미국 항소법원이 2011년 SEC 규제(규정 14a-11)를 무효화하면서 기관 투자자 행동주의가 추가로 강화되는 것에 대해서도 제동이 걸렸다.[20]

그런데 2017년초 갑자기 ISG를 만들고 스튜어드십을 내세운 이유는

---

19 고려대학교 산학협력단(2017).

20 5.4절 참조.

집사 준칙의 원뜻에 부합하는 '수탁자 규정fiduciary rule'이 무산되는 맥락에서 이해할 수 있다. 미국 노동부는 2010년에 연금을 받아 관리하는 뮤추얼펀드 등 금융회사들이 수탁자로서 고객의 최신 이익을 따라 행동하도록 강제하는 수탁자 규정 도입을 추진하다가 금융 회사들의 반발이 크자 한발 물러선 바 있다. 노동부는 오바마 당시 대통령의 지원을 받아 2015년에 이를 다시 추진했다. 그해 4월에 초안을 내놓았고 1년간의 전문가 및 여론 수렴을 거쳐 2016년 4월 1일 수탁자 규정 최종안을 내놓았다.

금융사가 연금 가입자에게 금융 상품을 팔 때 '고객 이익 최우선 계약 Best Interest Contract'에 서명하고 공식적으로 받는 수수료 이외에 펀드 운용사 등으로 받는 숨긴 수수료를 공개하도록 하는 내용이 핵심이다. 고객이 공식 수수료가 싸다는 것만 보고 펀드에 가입했지만 금융사가 펀드 운용사 등으로부터 뒤에서 수수료를 받아 실질적으로는 고객에게 불리한 상품을 파는 행위를 원천적으로 차단하기 위한 것이었다.[21] 노동부의 결정은 준비 기간을 거쳐 2017년 4월 1일부터 일부가 시행되고 2018년 1월 1일부터 전면 실시하도록 되어 있었다.[22]

그러나 공화당으로 정권이 바뀐 뒤 트럼프 대통령은 2017년 2월 노동부에 수탁자 규정 시행을 재검토하라는 지시를 내렸다. 노동부는 다시 의견 수렴 과정 및 내부 검토를 거쳐 2017년 11월 27일 수탁자 규정의 부분 집행을 2019년 7월 1일로 연기했다. ICI 등 기관 투자자 협회와 블랙

---

21 업계 의견 수렴 과정에서 특히 뮤추얼펀드들의 로비 결과 원안에 '물타기'가 이루어졌다. 금융사가 고객에게 받는 수수료 이외에 다른 수수료를 받지 않을 경우에는 고객 이익 최우선 계약 면제를 받을 수 있게 했다. 이 예외 조항의 수혜는 인덱스펀드와 같이 펀드를 운용하는 사슬(chain)이 간단한 기관 투자자들이 받았고 인덱스펀드로의 자금유입을 더 촉진했다.

22 이 내용에 관해서는 Topoleski and Shorter(2016); Deloitte(2016); Brown(2016) 참조.

록, 뱅가드 등 주요 기관 투자자들은 의견 수렴 과정에서 이구동성으로 시행 연기 및 폐기를 주장했다. 결국 수탁자 규정은 2018년 6월 법원에 의해 폐기됐다.[23]

이런 정황에 비추어 볼 때에 2017년 1월에 ISG가 출범한 것은 기관 투자자가 수탁자 의무를 잘 수행하고 있다는 립서비스로 해석할 여지가 많다. 노동부 등을 통해 정부 규제가 들어오는 것에 대안적 선택으로 자율 규제를 내세우자고 기관 투자자들 사이에서 그전부터 합의가 이루어지면서 ISG가 추진됐을 수도 있고, 트럼프가 대통령으로 당선된 2016년 11월 이후 새로 들어설 공화당 행정부와 교감하면서 수탁자 규제를 연기 혹은 무산시키기로 합의한 뒤 그에 따르는 후폭풍을 막기 위해 ISG를 급조해서 출범시켰을 수도 있다. 어느 가능성이 됐건 간에 미국에서의 스튜어드십 코드 도입은 순수하게 민간에서 추진했고 정부 규제의 칼날을 비껴가기 위한 선제 행동이라고 할 수 있다.

립서비스라는 성격은 ISG와 CII의 멤버가 거의 일치한다는 사실에서 더 강하게 드러난다. 미국에서 기관 투자자 행동주의의 플랫폼은 CII다. 스튜어드십 코드 도입이 필요한 일이라고 기관 투자자들이 그전부터 의견을 모았다면 CII를 통해 추진됐을 것이다. 그러나 CII에서는 그동안 스튜어드십 코드 얘기가 전혀 나오지 않았다. 똑같은 멤버들이 똑같은 기관 투자자 행동주의를 하면서 ISG라는 새로운 기구를 내세운 것은 스튜어드십이라는 새로운 외관을 내놓을 필요가 있었다는 이유 이외에는 달

---

23 'U.S. Labor Department delays final part of fiduciary rule', *Reuters*, 2017년 11월 28일 자; 'BlackRock and Vanguard call for delay to fiduciary rule', *Financial Times*, 2017년 3월 27일 자; Oringer(2017); 'What rise and fall of the fiduciary rule means for US advisers', *Financial Times*, 2018년 9월 7일 자 등 참조.

리 찾기 어렵다.

4. 연금 사회주의로 변질·왜곡된 한국의 스튜어드십 코드

한국의 스튜어드십 코드는 영국처럼 금융 규제 기구인 금융위원회가 주도해왔다. 금융위는 2014년 11월 코드 도입 계획을 처음 밝힌 이후 1년가량 공청회 등을 거쳐 초안을 2015년 12월 공개했다. 그 후 민간이 주도한다는 모양새를 갖추기 위해 한국지배구조원이 스튜어드십 코드 제정 및 도입의 실무를 맡았다. 공청회 등을 거쳐 2016년 12월 최종안인 '기관 투자자의 수탁자 책임에 관한 원칙'을 공표했다. 그 내용은 영국의 스튜어드십 코드와 대동소이하다.

4.1. 재벌 개혁의 구호

그러나 한국의 스튜어드십 코드는 2015년 6월경부터 '삼성물산-제일모직 합병' 논란이 벌어지면서 재벌에 비판적인 야당 의원, 시민단체, 언론 등을 통해 정치적 이슈로 변질되기 시작했다. 국민연금이 삼성물산 합병에 찬성표를 던진 것이 잘못된 일이고, 여기에서 한 걸음 더 나아가 그렇게 된 것은 청와대의 압력이나 삼성의 로비를 받았기 때문이고, 따라서 스튜어드십 코드 도입을 통해 이런 문제를 원천적으로 차단해야 한다는 것이었다. 이 주장에는 커다란 편견과 왜곡, 오해가 있다.[24] 그렇지만 한국 최대 재벌의 합병 투표 문제는 반재벌 정서와 당시 박근혜 대통령 정부에

---

24   이에 대해서는 아래 5.2절 논의 참조.

대한 반정부 정서가 결합된 휘발성 높은 정치 이슈로 금세 자리매김했다.

2014년 말 금융위원회가 처음 추진할 때에 스튜어드십 코드는 침체되어 있던 주식시장을 부양하는 여러 가지 방안 중 하나였을 뿐이다. 그러나 스튜어드십 코드는 삼성물산-제일모직 합병 이후 재벌 개혁의 구호로 빠르게 변질되어갔고 실질적으로는 연금 사회주의 실현 도구로서의 길을 강하게 걷고 있다. 그 결정적 계기는 문재인 대통령이 마련했다. 박근혜 전 대통령의 탄핵에 대한 헌법재판소 판결이 나오기 전인 2017년 1월 10일에 당시 문재인 후보는 '재벌 개혁 공약'을 미리 발표하면서 "국민연금을 비롯한 기관 투자자들이 적극적으로 주주권을 행사할 수 있도록 하겠습니다. 주주권 행사 모범규준인 스튜어드십 코드의 실효성을 높이고…그래서 삼성물산 합병에 국민연금이 동원된 것과 같은 일이 재발하지 않도록 하겠습니다"라고 강조했다.[25]

문재인 대통령이 당선된 뒤 정부 부처에서는 다양한 경로를 통해 대통령 공약 사항 후속 작업이라는 명분으로 스튜어드십 코드를 정책으로 만들어 나갔다. 최종구 당시 금융위원장은 2017년 9월 자산운용사 대표 10여 명과 간담회를 열고 "의결권 행사와 적절한 주주활동을 통한 기업과의 적극적인 대화가 기관 투자자에게 주어진 소명이라는 인식이 시장에 뿌리내릴 수 있도록 유도할 것"이라고 강조했다.[26] 이 모임 직후 자산운용사들은 서둘러 스튜어드십 코드 참여 의사를 발표했다. 최 위원장은 또 11월 9일 글로벌 기관 투자자 초청 설명회에서 "스튜어드십 코드를 확산시킬 필요가 있다"라면서, "국민연금 등 공적 연기금의 주주권 행사 활성

---

25 「문재인, 재벌 개혁 공약 발표…삼성·현대차·SK·LG 정조준」, 『뉴스핌』, 2017년 1월 10일 자.
26 「최종구 "스튜어드십 코드로 기관 소명의식 강화할 것"」, 『조선비즈』, 2017년 9월 26일 자.

화를 위해 지분 공시 의무 관련 부담을 완화하는 방안을 마련할 계획"이라고 밝혔다.[27]

박능후 보건복지부장관은 12월 1일 열린 제7차 국민연금 기금운용위원회에서 "스튜어드십 코드는⋯세계적 흐름으로 건강한 기업이 장기적으로 수익성이 높다"라고 강조하면서 "국민연금도 스튜어드십 코드 도입을 통해 투자회사 가치 향상과 기금의 장기적 안정성과 수익성 제고를 기대할 수 있다"라고 밝혀 국민연금의 스튜어드십 코드 도입을 기정사실화했다.[28] 김성주 당시 국민연금공단 신임 이사장도 11월 7일 취임 일성으로 스튜어드십 코드 도입 의지를 천명했다.[29]

주주행동주의자 출신인 장하성 당시 대통령비서실 정책실장도 10월 31일 외신 기자 간담회에서 '스튜어드십 코드의 전면적 실시' 계획을 밝혔다.[30] 또 다른 주주행동주의자 출신 관료인 김상조 당시 공정거래위원장은 한 걸음 더 나아갔다. 그는 10월 11일 블룸버그와의 인터뷰에서 "기업구조 개혁을 밀고 나가기 위해 국민연금이 역량과 스튜어드십 코드를 갖춰야 한다"라고 강조하면서 "외국인 투자자들이 한국에서 이렇게 수동적인 것은 부끄러운 일이다. 돈을 가져와라. 내가 그 돈을 더 크게 만들어 줄 것을 약속한다(Bring money in. I promise to make it bigger)"라고까지 말했다.[31]

---

27 이에 관해서는 아래 3장 3절에서 더 상세히 논의한다.

28 보건복지부, 「제7차 기금운용위원회, 사회책임투자전문위원회 설치 방향, 책임 투자·스튜어드십 코드 연구 중간보고 등 논의」 보도자료, 2017년 12월 1일.

29 「김성주 국민연금 이사장 취임⋯"스튜어드십 코드 도입"」, 『아이뉴스』, 2017년 11월 7일 자.

30 「장하성 靑정책실장 "스튜어드십 코드 전면 실시, 소수 주주권 강화할 것"」, 『조선비즈』, 2017년 10월 31일 자.

31 'Activist Investors Are Getting a Warmer Welcome in South Korea', *Bloomberg*, 2017년 10월 11일 자.

정부 관계 부처들이 2017년 12월 27일 합동으로 내놓은 '2018년 경제정책 방향'은 스튜어드십 코드의 지향점을 뚜렷하게 밝혔다. 스튜어드십 코드는 제3장 '공정 경제'의 제2절 '기업지배구조 개선을 통해 경영의 투명성 및 효율성 제고'라는 항목에 들어갔다. 연기금은 기본적으로 복지와 관련된 것이고 복지 정책에서 다루어야 한다. 그러나 정부는 1,000조 원이 넘는 거대 규모의 연기금을 공정 경제의 문제로 다루고 스튜어드십 코드를 재벌 개혁 수단으로 사용한다는 사실을 명확히 했다. 문재인 대통령도 2018년 1월 10일 신년 기자회견에서 "재벌 개혁은 경제의 투명성은 물론, 경제 성과를 중소기업과 국민에게 돌려준다는 측면에서도 중요합니다.…총수 일가의 편법적 지배력 확장을 억제하겠습니다. 기업의 지배구조 개선을 위해 주주의결권을 확대하고, 스튜어드십 코드를 도입하겠습니다"라고 재차 강조했다.[32]

국민연금은 정부 방침에 따라 2018년 7월 스튜어드십 코드를 도입했고 2019년 초 한진칼에 대한 경영 참여 선언을 시발탄으로 기업에 대한 영향력 행사를 강화하고 있다. 2019년 12월에는 '적극적 주주활동 가이드라인'을 발표했고 2020년 2월에는 지분 5% 이상을 보유하고 있는 313개 기업 중 56개 기업에 대해 '단순 투자'에서 '일반 투자'로 보유 목적을 변경했다.[33] 여기에는 삼성전자, SK하이닉스, 현대차, LG화학, GS, 대한항공, 에스오일, 하나금융지주, 우리금융지주 등 한국을 대표하는 대기업, 금융기관이 망라되어 있다.[34]

---

[32] '[전문] 문재인 대통령 신년기자회견 신년사', 『연합뉴스』, 2018년 1월 10일 자.
[33] 단순 투자와 일반 투자의 차이에 대해서는 이 보론의 4절에서 설명.
[34] 「칼 빼든 국민연금…56사 "우리 지금 떨고 있니"」, 『조선일보』, 2020년 2월 20일 자.

이 과정에서 금융위는 2019년 9월 5% 룰을 완화했다. 과거에는 5% 지분이 넘으면 단순 투자인지 경영 참여인지 여부를 밝혀야 하고 지분변동에 관한 공시 의무를 졌다. 만약 단순 투자라고 밝히고 경영에 영향력을 행사했다는 것이 드러나면 그 기간의 이익을 환수해서 기업 금고로 넣는 벌칙도 따라왔다. 그러나 금융위는 '보편적 지배구조 개선 관련 주주활동'이라는 새로운 표현을 동원해서 이것은 '일반 투자'라는 규정을 내놓고 5~10% 지분 구간에서의 '보편적 주주활동'은 공시 의무 없이, 즉 경영 개입 여부를 밝히지 않고 기업에 영향력을 행사할 수 있도록 허용했다. 그리고 보편적 주주활동에 기업 정관 변경 추진, 위법 행위 임원 해임 청구를 포함시켰다.[35]

금융위가 '보편적 주주활동'이 경영권에 영향을 미치지 않는다고 밝힌 것은 국민연금을 기업에 대한 영향력 행사 강화에 동원한다는 정부 방침이 확정된 상태에서 만들어낸 궤변이라고 할 수 있다. 국민연금은 5% 룰 완화가 결정되기 전인 2019년 초 대주주를 축출할 목적으로 한진칼의 정관 변경을 추진한 바 있다. 그런데 금융위는 이제 이것이 경영권에 영향을 미치지 않는 일이라고 유권해석을 내렸다. 또 국내 대기업 경영인 중에는 자의 반 타의 반으로 범법자가 된 사람들이 많다. 그런데 금융위는 이들을 해임하기 위해 투표와 관여를 추진하는 것이 경영권에 아무 영향이 없는 일이라고 명시해줬다. 금융위의 5% 룰 완화 조치로 국민연금은 5~10% 지분을 보유하고 있는 기업에 대해 일반 투자라는 명찰을 붙여 공시 의무 없이 자유롭게 개입할 수 있게 됐다.[36] 앞에서 언급한 국민

---

35 금융위원회(2019).
36 신장섭(2019b).

연금의 '적극적 주주활동 가이드라인'은 금융위의 5% 룰 완화라는 면허를 받자마자 내놓은 것이었다.

(2) 국민연금의 세계적 특수성 – 과다한 기업 지분율

국민연금의 운용이 뜨거운 감자처럼 논란을 불러일으키는 배경은 국민연금이 전 세계 주요 연금 중에서 유일하게 국내 기업 지분을 과다하게 갖고 있다는 사실에 있다. 미국의 1934년 증권거래법The Securities Exchange Act of 1934과 1940년 투자회사법The Investment Company Act of 1940 이후 전 세계적으로 확립된 기관 투자자 규제 원칙은 내부거래 금지와 투자 다변화 촉진이다. '5% 룰'은 그 정신에 입각해서 만들어진 규제이다. 기관 투자자가 한 기업의 주식을 많이 갖고 있으면 영향력을 활용해 내부 정보를 얻어내기가 쉬워지는 한편, 주식을 팔려고 할 때 쉽게 팔지 못한다. 따라서 금융 당국은 기관 투자자가 지분을 5% 이상 갖는 것을 가능한 한 억제하고, 5%를 넘을 때는 주식 보유 목적 및 매매 내역을 공시하게 하는 등 규제를 강화한다.[37]

그러나 국민연금은 2019년말 기준으로 국내 주식시장 시가총액의 7.7%를 차지하고, 주요 대기업 지분을 평균 10% 가까이 보유하고 있다 (그림 9-1). 전 세계적으로 비교해보면 주요 기업의 지분을 평균 10% 가까이 갖고 있는 연금은 국민연금이 유일하다. 한국 다음으로 높은 곳은 일본 연금GPIF인데 5%를 상회하는 수준이다. 또 주식투자는 민간 회사에 위탁 운용한다. 따라서 한 회사에 대한 투자가 잘못될 경우 민간 회사끼

---

[37]   5.1절, 6.3절 및 6.4절 참조.

리 주식을 쉽게 사고팔 수 있다. 또 위탁할 때 의결권도 함께 위탁하기 때문에 GPIF가 기업에 미치는 영향력은 전혀 없다. 반면 국민연금은 보유 지분 전체에 대해 의결권을 행사한다. 한국과 일본을 제외한 다른 나라 주요 연금의 국내 주식 지분은 1% 부근에서 벗어나지 않는다(그림 9-2).

국제적으로 비교할 때 국민연금의 개별 기업 지분율이 비정상적으로 높은 것은 외국의 대형 연금들은 주식투자에서 기관 투자자의 기본 원칙인 5% 룰을 지킨 반면, 국민연금은 그 원칙을 지키지 않았던 결과라고 할 수 있다. 국민연금은 연금 자산이 급격히 증가하는 상황에서 마땅한 투자처를 제대로 발굴하지 못하고 국내 주식투자를 계속 늘려왔고, 정부도 국민연금의 투자 다변화 규제 원칙을 방기했다. 과거에는 국민연금이 집중적으로 투자한 대기업 주식의 수익률이 별로 나쁘지 않았기 때문에 이에 대한 비판이 별로 없었다. 또 정부가 국민연금의 경영 개입을 자제하는 정책을 취했기 때문에 크게 논란이 일지 않았다.

그러나 정부가 공정 경제라는 명분으로 국민연금에 스튜어드십 코드를 도입하고 경영 참여를 적극 주문하면서 국민연금의 높은 기업 지분율을 보는 시각이 크게 달라졌다. 국민연금이 다변화의 원칙을 어기며 비정상적으로 과다한 기업 지분율을 갖고 있다는 근본적 문제를 어떻게 해결할 것인지에 대한 논의는 뒷전으로 밀려났다. 반면 이 비정상적 지분율을 기정사실로 받아들인 상태에서 국민연금이 주요 기업의 강력한 '대주주'이기 때문에 그에 걸맞는 영향력을 제대로 행사하도록 해야 한다며 이를 위해 스튜어드십 코드를 도입해야 한다는 논의가 주류로 자리 잡아갔다.

그림 9-1 한국 대기업의 단일 최대 주주 국민연금의 지분 현황

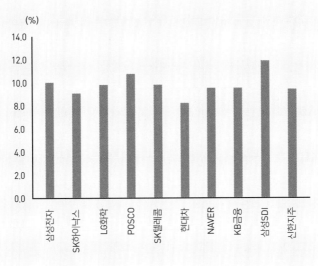

· 2018년말 기준.
· 출처: 국민연금 기금운용본부.

그림 9-2 세계 주요 공적 연금의 국내 주식 투자 및 투표권 비중

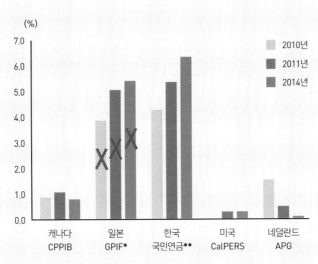

* GPIF는 투표권을 운용사에 위탁.
** 국민연금의 한국 주식시장 비중은 2019년 말 7.7%로 상승.
· 출처: 신장섭(2018).

(3) 연금 사회주의의 실체

김성주 전 국민연금공단 이사장은 연금 사회주의 논란이 일던 2018년 1월 초 한 인터뷰에서 "스튜어드십 코드는 가장 자본주의적이고 실용적인 고민을 담은 것이다. 연금 사회주의가 아닌 '연금 자본주의'라고 부르는 게 맞는다고 본다"라고 밝혔다. 그리고 그는 "정부가 스튜어드십 코드 도입을 통해서 기업을 통제한다는 것은 있을 수도 없고 가능하지도 않다고 생각한다"라고 강조했다.[38] 한편 최근 정치인으로 변신한 주진형 전 한화투자증권 사장은 2019년 1월 말 「연기금 사회주의, 원조는 미국이다」라는 글에서 피터 드러커를 인용하며 미국이 마치 연금 사회주의인 듯이 말한다. 그리고 국민연금의 개입은 '주주권'을 행사하는 것일 뿐이라며, "많은 사람들이…그저 '사회주의'는 나쁜 것, 그러니까 연금 사회주의도 나쁜 것이라는 레드 콤플렉스를 이용해 선전과 왜곡의 수단으로 연금 사회주의란 용어를 쓰고 있다"라고 주장했다.[39]

이러한 발언들은 한국에서 진행되고 있는 연금 사회주의의 실체를 호도하는 포장이다. 드러커 주장의 맥락과 그 후 미국에서 실제로 전개된 상황을 알아야만 그 실체가 보인다. 드러커는 연금이 미국 대기업 주식의 최대 보유자가 됐을 뿐만 아니라 대기업이 발행한 중장기 채권의 최대 보유자가 됐다는 사실, 즉 연금이라는 사회적 성격을 강하게 갖고 있는 기구가 생산 수단을 통제하는 생산 수단의 사회화가 이루어졌기 때문에 미국에 연금 사회주의가 실현된 것과 마찬가지라는 분석을 내놓았다. 그리

---

38 「스튜어드십 코드 도입해도 기업 경영 간섭하는 일 없을 것」- 김성주 국민연금 이사장에게 듣다」,
 『매일경제신문』, 2018년 1월 15일 자.
39 「연금 사회주의, 원조는 미국이다」, 『한겨레신문』, 2019년 1월 30일 자.

고 이 변화가 눈에 보이지 않게 진행됐지만 실제로는 "경제사에서 가장 깜짝 놀랄 만한 역학 변화 중 하나one of the most startling power shifts in economic history"라고 평가했다.[40]

그러나 미국 경제는 드러커의 평가와 다르게 흘러갔다. 1980년대 후반부터 미국의 연금 시스템이 확정 지급형defined benefit, DB 중심에서 확정 기여형defined contribution, DC 중심으로 바뀌었고, DC의 경우 가입자가 스스로 투자 금융 상품을 결정할 수 있는 폭이 크게 넓어졌기 때문이다.[41] 1990년대 뮤추얼펀드가 연금을 누르고 미국 최대 기관 투자자로 올라선 결정적 이유가 여기에 있다. 개인이나 법인이 연금 납입분의 상당 부분을 뮤추얼펀드에 넣어서 굴리게 된 것이다.[42] 따라서 미국의 경우는 연금 사회주의가 아닌 연금 자본주의가 실현됐다고 할 수 있다. 서로 경합하는 다양한 연금, 뮤추얼펀드들이 자본시장을 만들어 나갔기 때문이다.

한국은 미국의 경우와 크게 다르다. 국민연금이 대기업 지분을 평균 10% 가까이 보유하며 한국 기업의 집합적 최대 주주가 되어 있기 때문이다. 연금 가입자는 투자처를 선택하지 못하고 국민연금에 일임 투자한다. 투표나 관여도 국민연금에 일임되어 있다. 국민연금의 높은 기업 지분과 투표권을 이용해서 사회적 가치를 반영하기 위한 개입을 하면 연금 사회주의가 되지 않을 수 없다. 정부가 공정 경제 확립 수단이라며 국민연금

---

40 Drucker(1996; 1976).

41 확정 지급형은 연금 적립 액수 및 투자 성과와 관계없이 확정액을 지급해주는 연금이고, 확정 기여형은 연금 적립 액수가 성해지면 지급은 투자 성과에 따라 달라지는 방식이다. 미국은 연금이 기업 연금에서 먼저 시작했고 확정 지급형으로 오래 유지하다 보니 기업이 부담하는 연금 비용이 너무 커져서 확정 기여형으로 전환했다. 공공 연금은 기업 연금보다 뒤늦게 확정 기여형으로의 전환이 진행됐다.

42 Bogle(2006); Clark(2000); Lazonick(2009).

의 스튜어드십 코드를 적극 추진했고 금융 규제의 기본 원칙인 5% 룰까지 허물면서까지 국민연금의 경영 개입을 지원해주는데 이것이 연금 사회주의가 아니라 연금 자본주의라는 말은 설득력이 없다.

또 연금의 정책적 개입은 그것이 사회주의적 개입이 됐건 자본주의적 개입이 됐건 나쁜 것이다. 연금은 가입자의 돈이기 때문이다. 국민연금은 가입자의 뜻에 따라 투자하고 투표권도 행사할 집사 의무를 갖고 있을 뿐이다. 연금 가입자는 집사가 노후자금을 잘 굴려주기만 바랄 뿐이다. 연금 관리자가 자신이 중요하다고 생각하는 사회적 가치를 이얼렁비얼렁으로 반영하는 것은 집사 의무를 벗어난 것이다.[43] 정부가 연금 사회주의를 집행하는 것은 '더 나쁜 것'이다. 정부는 국민연금이라는 집사가 선관주의 의무를 지키면서 고객의 뜻에 따라 활동하는 틀을 만들고 감독할 임무를 갖고 있을 뿐이다. 정부가 공정 경제를 더 강화하고 싶으면 그 과제를 수행하도록 만들어진 공정위 등 정부 부처들의 기능을 강화하면 된다. 연금 가입자들은 정부에게 재벌 개혁을 하고 공정 경제를 확립하는 데 국민연금의 힘을 사용하라고 위임해준 바가 없다. 정부의 직권남용이다.

한국 스튜어드십 코드의 왜곡과 변질은 자율 규제를 표방하면서 정부 정책으로서 강력하게 집행되는 표리부동에서 쉽게 드러난다. 전 세계에서 스튜어드십 코드를 정책으로 내세운 나라는 한국밖에 없다. 정책이라면 공식 절차를 거쳐서 법률이나 규정으로 시행하면 되지, 왜 자율 규제라는 방식으로 정부가 강요하는가? 흔히 자율 규제는 해당 집단의 이익을 보호하는 데 쓰인다. 재벌 기업들이 전경련을 통해 자율 규제를 하겠

---

43 3.5절 및 6.5절 참조.

다면서 공정거래법을 없애달라고 주장하면 그 진의를 믿어줄 사람은 별로 없다. 그런데 왜 정부가 밀어붙이는 자율 규제는 그 진의를 의심하지 말아야 하나? 자율 규제의 구호 뒤에는 정부가 책임지지 않고 기업에 영향력을 행사하려는 연금 사회주의라는 실체가 있다고 해석할 수밖에 없다. 연금 가입자 입장에서 보면 정부가 "제사보다 젯밥에 관심이 있다"고 걱정하게 되는 상황이다.

5. 국민연금의 성과 왜곡

국민연금이 스튜어드십 코드를 도입하도록 만드는 과정에서 국민연금의 과거 성과에 대한 근거 없는 비판이 두 가지 측면에서 전개됐다. 첫째는 국민연금의 투자 성과가 좋지 않다는 것이다. 따라서 스튜어드십 코드는 투자 성과를 높일 수 있는 대안으로 정당화되었다. 둘째는 국민연금의 기업 투표가 객관적으로 이루어지지 못하고 정부나 정치 세력의 선호를 반영해서 이루어졌다는 것이다. 그 대표적인 사례로 삼성물산-제일모직 합병에서의 투표가 집중 거론됐다. 스튜어드십 코드는 정치 편향적 투표를 막는 보호 장치로 합리화되었다.

　그러나 이 두 가지 비판은 논리와 실증이 전혀 받쳐주지 못한다. 왜곡과 편견, 무지가 곳곳에 들어 있다. 이 맥락에서 최광 전 국민연금관리공단 이사장은 "사실 그동안 기금 운용을 놓고 수많은 제안이 있었고 갑론을박 논의가 있었다"라면서 "그러나 그간의 논의는 본질을 보지 못하고 표피의 관찰에 의한 진단과 처방, 조직 운영과 기금 운용 경험이 없는 백면서생들의 담론, 이해 당사자들의 이해타산적인 견강부회, 이념이 덧칠

된 황당한 주장 등으로 점철되어 있다"라고 지적한 바 있다.[44]

5.1. 국민연금의 기금 운용 성과

1999년 기금운용본부가 설립된 이후인 2000년부터 2016년까지 17년간 기금 운용 수익률을 국제적으로 비교해보자. 이 기간에 국민연금의 연평균 수익률은 6.1%이다. 세계 6대 연기금 중 캐나다 CPPIB(7.1%)에 이어 두 번째로 높은 수익율이다. 세계 최대 규모 연금인 일본 GPIF(2.1%)는 국민연금의 절반에도 훨씬 못 미치는 수익율을 올렸다. 17년 동안에 7번이나 마이너스 수익률을 기록했다. 국민연금은 2000년(-0.1%)과 세계금융위기가 벌어졌던 2008년(-0.2%)에 약간의 마이너스 수익률이 나왔던 것을 제외하고는 계속 플러스 수익율을 시현했다(표 9-1).

연금의 성격에 따르는 위험부담 및 수익의 안정성을 함께 고려하면 국민연금의 수익률이 세계에서 가장 높다고도 할 수 있다. 국민연금보다 수익률이 높은 것으로 나오는 캐나다의 CPPIB는 안정성을 별로 고려하지 않고 수익성 위주로 운용한다. 캐나다에는 사회복지 제도가 발달해서 한국의 기초연금에 해당하는 OAS(Old Age Security)가 보편적 기초연금 제도(수급률 95.8%, 급여 수준 19%)로 별도로 존재한다. 이 기초연금은 세금에서 직접 지불되고 캐나다 전체 연금의 1층 구조를 담당한다. CPPIB에서 운용하는 자금은 여기에 추가되는 2층 보장 연금이라 할 수 있다. 반면 한국에서는 국민연금에 기초연금까지 다 들어와 있다. 따라서 국민연금은 국민노후자금의 1층이 흔들리지 않도록 하기 위해 더 안정적으로 기금을

---

44 최광(2017).

표 9-1 국민연금(NPS)의 기금 운용 성과 국제 비교(2000~2016)

	한국 NPS (연금기금)	일본 GPIF (연금기금)	캐나다 CPPIB (연금기금)	미국 CalPERS (직역연금)	네덜란드 ABP (직역연금)	노르웨이 GPFG (국부펀드)
평균	6.1	2.5	7.1	5.0	5.9	5.1
2000	−0.1	−5.2	−9.4	−7.2	3.2	2.5
2001	12.0	−1.8	5.7	−6.1	−0.7	−2.5
2002	8.1	−5.4	−1.5	3.7	−7.2	−4.7
2003	7.9	8.4	17.6	16.6	11.0	12.6
2004	8.6	3.4	8.5	12.2	11.2	8.9
2005	5.4	9.9	15.5	11.9	12.8	11.1
2006	5.9	3.7	12.7	18.8	9.5	7.9
2007	7.0	−4.6	−0.4	−2.9	3.8	4.3
2008	−0.2	−7.6	−18.8	−23.6	−20.2	−23.3
2009	10.8	7.9	14.7	11.1	20.2	25.6
2010	10.6	−0.3	11.6	20.7	13.5	9.6
2011	2.3	2.3	6.3	1.0	3.3	−2.5
2012	7.0	10.2	9.8	12.5	13.7	13.4
2013	4.2	8.6	16.1	18.4	6.2	16
2014	5.3	12.3	18.3	2.4	14.5	7.6
2015	4.6	−3.8	3.4	0.6	2.7	2.7
2016	4.7	5.9	12.2	−	9.5	6.9

• 출처: 최광(2017).

운용해야 하는 과제를 안고 있다.

또한 CPPIB는 캐나다 정부로부터 독립된 별도의 기관으로서 직원 연봉이 투자수익률에 연동되어서 결정된다. 조직의 특성상 투자의 안정성을 별로 고려하지 않고 수익률 위주로 투자하게 되어 있다. 그 결과 수익성은 한국의 국민연금보다 조금 높았을지 몰라도 안정성에서 크게 뒤떨어진다. 2000년부터 2016년까지 17년 동안 네 차례의 걸쳐 마이너스 수익률을 기록했고 세계금융위기가 있었던 2008년의 경우 -18.6%의 막대한 손실을 봤다.

국내의 국민연금 비판론자들이 행동주의를 강화해야 한다고 주장할 때 단골 메뉴처럼 인용하는 CalPERS는 국민연금이 아니라 캘리포니아주 공무원의 직역연금이다. 이 책에서 지적했듯이 1970년대부터 CalPERS는 주식투자 비중을 크게 늘리면서 공격적인 투자와 행동주의에도 앞장섰다. 큰 손실을 보더라도 가입자(공무원) 부담분은 불변이고 사용자(주정부) 부담분만 증가하는 구조이기 때문에 더 공격적인 투자를 할 수 있었던 측면도 있었다.[45] CalPERS는 2000년부터 2016년 기간에 국민연금에 비해 평균수익률(5.0%)이 낮을 뿐만 아니라 네 차례에 걸쳐서 큰 손실을 봤다. 2000년에 -7.2%, 2001년에 -6.1%, 2007년에 -2.9% 손실을 기록했고 2008년에는 -24.0%라는 치명적 손실을 봤다.

네덜란드의 ABP도 CalPERS처럼 공무원의 직역 연금이다. CalPERS처럼 행동주의적 성향을 보인다. CalPERS와 유사하게 수익률이 크게 변동한다. 인터넷 버블이 터졌던 2002년에 -7.2%의 수익률을 기록했고 세계금융위기가 벌어진 2008년에는 -20.2%의 수익률을 보였다.

국부펀드는 국민 노후 재산을 지켜야 한다는 부담이 없기 때문에 수익률 위주로 투자한다. 노르웨이 국부펀드 GPFG는 2002년에 -4.7%, 2008년에 -23.3%의 수익률을 기록했다. 세계 6대 연기금 중 국민연금과

---

45   6.4절 참조.

가장 성격이 비슷한 곳은 일본의 GPIF밖에 없다. 앞에서 지적했듯이 국민연금은 GPIF보다 두 배 이상의 수익률을 올려왔다. 안정적·장기적 수익률이라는 잣대로 비교하면 국민연금이 세계 최고 수준의 성과를 거두었다고 할 수 있다.

그렇지만 국민연금 비판론자들은 국민연금이 해외 연기금과 비교해서 수익률이 '꼴찌'라는 비판을 틈틈이 쏟아냈다. 언론에서도 이를 여과없이 보도하고 사설에서까지 비판한다. 예를 들어, 2017년 국정감사에서 윤종필 의원은 "2012년부터 2016년까지 국민연금의 평균 기금 운용 수익률은 5.15%로 확인됐다"라며 "이는 국민연금, GPIF[일본], CPPIB[캐나다], CalPERS[미국], ABP[네덜란드], GPF[노르웨이] 등 세계 6대 연기금 중 최하위"라고 지적했다.[46] 김기선 의원은 2015년 국정감사에서 2010년부터 2014년까지 5년간 수익률에서 국민연금이 세계 6대 연기금 중 '꼴찌'라고 강조했다.[47] 한 언론은 한국개발연구원KDI의 자료를 인용하면서 국민연금의 수익률이 '글로벌 꼴찌'라는 기사를 내보냈다.[48] "국민연금 수익률 '세계 꼴찌 수준', 대책 강구하라"라는 언론 사설도 등장했다.[49]

최광 전 이사장은 "주요 일간지와 경제지는 '수익률 꼴찌' 기사를 심심하면 내보내곤 한다"라며 "자료를 통해 그렇게 설명하고 이해를 촉구해도 항상 마이동풍이었다.···참으로 안타까운 현상이다"라고 한탄한다. 그는 또 "만약 국민연금 기금 운용이 [CPPIB나 CalPERS처럼 한 해에] 20%

---

46 「[2017 국감] 국민연금 기금 운용 수익률 세계 6대 연금 중 꼴찌」, 『쿠키뉴스』, 2017년 10월 12일 자.
47 「김기선 "국민연금, 세계 6대 연기금 중 수익률 최하위"」, 『연합인포맥스』, 2015년 10월 5일 자.
48 「국민연금 운용수익률 글로벌 꼴찌」, 『뉴스1』, 2015년 5월 7일 자.
49 「국민연금 수익률 '세계 꼴찌 수준' 대책 강구하라」, 『매일경제』, 2014년 9월 12일 자.

상당의 손실[약 124조 원]을 보면 어떤 일이 전개될까?"라고 질문을 던진다. 그리고 "공단 이사장과 기금 운용 본부장의 사퇴는 물론이고 엄중한 책임 추궁이 이어질 것이다. 이 정도로 끝나지 않고 정권이 교체될 것이라는 본인의 판단이다"라고 말한다.[50] 그러나 객관적 자료나 제대로 된 국제 비교에 기반을 두지 않고 국민연금의 기금 운용 성과에 대해 비판적인 여론이 계속 쌓이다 보니 국민연금 개혁론으로 발전되어왔다. 국민연금 기금 운용은 그 목표인 안정적·장기적 수익률이라는 관점에서 봤을 때 문제를 삼을 여지가 없었다. 그렇지만 '수익률 꼴찌' 얘기가 반복되면서 국민연금 개혁론은 계속 비등해져왔다.

5.2. '삼성물산–제일모직 합병' 투표 5대 쟁점 다시 보기

앞에서 지적했듯이 한국의 스튜어드십 코드에 정치색이 강하게 입혀지는 계기는 2015년 7월에 이루어진 '삼성물산–제일모직' 합병 논란이다. 처음에 순조로이 진행될 것 같아 보이던 삼성물산 합병에 행동주의 헤지펀드 엘리엇 매니지먼트Elliot Management가 개입하며 삼성물산 주주들의 이익이 침해됐다고 반대 캠페인을 전개했다. 찬반 진영의 논란이 뜨겁게 진행됐고, 7월 17일 주주총회에서 합병 성사 요건인 3분의 2 이상의 찬성표를 받아 합병안이 통과됐다. 다수의 외국인 기관 투자자가 반대표를 던졌고 국내 기관 투자자는 대부분 찬성표를 던졌다. 국민연금도 찬성했다. 소액 주주들은 찬반이 갈렸지만 절반 이상 찬성표를 던진 것으로 나타났다.

그러나 합병 후 통합 삼성물산의 주가가 하락하면서 국민연금의 합병

---

50 최광(2017).

찬성에 대한 비판이 다시 나오기 시작했다. 합병이 원래부터 잘못된 것이었기 때문에 주가가 떨어진 것이고 여기에 찬성표를 던진 국민연금은 국민의 노후 대비 자금에 '큰 손실'을 입혔다는 것이다. 정치인, 시민단체, 언론의 비판이 이어졌고, '최순실 국정농단 사태'라는 정치적 격변을 거치면서 특검은 마찬가지 논리에 입각해서 삼성 수뇌부를 기소했다.

하지만 법원의 판단은 달랐다. 2017년 8월 25일 열린 이재용 부회장 및 다른 삼성 임원 1심 형사재판에서나 2018년 2월 5일 열린 2심 형사재판에서 삼성이 합병 관련 불법적 로비를 했고 국민연금이 투표를 잘못했다는 증거가 없는 것으로 판결이 내려졌다.[51] 2019년 8월 29일 대법원에서 재판을 2심으로 환송했을 때에도 최순실 측에 승마용 말을 제공한 것에 대한 뇌물 액수 산정이 핵심 사안이었지 합병의 불법성 여부는 건드리지 않았다.[52] 별도로 진행된 민사재판에서도 합병 목적이나 비율에 문제가 없었고 "국민연금 투자위원회의 찬성 의결은 내용 면에서도 거액의 투자 손실을 감수하거나 주주 가치를 훼손하는 등의 배임 요소가 있었다고 인정하기 부족하다"고 판결이 나왔다.[53]

그렇지만 '삼성의 경영승계 목적 로비 및 뇌물 → 박근혜 전 대통령의 뇌물 수수 및 합병 찬성 압력 → 국민연금 합병 찬성 → 국민연금 손실'이라는 스토리는 계속 반복되어왔고, 그것이 마치 사실인 듯이 대중에게 받아들여지면서 한국 스튜어드십 코드 도입의 강력한 추진력이 되어왔다. 삼성물산 합병 논란을 5대 쟁점으로 나누어 이 스토리의 허상을 해부해

---

51 「[이재용 유죄 판결] 이재용 부회장 등 1심 재판부 판결문 전문」, 『조선일보』, 2017년 8월 25일 자;
   「[전문] 이재용 부회장, 1년만에 석방 '집행유예'」, 『더엘(the L)』, 2018년 2월 5일 자.
52 「이재용 뇌물액 36억→86억…실적 쇼크에 오너리스크 겹친 삼성」, 『조선일보』, 2019년 8월 31일 자.
53 「법원 "삼성 합병 문제없어…국민연금에 손해 아니다"」, 『조선일보』, 2017년 10월 20일 자.

보자.

(1) 합병 비율의 불공정성?

엘리엇이 삼성물산 합병 반대 캠페인을 전개하면서 가장 앞에 내세운 것이 합병 비율이었다. 1 대 0.35로 결정된 제일모직과 삼성물산의 합병 비율이 삼성물산 주주에게 '불공정'하게 산정됐다며 1 대 1.6의 합병 비율이 공정하다고 주장했다. 삼성물산의 주가가 제일모직에 비해 5배 정도나 '저평가'됐다는 것이다. 엘리엇은 그 근거로 한영회계법인이 계산했다는 자산가치 비교를 내놓았다. 합병 비율 문제는 엘리엇이 한국 자본시장법을 몰랐거나 의도적으로 무시한 상태에서 꺼낸 것이다. 그러나 국내외 언론이 사실관계 확인을 제대로 하지 않은 상태에서 이를 증폭시켰다. 지금까지 많은 언론과 정치인, 학자들이 관련법과 사실관계는 따지지 않고 당시 보도를 재탕하는 수준이다.

미국에서는 합병 비율을 산정할 때 자산가치를 넣을 재량이 있지만, 한국에서는 그 재량이 전혀 없다. 자본시장법에서 시장가치만으로 합병 비율을 결정하도록 규정되어 있기 때문이다. 합병 비율은 합병 결정 한 달 전, 일주일 전, 전날의 주식 종가를 합산해서 평균하도록 되어 있다. 주식 가격이 자산가치만이 아니라 성장성, 이익성 등의 여러 지표가 종합적으로 반영된 결과물이기 때문에 주식 가격이 기업 가치 결정에 가장 바람직하다는 생각에 입각한 것이다. 또 자산가치를 별도로 넣을 경우 '조작'의 여지가 생길 수 있으니까 이를 원천봉쇄하려는 굉장히 엄격한 규제 정신이 반영된 것이기도 하다.

이 규제하에서 합병과 관련해 기업이 택할 수 있는 것은 시기뿐이다.

언제 합병할 것인지만 결정하면 합병 비율은 주가에 의해 자동적으로 결정된다. 기업 나름대로 계산한 자산가치라는 것을 들이대며 불공정성을 따질 수가 없는 구조다. 따라서 이 규제하에서는 합병이 바람직한 것인지 여부도 주가가 결정한다. 합병 발표로 주가가 올라가면 합병이 긍정적인 것이 되고, 주가가 떨어지면 부정적인 것이 된다. 그런데 엘리엇이 불공정하다고 주장한 1 대 0.35 비율로 합병하겠다는 발표만으로 삼성물산 주가는 즉각 15%가량 올랐다. 그리고 7월 17일 주총에서 합병이 결정될 때까지 이 수준의 주가가 유지됐다.

당시 삼성물산의 주사업 부문인 건설업이 불황이었고, 상사 부문도 새로운 돌파구가 없던 상태에서 합병이라는 재료가 없었다면 이렇게 큰 폭의 주가 상승은 불가능한 것이었다. 제일모직이 삼성바이오로직스, 삼성바이오에피스 등 전도유망한 바이오 회사를 갖고 있고 합병을 통해 삼성그룹의 실질적 지주회사로 올라서는 프리미엄에 삼성물산이 편승했다고 봐야 한다. 당시에는 삼성물산이건 제일모직이건 이익 본 사람들만 있던 상태였다. 엘리엇도 이익을 보고 있었다. 엘리엇이 이의를 제기한 것은 더 큰 이득을 보려고 들어왔는데, 이득이 15% 수준에서 그쳐서 억울하다는 얘기로밖에 해석할 수 없다.

그러면 엘리엇은 왜 합병 비율을 문제 삼았는가? 전 세계를 무대로 활약해온 '벌처펀드vulture fund' 엘리엇이 한국의 자본시장법을 몰랐다고 생각하기는 어렵다. 엘리엇 창업자인 폴 싱어Paul Singer는 하버드 대학교 법대 출신이고 전 세계적으로 정크본드junk bond를 매입한 뒤 각종 소송을 걸어 원금과 이자까지 받아내는 방법으로 고수익을 올려왔다. 한국 최대 재벌인 삼성그룹을 공격하면서 기본적인 법 지식을 갖추지 않고 시작했다고 보기 힘들다. 그렇다면 엘리엇이 한국법과 맞지도 않는 자산가치 기준 합병 비율을 내세운 것은 불공정 프레임을 쉽게 만들어내기 위한 정치적 행위로 해석해야 한다.

만약 한국 자본시장법의 정신을 그대로 따르면서 합병의 불공정성을 제기하려면 합병 비율이 아니라 삼성그룹이 삼성물산과 제일모직의 주가를 상당 기간 조작해왔고 삼성물산 주가가 저평가되어 있었을 때를 잡아서 합병 결정을 내렸다고 문제 제기를 해야 했다. 그러나 이렇게 공개적으로 주가조작을 주장하는 것은 동조 세력을 끌어들이기에도 상당히 어렵고 자신이 무고죄 혹은 명예훼손으로 역공을 당할 법적 리스크를 떠안는 것이었다. 따라서 엘리엇 입장에서는 국내외에 반재벌 정서를 가진 주주들이 많이 있고 국제 언론이나 IIS 등 국제 투자자문사들도 합병 반대에 동조할 가능성이 높은 여건에서 합병 비율을 내세워 삼성그룹이 이재용 부회장으로의 경영승계를 쉽게 하기 위해 삼성물산에 불리한 자산가치를 적용했다는 선전전을 하는 것이 보다 현실적 대안이었다고 할 수 있다.

(2) 삼성의 합병 시기 선택 및 주가조작 여부

한국 자본시장법상 합병비율 불공정성 시비가 원천적으로 불가능하다는 것이 알려지면서 제기됐던 비판은 삼성그룹이 삼성물산 주가가 저평가되어 있고 제일모직 주가가 고평가되어 있을 때를 골라 합병 시기를 잡았다는 것이었다. 예를 들어, 김상조 당시 경제개혁연대 소장(현 청와대 정책실장)은 "두 회사 주가가 극도의 불균형을 유지하는 상황이 오래 지속됐음에도 삼성그룹이 삼성물산의 저평가 문제를 개선하려는 어떠한 노력도 기울이지 않아 엘리엇의 공격을 자초했다"고 비판했다.[54] 영국의 경제주간지 이코노미스트도 "합병이 발표됐을 때 제일모직의 주가는 상장 이후 최고 수준에 있었고 삼성물산의 주가는 5년 내 최저 수준에 있었다"라면서 "삼성물산의 핵심 사업을 제일모직에 실질적으로 공짜effectively free로 넘기는 것"이었다고 주장했다.[55]

그러나 이렇게 주식의 저평가와 고평가를 쉽게 단정 짓는 것은 한국 주식시장이 바보처럼 움직이든지, 삼성그룹이 삼성물산과 제일모직의 주가를 오래도록 조작할 정도로 막강한 파워를 갖고 있다는 얘기 중 하나다. 둘 다일 수도 있다.

한국 주식시장에는 국내외의 주요 기관 투자자들이 다 들어와 있다. 외국인 투자자 보유 비중이 3분의 1 이상에 달할 정도로 개방되어 있다. 증시 규모도 세계 13위, 14위에 달할 정도로 커져 있다. 당시 삼성물산에는 블랙록, 뱅가드, 피델리티, CalPERS, CalSTRS, 캐나다 연금, GIC 등 세계적 기관 투자자들이 주주로 들어와 있었다. 만약 다수 투자자들이 삼성물산 주가가 저평가됐다고 판단했다면 매입 세력이 커서 주가가 올라갔어야 했다. 그러나 주가가 올라가지 않은 것은 그렇게 생각하지 않는 투자자들이 많았기 때문이라고 보는 것이 합리적이다.

특정 주식이 오래도록 저평가됐다고 단정 짓는 것은 저평가됐다는 주식을 매입하지 않고 있는 수많은 투자자들을 바보 취급하는 것이다. 마찬가지로 어느 주식이 오래도록 고평가됐다고 단정 짓는 것은 그 주식을 팔지 않고 있는 수많은 투자자들을 바보 취급하는 것이다. 저평가 혹은

54 「삼성물산·제일모직 합병, 국민연금 향배에 달렸다」, 『경향신문』 2015년 6월 8일 자.
55 'Reconstructing Samsung', *The Economist*, 2015년 7월 25일 자.

고평가 여부를 단정 짓는 사람과 그에 따라 행동하지 않는 사람 중 누가 진짜 바보인지는 주가가 움직여 봐야지만 판가름 난다. 그런데 합병 발표 후에 저평가됐다고 주장하던 삼성물산 주가뿐만 아니라 고평가됐다고 주장하던 제일모직 주가까지 대폭 뛰어올랐다. 제일모직이 정말 '고평가'되고 있었다면 벌어질 수 없는 일이다. 시장에서는 삼성물산과 제일모직이 시장가격대로 평가되고 있다가 합병이라는 새로운 재료가 나타나니까 두 회사에 다 긍정적인 일이라고 받아들였다고 해석해야 할 것이다.[56]

한국 주식시장에는 삼성그룹보다 자산 규모가 큰 초재벌 기관 투자자가 많이 들어와 있다. 금융 당국도 주가 조작에 대해서는 엄격한 잣대를 갖고 감시한다. 주가조작을 상정하는 사람들은 삼성그룹이 거대 기관 투자자와 금융 당국을 무력화시킬 수 있을 정도로 전지전능하다고 믿는 것이다. 실제로 삼성그룹이 그렇게 강력한 파워를 갖고 있는가? 삼성물산과 제일모직 주식을 보유하고 있던 기관 투자자들과 한국 금융 당국은 그렇게 무기력한 존재들인가? 보통의 경우에는 증거 없이 주가조작을 상정해서 주요 기업을 비판하는 경우가 거의 없다. 그러나 한국 최대 그룹 삼성에 대해서는 예외적인 현상이 벌어졌고 그것이 반복되면서 정치권과 여론을 움직였다.

(3) 국민연금의 합병 찬성 적절성?

삼성 합병 당시나 지금까지 가장 크게 논란을 일으킨 부분은 국민연금의 합병 찬성 투표가 적절했는지 여부이다. 국민연금 개혁론이나 스튜어드

---

56 신장섭(2015); Shin(2015a; 2015b).

십 코드 도입론은 모두 합병이 삼성물산에 좋지 않은 것이었으니까 국민연금이 반대했어야 한다는 전제를 갖고 있다. 그러나 사실관계를 살펴본다면 국민연금은 합병에 찬성할 수밖에 없는 상황이었다. 오히려 반대표를 던졌다면 배임 행위를 했다거나 투기 자본처럼 행동했다고 공격받을 상황이었다.

국민연금의 투표 판단 기준은 수익성, 공공성, 유동성, 안정성이다. 삼성물산 합병에 찬성을 하건 반대하건 국민연금의 유동성이나 안정성에는 아무런 차이가 없다. 나머지 두 가지 기준, 즉 수익성과 공공성을 기준으로 판단하면 되는 일이었다. 연금의 판단 기준에서 가장 중요한 것은 안정적·장기적 수익성이고 공공성은 부차적으로 봐야 한다. 안정적·장기적 수익성이 연금 가입자들이 집사에게 맡긴 핵심 수탁 업무이기 때문이다. 물론 국민연금과 같은 공적 연금이 공공성에 어긋나는 일은 하지 말아야 한다. 그렇지만 수익성을 희생시켜가며 공공성을 추구할 수는 없다. 수익성이라는 핵심 잣대와 공공성이라는 보조 잣대에 비추어서 당시 상황을 복기해보자.

첫째, 당시는 합병 발표만으로 삼성물산 주가가 이미 15%가량 올라 있는 상태였다. 주가가 떨어졌다면 투자 손실을 봤다고 합병에 반대할 수 있겠지만 벌써 큰 이익을 봤는데 수익성이라는 기준에서 반대할 이유가 없었다. 국민연금 비판론자들은 이 상황은 언급하지 않고 합병 성사 이후 주가가 떨어진 사실만 연결시켜서 손해가 크게 났고 따라서 국민연금이 합병에 반대표를 던졌어야 했다고 주장한다. 더 나아가 국민연금이 당시 손해날 것을 알았는데도 불구하고 대통령을 경유한 삼성 측의 로비를 받아서 찬성표를 던졌다고 주장한다. 특검의 스토리가 이렇게 구성되어 있다. 김상조 청와대 정책실장도 2017년 2월 12일 특검 진술에서 "국민연금 입장에서는 당장 수천억 원의 손해를 입을 것이 확실한데도 찬성을 했다는 것이 도저히 납득되지 않았다"라고 말했다.[57]

그러나 정말 그렇게 손실 여부를 확실하게 판단할 수 있었다면 국민 연금뿐만 아니라 다른 삼성물산 주주들도 모두 주식을 매각했어야 했다. 다른 투자자들이 삼성물산에 '쇼트'해서 큰돈을 벌 수도 있었을 것이다. 그렇지만 실상을 보면 찬성표를 던진 국민연금이나 국내 기관 투자자뿐만 아니라 반대표를 주로 던졌던 외국인 투자자들까지도 이 기간 중 주식을 거의 팔지 않았다. 그 이유는 주가가 앞으로 최소한 떨어지지는 않으리라는 쪽으로 시장에서 컨센서스가 모아졌기 때문이었다고 봐야 할 것 같다.

이 가설을 가장 확실하게 입증하기 위해서는 (구)삼성물산 주주 명부를 확보해서 기존 주주들이 삼성물산 지분을 줄였는지 늘렸는지를 확인해보면 된다. 그러나 7월 17일 주주총회에서 합병안이 통과되면서 (구)삼성물산과 (구)제일모직의 주주 명부가 통합됐기 때문에 이를 직접 확인할 방법이 없다. 대신 '주주 명부 확정기'의 주가 움직임과 내외국인 투자자 지분율 변화를 보면, 간접적으로나마 그 실체를 확인할 수 있다.

주주 명부 확정기는 주주총회에 앞서 한 달가량 주주 명부에 변동이 없도록 하는 기간이다. 주식 매매가 계속 이루어지기 때문에 이에 따른 주주 변동을 다 반영하려면 주주총회 당일까지 주주 명부를 확정할 수 없다. 이런 혼선을 막기 위해 주식시장에서는 투표 한 달 전에 주주명부에

---

57 김상조는 여기에서 이 수치의 근거를 밝히지 않았다. 합병 비율에 관한 진술을 하던 중에 나온 얘기라는 맥락에 비추어 볼 때에 합병 비율이 불공정하다는 전제에서 단순 계산했을 가능성이 높다.

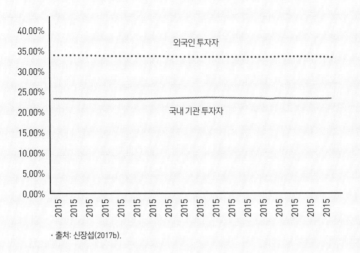

그림 9-3 주주 명부 확정기 (구)삼성물산 투자자의 지분율 변화

· 출처: 신장섭(2017b).

등록된 주주에게만 투표권을 준다. 그 후 한 달 동안의 주주명부 확정기에는 매매가 이루어지더라도 투표권에는 변동이 없다. 이 기간에 해당 주식을 매도한 주주라도 주총에서 투표를 할 수 있다. 이 기간에 주식을 매입한 주주는 주총에서 투표를 할 수 없다. 따라서 이 기간의 주식거래는 투표 방향과 상관없이 순수하게 수익률만을 기준으로 이루어진다. 주가가 떨어질 것이라고 판단하는 주주는 얼마든지 주식을 판 뒤 주총에서 찬성이건 반대건 투표권을 행사할 수 있다. 주가가 올라갈 것이라고 예상하는 투자자는 투표권을 행사하지 못하더라도 수익에 대한 기대만으로 주식을 매입한다.

주주 명부 확정기였던 6월 11일부터 7월 16일까지 삼성물산 주가는 합병 발표 전에 비해 15~20%가량 상승한 수준에서 오르내렸다. 전반적으로 매도가 별로 없었다는 얘기다. 〈그림 9-3〉에서 나타나듯 내국인 투자자와 외국인 투자자 간 지분율도 거의 변하지 않았다. 외국인 투자자 지분율은 6월 11일 33.89%였는데 7월 16일에 33.49%였다. 내국인 기관 투자자 지분율도 6월 11일 23.30%에서 7월 16일 23.37%로 거의 고정되어 있었다.

만약 특검이나 국민연금 비판론자들이 주장하듯이 국민연금 등 국내 기관 투자자들이 주가가 떨어질 것을 알았지만 삼성의 로비 때문에 찬성표를 던져야 했다면, 주주 명부 확정기에 주식을 팔아 예상되는 손실을 피하고 찬성표를 던지면 됐다. 펀드매니저의 성과 평가가 투자수익률에 의해 거의 전적으로 평가받고 투표를 잘했는지 여부는 거의 영향을 미치지 않는다는 현실을 감안할 때 이것이 펀드매니저들에게 합리적 선택이었다. 그러나 국내 기관 투자자들이 주주 명부 확정기에 주식을 많이 팔았다는 증거는 없다.

마찬가지로 반대표를 던졌던 외국인 투자자들의 지분율에도 거의 변화가 없다. 이 당시 삼성물산 주가의 움직임에 대해서는 내국인이건 외국인이건 낙관적으로 보고 있었다고 해석할 수밖에 없다. 당시 국민연금에게 "큰 손해가 날 것이 확실했다"라고 판단할 수 있는 근거는 어디에서도 없다.

국내 기관과 외국 기관을 비교해보면 오히려 국내 기관이 상식에 부합하는 투표를 했고 외국 기관이 상식과 어긋나는 투표를 했다고 할 수 있다. 국민연금 등 내국인 투자자는 삼성물산 주가에 낙관적인 상태에서 찬성표를 던졌지만 외국인 투자자들의 다수는 주가 흐름에 낙관적이었는데도 불구하고 반대표를 던졌기 때문이다. 이것은 상당수의 뮤추얼펀드와 대형 연금에서 주식거래와 투표 및 관여를 하는 부서가 분리되어 있고, '기업지배구조팀' 혹은 '스튜어드십팀'에서 투표를 전담하고 이들이

행동주의적 성향을 갖고 있기 때문에 나타난 현상이라고 할 수 있다.[58]

둘째, 수익성 면에서 국민연금은 추가로 고려해야 할 사항이 있었다. 삼성물산뿐만 아니라 제일모직의 대주주이기도 했기 때문이다. 국민연금은 당시 두 회사의 주식을 각각 1조 원가량 보유하고 있었다. 다른 삼성그룹 주식도 많이 갖고 있었다. 따라서 국민연금은 삼성그룹 주식 포트폴리오의 수익률 향방에 따라 합병 찬성 여부를 판단해야 했다. 합병이 성사된다는 전제하에서는 이미 삼성물산과 제일모직에서 15%가량 이익을 본 상태였다. 앞서 지적했듯이 합병 성사 뒤 주가가 떨어질 것이라고 예상할 이유는 없는 상태였다. 그런데 합병에 반대해서 부결된다면 최소한 제일모직 주가는 폭락한다. 삼성그룹의 '실질적인 지주회사de facto holding company'로 성장해 나간다는 기대 때문에 제일모직의 주가가 계속 올랐는데, 여기에 큰 걸림돌이 생긴다. 삼성그룹 전체 주가에도 부정적 영향을 미친다.

엘리엇의 경우는 삼성물산 주식만 갖고 있었고 합병을 무산시킨 뒤 헤지펀드식으로 삼성물산을 구조조정시키고 자산을 쪼개서 팔면 15%보다 더 높은 수익을 올릴 수 있으리라고 판단했을 것이다. 그러나 국민연금 입장에서는 엘리엇식으로 할 경우에 삼성물산에서 과연 추가 이익이 날지 손실을 볼지 확신할 수 없었고, 만약 추가 이익이 나더라도 그것이 제일모직이나 다른 삼성그룹 계열사의 주가 하락을 보전해줄 정도로 클 것인지를 판단할 수 없는 일이었다. 수익성 기준으로 봤을 때에는 삼성물산과 제일모직에서 이미 확보한 15%가량의 이익을 챙기는 것이 더 나은

---

58   이 책의 5.4절 및 신장섭(2018)의 3.2절과 따로읽기 '삼성물산 합병에서 나타난 외국인 투자자의 왜곡된 투표 행태 – 투표와 매매의 분리' 참조.

선택이었다.

셋째, 공공성의 입장에서 볼 때에도 국민연금이 엘리엇과 삼성 간 대결에서 엘리엇의 손을 들어주기 어려웠다. 엘리엇은 악명 높은 벌처펀드의 선구자다. 아프리카, 중남미 등에서 부도 상태가 되어서 헐값이 되어있는 정크본드를 매입한 뒤 뉴욕이나 런던의 법원에 소송을 내서 이들 나라에 지원될 국제원조자금에 지급정지 가처분을 받아낸 뒤 그 나라 정부를 협박해서 자신이 갖고 있던 정크본드에 대해 시가 전액과 고리 이자까지 받아내는 방법으로 고수익을 올려왔다. 국민연금이 이런 벌처펀드와 한편이 되어 국내 대기업을 공격하는 것은 선택하기 어려운 일이다.

또 엘리엇이 요구하던 대로 삼성물산이 갖고 있는 주식이나 현금성 자산을 대거 배당한다고 해서 한국 경제가 좋아지리라는 보장이 없다. 당시 주식을 갖고 있던 주주들은 단기 이익을 얻을 수 있을지 몰라도 그것이 삼성물산의 중장기 가치 상승에 도움이 된다고 할 수 없었다. 또 한국 경제가 좋아진다는 공공성을 기대할 여지도 없었다. 오히려 미국에서 헤지펀드 행동주의의 결과가 보여주듯 공공성에 부정적일 가능성이 더 높았다.[59]

삼성그룹과 엘리엇을 상대적으로 공공성 차원에서 비교해보아도 마찬가지다. 삼성그룹이 그동안 한국에 얼마나 기여했고 앞으로 얼마나 기여할 것인지에 대한 평가는 보는 사람에 따라 차이가 있을 수 있다. 그렇지만 삼성그룹은 한국 사회에 대해 최소한 공과功過를 동시에 갖고 있었다. 반면 엘리엇은 그동안 한국에 공功이라고 쌓아놓은 것이 전혀 없었다.

---

[59]   3.4절 및 6.4절 참조.

앞으로 공을 쌓을 수 있을지에 대해 별로 기대할 것도 없었다. 공공성이라는 잣대에서 엘리엇을 지지할 이유를 찾을 수 없었다.

국민연금의 찬성 투표를 비판하는 사람들은 삼성 합병이 이재용 부회장으로의 3세 승계를 목적으로 하는 것이었다며 국민연금이 그에 대해 찬성하는 것이 공공성에 바람직하지 않다고 문제를 제기한다. 실제로 국민연금의 합병 찬성에 관한 많은 비판이 이러한 반재벌 정서에 입각해 있었다. 엘리엇은 삼성 합병을 공격할 때 이 정서를 적극적으로 활용했다.

그러나 한국에서 경영승계는 불법이 아니다. 경영승계를 하려면 상속세를 많이 내야 한다는 법만 있을 뿐이다.[60] 경영승계 시도 자체가 공공성을 해친다고 단정할 근거는 어디에도 없다. 전 세계적으로 잘 운영되는 가족경영 기업도 많다. 전문경영이 세계에서 가장 많이 발전했다는 미국의 경우조차도 가족경영이 전문경영보다 성장성과 수익성에서 평균적으로 더 좋은 성과를 내고 있다.[61]

또 삼성물산 주식을 보유하고 있던 투자자들은 이 회사가 한국 최대 재벌의 주요 계열사이고 경영승계가 진행되고 있다는 사실을 알고 있는 상태에서 주식을 갖고 있었다. 국민연금도 해당 펀드매니저들이 경영승계에 대해 긍정적 인식을 갖고 있건 부정적 인식을 갖고 있건 간에 상관없이 삼성물산 주식이 수익성이 있다고 생각해서 보유하고 있었던 것이다. 그동안 삼성그룹 주식만 모아서 투자하는 '삼성그룹 펀드'도 인기가 많았다. 재벌식으로 경영되는 것을 잘 알면서도, 또는 그렇기 때문에 삼성

---

60 7.3절 참조.
61 4.4절 참조.

계열사들의 주식에 대해 모아서 투자했던 것이다.[62]

삼성그룹은 재판 과정에서 삼성물산과 제일모직 합병이 경영승계 목적이 아니라 두 회사 간의 '시너지'를 목적으로 한 것이었다고 강조했다. 경영승계가 주목적이었다 하더라도 합병 발표로 삼성물산의 주가가 올라갔기 때문에 삼성그룹 입장에서는 경영승계에 도움이 되면서 삼성물산 주주들에게도 이익이 되는 '윈-윈' 게임을 했다고 할 수 있다. 경영승계 진행 과정에서 주가가 떨어졌다면 몰라도, 합병 발표로 투자 수익을 올렸는데 국민연금이 합병을 반대할 이유도 명분도 없었다. 재벌 주무 부서인 공정위조차 법적으로 문제 삼지 않는 경영승계 여부를 국민연금이 투표 판단에서 공공성의 기준으로 삼을 수는 없는 일이었다.

(4) 국민연금 투자위원회 투표 결정의 적절성?

당시 국민연금에 비판적인 정치인이나 시민단체, 언론들은 국민연금의 삼성 합병 투표를 의결권전문위원회에 맡기지 않고 투자위원회에서 결정한 것이 삼성그룹을 도와주기 위한 것이었다고 주장했다.[63] 그리고 이 주장에 맞춰서 국민연금은 스튜어드십 코드를 도입할 때 수탁자 전문위원회를 만들어 2018년 7월 말부터는 모든 기업 투표를 이 위원회가 총괄하도록 했다. 외국의 대형 뮤추얼펀드나 대형 연금의 기업지배구조팀 혹은 스튜어드십팀과 같은 조직을 국민연금 내에 새로 만든 것이라고 할 수 있다.[64]

---

62 3.2절 참조.
63 예를 들어 『한겨레신문』은 「수천억 원대 손해보면서…국민연금, 수상한 '삼성물산 합병 찬성'」이라는 제목의 기사를 통해 의결권 자문위원회에 투표를 맡기지 않은 '의혹'을 제기했다(2016년 11월 20일 자).
64 5.4절 참조.

그러나 투표 결정의 적절성 여부를 따질 때에 국민연금 내의 어느 조직이 투표 방향을 결정한 것인지는 부차적인 문제이다. 의결권 전문위원회건 투자위원회건 둘 다 국민연금의 내부 조직이기 때문이다. 따라서 둘 다 똑같이 수익성과 공공성이라는 잣대에 따라 투표해야 한다. 그 잣대에 충실하다면 앞에서 논의한 것처럼 누가 투표 결정을 하건 반대표를 던질 이유가 없었다. 만약 반대표가 나왔다면 어느 위원회가 됐든 간에 국민연금의 기준에 맞지 않게 투표했다고 봐야 한다.

또 당시 국민연금 조직상 정식 의사 결정 기구는 투자위원회였다. 전문위원회는 자문기구이었고 투자위원회가 의뢰하면 투표 결정을 내리게 되어 있었다. 삼성 합병과 같이 중요한 사안에서 정식 의사 결정 기구가 투표 결정을 내리는 것이 합리적이다. 실제로 2006년 의결권전문위원회가 만들어지고 2015년 삼성 합병 때까지 10년 동안 60개의 기업 합병안에서 전문위에서 투표 결정을 내린 것은 단 1건뿐이었다.[65] 만약 의결권 자문위원회에 삼성 합병에 관한 투표 결정을 의뢰했다면 이것이 오히려 비정상적인 결정이었을 것이다.

문형표 전 복지부 장관과 홍완선 전 기금운용본부장이 법원에서 그 후 삼성 합병 투표 관련으로 유죄 판결을 받은 것은 절차를 어기고 '외압'을 행사했다는 혐의 때문이었지 투표의 방향 자체가 잘못됐다고 법원이 판단했기 때문이 아니었다. 오히려 외압을 넣었다는 복지부 장관과 기금운용본부장이 유죄 선고를 받을 정도로 기금운영본부의 의결권 행사 제도가 독립성을 갖추고 있었다는 방증이라고 해석할 수 있다.

---

65 「기업 합병 때 찬반 결정은 원래 국민연금 투자위의 고유 영역」, 『한국경제신문』, 2016년 12월 28일 자.

(5) 통합 삼성물산 주가 하락으로 국민연금에 손해?

만약 통합 삼성물산의 주가가 합병 이후에 그 수준을 유지했거나 상승했으면 국민연금의 찬성투표에 대한 비판이나 의혹은 모두 잠재워졌을 것이다. 그러나 통합 삼성물산의 주가는 합병 직후 하락했다. 회계상으로 국민연금은 통합 삼성물산 주식 보유에 따라 손실을 입었다. 그러면 이것이 국민연금이 삼성물산 합병에 찬성표를 던진 것이 잘못됐다는 증거가 되는가?

주식시장 생리를 조금이라도 알고 있는 사람이라면 국민연금이 합병 후 주가가 떨어져 "손해를 입을 것이 확실하다"라고 예상했는데도 불구하고 합병에 찬성했다는 김상조 전 공정거래위원장의 특검 진술 발언이나 특검의 삼성 기소 논리는 받아들일 수 없는 것이다. 정말 주가가 떨어질 것이라고 생각했으면 국민연금이나 다른 기관 투자자들이 삼성물산 주식을 팔았어야 한다. 주식을 팔더라도 투표권을 행사할 수 있는 주주 명부 확정기라는 황금기가 한 달이나 있었다. 또 그렇게 주가 하락이 확실했다면 삼성물산 주식에 쇼트해서 큰돈을 버는 투자자들이 많았어야 했다. 그러나 앞에서 살펴보았듯이, 내국인 기관 투자자들뿐만 아니라 외국인 기관 투자자들도 (구)삼성물산 보유 지분을 거의 변동시키지 않았다. 대부분의 투자자들이 합병 후 주가 하락을 예상하지 못했다고 보는 것이 합리적이다.

그러면 예상하지 못했던 주가 하락 및 투자 손실에 대해 펀드매니저는 얼마나 책임을 져야 하는가? 그 기관 내부에서의 고과 평가에는 반영할 수 있을 것이다. 그러나 이것도 투표를 결정한 행위 때문이 아니라 주식 매매를 잘 하지 못한 것에 대한 책임일 뿐이다. 또 펀드매니저의 성과는 특정 기업의 투자수익률만으로 평가되지 않는다. 포트폴리오를 구성해서 여러 기업에 투자하기 때문에 포트폴리오 전체의 수익률에 의해 평가받는다. 한 기업의 주가가 예상치 못하게 떨어지더라도 다른 기업의 주가가 올라서 만회할 수 있다.

국민연금의 경우는 삼성물산 합병에 대해 개별 펀드매니저가 투표를 결정한 것이 아니라 투자위원회가 집합적으로 결정을 내렸다. 그렇다면 국민연금의 삼성물산 합병 투표의 적절성 여부를 투자수익률로 평가하려고 한다면 개별주식의 수익률이 아니라 국민연금 보유 포트폴리오 전체의 수익률로 평가해야 한다. 그러나 당시 삼성 합병 찬성으로 국민연금 포트폴리오 전체 수익률이 크게 떨어졌다는 증거는 없다.

한편 예상치 못한 투자수익률을 놓고 외부에서 문제 삼는 것은 정상적인 투자활동을 가로막는 일이다. 기업 경영인에게도 사업판단준칙이 적용된다.[66] 사익을 추구하기 위해 경영 결정을 내렸다면 법적 책임을 져야 하지만, 그렇지 않고 실수나 외부 여건 등에 의해 경영이 잘못된 것은 법적 책임을 지우지 않는 것이다. 모든 잘못에 대해 법적 책임을 묻는다면 경영인이 위험 부담을 하지 않고 따라서 모험적 투자를 기피하는 등 경영 수탁자로서의 임무를 제대로 수행하지 못하기 때문이다. 국민연금 등 기관 투자자들도 마찬가지다. 배임 행위를 했거나 투자 과정에서 법을 위반하지 않는 한 예상치 못한 투자 손실에 대해 외부에서 문제 삼을 수는 없는 일이다.

---

[66] 1.7절 참조.

6. 장기 투자 북돋는 '기업−기관 규준' 5대 제안

국내에 스튜어드십 코드가 도입되고 적용된 과정을 보면 중요한 거의 모든 사안들에 대해 왜곡이 거듭됐지만, 재벌 개혁을 내세운 경영 개입, 즉 연금 사회주의 실현이라는 목표만은 일관됐다는 것을 알 수 있다. 모든 논리와 실증은 이 목표에 종속됐다. 그래서 해외 스튜어드십 코드가 '립서비스' 자율 규제인데도 불구하고 중요한 '글로벌 스탠다드'인 양 포장되어 국내에 홍보됐다. 기관 투자자가 돈 맡긴 고객의 집사인데도 불구하고 기업을 관리하는 집사로 환치換置됐다. 자율 규제라면서 정부 정책으로 집행했다. 연금 가입자들은 동의한 바 없는데 국민연금을 재벌 개혁의 전위대로 만들어 나가고 있다. 이것을 합리화하기 위해 국민연금이 잘못한 비정상적 기업 지분 확대에 대해서는 눈감고, 그동안 잘했던 투자수익률 달성이나 투표 결정은 잘못한 것으로 몰아붙여왔다.

국민연금은 연금 가입자들의 소중한 자산이다. 사회복지의 핵심축 중 하나이다. 국민연금은 노후 대비 자금 공급이라는 본연의 업무에 충실해야 한다. 실제로 국민연금에게는 본연의 업무를 수행하는 과제가 만만치 않다. 2019년 말 736조 원인 연금 자산은 2040년경까지 최고 2,500조원 규모로 급증한 뒤 인구구조 변화에 따라 급전직하로 줄어들 전망이다 (그림 9-4). 당장은 기금 규모가 급격히 늘어나기 때문에 국민연금이 행사할 수 있는 파워는 더 강력해진다. 정치권이나 이익집단, 국민연금 관계자들이 그 힘을 특정 목적이나 이익에 사용하고 싶은 유혹은 대단히 달콤하다. 그러나 그 이후는 걷잡을 수 없이 악화된다. 젊은 세대가 그 부담을 뒤집어쓸 수밖에 없는 구조다. 여기에 더해 고령화와 저출산 속도는 더 빨

그림 9-4 국민연금의 적립 기금, 총수입, 총지출 변화 추이

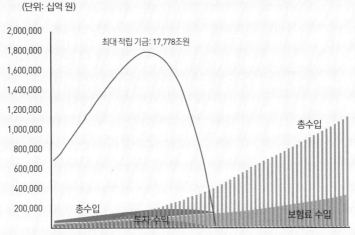

· 출처: 국민연금재정추계위원회(2018).

라지고 있다. 연금의 투자수익률도 예상보다 낮아지고 있다. 기금 고갈 시점이 더 앞당겨질 수밖에 없다.

조금만 미래를 생각해보면 국민연금은 지금 위기 상황을 맞고 있다고 할 수 있다. 이 위기는 세대를 관통하며 멀리 내다보는 투자 정책과 조직 역량을 통해서만 극복할 수 있다. 눈앞에 보이는 정치적 이해관계나 포퓰리즘 등에 기금 운용이 휘둘려서는 위기를 앞당길 뿐이다. 국민연금은 연금 가입자의 집사로서 노후 자금 확보를 위해 중장기 투자수익을 올리는 임무에 충실해야 한다. 정부도 그 여건을 만들어주는 데 주력해야 한다. 5년마다 바뀌는 정권의 입맛에 맞춰 국민연금의 힘을 정치적으로 이용할 엄두를 내지 말아야 한다. 국민연금이 연금 가입자의 집사로서 본연의 임무를 제대로 수행하고 건강한 기업-기관 관계를 수립하기 위해 아래와 같은 5가지 정책 제안을 내놓는다.

첫째, 국민연금은 집사의 임무인 중장기 투자 수익을 제대로 내기 위해 기관 투자자의 보편적 투자 철학인 다변화에 충실해야 한다. 국민연금이 주요 대기업 지분의 10%가량을 갖고 있는 것은 국제적으로 비교할 때 지극히 비정상적인 상황이다. 한 대기업이 잘못되는 조짐을 보일 때 그 주식을 팔지 못하고 끌어안고 있게 된다. 국민연금은 가능한 빨리 개별 기업 지분을 다변화 투자가 가능한 5% 아래로 끌어내려야 한다. 그러나 국민연금이 기업 지분을 갑자기 팔면 주식시장에 큰 충격이 있을 것이다. 이 충격을 줄이기 위한 중간 단계 조치로서 5% 이상의 지분은 민간에 위탁해서 운용하고 의결권도 함께 위탁해야 한다. 다변화 투자를 잘하기 위해 능력 있는 운용역들을 끌어들이고 지키는 방안을 빨리 마련해야 하는 것은 두말할 나위 없는 일이다.

둘째, 기관 투자자와 기업의 관계는 누구나 동의할 수 있는 중장기 가치 상승이라는 접점을 어떻게 하면 함께 잘 찾아 나갈 수 있는지에 초점을 맞추어서 재설정해야 한다. 기관 투자자 행동주의가 아무리 강화되더라도 중장기 가치 상승이라는 대의를 거스를 수는 없다. 연금은 그 목적을 위해 만들어졌다. 경영 수탁자도 기업의 장기 생존을 달성하는 임무(기업명제 3)를 부여받았다. 그렇다면 주주총회를 그 공통의 대의에 복속시켜야 한다. 한 방법은 주주 제안을 내놓을 때 그것이 기업의 중장기 가치를 높이는 데 어떻게 도움이 되는지 합리화하는 것을 금융 규제를 통해 의무화하는 것이다.

현재 대부분의 주주 제안에는 잉여 현금을 빼내야 한다든가 주주 환원을 늘려야 한다는 등 단기 금융 투자자 위주의 요구만 일방적으로 들어가 있다. 많은 헤지펀드들이 '건설적 행동주의constructive activism'라는 슬로건을 내걸고 있지만 실제로 내놓는 제안은 자사주 매입, 배당 확대, 구조조정 등 단기적으로 주가에 영향을 미치는 것이 대부분이다. 국내에서도 스튜어드십 코드가 도입된 이후 국민연금의 적극적 주주활동에는 배당 확대가 굉장히 중요한 항목으로 들어가 있다.

그러나 주주 제안을 내놓을 때 금융 투자자들에게 중장기적 기업 가치에 미치는 영향에 관해 합리화할 것을 의무화하면 무작정 잉여 현금을 내놓으라는 요구가 차단된다. 잉여 현금이라는 것을 빼낼 때 그것이 왜 기업의 중장기 가치 상승에 바람직한지를 합리화해야 하기 때문이다. 이 과정에서 장기적 관점을 갖는 투자자들의 목소리가 높아질 수 있을 것이다.

같은 맥락에서 경영진도 주총에 올리는 주요 안건이나 잉여 현금이라고 얘기되는 자금에 대해 기업의 중장기 성장을 위해 왜 필요한지 합리화하는 의무를 지게 하는 것이 바람직하다. 그러면 경영진의 전반적인 시각이나 행태가 중장기적이 되고 기업의 중장기 성장에 더 적극적으로 자신의 경영 능력을 투입하게 될 것이다. 또 경영진이 자신의 아성을 쌓는 등 다른 목적을 위해 잉여 현금을 쌓아놓고 있다는 등 세간의 비판으로부터도 상당히 자유로워질 수 있을 것이다.

셋째, 장기 투자자에게 투표권을 더 많이 주어서 장기 투자자의 목소리가 커지도록 하는 방향으로 투표권 행사 제도를 개편해야 한다. 한국은 현재 세계에서 가장 경직적인 '1주 1의결권' 제도를 시행하고 있다. 상법에서 강행 규정으로 되어 있기 때문이다.[67] 그러나 주식시장은 갈수록 단

---

67 5.4절 참조.

기화되는 경향을 보이고 있다. 나노초 단위로 주식을 사고파는 초단기 매매 비중이 급격히 높아지고, 투자자들의 주식 평균 보유 기관도 계속 짧아지고 있다. 헤지펀드 중에서는 주식을 산 뒤 파생 상품을 통해 주식과 투표권을 분리시켜 주식은 이익 내고 판 뒤 투표권만 갖고 영향력을 행사해 추가 이익을 얻어가는 경우도 많아지고 있다. 잠깐 주식을 보유하고 단기 차익만 노리는 기관이나 개인을 장기 투자자와 똑같이 대우해주는 것은 합리적이지 못하다. 그 기업에 애정을 갖고 잘 성장하기를 바라는 기관이나 개인의 의견이 제대로 대우를 받아야 한다. 정치 투표에서도 단기 체류자에게 투표권을 주지 않는다. 관광객에게는 더더욱 주지 않는다.

다른 나라에서는 차등의결권 제도를 통해 장기적 관점을 갖고 있는 투자자들에게 더 많은 투표권을 줘서 기업이 단기 이익 추구에 흔들리는 것을 막아준다. 한국도 차등의결권을 도입해야 한다. 상장할 때 차등의결권을 선택할 수 있도록 허용할 뿐 아니라 이미 상장되어 있는 기업에게는 주식 보유 기간에 비례해서 의결권을 더 많이 주는 차등의결권을 도입할 필요가 있다.[68]

미국에서 기관 투자자 그룹이 차등의결권에 반대하는 중요한 이유는 창업자 등 경영진에게는 차등의결권이 부여되는 반면, 금융 투자자에게는 1주당 1의결권만 부여되어 차별받는다고 생각하기 때문이다. 만약 창업자건, 경영진이건, 금융 투자자건 상관없이 장기 투자자에게 의결권을 더 많이 주는 시스템으로 제도를 바꾸면 장기적 시각을 갖는 기관 투자자들은 이에 대해 찬성할 가능성이 높다. 네덜란드나 프랑스에서는 이

---

68 4.3절, 4.4절 및 7.3절 참조.

러한 주식 장기 보유자 우대 투표 제도를 시행하고 있다. 미국도 실리콘 밸리에서 장기증권거래소LTSE가 추진되고 있다.

넷째, 자사주 소각은 금지시켜야 한다. 현재 금융 투자자들이 단기 주가를 끌어올리기 위해 가장 강력하게 요구하는 것이 자사주 매입이다. 미국 대기업들은 지금 당기 이익 중 60% 이상을 자사주 매입에 사용하고 있다. 약탈적 가치 착출의 핵심은 자사주 매입에 있다. 국내에서도 삼성전자, 현대차 등의 대기업들이 헤지펀드의 압력에 밀려 대규모 자사주 매입 및 소각을 실행했다. 자사주 매입 자체는 여러모로 쓸모가 있다. 그러나 자사주 소각은 사회적 해악만 있지 옹호할 이유가 하나도 없다. 정부가 기업의 중장기 투자를 통한 일자리 창출, 기업 가치 상승, 주가 상승, 연금 수익률 상승을 바란다면 오직 단기 투기꾼만 도와주는 자사주 소각은 금지되어야 한다.[69] 그래야 기관 투자자와 기업 간에 중장기적 가치 상승을 놓고 보다 건설적인 대화가 이루어질 수 있다.

다섯째, 기관 투자자가 정말 집사로서 고객에 대한 임무를 충실히 수행하도록 만들기 위해 미국 오바마 행정부가 추진했던 것과 같은 수탁자 규제를 도입할 필요가 있다. 돈 맡긴 고객과 기관 투자자 사이에서 분쟁의 여지가 가장 큰 부분은 수수료와 내부거래이다. 금융 회사가 제시하는 수수료 부과 방식은 천차만별이다. 겉으로는 낮아 보여도 실질적으로 높은 경우도 있다. 기관 투자자가 운영하는 수많은 펀드 간에 내부거래가 이루어져 고객의 손익이 달라지는 경우도 나타날 수 있다.

수수료 투명화의 구체적 방안에 대해서는 깊이 있는 검토가 필요할

---

69   4.4절 및 따로읽기 3-2 참조.

것이다. 수수료를 완전히 공개하는 것이 기관 투자자의 영업 비밀을 노출시키거나 영업을 위축시킬 가능성도 있다. 그로 인해 오히려 고객의 투자 수단 선택 폭이 줄어들 수도 있다. 관련 업계와 고객의 입장을 폭넓게 수렴해서 합리적인 선에서 수수료 투명화 방안이 마련돼야 할 것이다.

한국은 국민연금 등 연기금이 투자활동을 직접 수행한다. 자산을 위탁 운용을 할 때에도 연기금 내의 투자 전문가들이 운용사 및 투자 상품을 고르기 때문에 금융 상품 수요자와 금융 상품 공급자 간 정보의 비대칭성 문제는 완화된다고 할 수 있다. 대신 위탁 운용 과정에서 이해 상충의 문제가 발생할 가능성은 남아 있다. 연기금의 펀드매니저들이 자신의 이익에 유리한 위탁 운용사를 연기금 고객에게 유리한 위탁 운용사로 포장할 가능성은 열려 있는 것이다.

이 이해 상충의 문제는 기본적으로 연기금이 내부의 관리 시스템을 통해서 해결해야 하는 사안이다. 그렇지만 이해 상충 여지를 줄이기 위해 연기금이 자산을 위탁 운용할 때에 수수료를 공개하는 의무를 부과할 필요가 있다. 특히 해외 헤지펀드나 사모펀드들은 위탁 운용 계약을 맺을 때 '수수료 비밀 조항'을 붙여서 수수료 내역을 감추는 경향이 강하다. 수수료가 높은데도 불구하고 공개되지 않을 경우에는 이해 상충의 여지가 커진다. 또 해당 펀드의 실제 수익률을 제대로 평가하는 것조차 어려워진다. 미국의 연금들은 이 문제로 이미 크게 홍역을 치렀다. 헤지펀드 투자가 일반적으로 소개되는 것처럼 '고비용·고수익'이 아니라 실제로는 '고비용·저수익'이었다는 연구 결과도 나왔다.[70] 미국에서 헤지펀드 투자를

---

70   Parisian and Bhatti(2016); Dichev and Yu(2011).

선도했던 CalPERS는 2014년에 헤지펀드 투자 중단을 선언하는 지경에 이르렀다.[71]

71 'With Pension Fund Giant Calpers Quitting Hedge Funds, Other Investors Reflect', *The New York Times*, 2014년 9월 16일 자.

참고문헌

영어 문헌

Aglietta, Michel(2005). Corporate Governance Adrift. Edward Elgar.

Agrawal, Ashwini K(2008). 'Corporate Governance Objectives of Labor Union Shareholders: Evidence from Proxy Voting', Working Paper, New York University, Stern School of Business.

Alchian, Armen A. and Harold Demsetz(1972/2009). 'Production. Information Costs and Economic Organization'. *American Economic Review* 62; Reprinted in Kroszner. R.. & Putterman. L. (Eds.)(2009). *The Economic Nature of the Firm: A Reader*. Cambridge University Press.

Alizon, Fabrice, Steven B. Shooter and Timothy W. Simpson(2008). 'Henry Ford and the Model T: Lessons for Product Platforming and Mass Customization'. *Design Studies*. 30(5).

Allen, Franklin and Douglas Gale(2001). *Comparing Financial Systems: A Survey*, MIT Press.

Allen, William T(1992). 'Our Schizophrenic Conception of the Business Co rporation'. *Cardozo Law Review* 14.

Arrow, Kenneth J(1974). *The Limits of Organization*. Norton.

Avi-Yonah, Reuven S. and Dganit Sivan(2007). 'A Historical Perspective on Corporate Form and Real Entity', in Biondi. Yuri. et al.(2007). *The Firm as an Entity: Implications for Economics. Accounting and the Law*. Routledge

Ayres, Robert and Michael Olenick(2017). 'Share Buybacks Are Corporate Suicide', INSEAD Knowledge website(https://knowledge.insead.edu/economics/share-buybacks-are-corporate-suicide-7071).

Bainbridge, Stephen M(2002). 'Director Primacy: The Means and Ends of Corporate Governance'. *Northwestern University Law Review* 97.

Bainbridge, Stephen M(2005). 'Shareholder Activism and Institutional Investors'. *UCLA School of Law. Law-Econ Research Paper* No. 05-20. at https://papers.ssrn.com/sol3/papers.cfm?abstract_id=796227.

Bainbridge, Stephen M(2006). 'Director Primacy and Shareholder Disempower ment'. *Harvard Law Review* 119.

Bainbridge, Stephen M(2008). *The New Corporate Governance in Theory and Practice*.

Oxford University Press.

Barca, Fabrizio and Marco Becht(2002). *The Control of Corporate Europe*. Oxford University Press.

Batchelor, Ray(1994). *Henry Ford. Mass Production. Modernism. and Design*. UK: Manchester University Press.

Bebchuk, Lucian A(2005). 'The Case for Increasing Shareholder Power'. *Harvard Law Review* 118.

Bebchuk, Lucian A(2013). 'The Myth that Insulating Boards Serves Long-Term Value'. *Columbia Law Review* 113.

Bebchuk, Lucian A., and Scott Hirst(2018). 'Index Funds and the Future of Corporate Governance: Theory, Evidence, and Policy'. *SSRN Electronic Journal* at https://papers.ssrn.com/sol3/Papers.cfm?abstract_id=3282794.

Bebchuk, Lucian, Alon Brav and Wei Jiang(2015). 'The Long-Term Effects of Hedge-Fund Activism'. *Columbia Law Review*. 115(5): 1085-1155.

Becht, Marco, Julian Franks, Jeremy Grant and Hammes F. Wagner(2017). 'The Returns to Hedge Fund Activism: An International Study. *Review of Financial Studies* 30/7.

Berle, Adolf A(1931). 'Corporate Powers as Powers in Trust'. *Harvard Law Review* 44(7).

Berle, Adolf A(1932). 'For Whom Are Corporate Managers Trustees?'. *Harvard Law Review* 45(8).

Berle, Adolf A(1947). 'The Theory of Enterprise Entity'. *Columbia Law Review* 47(3).

Berle, Adolf A(1954). *The 20th Century Capitalist Revolution*, New York: Harcourt, Brace.

Berle, Adolf A(1958). '"Control" in Corporate Law'. *Columbia Law Review* 58(8).

Berle, Adolf A(1959). *Power Without Property: A New Development in American Political Economy*. Sidgwick and Jackson Limited.

Berle, Adolf A. and Gardiner C. Means(1932/2007). *The Modern Corporation and Private Property*. Transaction Publishers.

Bethel, Jennifer E. and Stuart L. Gillan(2002). 'The Impact of the Institutional and Regulatory Environment on Shareholder Voting'. *Financial Management* 31(4).

Bew, Robyn and Richard Fields(2012). 'Voting Decisions at US MutualFunds: How Investors Really Use Proxy Advisers'. at https://ssrn.com/abstract=2084231.

Bianchi, Marcello, Magda Bianco and Luca Enriqueset(2002). 'Pyramidal Groups and the Separation Between Ownership and Control in Italy', in Barca, Fabrizio and Marco Becht(2002). *The Control of Corporate Europe*. Oxford University Press.

Biondi, Yuri(2007a). 'The Economic Theory of the Firm as an Entity', in Biondi, Yuri et al.(2007). *The Firm as an Entity: Implications for Economics. Accounting and the Law*. Routledge.

Biondi, Yuri(2007b). 'Accounting and the economic nature of the firm as an entity', in Biondi, Yuri et al.(2007). *The Firm as an Entity: Implications for Economics. Accounting and the Law*. Routledge.

Birch, Sarah(2009). *Full Participation: A Comparative Study of Compulsory Voting*. Manchester University Press.

Blair, Margaret(1993). *The Deal Decade: What Takeovers and Leveraged Buyouts Mean for Corporate Governance*. Brookings Institution Press.

Blair, Margaret(1995). *Ownership and Control: Rethinking Corporate Governance for the Twenty-First Century*, Brookings Institution Press.

Blair, Margaret(2003a). 'Locking in Capital: What Corporate Law Achieved for Business Organizers in the Nineteenth Century'. *UCLA Law Review* 51.

Blair, Margaret(2003b). 'Shareholder Value, Corporate Governance, and Corporate Performance', in Cornelius, Peter K. and Bruce Kogut (ed.)(2003). *Corporate Governance and Capital Flows in a Global Economy*. Oxford University Press.

Blair, Margaret(2006). 'The Neglected Benefits of the Corporate Form: Entity Status and the Separation of Asset Ownership from Control', in Grandori. A. (ed.)(2006). *Corporate Governance and Firm Organization: Microfoundations and Structural Forms*. Oxford University Press

Blair, Margaret and Lynn Stout(2003). 'A Team Production Theory of Corporate Law'. *Virginia Law Review* 85.

Bogle, John(2006). *The Battle for the Soul of Capitalism*, Yale University Press.

Brav, Alon and Jiang, Wei and Thomas, Randall S. and Partnoy, Frank(2008). 'Hedge Fund Activism, Corporate Governance, and Firm Performance'. *Journal of Finance* 63.

Brav, Alon. Wei Jiang. Hyunseob Kim(2010). 'Hedge Fund Activism: Review'. *Foundations and Trends in Finance* 4(3).

Brav, Alon. Wei Jiang. Hyunseob Kim(2015). 'The Real Effects of Hedge Fund Activism: Productivity, Asset Allocation, and Labor Outcomes'. *The Review of Financial Studies* 28(10).

Brecht, Marco and Colin Mayer(2002). 'Introduction', in Barca, Fabrizio and Marco Becht(2002). *The Control of Corporate Europe*. Oxford University Press.

Brecht, Marco and Ekkehart Böhmer(2002). 'Ownership and Voting Power in Germany', in Barca, Fabrizio and Marco Becht(2002). *The Control of Corporate Europe*. Oxford University Press.

Brennan, J. and Hill, L(2014). *Compulsory Voting: For and Against*. Cambridge University Press.

Briggs, Thomas W(2007). 'Corporate Governance and the New Hedge Fund Activism: An Empirical Analysis'. *Journal of Corporation Law*. 32(4).

Brown, Joshua(2016). 'Wall Street Dodged a Bullet on the Retirement Fiduciary Rule'. *Fortune*, 6 April, 2016.

Burch Jr., Philip H(1972). *The Managerial Revolution Reassessed: Family Control in America's Large Corporations*. Lexington MA: Lexington Books

Burger, Dani(2017). 'The U.S. Stock Market Belongs to Bots'. *Bloomberg*, 16 June, 2017.

Business Roundtable(2019). 'The Business Roundtable Statement on the Purpose of a Corporation'(https://www.businessroundtable.org/business-roundtable-redefines-the-purpose-of-a-corporation-to-promote-an-economy-that-serves-all-americans).

Calio, Joseph Evan and Rafael Xavier Zahralddin(1994). 'The Securities and Exchange Commission's 1992 Proxy Amendments: Questions of Account ability'. *Pace Law Review* 14(2).

Carlisle, Tobias E(2014). 'The Icahn Manifesto'. *Journal for Applied Corporate Fin ance*, 26(4).

Center on Executive Compensation(2011). 'A Call for Change in the Proxy Advisory Industry Status Quo: The Case for Greater Accountability and Oversight', January.

Chandler, Alfred(1962). *Strategy and Structure: Chapters in the History of the American Industrial Enterprise*. MIT Press.

Chandler, Alfred(1977). *The Visible Hand: The Managerial Revolution in American Business*. Harvard University Press.

Chandler, Alfred(1990). *Scale and Scope*. Cambridge Mass: Harvard University Press.

Cheffins, Brian R(2010). 'The Stewardship Code's Achilles' Heel'. *The Modern Law Review* 73(6).

Cheffins, Brian R(2013). 'The History of Corporate Governance', in Wright, Mike, Donald S. Siegel, Kevin Keasey, and Igor Filatotchev (ed.)(2013). *The Oxford Handbook of Corporate Governance*. Oxford University Press.

Cioffi, John W(2005). 'Corporate Governance Reform, Regulatory Politics, and the Foundations of Finance Capitalism in the United States and Germany'. *CLPE*

Research Paper No. 6. at https://ssrn.com/abstract=830065.

Clark, Gordon(2000). *Pension Fund Capitalism*. Oxford University Press.

Cline, William(2013). 'Japanese Optical Illusion'. *The International Economy*, Spring (http://www.international-economy.com/TIE_Sp13_Cline.pdf).

Coase, Ronald H(1990). 'Accounting and the Theory of the Firm'. *Journal of Accounting and Economics* 12(1).

Coates, John C(2018). 'The Future of Corporate Governance Part I: The Problem of Twelve'. Working paper at https://ssrn.com/abstract=3247337.

Coffee. John(2001). 'The Rise of Dispersed Ownership: The Roles of Law and the State in the Separation of Ownership and Control'. *The Yale Law Journal*. 111(1).

Coffee. John(2012). 'Dispersed Ownership: The Theories, the Evidence, and the Enduring Tension between "Lumpers" and "Splitters"', in Dennis C. Mueller (ed.) (2012). *The Oxford Handbook of Capitalism*. Oxford University Press.

Cohen, Zipora(1991). 'Fiduciary Duties of Controlling Shareholders: A Comparative View'. *University of Pennsylvania Journal of International Business Law* 12(3).

Conference Board(2000). 'Institutional Investment Report: International Patterns of Institutional Investment'. Conference Board.

Craig, Sussane(2013). 'The Giant of Shareholders. Quietly Stirring'. *The New York Times*. 5 May 2013.

Dayen, David(2016). 'What Good are Hedge Funds?'. *The American Prospect*(http://prospect.org/article/what-good-are-hedge-funds).

deHaan, Ed, David Larcker and Charles McClure(2018). 'Long-Term Economic Consequences of Hedge Fund Activist Interventions'. Rock Center for Corporate Governance at Stanford University Working Paper No. 236; Stanford University Graduate School of Business Research Paper No. 18-47. at https://ssrn.com/abstract=3260095.

Deloitte(2016). 'Department of Labor Releases Final Fiduciary Rule'. April 6(https://www2.deloitte.com/content/dam/Deloitte/us/Documents/regulatory/us-dol-fiduciary-rule-release.pdf).

Demsetz, Harold(1995). *The Economics of the Business Firm: Seven Critical Commentaries*. Cambridge University Press.

Denes, Matthew R., Jonathan M. Karpoff and Victoria B. McWilliams(2017). 'Thirty years of Shareholder Activism: A Survey of Empirical Research'. *Journal of Corporate Finance* 44.

Denning, Steve(2014). 'When Pension Funds Become Vampires'. *Forbes*(http://www.forbes.com/sites/stevedenning/2014/12/10/when-pension-funds-become-vampires/#704aac67510c).

Dertouzos, M., R. Lester and R. Solow(1989). *Made in America: Regaining the Productive Edge*. Cambridge. MA: MIT Press.

Dichev, Ilia D and Gwen Yu(2011). 'Higher Risk, Lower Returns: What Hedge Fund Investors Really Earn'. *Journal of Financial Economics* 100(2).

Dodd, Jr. E. Merrick(1932). 'For Whom Are Corporate Managers Trustees'. *Harvard Law Review* 45(7).

Doidge, Craig, G. Andrew Karolyi and René M. Stulz(2017). 'The U.S. listing gap'. *Journal of Financial Economics* 123.

Dosi. Giovanni(1988). 'The Nature of the Innovative Process'. in Dosi. G. et al. (eds.) (1988). *Technical Change and Economic Theory*. Pinter Publisher.

Drucker, Peter(1996). 'Reckoning with the Pension Fund Revolution', in Frederick F. Reichheld (ed.)(1996). *The Quest for Loyalty: Creating Value through Partnership*. Boston MA: Harvard Business School Press.

Drucker, Peter(1973). *Management: Tasks, Responsibilities and Practices*. New York: Collins.

Drucker, Peter(2006). *The Practice of Management*, 2nd edition. Harper Business: New York.

Drucker. Peter(1976). *The Unseen Revolution: How Pension Fund Socialism Came to America*. Harper & Row.

Easterbrook, Frank H. and Daniel R. Fishel(1991). *The Economic Structure of Corporate Law*. Harvard University Press.

Ernst & Young(2017). 'Looking behind the declining number of public companies: An analysis of trends in US capital markets'. May.

Exor(2019). 'Building Great Companies'. Investor Day Presentation. 21 November (https://www.exor.com/sites/default/files/presentations-documents/2019/EXOR%20Inv%20Day%202019_VFinal.pdf).

Fama, Eugene F. and Michael C. Jensen(1983). 'Separation of Ownership and Control'. *Journal of Law and Economics* 26(2).

Felton, Robert F. et al.(1996). 'Putting a Value on Board Governance', *McKinsey Quarterly* 4.

Fichtner, Jan, Eelke M. Heemskerk and Javier Garcia-Bernardo(2017). 'Hidden power of the Big Three? Passive index funds. re-concentration of corporate ownership. and new financial risk'. *Business and Politics*, April(https://doi.

org/10.1017/bap.2017.6).

Financial Reporting Council(2016). 'Developments in Corporate Governance and Stewardship 2015'(https://www.frc.org.uk/directors/corporate-governance-and-stewardship/developments-in-corporate-governance-and-stewardsh).

Financial Reporting Council(2017). 'Developments in Corporate Governance and Stewardship 2016'(https://www.frc.org.uk/directors/corporate-governance-and-stewardship/developments-in-corporate-governance-and-stewardsh).

Fisman, Raymond and Tarun Khanna(2004). 'Facilitating Development: The Role of Business Groups'. *World Development* 32(4).

Ford. Henry(1922). *My Life and Work*. US: Doubleday.

Ford. Henry and Samuel Crowther(1926). *Today and Tomorrow*. London: Heinemann.

Freeman, Christopher(1982). *The Economics of Industrial Innovation*. Pinter Publisher.

Freeman, Christopher(1992). "The Nature of Innovation and the Evolution of the Productive System". in *The Economics of Hope: Essays on Technical Change. Economic Growth and the Environment*. London: Pinter Publisher.

Freeman, R. Edward(1984). *Strategic Management: A Stakeholder Approach*. Boston: Pitman.

Freeman, R. Edward(1994). 'The politics of stakeholder theory: Some future directions'. *Business Ethics Quarterly* 4.

Freeman, R. Edward and William M. Evan(1990). Corporate governance: A stakeholder interpretation. *Journal of Behavioral Economics* 19.

Freeman, R. Edward, Jeffrey S. Harrison, and Stelios Zyglidopoulos(2018). *Stakeholder Theory: Concepts and Strategies*. Cambridge University Press.

Gandel, Stephen(2015). 'How DuPont went to war with activist investor Nelson Peltz'. Fortune. at http://fortune.com/2015/05/11/how-dupont-went-to-war.

Gelter, Martin(2013). 'The Pension System and the Rise of Shareholder Primacy'. *Seton Hall Law Review*. 43(3): 909-970.

Ghemawat, P. and Khanna, T(1998). 'The Nature of Diversified Business Groups: A Research Design and Two Case Studies'. *Journal of Industrial Economics* 46: 35-61.

Gillan, Stuart and Laura T. Starks(2007). 'The Evolution of Shareholder Activism in the United States'. *Journal of Applied Corporate Finance* 19/1. also at http://ssrn.com/abstract=959670.

Gilson, Ronald J. and Jeffrey N. Gordon(2003). 'Controlling Controlling Shareholders', *University of Pennsylvania Law Review* 152(2): 785-843.

Gindis, David(2007). 'Some building blocks for a theory of the firm as a real entity'. in Biondi. Yuri. et al.(2007). *The Firm as an Entity: Implications for Economics. Accounting and the Law*. Routledge.

Goto, Akira(1982). 'Business Groups in a Market Economy'. *European Economic Review*, 19: 53-70.

Granovetter, M(1994). 'Business Groups'. in Smelser, N. and (eds.), R. Swed berg(1994). *The Handbook of Economic Sociology*. Princeton: Princeton University Press.

Gutierrez, B. P. and Rodriguez, R(2013). Diversification strategies of large business groups in the philippines. *Philippine Management Review*, 20. http://libproxy1. nus.edu.sg/login?url=https://search-proquest-com.libproxy1.nus.edu.sg/docvie w/1749627270?accountid=13876.

Hannah, Leslie(2007). 'The 'Divorce' of ownership from control from 1900 onwards: Re-calibrating imagined global trends'. *Business History*. 49(4).

Hansmann, Henry and Reinier Kraakman(2000). 'The Essential Role of Organizational Law'. *Yale Law Journal* 110.

Hansmann, Henry. and Reinier Kraakman(2001). 'The End of History for Corporate Law'. *Georgetown Law Journal* 89.

Harari, Yuval Noah(2014). *Sapiens: A Brief History of Humankind*. London: Harvill Secker.

Harari, Yuval Noah(2016). *Homo Deus: A Brief History of Tomorrow*. London: Harvill Secker.

Harrison, J. S., Bosse, D. A., and Phillips, R. A(2010). 'Managing for stakeholders, stakeholder utility functions, and competitive advantage'. *Strategic Management Journal* 31.

Hawking, Stephen(2018). *Brief Answers to the Big Questions*. Hodder & Stoughton.

He, Jia, Xinyang Mao, Oliver M. Rui and Xiaolei Zha(2013). Business groups in China. *Journal of Corporate Finance* 22. https://doi.org/10.1016/j.jcorpfin. 2013.05.001.

Hirschman, A. O(1968). 'The Political Economy of Import-Substituting Indust rialization in Latin America'. reprinted in Hirschman, A. O.(1985). *Bias for Hope, London*: Westview Press.

Holderness, Clifford(2009). 'The Myth of Diffuse Ownership in the United States'. *The Review of Financial Studies* 22(4).

Iliev, Peter and Michelle Lowry(2015). 'Are mutual funds active voters?'. *Review of Financial Studies* 28(2): 446-485.

Jackson, Tim(1997). *Inside Intel: Andy Grove and the Rise of the World's Most Powerful Chip Company*. Harper Collins.

Jensen, Michael(1986). 'Agency Costs of Free Cash Flow. Corporate Finance. and Takeovers'. *American Economic Review* 76(2): 323-329.

Jensen, Michael(1989). 'Eclipse of the Public Corporation'. *Harvard Business Review*. 67(5): 61-74.

Jensen, Michael(1993). 'The Modern Industrial Revolution. Exit. and the Failure of Internal Control Systems'. *Journal of Finance* 48(3): 831-880.

Jensen, Michael and Kevin Murphy(1990). 'Performance Pay and Top Management Incentives'. *Journal of Political Economy* 98(2): 225-264.

Jensen, Michael and William H. Meckling(1976). 'Theory of the Firm: Managerial Behavior. Agency Costs and Ownership Structure'. *Journal of Financial Economics* 3(4).

Jones, Thomas M(1995). 'Instrumental stakeholder theory: A synthesis of ethics and economics'. *Academy of Management Review* 20(2).

Kali, Raja(2003). 'Business Groups, the Financial Market and Modernization'. *Economics of Transition* 11(4).

Karpoff, Jonathan M(2001). 'The Impact of Shareholder Activism on Target Companies: A Survey of Empirical Findings' unpublished working paper at University of Washington. at https://papers.ssrn.com/sol3/papers.cfm?abstract_id=885365.

Klein, William A. and John C. Coffee (9th ed.)(2004). *Business Organization and Finance: Legal and Economic Principles*. Thomson Reuters/Foundation Press.

Kock, Carl J. and Mauro F. Guillen(2000). 'Strategy and structure in Developing Countries: Business Groups as an Evolutionary Response to Opportunities for Unrelated Diversification'. *Industrial and Corporate Change* 10(1): 77-113

Laster, Travis J. and John Mark Zeberkiewicz(2014). 'The Rights and Duties of Blockholder Directors'. *The Business Lawyer* 70(1).

Lawrence, Mishel and Alyssa Davis(2015). 'CEO Pay Has Grown 90 Times Faster than Typical Worker Pay Since 1978'. *Economic Policy Institute*. http://www.epi.org/publication/ceo-pay-has-grown-90-times-faster-than-typical-worker-pay-since-1978.

Lazonick, William(1991). *Business Organization and the Myth of the Market Economy*. Cambridge University Press.

Lazonick, William(1992). 'Controlling the Market for Corporate Control'. *Industrial and Corporate Change* 1(3).

Lazonick, William(2002). 'Innovative Enterprise and Historical Transformation'. *Enterprise & Society* 3(1).

Lazonick, William(2007). 'The U.S. Stock Market and the Governance of Innovative Enterprise'. *Industrial and Corporate Change*. 16(6).

Lazonick, William(2009). *Sustainable Prosperity in the New Economy?: Business Organization and High-Tech Employment in the United States*. Upjohn.

Lazonick, William(2014). 'Innovative Enterprise and Shareholder Value'. *Law and Financial Markets Review* 8(1): 52-64.

Lazonick. William(2015a). 'The Theory of Innovative Enterprise: Foundation of Economic Analysis'. Academic-Industry Research Working Paper #13-0201.

Lazonick, William(2015b). 'Comments on the Draft of the 2014-2015 Revision of the OECD Principles of Corporate Governance'. AIR Working Paper #15-01/01(http://www.theairnet.org/v3/backbone/uploads/2015/01/Lazonick_Comment.On_OECD_PCG_AIR-WP15.0104.pdf).

Lazonick, William(2015c). 'Labor in the Twenty-First Century: The Top 0.1% and the Disappearing Middle-Class', Institute for New Economic Thinking, Working Paper No. 4.

Lazonick, William and Mary O'Sullivan(2000). 'American Corporate Finance'. in Singh. Ajit (ed.)(2000). *Competitiveness Matters*. Michigan University Press.

Lazonick, William and Jang-Sup Shin(2020). *Predatory Value Extraction*. Oxford University Press.

Lazonick, William. Matt Hopkins and Ken Jacobson(2016). 'What We Learn about Inequality from Carl Icahn's $2 billion Apple "No Brainer"'(https://www.ineteconomics.org/perspectives/blog/what-we-learn-about-inequality-from-carl-icahns-2-billion-apple-no-brainer).

Leff, Nathaniel. H(1978). 'Industrial Organization and Entrepreneurship in the Developing Countries: The Economic Groups'. *Economic Development and Cultural Change* 26: 661-75.

Loomis, Carol(2014). 'BlackRock: The $4.3 trillion force'. *Fortune*. at http://fortune.com/2014/07/07/blackrock-larry-fink.

Macey, Jonathan R. and Joshua Mitts(2014). 'Finding Order in the Morass: The Three Real Justifications for Piercing the Corporate Veil', Yale Law & Economics Research Paper No. 488 at https://ssrn.com/abstract=2398033 or http://dx.doi.org/10.2139/ssrn.2398033.

Malanga, Steven(2013). 'The Pension Fund That Ate California'. *City Journal*. Winter.

Manfrin, Federico(2007). 'The firm as an entity and the law: The economic substance. the legal forms', in Biondi, Yuri. et al.(2007). The Firm as an Entity: Implications for Economics. Accounting and the Law. Routledge.

Marriage, Madison(2013). 'Activist investors fuel event-driven returns'. *Financial Times*. at https://www.ft.com/content/faafbd08-ea1b-11e2-b2f4-00144feabdc0.

Marx, Karl(1886). *Capital: A Critique of Political Economy*, Volume 1, at http://www.marxists.org/archive/marx/works/download/pdf/Capital-Volume-I.pdf.

Marzo, Giuseppe(2007). 'Economics and finance of the firm as an entity'. in Biondi. Yuri. et al.(2007). *The Firm as an Entity: Implications for Economics. Accounting and the Law*. Routledge.

Matsusaka, John G.. Oguzhan Ozbas. Irene Yi(2018). 'Opportunistic Proposals by Union Shareholders'. USC CLASS Research Paper No. CLASS15-25; Marshall School of Business Working Paper No. 17-3. at https://ssrn.com/abstract=2666064 or http://dx.doi.org/10.2139/ssrn.2666064.

Mayer, Colin(1988). 'New Issues in Corporate Finance'. *European Economic Review* 2: 1167-1183.

McDonald, Duff(2017). *The Golden Passport: Harvard Business School, the Limits of Capitalism, and the Moral Failure of the MBA Elite*. Harper Collins.

McVey, Ruth(1992). *Southeast Asian Capitalism*. Southeast Asia Program. Ithaca. NY: Cornell University.

Miller and Le Breton-Miller(2005). *Managing for the Long Run: Lessons in Competitive Advantage from Great Family Businesses*. Harvard Business School Press.

Mitchell, R. K., Agle, B. R., and Wood, D. J(1997). 'Toward a theory of stakeholder identification and salience: Defining the principle of who and what really counts'. *Academy of Management Review* 22.

Nelson, R. R(1990). 'Capitalism as an Engine of Progress'. *Research Policy* 19: 193-214.

OECD(1999). *OECD Principles of Corporate Governance*. OECD Publishing. Paris. https://doi.org/10.1787/9789264173705-en.

OECD(2004). *OECD Principles of Corporate Governance 2004*. OECD Publishing. Paris.https://doi.org/10.1787/9789264015999-en.

OECD(2015). *G20/OECD Principles of Corporate Governance*. OECD Publishing. Paris.https://doi.org/10.1787/9789264236882-en.

Oringer, Andrew L(2017), 'DOL's Fiduciary Rule - Death by a Thousand Cuts'.

LexisNexis Law360, 11 September.

Orol, Ronald(2014). 'Teaming up with CalSTRS helps activist funds get their way'. Harvard Roundtable on Shareholder Engagement – Consolidated Background Materials. at http://www.law.harvard.edu/programs/corp_gov/shareholder-engagement-roundtable-2015-materials/Harvard-Roundtable-on-Shareholder-Engagement-Consolidated-Background-Materials.pdf.

Orru, Marco, Nicole Biggart, and Gary Hamilton(1997). *The Economic Organization of East Asian Capitalism*. Thousand Oaks, CA: Sage.

Ott, Julia(2011). *When Wall Street Met Main Street: The Quest for Investors' Democracy*. Harvard University Press.

Panzar, John. C. and Robert D. Willig(1981). 'Economies of Scope'. *American Economic Review* 71(2).

Parisian, Elizabeth and Saqib Bhatti(2016), 'All That Glitters Is Not Gold – An Analysis of US Public Pension Investments in Hedge Funds', Roosevelt Institute(http://rooseveltinstitute.org/wp-content/uploads/2015/12/All-That-Glitters-Is-Not-Gold-Nov-2015.pdf).

Phillips, Robert A(2003). *Stakeholder Theory and Organizational Ethics*. Berrett-Koehler.

Porter, Michael E(1992). *Capital Choices: Changing the Way America Invests in Industry*. Washington. DC: Council on Competitiveness and Harvard Business School.

Posner, Cydney(2019). 'Will the Long-Term Stock Exchange Make a Diïerence?'. Harvard Law School Forum on Corporate Governance(https://corpgov.law.harvard.edu/2019/06/08/will-the-long-term-stock-exchange-make-a-difference/).

Pounds, John(1992). 'Beyond Takeovers: Politics Comes to Corporate Control'. *Harvard Business Review*, March-April.

Pounds, John(1993). 'The Rise of the Political Model of Corporate Governance and Corporate Control'. *New York University Law Review* 68.

Preqin(2016). '2016 Preqin Global Hedge Fund Report – Sample pages'. at https://www.preqin.com/docs/samples/2016-Preqin-Global-Hedge-Fund-Report-Sample-Pages.pdf.

Reisberg, Arad(2015). 'The UK Stewardship Code: On The Road to Nowhcre?'. *Journal of Corporate Law Studies* 15(2): 217-253.

Robé, Jean-Philippe(2011). 'The Legal Structure of the Firm'. *Accounting. Economics. and Law* 1(1).

Roe, Mark(1990). 'Political and legal restraints on ownership and control of public companies'. *Journal of Financial Economics* 27.

Roe, Mark(1991). 'Political Elements in the Creation of Mutual Fund Industry'. *University of Pennsylvania Law Review* 139(6).

Romano, Roberta(1993). 'Public Pension Fund Activism in Corporate Governance Reconsidered'. *Columbia Law Review* 93(4).

Rosenberg, Hilary(1999). *A Traitor to His Class*. John Wiley & Sons.

Samuelson, Paul A(1948/2009). *Economics: An Introductory Analysis*. McGraw-Hill.

Schumpeter, Joseph(1943). *Capitalism, Socialism and Democracy*. New York: Harper.

Schwartz, Nelson D(2014). 'How Wall Street Bent Steel: Timken Bows to Activist Investors, and Splits in Two'. *The New York Times*. at https://www.nytimes.com/2014/12/07/business/timken-bows-to-investors-and-splits-in-two.html?_r=0.

Securities and Exchange Commission(1992). 'Final Proxy Rule Amendments'. Exchange Act Release No. 31,326, [1992 Transfer Binder] Fed. Sec. L. Rep. (CCH) 1185,051, at 83,353(Oct. 16, 1992).

Securities and Exchange Commission(2003). 'Final Rule: Proxy Voting by Investment Advisers'. 17 CFR Part 275. Release No. IA2106: File No. S73802. RIN 3235AI65. at https://www.sec.gov/rules/final/ia-2106.htm.

Securities and Exchange Commission(2010). 'Final Rule: Facilitating Shareholder Director Nominations'. 17 CFR PARTS 200, 232, 240 and 249 [Release Nos. 33-9136; 34-62764; IC-29384; File No. S7-10-09] RIN 3235-AK27, at https://www.sec.gov/rules/final/2010/33-9136.pdf.

Securities and Exchange Commission(2019). 'In the Matter of the Application of Long Term Stock Exchange, Inc. for Registration as a National Securities Exchange: Findings, Opinion, and Order of the Commission'. Release No. 34-85828; File No. 10-234.

Sharara, Norma M and Anne E. Hoke-Witherspoon(1993). 'The Evolution of the 1992 Shareholder Communication Proxy Rules and Their Impact on Corporate Governance'. *The Business Lawyer*. 49(1).

Shin, Jang-Sup(1996). *The Economics of the Latecomer: Catching-Up, Technology Transfer and Institutions in Germany, Japan, and South Korea*, London and New York: Routledge

Shin, Jang-Sup(2015a). 'The Reality of "Actions" by Activist Hedge Funds and Public Policies on Chaebols'. *The KERI Insight*. at http://fiid.org/wp-content/uploads/2015/07/Activist-fund-and-chaebol-policy-KERI-Insight-2015-7-1.pdf.

Shin, Jang-Sup(2015b). 'Stupid Market or Stupid Analysis?'. *The Korea Times* 5 July.

Shin, Jang-Sup(2017). 'Dynamic Catch-up Strategy, Capability Expansion and Changing Windows of opportunity in the semiconductor industry'. *Research Policy* 46(2).

Shin, Jang-Sup(2020). 'The Subversion of Shareholder Democracy and the Rise of Hedge-Fund Activism'. Second version. INET working paper

Simon, Herbert A(1991). 'Organizations and Markets'. *Journal of Economic Perspectives* 5(2).

Simon, Herbert A(1997). *An Empirically based Microeconomics*. Cambridge University Press.

Singh, S. P(2015). 'Compulsory Voting and the Turnout Decision Calculus'. *Political Studies* 63(3).

Smith, Michael P(1996). 'Shareholder Activism by Institutional Investors: Evidence from CalPERS'. *The Journal of Finance* 51(1).

Solomon, Steven Davidoff(2015). 'Remaking Dow and DuPont for the Activist Shareholders'. *The New York Times*, December 15. at https://www.nytimes.com/2015/12/16/business/dealbook/remaking-dow-and-dupont-for-the-activist-shareholders.html?_r=0.

Strachan, Harry W(1976). *Family and Other Business Groups in Economic Development: The Case of Nicargua*. New York: Praeger.

Staussy, James H(2007). 'The Entrepreneur: The Firm'. in Biondi. Yuri. et al.(2007). *The Firm as an Entity: Implications for Economics. Accounting and the Law*. Routledge.

Stein, Jeremy(1989). 'Takeover Threats and Managerial Myopia'. *Journal of Political Economy* 96(1).

Stevens, Mark and Stevens, Carol Bloom(1993). *King Icahn: the biography of a renegade capitalist*. Dutton.

Stout, Lynn(2013). 'The Troubling Question of Corporate Purpose'. Symposium on 'Shareholder Value Myth'. *Convivium* 3(1). at https://www.degruyter.com/view/j/ael.2013.3.issue-1/ael-2013-0042/ael-2013-0042.xml?f=&print&print.

Strachan, H. W(1976). *Family and Other Business Groups in Economic Development: The Case of Nicargua*. New York: Praeger.

Strickland, Deon, Kenneth Wiles and Marc Zenner(1996). 'A Requiem for the USA - Is Small Shareholder Monitoring Efective?'. *Journal of Financial Economics* 40(2): 319-338.

Strine, Jr Leo E(2005). 'The Delaware Way: How We Do Corporate Law and Some of the New Challenges We (and Europe) Face'. *Delaware Journal of Corporate Law* 30(3): 673-696.

Strine, Leo E(2006). 'Toward a True Corporate Republic: A Traditionalist Response to Bebchuk's Solution for Improving Corporate America'. *Harvard Law Review* 119(6).

Strine, Leo E(2007). 'Toward common sense and common ground? – Reflections on the shared interests of managers and labor in a more rational system of corporate governance'. *Harvard Law and Economics*. Discussion Paper No. 585.

Strine, Leo E(2014). 'Can We Do Better by Ordinary Investors? A Pragmatic Reaction to the Dueling Ideological Mythologists of Corporate Law'(March 1). Harvard Law and Economics Discussion Paper No. 766; U of Penn, Institute for Law & Economic Research Paper No. 14-43.(SSRN: https://ssrn.com/abstract=2421480).

Teece, David J(1980). 'Economies of Scope and the Scope of the Enterprise'. *Journal of Economic Behavior and Organization Science* 1(3).

The American Bar Association(2016). *Model Business Corporation Act*(https://www.americanbar.org/content/dam/aba/administrative/business_law/corplaws/2016_mbca.authcheckdam.pdf).

Thurow, Lester C(1985). *The Zero-Sum Solution: Building a World-Class American Economy*. Simon & Schuster.

Topoleski, John J. and Gary Shorter(2016). 'Department of Labor's 2015 Proposed Fiduciary Rule: Background and Issues'. Congressional Research Service April 1, 2016, 7-5700(https://fas.org/sgp/crs/misc/R44207.pdf).

U.S. Court of Appeals for the District of Columbia Circuit(2011a). 'Business Roundtable and Chamber of Commerce v. U.S. Securities and Exchange Commission(SEC)(Decision)'. July 22. 2011(http://www.chamberlitigation.com/sites/default/files/cases/files/2011/Business%20Roundtable%20and%20Chamber%20of%20Commerce%20v.%20SEC%20%28Decision%29.pdf).

U. S. Court of Appeals for the District of Columbia Circuit(2011b). 'Business Roundtable and Chamber of Commerce v. SEC(Investment Company Institute Brief)(p. 19). July 22. 2011(http://www.chamberlitigation.com/sites/default/files/cases/files/2010/Business%20Roundtable%20and%20Chamber%20of%20Commerce%20v.%20SEC%20%28Investment%20Company%20Institute%20Brief%29.pdf).

U. S. Court of Appeals for the District of Columbia Circuit(2011c). 'Business Roundtable and Chamber of Commerce v. U.S. Securities and Exchange

Commission(SEC)(Final Brief)'. July 22. 2011(http://www.chamberlitigation.com/sites/default/files/cases/files/2011/Business%20Roundtable%20and%20Chamber%20of%20Commerce%20v.%20SEC%20%28Final%20Brief%29.pdf).

United States General Accounting Office (US GAO)(1993). 'Competitiveness Issues: The Business Environment in the United States, Japan, and Germany'. GAO/GGD-93-124.Washington, DC: United States General Accounting Office.

Veasey, Norman E(1993). 'The Emergence of Corporate Governance as a New Legal Discipline'. *Business Lawyer* 48(4).

Ventoruzzo, Marco(2015). 'The Disappearing Taboo of Multiple Voting Shares: Regulatory Responses to the Migration of Chrysler-Fiat'. *Bocconi Legal Studies Research Paper* No. 2574236. available at https://ssrn.com/abstract=2574236.

Walker, David(2009). 'A Review of Corporate Governance in UK Banks and Other Financial Industry Entities: Final recommendations', November(http://webarchive.nationalarchives.gov.uk/+/http:/www.hm-treasury.gov.uk/d/walker_review_261109.pdf).

Wallace, J. and Erickson. J(1992). *Hard Drive: Bill Gates and the Making of the Microsoft Empire*. Wiley.

Watts, Steven(2005). *The People's Tycoon: Henry Ford and the American Century*. Vintage Publishing.

Weber, Max(1949). *The Methodology of the Social Science*, translated and edited by Shils, E.A. & Finch, H.A., Free Press: Glencoe.

Weber, Max(1961). *General Economic History*, translated by Knight, F.H., London: George Allen & Unwin.

Williamson. Oliver E(1983). 'Organization Form. Residual Claimants. and Corporate Control'. *Journal of Law and Economics* 26(2).

Woidtke, Tracie., L. Bierman. and C. Tuggle(2003). Reigning in Activist Funds. *Harvard Business Review*, March.

Woidtke, Traice(2002). 'Agents Watching Agents? Evidence from Pension Fund Ownership'. *Journal of Financial Economics* 63(1).

Wong, Simon(2010). 'Why Stewardship is Proving Elusive for Institutional Investors'. *Butterworths Journal of International Banking and Financial Law*. at http://ssrn.com/abstract=1635662.

Zingale, Luigi(2000). 'In Search of New Foundations'. *The Journal of Finance*. 15(4).

한글 문헌

강철규(2004), 「경쟁 정책의 향후 추진 방향」, 공정거래위원장 질서경제학회 주최 경제질서대토론회 기조연설, 11월 5일, 서울 팔레스 호텔, 공정거래위원회 웹사이트(http://www.ftc.go.kr, 2004년 12월 30일 접속).

고려대학교 산학협력단(2017), 「국민연금 책임 투자와 스튜어드십 코드에 관한 연구(Ⅱ)」, 용역보고서 2017-04, 국민연금공단.

공정거래위원회(2018), 「2018년 공시 대상 대기업기업집단 주식소유현황 보고서」 (http://www.ftc.go.kr/www/selectReportUserView.do?key=10&rpttype=1&report_data_no=7900).

권오현(2018), 『초격차: 넘볼 수 없는 차이를 만드는 격』, 쌤앤파커스.

권재열(2017), 『한국 회사법의 경제학』, 마인드탭.

국민연금재정추계위원회(2018), 「국민연금 장기재정 추계, 국민연금 제도 및 기금 운용 개선 방향」, 11월.

금융위원회 (2017a), '최종구 위원장 글로벌 기관투자가 「2017 회계개혁」 IR 개최 보도자료', 11월 9일.

금융위원회(2017b), 「금융위원회 스튜어드십 법령해석집」.

금융위원회(2019), 「5% 대량 보유 보고 제도 및 단기매매차익 반환 제도 개선」, 9월 5일.

김대환(1999), 「재벌 문제의 인식과 재벌 개혁의 방향」, 김대환·김균 편(1999), 『한국재벌개혁론』, 나남출판사.

김수연(2015), 「1주 1의결권 조항의 강행법규성에 대한 비판적 검토」, KERI Brief, 2015년 5월 4일, 한국경제연구원.

김우중(2018), 『세계는 넓고 할 일은 많다』, 북스코프.

보건복지부(2017), 「제7차 기금운용위원회, 사회책임투자전문위원회 설치방향, 책임투자, 스튜어드십 코드 연구 중간보고 등 논의」 보도자료, 12월 1일 (http://www.mohw.go.kr/react/al/sal0301vw.jsp?PAR_MENU_ID=04&MENU_ID=0403&page=1&CONT_SEQ=343002).

신장섭(2005), 「기업 집단과 경제 정책」, 이대근 편(2005), 『한국 경제의 전개』, 나남.

신장섭(2008), 『한국 경제 패러다임을 바꿔라』, 청림.

신장섭(2014), 『김우중과의 대화: 아직도 세계는 넓고 할 일은 많다』, 북스코프.

신장섭(2015), 「ISS 보고서는 바보 같은 분석, 볼 가치 없다」, 『YTN라디오 생생경제』, 7월 6일.

신장섭(2016a), 「기업 없는 경제학의 비극」, 『매일경제신문』, 9월 22일.

신장섭(2016b), 『경제민주화… 일그러진 시대의 화두』, 나남.

신장섭(2017a), 「이재용 삼성전자 부회장 1심 서울중앙지법 형사합의 27부 공판 증언 자료」, 7월 17일.

신장섭(2017b), 「증권거래위에 승소한 미국 상공회의소와 경총」, 『매일경제신문』, 12월 11일.

신장섭(2018), 『왜곡된 스튜어드십 코드와 국민연금의 진로』, 나남

신장섭(2019a), 「재벌개혁과 국민연금 스튜어드십 코드의 5대 왜곡」, 『월간 조선』, 3월호.

신장섭(2019b), 「연금 사회주의 앞장서는 금융위원회」, 『매일경제신문』, 10월 2일.

신장섭(2019c), 「세계를 경영한 민족주의자」, 『매일경제신문』, 12월 14일.

신장섭(2020), 「국민연금이 왜 약탈 경제 앞장서나」, 『서울경제신문』, 3월 22일.

이병철(2014), 『호암자전: 삼성 창업자 호암 이병철 자서전』, 나남.

이병태(2019), 「김상조 위원장의 '글로벌 스탠더드' 가짜뉴스」, 『조선일보』, 6월 10일.

임동원(2019), 「공익법인에 대한 주식 기부 제한 완화해야」, 『KERI Column』, 4월 24일.

장하성(1999), 「재벌 개혁과 소액 주주 운동」, 김대환·김균 편(1999), 『한국재벌개혁론』, 나남.

정주영(1991), 『시련은 있어도 실패는 없다』, 현대문화신문사.

천광암(2018), 「도요타는 나쁜 기업인가? 만일 한국 기업이었으면…」, 『동아일보』, 10월 15일.

최광 (2017), 「국민연금 기금 운용의 주요 쟁점과 경험적 소회」, 국회 세미나 '왜곡된 스튜어드십 코드 도입, 무엇이 문제인가' 기조연설, 12월 21일.

텐타오·우춘보(2014), 『화웨이의 위대한 늑대 문화』, 이지은 옮김, 스타리치북스.

한국경제연구원(2018), 「준조세 추이와 정책 시사점」, 10월.

찾아보기

1주 1의결권 201, 296~297, 449
8대 기업명제 11~13, 24~26
　기업명제 1 11, 24, 32, 38, 50, 56, 59, 61, 66, 147, 261, 314, 323, 344, 379
　기업명제 2 12, 24, 32, 47, 50, 56, 61, 66, 147, 249, 261, 313, 322~323, 344, 379
　기업명제 3 12, 16, 24, 32~33, 50, 56, 59, 70, 80, 129, 153, 331, 355, 368, 370, 380, 393
　기업명제 4 12, 17, 25, 51, 70, 79~80, 83, 107, 129, 138, 148, 153, 170, 213, 231, 247,
　　283, 316~317, 329, 331, 345, 356, 358, 368, 380, 393, 403
　기업명제 5 12, 25, 95~96, 289, 295, 344, 386, 392
　기업명제 6 12, 15, 25, 144~145, 156, 177, 180~181, 317, 336, 345, 383
　기업명제 7 12, 18, 23, 26, 85, 211, 231, 300, 388, 403
　기업명제 8 12, 19, 23, 26, 60, 63, 154, 185, 321, 323, 330, 335, 344, 370

가공자본 21, 53, 260, 302, 386
가상체험 12
가족경영 217~218, 225~228, 294, 365, 369~370, 374, 441
가족기업 226~227
가치 착출 85, 145, 157, 162, 171, 232, 247, 263, 324, 357, 402, 451
강철규 198, 259, 294
개인 투자자 45, 90, 125, 128, 221, 243, 304, 366, 395
개인환원주의 259, 261
개체보호 24, 40~43, 47~50, 60, 63, 73, 93, 95, 111~112, 148, 189, 298, 322, 377
개체차단 54
게이츠, 빌Gates, Bill 77~78
게일, 더글라스Gale, Douglas 247
경영 수탁자 19, 21~22, 60~61, 128, 153~154, 258, 314, 331, 336~337, 358, 380~381,
　　383, 389~391, 393, 399, 445, 448
경영 혁신 82, 72, 79~80, 86~88, 213, 244, 283~284, 353
경영승계 225, 364~365, 394, 429, 432, 441~442
경영인 통제 24, 45~48, 154, 220, 367
경영자본주의 24, 45~48, 159, 163, 165, 220~221, 367
경영조직 65
경영지표 71, 128, 192
경제민주화 196, 385, 387, 392
경제성장률 172~173
경제협력개발기구OECD 197, 199, 245~246, 248, 250~251, 363
고용계약 41, 43, 67, 68~69, 115, 153, 379
공개기업 130, 227
공동체 의식 53, 325, 351
공익 근본주의 10
공익 활동 21, 336

공익재단 27, 364~365, 367~370, 372~374, 394, 396
공정거래법 52~53, 96, 193, 241, 261, 293~294, 385~386, 423
공정거래위원회 53, 193, 196, 245, 296, 343
구조조정 162~163, 170, 244, 248, 250, 275, 277, 292, 298, 325, 368, 387, 402, 439
국민경제 98
국민연금 125, 183, 185, 192, 261, 325, 340, 386, 397~400, 408, 412~429, 434~436, 438~452
국제특허 34, 89
권리와 책임의 상응 원칙 12, 19, 23, 26, 60, 321~323, 327, 330~331, 335~336, 339~340, 370
근로계약 41, 69, 379~380
금융 규제 238, 240~241, 243, 258, 274, 277, 281, 286, 321~322, 328, 366, 412, 422, 448
금융 상품 128, 168, 410, 421, 452
금융 투자자, 금융 투자사 21~22, 25~26, 46, 114, 128, 131, 144, 155, 162, 183, 221, 283, 289, 301, 366, 448~451
금융거래 42, 53
금융위기 14, 174, 397, 404~409, 424, 426
기관 투자자 행동주의 240, 257~258, 265, 281, 285, 288, 327~329, 332, 398, 400~402, 404~409, 411, 448
기업 가치 127, 168, 170, 192, 394, 430, 451
기업 명줄 끊기법 362, 368, 372, 395
기업 소유권 31~32, 36~39, 45, 61, 148, 262
기업 자살 51, 170
기업 확장 95, 107, 366, 386
기업가 정신 357~358
기업공개 27, 123, 129~131, 148, 191, 193, 199, 221, 296, 362
기업금융 155
기업론 8~10, 13~15, 18, 22, 52, 55, 149
기업목적론 18, 83, 85, 134, 145, 148~149, 175~176, 179~181, 301, 344~345
기업사냥, 기업사냥꾼 150, 162, 219, 234, 240, 242, 263, 269, 274~277, 301, 325
기업인수합병M&A 151, 162, 166~167, 171, 192, 245, 275~276
기업존재론 17~18, 21, 80, 83, 85, 107, 129, 131, 138, 148, 154, 170, 191, 213, 218, 231, 251, 283, 299, 314, 316, 318, 335, 344, 350, 356, 358, 365, 368, 380~384, 387, 389, 393, 403
기업지배구조, 기업지배구조론 18, 21, 23, 26, 85, 100, 125, 156, 190, 193~194, 197~201, 206, 211~212, 217, 223~224, 231~234, 238, 244~248, 250, 252~264, 272~273, 281, 287, 290, 292~293, 300, 302~304, 328, 332, 387~388, 403~404, 415
기업통제, 기업통제력, 기업통제론 12, 18, 23, 26, 47, 60, 85, 150, 198, 200~203, 207, 211~212, 217, 219~220, 224, 231, 234, 242, 250, 262~263, 282, 321, 324, 335, 361~362, 364, 366~367, 370, 372, 388, 395
김대환 98
김상조 414, 432, 436, 444
김성주 414, 420
김우중 140, 312, 382

내부거래 100~101, 132~133, 241, 290, 294~295, 392, 401, 417, 451
뉴욕타임스 131~131, 202, 237, 273

다국적기업 12, 18, 25, 89, 95~96, 132, 295, 307, 311, 344, 352, 373, 375, 378, 382, 386, 392
다기능기업 142
다행성기업 12, 27, 52, 307~310, 312, 344, 352, 373, 375, 379, 382
단기 이익 138, 155, 219, 221~222, 325, 372, 381, 394, 403, 440, 450
단기 투자 280, 325
대리인비용 52, 146, 259
대리인이론 146, 149, 158, 258, 348
대주주 통제 45, 48, 250, 369
대주주경영, 대주주경영인 14, 24, 46, 61, 66, 199~200, 203~204, 206~207, 209~211, 217, 220~221, 238, 249~251, 294, 315~316, 320, 324, 366~368, 379~380, 389~391
뎀세츠, 해럴드Demsetz, Harold 67
도드, 메릭Dodd, Merrick 149~150
드러커, 피터Drucker, Peter 17, 82, 420~421

라조닉, 윌리엄Lazonick, William 79, 86
래스터, 트래비스Laster, Travis 51
러셀, 버트런드Russell, Bertrand 300
로젠버그, 힐러리Rosenberg, Hilary 267
리스버그, 아라드Reisberg, Arad 406

마르크스 경제학 25, 136, 144, 347
머스크, 엘론Musk, Elon 308
메클링, 윌리엄Meckling, William 52
메이어, 콜린Mayer, Colin 247
면책자산 42, 50
몽크스, 로버트Monks, Robert 255~258, 264, 267, 269, 293, 301~304, 387
무어, 고든Moore, Gordon 112
무한책임 15, 43~44, 59, 111, 322
문형표 443
뮤추얼펀드 62, 125, 182, 220, 240, 257, 264, 266, 268, 271~273, 275, 280, 288~290, 325, 421, 438, 442
민스, 가디너Means, Gardiner 44~47, 149, 198

박능후 414
반독점법 241
배당 7, 39, 49, 57, 155~157, 159, 161, 168~170, 192, 204, 208, 248, 317, 334, 337, 349, 390, 402, 440, 449
버핏, 워런Buffet, Warren 201, 317
버블 붕괴 172, 174, 244
벌리, 아돌프Berle, Adolf 44~47, 148~150, 198, 249
벌리-도드 논쟁The Berle-Dodd Debate 149~150

범위의 경제 107~110, 132, 195, 289

법경제학 20

법인 베일 뚫기 독트린The doctrine of piercing the corporate veil 26, 63, 322, 330

법인설립 31, 40~41, 44, 47, 50~51, 92~93, 96, 185, 249, 355~356, 377

법인실체론 14, 16, 18, 20, 61, 146, 149~152, 195, 281, 343, 347, 348, 377~379, 383~384, 393

법인의 개념 10, 14~16

베버, 막스Weber, Max 137

베브척, 루시안Bebchuk, Lucian 285, 328~329, 332~333

베스트 프렉티스best practice 214, 217, 231, 244

베인브리지, 스티븐Bainbridge, Stephen 72, 285

벤처기업 35, 72, 77, 190, 192, 223, 283, 316~317, 352, 378, 380

벤처캐피털 27, 35, 90, 223, 246~247

보스키, 이반Boesky, Ivan 275

복종 계약 67~70, 115, 315

브린, 세르게이Brin, Sergey 77, 202, 222

비상장기업 123, 141, 200, 221, 228

비즈니스그룹 12, 18, 25, 27, 52, 89, 92~93, 95~96, 98, 100~101, 105, 107, 110, 116, 132~134, 196, 209, 290, 292, 294~295, 302, 343~344, 362, 378, 386, 391~392

사내이사 125, 284

사모펀드 220~221, 235, 269, 277, 366~367, 395, 408, 452

사업판단준칙 25, 71~74, 143~144, 153, 284, 315, 318, 337, 339, 360, 383, 385, 445

사외이사 90, 125, 284, 290, 320

사이먼, 허버트Simon, Herbert A. 352

사회복지 7, 300, 318, 424, 446

사회적 가치 16~18, 27, 83~84, 129~130, 143, 145, 149, 176, 180~181, 183~185, 275, 318, 335, 337, 339, 343, 347, 350, 360, 378, 383~385, 421~422

사회적 기업 16, 18, 84, 129, 143

사회주의 25, 142, 176~177, 180~181, 398, 412~413, 420, 422~423, 446

삼성물산-제일모직 합병(삼성 합병) 논란 412~413, 428~445

삼성전자 87, 95, 169, 179, 214, 303, 362, 415, 419

상장기업 193, 200~201, 222, 228, 238~239

상호 출자 125, 195~196, 203, 206, 209~210, 255, 259, 292~297, 299, 385~386

서로, 레스터Thurow, Lester 155

선관주의 의무 60, 72, 74, 153, 320, 344, 358, 390, 401, 422

선두주자 전략Firstmover stategy 88

세계금융위기 14, 397, 404~405, 407~409, 426

소득분배 7, 165

소수 주주 26, 44, 46, 234, 241~243, 258~259, 261, 264, 276~277, 301, 321~323, 388

소액주주 주인론 258

소유 구조 52, 296~297

소유와 통제의 (근원적) 분리 24, 40, 44~48, 148, 189, 248~250

손바꿈 130, 246

순환 출자 196, 203, 209~210, 255, 292~299, 302, 385~386

슘페터, 조셉Schumpeter, Joseph 11, 80

스타우트, 린Stout, Lynn 142, 156

스톡부여 158, 160

스톡옵션 124, 160, 381

스튜어드십 코드Stewardship code 14, 21, 23, 183~184, 212, 272, 332, 340, 385, 397~401, 404~409, 411~415, 418, 420, 422~423, 428~429, 442, 446

스트라인, 레오Strine, Leo 285, 326

시네갈, 짐Sinegal, Jim 139

시민단체 175~177, 181, 193~194, 273, 308~309, 311, 319, 337~338, 351, 412, 429, 442

시오피, 존Cioffi, John 328

시장 원리 68

시장가격 136, 434

시장거래 100

시장경쟁 10~12, 51, 80, 83~84, 378

시장근본주의 9, 67, 69

신고전파 경제학 25, 67, 100, 136, 144, 347

신생 기업 96, 109~110

신주 발행 91, 124, 248~249

신흥 시장 99, 203

실질임금 159, 165

싱어, 아이작Singer, Isaac Merritt 48~49

싱어, 폴Singer, Paul 431

아글리에타, 미셸Aglietta, Michel 212~213

아노, 베르나르Arnaut, Bernard 206

아이칸, 칼Ichan, Carl 274, 276~277

알키언, 아먼Alchian, Armen 67

애로, 케네스Arrow, Kenneth 63

애플 178~179, 199, 214~217

앨런, 윌리엄Allen, William 20, 151, 275

앨런, 프랭클린Allen, Franklin 247

에드킨스, 미셸Edknis, Michelle 273

에디슨, 토머스Edison, Thomas 87

엘리엇 매니지먼트Elliot Management 169, 428, 430~433, 439~441

연금 사회주의 398, 412~413, 420, 422~423, 446

연방준비제도이사회FRB 155, 235~236

영, 오원Young, Owen 151

영리법인 15, 25, 135~136, 143~145, 180, 336, 354, 383

오너 경영 24, 32, 61, 323, 379

외환위기 98, 195, 292, 296, 385

우리사주조합 124

워커, 데이빗Walker, David 405, 407

월튼, 샘Walton, Sam 82

유권해석 268, 416

유책자산 42

유한책임 15, 32, 40~42, 47, 93, 111, 254, 322
의사 결정 19, 24, 32, 39~40, 56~61, 64, 66, 71, 129, 145, 149, 153, 179~180, 183, 391, 443
이병철 139~140, 382
이사 선해임권 39, 56, 62~63, 154, 316
이사회 18, 24, 40, 55~61, 64~66, 71~73, 90, 92, 104, 117, 123~125, 133, 149, 151~153, 166~167, 180, 182, 184, 189, 196, 242, 275, 282~284, 286, 289~290, 321~322, 326, 358, 390~392
이얼령비얼령 15, 25, 145, 175, 180~181, 184~185, 335~336, 340, 345, 378, 422
이윤 극대화 25, 136~139, 144, 381, 384
이해관계자 지도 175, 177
이해관계자론 10, 15~18, 25~27, 144~145, 175~177, 179, 181~183, 185, 232, 335, 343~345, 347~348, 356, 378, 383
이해 당사자 57, 423
이해진 196
인공지능AI 34, 265, 400
인덱스펀드 264~266, 270, 272, 387~388, 400, 402
인수합병 151, 162~163, 166~167, 171, 192, 245, 275~276, 316
인지 혁명 54, 348
일자리 창출 7, 83, 380, 382, 451

자금 수탁자, 자금 관리 수탁자 21~22, 62, 184, 220, 258, 399~400, 402
자금 조달 40, 247
자사주 매입 124, 126, 158~163, 168~171, 248, 334, 381, 402, 449, 451
자사주 소각 160, 162, 168, 170~171, 331, 349, 390, 451
자산분할 25, 36~37, 40~44, 47~52, 54, 89, 93~96, 106~108, 110~112, 147~148, 153, 189, 195, 249, 261, 295, 344, 377, 386
자유 시장 100
잡스, 스티브Jobs, Steve 200
장하성 255, 258~261, 292~293, 301~304, 414
재벌 32, 90, 98~99, 193, 195~196, 198, 209~211, 258, 264, 289, 292~298, 301, 365, 385~387, 390, 412~413, 415, 422, 441~442, 446
재벌 개혁 98, 195, 258~259, 292, 296~297, 412~413, 415, 422, 446
전략적 통제strategic control 86, 88, 218, 316
전문경영, 전문경영인 14, 24, 45~46, 48, 61~62, 66, 98, 100, 157, 198~200, 203, 206, 209, 217~220, 225~227, 249, 259, 294, 316, 320, 365~372, 374, 379~380, 395, 441
정주영 78
정치민주주의 252~255, 260, 302
젠센, 마이클Jensen, Michael 52, 148
주가조작 168, 432, 434
주식 소유권 38
수식거래 265, 272, 323, 437~438
주식분산 123~124, 128, 146
주식시장 128~129, 131, 155, 160, 162~163, 168~169, 195, 223, 235~236, 247~248, 250, 254, 288, 304, 387, 397, 402, 408, 413, 417, 419, 433, 436, 444, 448~449

주식옵션 219~220

주식회사 10~12, 32, 36, 39~40, 44~45, 49~51, 55~56, 58~59, 63, 71~72, 84, 96, 137, 140, 146, 189, 232, 249, 253~254, 260, 262, 282, 322~323, 344, 355~356, 365, 377~378, 380, 384, 386, 391

주주 가치 15~18, 128~130, 145~149, 151, 153~154, 156~157, 166~168, 170~171, 221, 247, 250, 275, 317, 324, 332, 348, 367, 383~384, 429

주주가치론 9, 15~18, 20, 25, 27, 32, 52, 61, 83, 127~128, 144~158, 162~163, 166, 175, 181, 185, 212, 219, 231~232, 235, 251, 256, 281, 301, 317, 321, 340, 343, 344, 347~349, 356, 366, 378~379, 383, 387

주주권 38, 62~63, 183, 233, 253~256, 330, 413, 420

주주민주주의 252~253, 255, 258, 284, 330

주주자본주의 165, 220~221

주주총회 18, 24, 55~59, 62, 64~65, 73, 133, 151, 153, 184, 192, 257, 270~271, 273, 282, 316, 351~352, 355, 374, 392, 428, 436, 448

주주행동주의 26, 233~235, 238, 242~244, 254~256, 264, 269, 273~275, 277, 284~286, 290, 292~293, 301~303, 324~325, 327~329, 332, 387, 398, 402, 408, 414

주주환원 159, 168, 170, 402

주진형 420

중장기, 장기 투자 74, 155, 157~158, 170, 185, 217~219, 221~223, 225, 279, 288, 358~360, 368, 374, 388~390, 393~395, 397, 446, 448~451

증권시장 123

지배구조, 지배구조 개혁론 12, 14, 18, 21, 23, 26~27, 51, 53, 85, 100, 125, 130, 156, 182, 190, 193~194, 197~201, 206, 211~212, 217, 224, 231~234, 238, 244~248, 250~252, 259, 263~264, 272~274, 281~282, 284, 287~290, 292~293, 297, 299~300, 302~304, 328, 332, 385, 387~389, 403~404, 407, 415~416

지배 주주 독트린The doctrine of dominant stockholders 26, 321, 330

지버키비치, 존Zeberkiewicz, John 51

지주회사 93, 204, 206~207, 209, 295~297, 385~386, 431, 439

진디스, 데이비드Gindis, David 54

차등의결권 200~203, 222~223, 296~297, 299, 374, 394, 450

참정권 253~254, 330, 337

창조적 파괴creative destruction 80

채권 소유권 38

채권주, 채주 38

책임경영 199, 259

천민자본주의 347

체핀스, 브라이언Cheffins, Brian 408

초격차 전략 122, 307, 310

초재벌 234, 236~237, 243, 272, 434

총수 53, 117, 196, 259, 261~262, 264, 296, 298, 301, 343, 386~387, 415

최고 의사 결정 기구 24, 39~40, 56, 58~61, 71, 129, 153, 282, 391

최고경영자CEO 39~40, 65, 68, 158, 162, 183, 191, 194, 210, 214, 218, 274, 369~370, 381

최고재무책임자CFO 40, 358

최광 423~425, 427~428

최종구   413

코스, 로널드Coase, Ronald   55
클라크, 에드워드Clark, Edward   48~49

토인비, 아놀드Toynbee, Anold   353
통제 구조   114, 197, 208~209, 361, 369
투자은행   244~245, 303, 328, 349, 405
투자회사   257, 289, 414, 417
투표의무화   255, 266~268, 270, 272, 281, 293, 301~302
투표자문, 투표자문사   192, 266~272, 281, 293, 302

파마, 유진Fama, Eugine   148
패러마운트 대 타임 판결Paramount Communication v. Time Inc.   150~151, 166
펀드매니저   169, 265, 267, 270, 272, 400, 403~404, 438, 441, 444~445, 452
펀드자본주의   21, 199, 219, 235
페이지, 래리Page, Larry   77, 202, 222
포드, 헨리Ford, Henry   138, 381
포터, 마이클Porter, Michael   155
프리먼, 에드워드Freeman, Edward   175
프리먼, 크리스토퍼Freeman, Christopher   88
핑크, 래리Fink, Larry   183

하라리, 유발Harari, Yuval   54
합작법인   27, 52, 92, 195
헤지펀드   168~169, 171, 192, 220, 235, 238, 245, 272, 274, 277~281, 303, 324, 328~330,
    332~333, 337, 339, 349, 362, 366~367, 387, 395, 402, 408, 439, 449~453
혁신 기업, 혁신 기업가   201, 356, 358, 382
현물출자   106
호그, 사라Hogg, Sarah   407
호베, 장 필리프Robé, Jean-Philippe   47, 131, 181
호킹, 스티븐Hawking, Stephen   307~308, 313
홍완선   443
화웨이Huawei   140~142

기업이란 무엇인가

1판 1쇄 펴냄 2020년 9월 1일
1판 3쇄 펴냄 2021년 7월 5일

지은이   신장섭
펴낸이   김정호
펴낸곳   북스코프

출판등록   2006년 11월 22일(제406-2006-000184호)
주소   10881 경기도 파주시 회동길 445-3 2층
전화   031-955-9503(편집) 031-955-9514(주문)
팩스   031-955-9519
전자우편   acanet@acanet.co.kr
홈페이지   www.acanet.co.kr
책임편집   김진형

ⓒ 신장섭, 2020

ISBN 978-89-97296-75-0 03320

도서의 국립중앙도서관 출판예정도서목록(CIP)은 서지정보유통지원시스템 홈페이지
(http://seoji.nl.go.kr)와 국가자료공동목록시스템(http://www.nl.go.kr/kolisnet)에서
이용하실 수 있습니다.(CIP제어번호: CIP2020034039)

북스코프는 아카넷의 대중 논픽션 및 교양물 전문 브랜드입니다.